# 中国水生动植物产业发展概况与全球地位

张红智　等　著



对外经济贸易大学出版社
中国 · 北京

**图书在版编目（CIP）数据**

中国水生动植物产业发展概况与全球地位 / 张红智等著. —北京：对外经济贸易大学出版社，2019.10

ISBN 978-7-5663-2109-1

Ⅰ. ①中… Ⅱ. ①张… Ⅲ. ①水生动物–产业发展–概况–中国②水生植物–产业发展–概况–中国 Ⅳ. ①F326.43

中国版本图书馆 CIP 数据核字（2019）第 253384 号



**中国水生动植物产业发展概况与全球地位**

张红智 等 著

责任编辑：高 卓

---

对 外 经 济 贸 易 大 学 出 版 社

北京市朝阳区惠新东街 10 号　　邮政编码：100029

邮购电话：010－64492338　　发行部电话：010－64492342

网址：http://www.uibep.com　　E-mail：uibep@126.com

---

三河市少明印务有限公司印装　　新华书店经销

成品尺寸：170mm×240mm　　18.75 印张　　357 千字

2019 年 10 月北京第 1 版　　2019 年 10 月第 1 次印刷

---

ISBN 978-7-5663-2109-1

定价：58.00 元

# 本书撰写团队成员


| | | |
|---|---|---|
| 张红智 | 周厚才 | 刘　珉 |
| 刘振芬 | 贾　欣 | 邵征翌 |
| 刘兴国 | 谭　斌 | 秦　芳 |
| 严　方 | 袁梦秋 | 杨　雪 |

# 前　言

本书是国内第一部关于中国水生动植物[①]产业经济的研究著作。

根据联合国粮食及农业组织报告，2016 年全球鱼类[②]产量达到约 1.71 亿吨峰值[③]，扣除非食用[④]产量，水产养殖占总产量的 53%。2016 年，渔业和水产养殖产量初次销售总额约为 3 620 亿美元，其中水产养殖产量为 2 320 亿美元。鱼类提供了约 32 亿人口人均动物蛋白摄入量的近 20%。越来越多的国家开始重视水生动植物产业的发展，水生动植物养殖成为世界众多国家保障国家粮食安全、促进就业、固碳汇碳、增加外汇创收等诸多方面的重要手段。20 世纪 80 年代，世界水生动植物养殖主要分布在西北太平洋地区，以中、日、韩、朝为主，但是进入 21 世纪后养殖中心已经发生转移，尤其是东南亚国家水生动植物养殖热潮兴起，印度尼西亚、菲律宾、越南、泰国等已经成为全球水生动植物产业中不可忽视的力量。

中国是目前世界上最大的水生动植物生产国和贸易国。2016 年，中国水生动植物总产量为 8 043.23 万吨，占世界水生动植物总产量的 40.09%，位居世界第一。作为 2016 年养殖食用鱼类主产国，中国自 1991 年以来其产量一直高于世界其他地区产量之和。2016 年，中国水生动植物进口量为 397.55 万吨，进口额为 90.14 亿美元，分列世界第一位和第三位；中国水生动植物出口量为 414.68 万吨，出口额为 201.51 亿美元，均居世界第一位。中国在全球水生动植物产业体系中占有举足轻重的地位。

---

① 本书对于水生动植物的界定包括海水鱼、淡水鱼、水生植物、甲壳类、软体类和咸水鱼，不包括水生哺乳类动物、爬行动物和各种水生动物产品。

② 此处鱼类指鱼、甲壳类、软体类和其他生水动物，不包括水生哺乳类动物、爬行动物、海藻和其他水生植物。

③ 其中约88%（超过1.51亿吨）直接用于人类消费。

④ 包括用于生产鱼粉和鱼油。

本书基于生产和贸易视角，详细研究了中国水生动植物产业发展概况与全球地位，基本展现了全球和中国水生动植物产业经济的基本情况。本书既可以作为普通高等院校相关专业学生学习水生动植物生产和贸易基本知识的教学材料和参考资料，也可以为从事理论研究和实践工作的人员了解水生动植物生产与国际贸易的基本轮廓、基础数据及基本问题提供基本信息和工具。当前，我国对水生动植物产业经济的研究还处于方兴未艾的阶段，期待更多有识之士参与到水生动植物产业经济的研究之中。

本书由山东外贸职业学院与中国水产科学研究院渔业机械仪器研究所、上海海洋大学工作人员共同撰写完成，全书所有原始数据、图、表由张红智计算整理完成，全书由张红智统稿。

中国水产科学研究院渔业机械仪器研究所刘兴国研究员、中国海洋大学慕永通教授、上海海洋大学邵征翌副教授、自然资源部第四海洋研究所王波助理研究员对本书进行了详细认真的审订，提出了很多宝贵意见，在此表示衷心感谢！本书出版得到了山东外贸职业学院国际贸易摩擦与应对研究团队的大力支持和帮助，在此一并致谢！由于作者水平有限，本书中的疏漏之处还请读者批评指正，以便今后改正和提高。

张红智

**2019 年 6 月 16 日**

# 目　录

# 第一章　世界水生动植物产业发展

本书文中数据来源于联合国粮食及农业组织（FAO）数据库 FishStatJ①，除特别提及外，数据的时间跨度为 1950—2016 年。其中，总产量（Global Production by Production Source）、捕捞产量（Capture Production）、养殖产量（Aquaculture Production-Quantities）数据的时间跨度为 1950—2016 年；养殖产值（Aquaculture Production-Values）数据的时间跨度为 1984—2016 年；贸易（Fisheries Commodities Production and Trade）数据的时间跨度为 1976—2016 年。联合国粮食及农业组织对外进行数据发布时，主要采用两种物种分类：一种是 FAO 编制的 FAOSTAT Group 分组，另一种是国际水生动植物标准统计分类（International Standard Statistical Classification of Aquatic Animals and Plants，ISSCAAP）。国际水生动植物标准统计分类被用于捕捞和养殖渔业统计数据的收集，旨在根据其分类学、生态学和经济学特点，将商业品种分为 50 个组和 9 个类别（见表 1－1）。在联合国粮食及农业组织渔业统计中，区域标签的设定分为三种：第一种是内水和海水；第二种是对海洋捕捞按海区分类；第三种是对海区进行更进一步的细分，如将大西洋分为几个范围更小的统计区域。对捕捞产量的统计，FAO 的统计口径分为两类：内陆捕捞和海水捕捞。

2016 年，世界水生动植物各大类按总产量高低排序依次是：海水鱼（6 789.31 万吨），淡水鱼（5 673.07 万吨），水生植物（3 123.07 万吨），软体类（2 346.51 万吨），甲壳类（1 457.27 万吨），咸水鱼（673.48 万吨），各种水生动物（154.43 万吨），各种水生动物产品（5.17 万吨），鲸、海豹及其他水生哺乳动物（未报告其总产量），见图 1－1。同年，世界水生动植物各大类按出口量高低排序依次是：海水鱼（2 422.68 万吨），咸水鱼（368.82），甲壳类（367.48 万吨），软体类（323.94 万吨），淡水鱼（164.16 万吨），水生植物（45.76 万吨），各种水生动物产品（14.12 万吨），各种水生动物（8.16 万吨），鲸、海豹及其他水生哺乳动物（0.09 万吨），见图 1－2。考虑到世界水生动植物各大类产量与贸易量的具体情况及其经济价值，本书研究范围仅包括世界水生动植物中的六大类，按照

① FAO. 2018. Fishery and Aquaculture Statistics. In: FAO Fisheries and Aquaculture Department [online]. Rome. Updated 2018. www.fao.org/fishery/statistics/software/fishstatj/en.

2016 年总产量高低排序依次为海水鱼淡水鱼、水生植物、软体类、甲壳类、咸水鱼。下文所说的世界水生动植物也仅指代这六大类。本书的篇章布局也按这六大类展开。

表 1－1　　国际水生动植物标准统计分类（ISSCAAP）

| | 分类物种组 | 中　文 |
|---|---|---|
| **1** | **Freshwater Fishes** | **淡水鱼** |
| 11 | carps，barbels and other cyprinids | 鲤鱼、鲃、其他鲤科鱼 |
| 12 | tilapias and other cichlids | 罗非鱼和其他丽鱼科鱼 |
| 13 | miscellaneous freshwater fishes | 各种淡水鱼 |
| **2** | **Diadromous Fishes** | **咸水鱼** |
| 21 | sturgeons，paddlefishes | 鲟、白鲟 |
| 22 | river eels | 河鳗 |
| 23 | salmon，trouts，smelts | 鲑鱼、鳟鱼、胡瓜鱼 |
| 24 | shads | 西鲱 |
| 25 | miscellaneous diadromous fishes | 各种咸水鱼 |
| **3** | **Marine Fishes** | **海水鱼** |
| 31 | flounders，halibuts，soles | 鲽、大比目鱼、鳎 |
| 32 | cods，hakes，haddocks | 鳕、无须鳕、黑线鳕 |
| 33 | miscellaneous coastal fishes | 各种沿海鱼类 |
| 34 | miscellaneous demersal fishes | 各种底层鱼 |
| 35 | herrings，sardines，anchovies | 鲱鱼、沙丁鱼、凤尾鱼 |
| 36 | tunas，bonitos，billfishes | 金枪鱼、狐鲣、剑旗鱼 |
| 37 | miscellaneous pelagic fishes | 各种远洋鱼类 |
| 38 | sharks，rays，chimaeras | 鲨鱼、魟鱼、银鲛 |
| 39 | marine fishes not identified | 未识别的海水鱼 |
| **4** | **Crustaceans** | **甲壳类** |
| 41 | freshwater crustaceans | 淡水水生动植物 |
| 42 | crabs，sea-spiders | 蟹 |

续表

| | 分类物种组 | 中　文 |
|---|---|---|
| 43 | lobsters，spiny-rock lobsters | 龙虾 |
| 44 | king crabs，squat-lobsters | 皇帝蟹及铠甲虾 |
| 45 | shrimps，prawns | 对虾、明虾 |
| 46 | krill，planktonic crustaceans | 磷虾及浮游甲壳动物 |
| 47 | miscellaneous marine crustaceans | 各种海洋水生动植物 |
| **5** | **Molluscs** | **软体类** |
| 51 | freshwater molluscs | 淡水软体类 |
| 52 | abalones，winkles，conchs | 鲍螺 |
| 53 | oysters | 牡蛎 |
| 54 | mussels | 贻贝 |
| 55 | scallops，pectens | 扇贝 |
| 56 | clams，cockles，arkshells | 蛤类 |
| 57 | squids，cuttlefishes，octopuses | 鱿鱼、墨鱼、章鱼 |
| 58 | miscellaneous marine molluscs | 各种海洋软体类 |
| **6** | **Whales，Seals and Other Aquatic Mammals** | **鲸、海豹及其他水生哺乳动物** |
| 61 | blue-whales，fin-whales | 蓝鲸、长须鲸 |
| 62 | sperm-whales，pilot-whales | 抹香鲸、巨头鲸 |
| 63 | eared seals，hair seals，walruses | 海狗、海豹、海象 |
| 64 | miscellaneous aquatic mammals | 各种水生哺乳动物 |
| **7** | **Miscellaneous Aquatic Animals** | **各种水生动物** |
| 71 | frogs and other amphibians | 蛙和其他两栖动物 |
| 72 | turtles | 海龟 |
| 73 | crocodiles and alligators | 鳄鱼和短吻鳄 |
| 74 | sea-squirts and other tunicates | 海鞘和其他被囊类 |
| 75 | horseshoe crabs and other arachnoids | 鲎 |
| 76 | sea-urchins and other echinoderms | 海胆和其他棘皮类动物 |
| 77 | miscellaneous aquatic invertebrates | 各种水生无脊椎动物 |

续表

| | 分类物种组 | 中　文 |
|---|---|---|
| **8** | **Miscellaneous Aquatic Animal Products** | **各种水生动物产品** |
| 81 | pearls，mother-of-pearl，shells | 珍珠、珍珠母、壳 |
| 82 | corals | 珊瑚 |
| 83 | sponges | 海绵 |
| **9** | **Aquatic Plants** | **水生植物** |
| 91 | brown seaweeds | 褐藻 |
| 92 | red seaweeds | 红藻 |
| 93 | green seaweeds | 绿藻 |
| 94 | miscellaneous aquatic plants | 各种水生植物 |

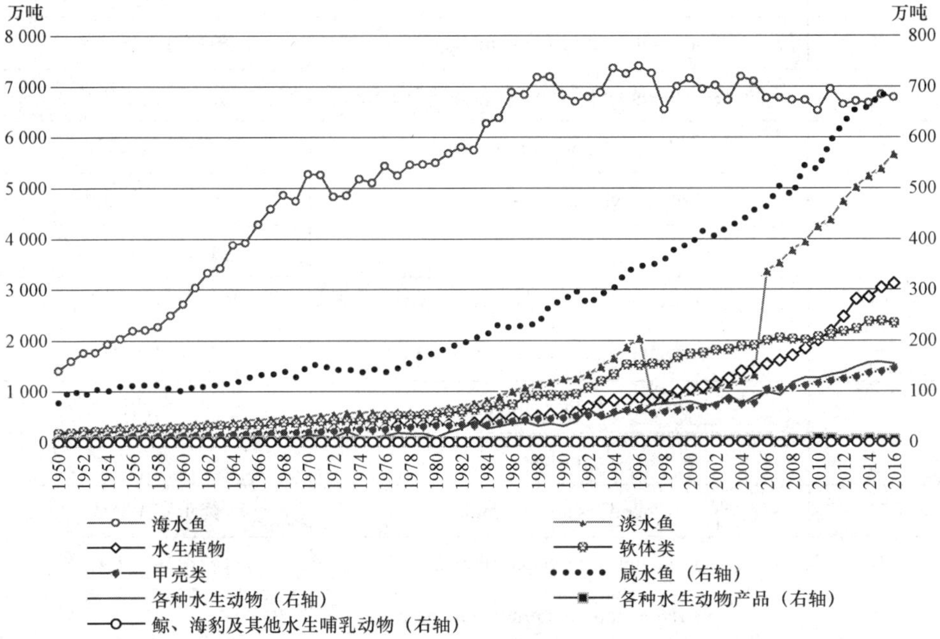


**图 1－1　1950—2016 年世界水生动植物（九大类）总产量变动趋势**

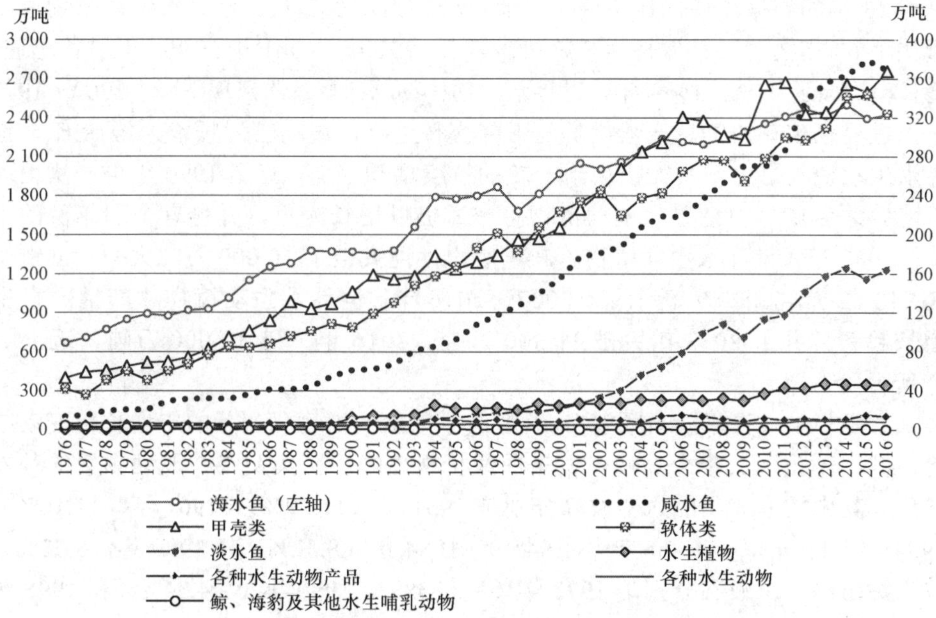


**图 1-2　1976—2016 年世界水生动植物（九大类）出口量变动趋势**

# 第一节　世界水生动植物产业发展概况

本节分析世界水生动植物产业（不包括各种水生动物、各种水生动物产品和鲸、海豹及其他水生哺乳动物，下同）1950—2016 年的动态演变过程。如无特殊说明，本书所研究的世界数据不含中国数据。

本节的主要内容涉及：（1）世界水生动植物总产量变动趋势；（2）世界水生动植物养殖产量、捕捞产量变动趋势；（3）世界六大类水生动植物产量变动趋势；（4）世界六大类水生动植物养殖产量、捕捞产量变动趋势。

## 一、世界水生动植物总产量变动趋势

### （一）总产量变动趋势

1950 年世界水生动植物总产量为 1 889.51 万吨，2016 年世界水生动植物总产量为 12 019.49 万吨。

世界水生动植物总产量总体上呈现出“短期波动频繁、长期增长为主”的基本态势（见图 1-3）。具体而言，世界水生动植物总产量的变动趋势主要表现出以下特点。

一是“增长为主”。纵观1950—2016年世界水生动植物总产量的变动趋势，仅有13年的数据出现同比下降，其他年份均为增长趋势。世界水生动植物总产量在1969年之前一直保持增长趋势。其中1951年、1961年、1964年增长迅速，增长率均高于11%。1969年，世界水生动植物总产量首次出现下降。1969—1977年，世界水生动植物总产量增长与下降交替进行，波动较为频繁。1978年，世界水生动植物总产量开始出现新一轮的持续增长趋势，直至1990年再一次出现下降。之后年份中世界水生动植物总产量仍以增长为主，并伴有个别年份的下降。2007年，世界水生动植物总产量历史性地突破了10 000万吨大关，创造了10 013.62万吨的历史新纪录。2007—2016年，世界水生动植物总产量一直呈增长趋势，并于2013年突破11 000万吨，2016年突破12 000万吨，迈上一个新台阶。

二是“年增长率波动频繁”。纵观世界水生动植物总产量的年增长率变动趋势，其中，出现数十个高峰，整条曲线呈现出峰谷密集交错、波动频繁的基本格局。其中较为突出的六个波峰分别是1951年（11.29%）、1961年（11.16%）、1964年（11.06%）、1970年（11.04%）、1984年（8.32%）和1999年（8.52%），较为突出的三个波谷分别是1972年（－6.83%）、1990年（－4.34%）和1998年（－8.87%）。

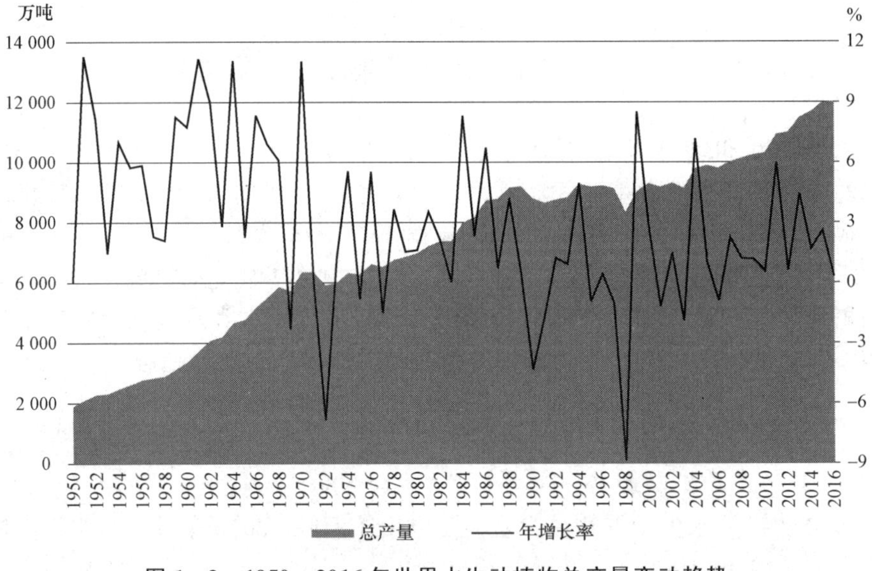


**图1－3　1950—2016年世界水生动植物总产量变动趋势**

（二）总产量在不同时期的增长情况

从世界水生动植物总产量在不同时期的增长情况来看，我们以 10 年为期把 1957—2016 年划分为 6 个时期，分别计算了每一时期的增长量和增长率，同时计算了 1950—2016 年的产量增量和增幅。表 1－2 显示，1950—2016 年，世界水生动植物总产量增加了 10 129.97 万吨，年均增长量为 153.48 万吨，年均增长率为 2.84%。

计算结果表明：

（1）从增长量来看，世界水生动植物产业表现最好的时期是 1957—1966 年，10 年间产量增长了 2 335.18 万吨，年均增长量达到了 259.46 万吨；表现最差的时期是 1987—1996 年，10 年间产量只增长了 437.40 万吨。

（2）从增长率来看，世界水生动植物产业表现最好的时期是 1957—1966 年，10 年间产量增长率达到了 82.59%；表现最差的时期是 1987—1996 年，10 年间产量增长率只有 4.98%。

**表 1－2　　不同时期世界水生动植物总产量增长情况**

单位：万吨，%

| 年份 | 1950—2016 | 1957—1966 | 1967—1976 | 1977—1986 | 1987—1996 | 1997—2006 | 2007—2016 |
|---|---|---|---|---|---|---|---|
| **G** | 10 129.97 | 2 335.18 | 1 096.83 | 2 202.85 | 437.40 | 666.05 | 2 005.87 |
| **GR** | 536.12 | 82.59 | 19.87 | 33.81 | 4.98 | 7.30 | 20.03 |

注：G 为增长量，GR 为增长率，下同。

## 二、世界水生动植物养殖产量、捕捞产量变动趋势

（一）养殖产量、捕捞产量变动趋势

世界水生动植物养殖产量在 1950—2016 年始终低于捕捞产量，且自 1950 年开始，与后者的差距有逐年拉大的趋势，1988 年差距达到最大。当年，世界水生动植物捕捞产量增加到 8 299.29 万吨，水生动植物养殖产量是 850.21 万吨，两者之间的差距高达 7 449.08 万吨。1967—2007 年，世界水生动植物捕捞产量与养殖产量的差距始终稳定在 5 000 万吨以上。1990 年以后，世界水生动植物养殖产量尽管依然低于捕捞产量，但两者之间的差距呈现出明显缩小的趋势（见图 1－4），特别是自 2008 年起，二者的差距迅速缩小。2016 年，世界水生动植物捕捞产量为 7 382.46 万吨，水生动植物养殖产量增加到 4 637.02 万吨，两者之间的差距是 2 745.44 万吨，是 1959 年以来差距最小的一个年份。

与世界水生动植物养殖产量曲线相比，捕捞产量曲线表现出“波动次数更多，

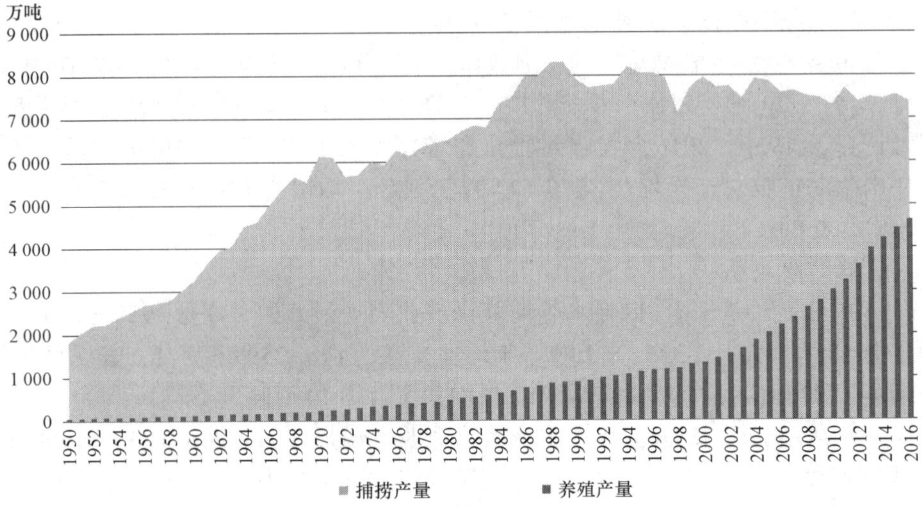


**图 1－4　1950—2016 年世界水生动植物养殖产量和捕捞产量变动趋势**

波动幅度更大”的特点。先看前一特点，1950—2016 年，世界水生动物捕捞产量发生过 20 多次波动。就波动幅度而言，我们分别以升幅、降幅最高和最低的两年为例：世界水生动物养殖产业在 1950—2016 年产量升幅、降幅最大的年份分别是 2013 年和 1958 年，其中前者在其上年产量的基础上增加了 384.44 万吨，而后者的产量在其上年的基础上下降了 2.66 万吨；同一时期，世界水生动植物捕捞产量升、降幅最大的年份分别为 1999 年和 1998 年，1999 年的产量在其上年的基础上增加了 614.69 万吨，而 1998 年的产量则比其上年减少了 829.19 万吨。

1950 年以来，世界水生动植物养殖产量总体呈现出不断增加的趋势，而且自 1967 年开始增速均高于捕捞产量。从 1950 年的 56.25 万吨到 2016 年的 4 637.02 万吨，67 年间实现了 4 580.77 万吨的增长量，年均增长量为 69.41 万吨。世界水生动植物养殖产量包括内陆水产养殖产量和海洋水产养殖产量两部分。自 1950 年以来，海洋水产养殖产量均高于内陆水产养殖产量，两者的变动趋势基本相同（见图 1－5）。

从内陆水产养殖产量来看，除 1958 年小幅下降外，其余年份均呈现增长趋势。从 1950 年的 19.36 万吨到 2016 年的 1 956.97 万吨，67 年间内陆水产养殖产量实现了 1 937.61 万吨的增长量，年均增长量为 29.36 万吨。从海洋水产养殖产量来看，除 1954 年、1958 年、1964 年、1969 年、1990 年和 1997 年出现小幅下降外，其余年份均呈现增长趋势。从 1950 年的 36.89 万吨到 2016 年的 2 680.05 万吨，67 年间海洋水产养殖产量实现了 2 643.16 万吨的增长量，年均增长量为 40.05 万吨。

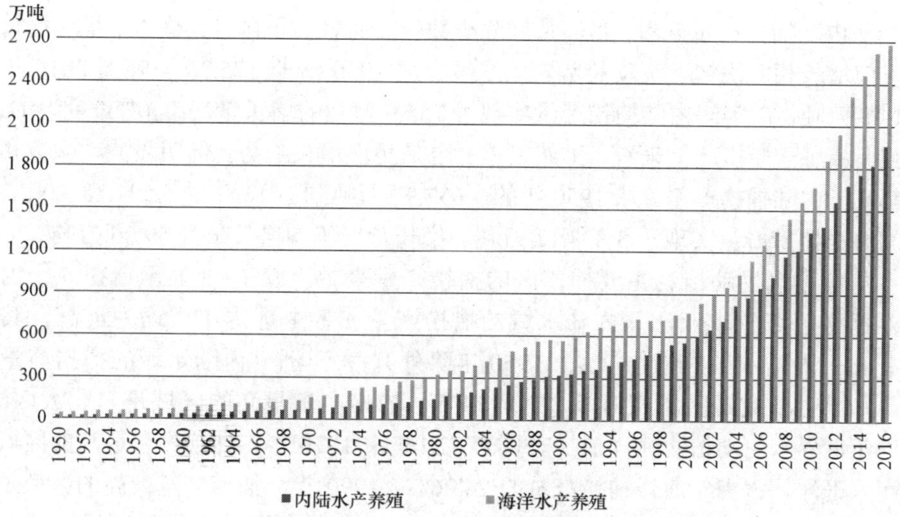


**图 1－5　1950—2016 年世界水生动植物养殖产量变动趋势**

1950 年以来，世界水生动植物捕捞产量总体上呈现出不断增加的趋势，但自 1967 年开始，其年增长率均低于养殖产量年增长率。从 1950 年的 1 833.27 万吨到 2016 年的 7 382.46 万吨，67 年间实现了 5 549.19 万吨的增长量，年均增长量为 84.08 万吨。世界水生动植物捕捞产量分为内陆捕捞产量和海洋捕捞产量两部分。自 1950 年以来，海洋捕捞产量远高于内陆捕捞产量，两者之间的差距明显（见图 1－6）。

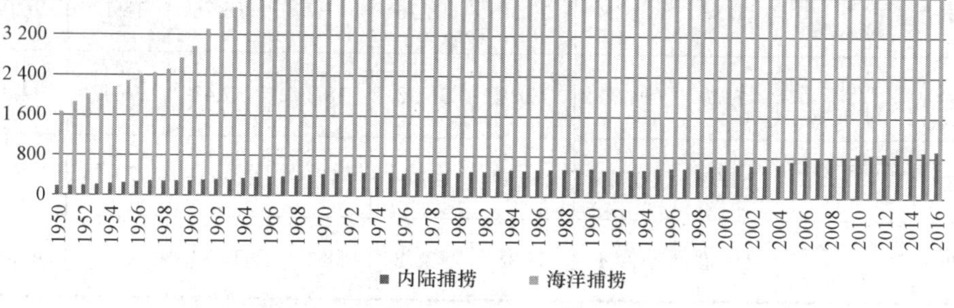


**图 1－6　1950—2016 年世界水生动植物捕捞产量变动趋势**

从内陆捕捞产量来看，考察期间除少数年份有轻微下降外，整体上呈现增长趋势，但增长相对缓慢，变动趋势较为平缓。从 1950 年的 175.28 万吨到 2016 年的 931.18 万吨，67 年间内陆捕捞产量实现了 755.9 万吨的增长量，年均增长量为 11.45 万吨。从海洋捕捞产量来看，虽然整体上也是呈现增长趋势，但明显波动次数和幅度都高于内陆捕捞产量。从 1950 年的 1 657.99 万吨到 2016 年的 6 541.28 万吨，67 年间海洋捕捞产量实现了 3 898.12 万吨的增长量，年均增长量为 59.06 万吨。

从世界水生动植物主要捕捞区的捕捞产量来看，表 1-3 显示，在 6 个内陆主要捕捞区域中，亚洲—内陆水域的捕捞产量在各个选定年份均为最高，其次是非洲—内陆水域的捕捞产量（1950 年除外），大洋洲—内陆水域的捕捞产量最低。海洋主要捕捞区域相对较多。1950 年，捕捞产量最高的区域是东北大西洋，占当年世界水生动植物海洋捕捞产量的 32.15%；1970 年，捕捞产量最高的区域是东南太平洋，占当年海洋捕捞产量的 24.26%；1990 年，捕捞产量最高的区域是西北太平洋，占当年海洋捕捞产量的 22.48%；2000 年，捕捞产量最高的区域是东南太平洋，占当年海洋捕捞产量的 21.92%；2010 年、2012 年、2014 年和 2016 年捕捞产量最高的区域均为中西太平洋，分别占当年海洋捕捞产量的 17.76%、18.02%、19.26%和 19.57%。海洋捕捞产量最低的区域是北极和南极（1950 年、1970 年除外），其中 1950 年、1970 年捕捞产量最低的区域是西南太平洋。

**表 1-3　　世界水生动植物捕捞产量：FAO 主要捕捞区域**

单位：万吨

| 捕捞区域代码 | 捕捞区域名称 | 1950 年 | 1970 年 | 1990 年 | 2000 年 | 2010 年 | 2012 年 | 2014 年 | 2016 年 |
|---|---|---|---|---|---|---|---|---|---|
| | | | | 内陆 | | | | | |
| **01** | 非洲—内陆水域 | 32.58 | 107.62 | 186.07 | 213.40 | 261.97 | 269.96 | 284.36 | 286.39 |
| **02** | 北美洲—内陆水域 | 10.86 | 13.18 | 22.30 | 18.76 | 17.79 | 16.78 | 18.12 | 26.04 |
| **03** | 南美洲—内陆水域 | 7.07 | 14.09 | 29.88 | 36.30 | 38.39 | 37.43 | 36.42 | 34.08 |
| **04** | 亚洲—内陆水域 | 64.93 | 205.39 | 258.44 | 347.04 | 515.32 | 521.17 | 522.63 | 538.88 |
| **05** | 欧洲—内陆水域① | 59.80 | 89.74 | 58.38 | 42.78 | 38.17 | 37.83 | 39.79 | 44.00 |

① 包括俄罗斯联邦。

续表

| 捕捞区域代码 | 捕捞区域名称 | 1950 年 | 1970 年 | 1990 年 | 2000 年 | 2010 年 | 2012 年 | 2014 年 | 2016 年 |
|---|---|---|---|---|---|---|---|---|---|
| **06** | 大洋洲—内陆水域 | 0.05 | 0.11 | 2.23 | 2.07 | 1.75 | 1.83 | 1.83 | 1.79 |
| | **海洋** | | | | | | | | |
| **21** | 西北大西洋 | 226.08 | 420.21 | 330.24 | 208.83 | 210.24 | 199.00 | 185.08 | 182.00 |
| **27** | 东北大西洋 | 533.07 | 1 061.65 | 882.78 | 1 135.40 | 895.42 | 824.32 | 891.69 | 858.89 |
| **31** | 中西大西洋 | 51.68 | 133.24 | 170.90 | 182.00 | 123.24 | 142.43 | 115.99 | 155.70 |
| **34** | 中东大西洋 | 31.45 | 242.62 | 412.72 | 370.52 | 450.86 | 414.50 | 444.71 | 479.65 |
| **37** | 地中海和黑海 | 73.13 | 114.10 | 138.72 | 151.73 | 142.75 | 128.66 | 111.80 | 123.73 |
| **41** | 西南大西洋 | 17.26 | 73.46 | 188.62 | 224.82 | 172.72 | 180.79 | 207.92 | 149.19 |
| **47** | 东南大西洋 | 46.15 | 251.90 | 144.56 | 164.98 | 137.41 | 166.68 | 157.73 | 169.75 |
| **51** | 西印度洋 | 55.41 | 142.49 | 328.47 | 400.17 | 427.14 | 454.66 | 483.59 | 493.91 |
| **57** | 东印度洋 | 31.69 | 114.51 | 334.76 | 505.15 | 593.05 | 605.23 | 624.18 | 630.20 |
| **61** | 西北太平洋 | 375.93 | 984.96 | 1 652.13 | 874.15 | 825.89 | 818.66 | 808.24 | 769.01 |
| **67** | 东北太平洋 | 59.81 | 261.28 | 332.11 | 247.07 | 243.24 | 291.04 | 314.19 | 308.59 |
| **71** | 中西太平洋 | 53.97 | 371.80 | 736.17 | 968.30 | 1 142.19 | 1 172.78 | 1 263.19 | 1 262.61 |
| **77** | 中东太平洋 | 81.38 | 91.31 | 163.74 | 178.94 | 192.14 | 190.75 | 180.34 | 161.04 |
| **81** | 西南太平洋 | 3.98 | 12.70 | 82.70 | 71.54 | 57.92 | 59.80 | 57.04 | 46.86 |
| **87** | 东南太平洋 | 17.01 | 1 382.64 | 1 400.89 | 1 599.82 | 793.55 | 841.50 | 685.74 | 638.78 |
| **18,48,58,88** | 北极和南极区域 | — | 40.05 | 50.51 | 13.70 | 22.83 | 17.45 | 25.80 | 21.37 |
| 合计 | | **1 833.27** | **6 129.04** | **7 907.32** | **7 957.48** | **7 303.97** | **7 393.26** | **7 460.39** | **7 382.46** |

（二）养殖产量、捕捞产量在不同时期的增长情况

1950—2016 年，世界水生动植物的养殖产量、捕捞产量的年增长率波动频繁（见图 1－7）。养殖产量的年增长率最高出现在 1970 年，为 15%，比其上年增加了 29.03 万吨；最低出现在 1958 年，为－2.69%，比其上年下降了 2.66 万吨。考察期间除 1958 年、1969 年外，养殖产量均呈现上涨趋势。捕捞产量的年增长率最高出现在 1964 年，为 11.4%，捕捞产量比其上年增加了 461.03 万吨；最低出现在 1998 年，为－10.43%，捕捞产量比其上年减少了 829.19 万吨。1969 年，捕捞产量出现首次下降。1969—2016 年，捕捞产量的

变动中增长与下降交替进行，2001 年之后下降成为主要趋势，捕捞产量的年增长率多为负数。

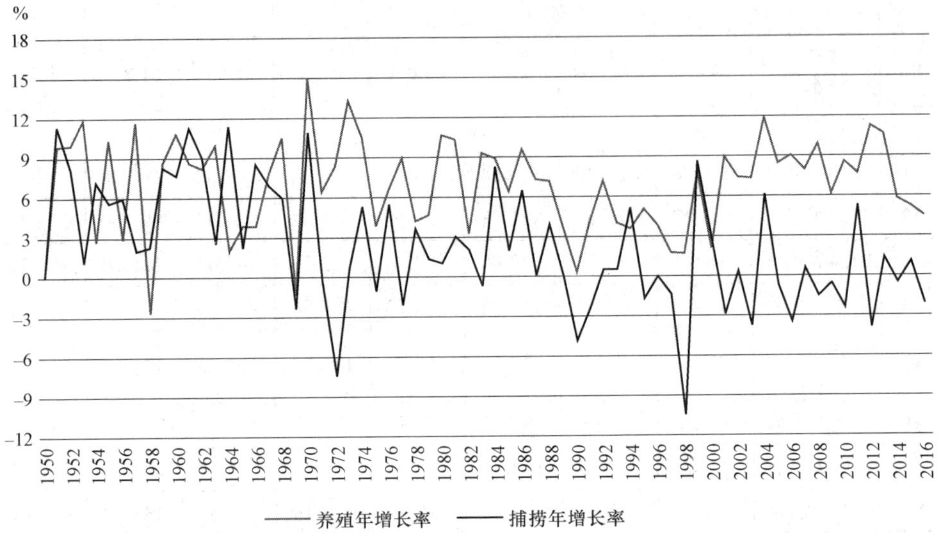


**图 1－7　1950—2016 年世界水生动植物养殖产量、捕捞产量增长情况**

1950—2016 年世界水生动植物养殖产量的增长量为 4 580.78 万吨，增长率高达 8 144.29%。从 6 个不同的 10 年期来看，2007—2016 年和 1967—1976 年分别是世界水生动植物养殖产量增长量和增长率最高的时期（见表 1－4）。在所有 6 个时期中，2007—2016 年是增长量最高的时期（2 264.60 万吨），1997—2006 年次之（1 016.65 万吨），1957—1966 年最低，仅实现了 65.73 万吨的增长量。从增长率方面看：表现最好的时期是 1967—1976 年，虽然这一时期仅实现了 178.16 万吨的增长量，但由于期初产量基数很低，增长率高达 100.35%；与此形成对比的是 1987—1996 年，虽然增长量达 367.01 万吨，但由于期初产量基数较高，增长率只有 46.26%，增长率表现最差。

**表 1－4　　不同时期世界水生动植物养殖产量增长情况**

单位：万吨，%

| 年份 | 1950—2016 | 1957—1966 | 1967—1976 | 1977—1986 | 1987—1996 | 1997—2006 | 2007—2016 |
|---|---|---|---|---|---|---|---|
| **G** | 4 580.78 | 65.73 | 178.16 | 351.77 | 367.01 | 1 016.65 | 2 264.60 |
| **GR** | 8 144.29 | 66.44 | 100.35 | 90.79 | 46.26 | 86.10 | 95.45 |

表 1－5 显示，1950—2016 年，世界水生动植物捕捞产量的增长量为 5 549.19 万吨，增长率为 302.69%。虽然捕捞产量在 67 年间的增长量高于养殖产量，但

由于期初基数较高，增长率远远低于养殖产量的增长率。

从 6 个不同的 10 年期来看，世界水生动植物捕捞产量增长量和增长率最高的时期均为 1957—1966 年。其中 1997—2006 年、2007—2016 年捕捞产量的增长量和增长率均为负值，表示捕捞产量未增反减。在 4 个增长量为正值的时期中，1957—1966 年是增长量最高的时期（2 269.44 万吨），1977—1986 年次之（1 851.09 万吨），1987—1996 年最低，仅实现了 70.39 万吨的增长量。增长率方面，表现最好的时期是 1957—1966 年，增长率高达 83.18%，与此形成对比的是 1987—1996 年，增长率只有 0.88%。

**表 1–5　　不同时期世界水生动植物捕捞产量增长情况**

单位：万吨，%

| 年份 | 1950—2016 | 1957—1966 | 1967—1976 | 1977—1986 | 1987—1996 | 1997—2006 | 2007—2016 |
|---|---|---|---|---|---|---|---|
| **G** | 5 549.19 | 2 269.44 | 918.67 | 1 851.09 | 70.39 | **–350.6** | **–258.73** |
| **GR** | 302.69 | 83.18 | 17.20 | 30.20 | 0.88 | **–4.41** | **–3.39** |

（三）选定年份的养捕比

表 1–6 显示，在所有选定年份中，世界水生动植物的养殖产量都低于捕捞产量，呈现出“养弱捕强”态势。尽管如此，选定年份世界水生动植物水生动植物养殖产量与捕捞产量的差距不断缩小，从 1950 年的 3:97 增加到 1985 年的 8:92，2005 年攀升到 20:80，2016 年则达到了历史最高的 39:61。

**表 1–6　　选定年份世界水生动植物产量养捕比**

单位：万吨，%

| 年份 | 1950 | 1955 | 1965 | 1975 | 1985 | 1995 | 2005 | 2015 | 2016 |
|---|---|---|---|---|---|---|---|---|---|
| 养殖产量 | 56.25 | 86.08 | 158.54 | 333.59 | 674.70 | 1 117.52 | 2 015.21 | 4 437.89 | 4 637.02 |
| 捕捞产量 | 1 833.27 | 2 524.95 | 4 605.85 | 5 936.26 | 7 493.78 | 8 060.36 | 7 866.34 | 7 542.75 | 7 382.46 |
| 养捕比 | 3:97 | 3:97 | 3:97 | 5:95 | 8:92 | 12:88 | 20:80 | 37:63 | 39:61 |

## 三、世界水生动植物各大类产量变动趋势

世界几大水生动植物产区的主产品种有所不同，根据 2016 年水生动植物总产量数据，亚洲（不含中国）以海水鱼（2 358.69 万吨，33.56%）、淡水鱼（2 061.36 万吨，29.33%）和水生植物（1 563.95 万吨，22.25%）为主；欧洲以海水鱼（1 201.61 万吨，71.02%）、咸水鱼（240.49 万吨，14.21%）和软体类（108.95 万吨，6.44%）为主；美洲

以海水鱼（1 245.89 万吨，62.54%）、软体类（215.58 万吨，10.82%）和水生动植物（207.31 万吨，10.41%）为主；非洲以海水鱼（628.5 万吨，55.05%）和淡水鱼（454.4 万吨，39.80%）为主；大洋洲以海水鱼（131.48 万吨，79.42%）、软体类（17.44 万吨，10.53%）和咸水鱼（7.54 万吨，4.55%）为主。具体详见图 1－8。

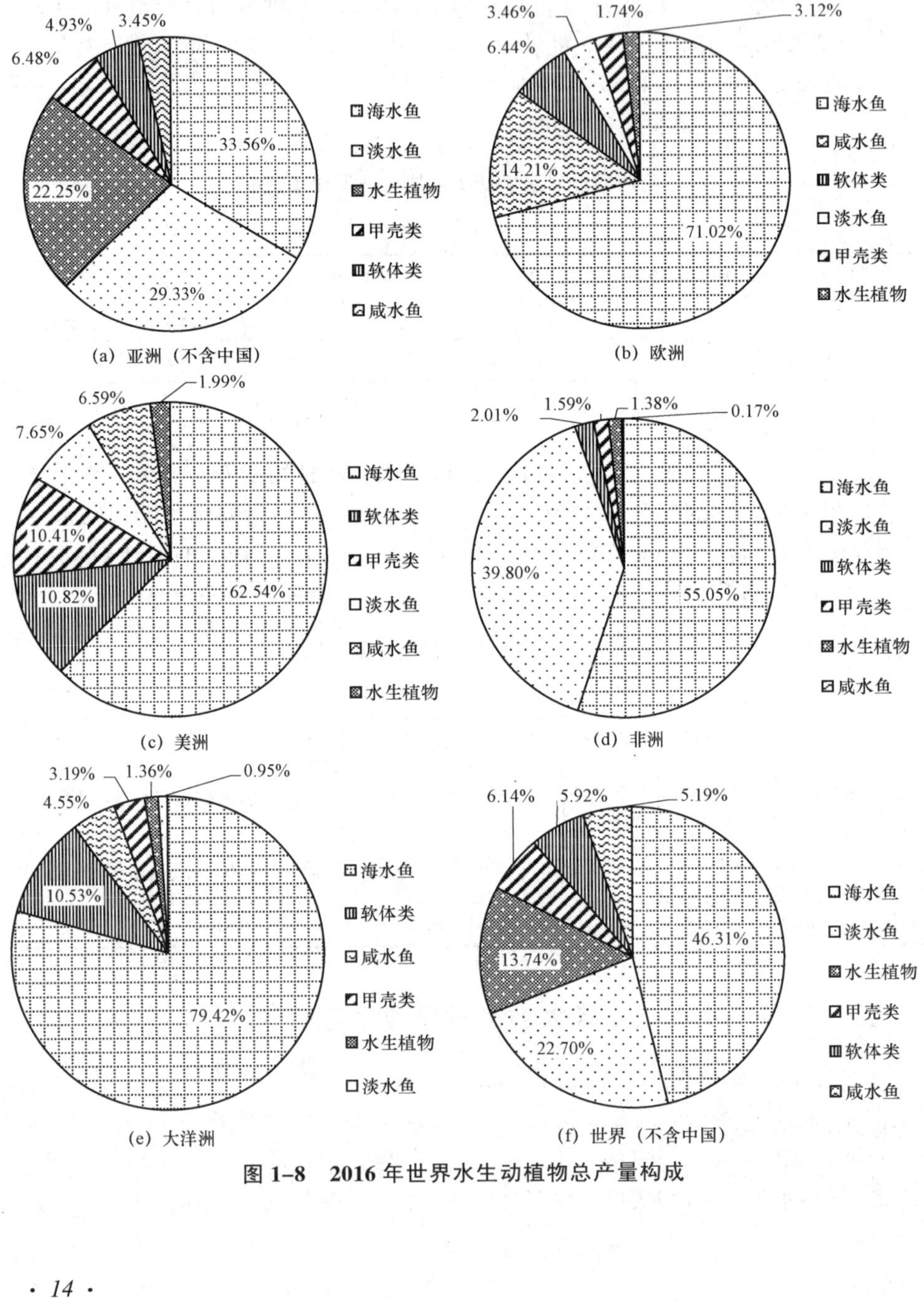


**图 1–8　2016 年世界水生动植物总产量构成**

（一）各大类产量变动趋势

如图 1－8 所示，2016 年，世界水生动植物各大类按总产量排序依次为海水鱼（5 566.69 万吨，46.31%）、淡水鱼（2 728.24 万吨，22.7%）、水生植物（1 651.16 万吨，13.74%）、甲壳类（738.56 万吨，6.14%）、软体类（711.11 万吨，5.92%）、咸水鱼（623.72 万吨，5.19%）。

图 1－9 显示，1950 年以来，世界水生动植物各大类产量呈现不同特点，海水鱼的产量呈现出波动上升的趋势，且前期波动的幅度较大，后期趋于稳定；淡水鱼的产量呈现平稳上升的趋势；水生植物的产量呈现出波动上升的趋势，波动的幅度较为平缓。甲壳类和咸水鱼的产量虽呈现波动上升趋势，但是甲壳类的波动幅度较小；软体类的产量呈现波动上升趋势，且在 2016 年之前一直高于甲壳类，2016 年被甲壳类反超。

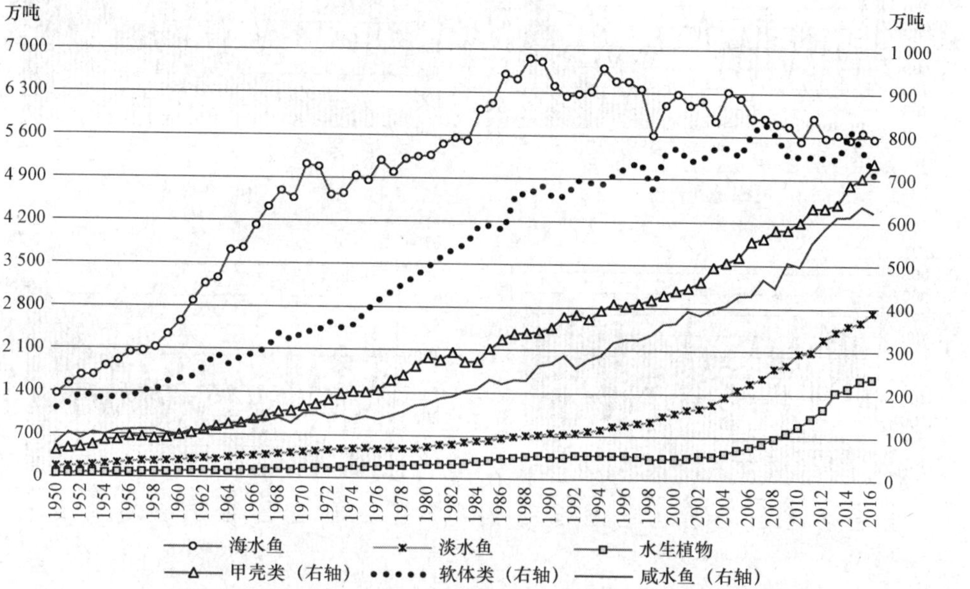


图 1－9　1950—2016 年世界水生动植物产量变动趋势

（1）海水鱼。从世界水生动植物各大类产量的变化趋势来看（见图 1－10），海水鱼的产量自 1950 年起一直是世界水生动植物各大类产量中的第一位，在世界水生动植物总产量中的占比均高于 46.31%。海水鱼的产量呈现出波动上升的趋势，且上升幅度较大。1950 年，海水鱼的产量为 1 357.07 万吨，在随后的 20 年里，呈现出快速波动上升的趋势，于 1970 年达到第一次高峰，产量为 5 116.27 万吨。在随后的 10 余年里，海水鱼的产量虽在个别年份有所下降，但仍是以增

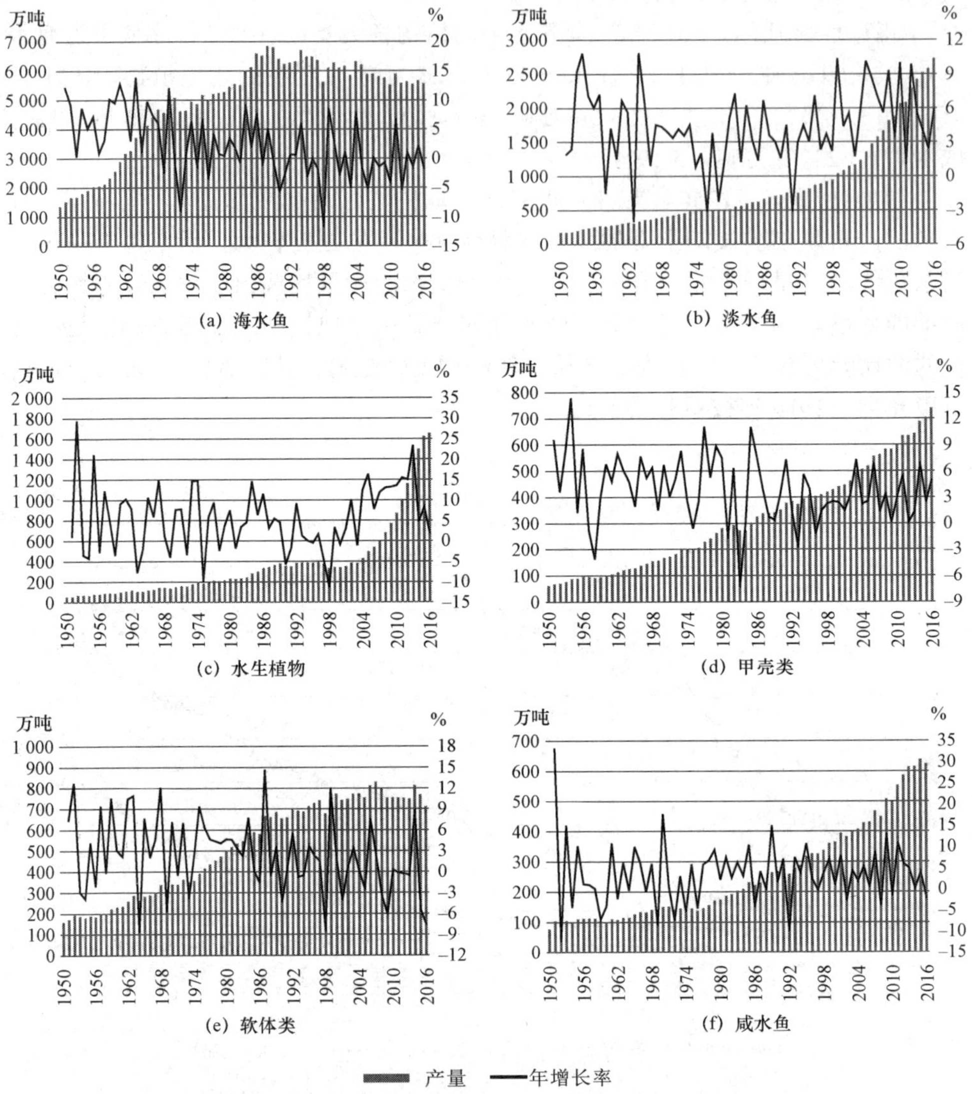


**图 1–10　1950—2016 年世界水生动植物产量变化趋势**

长为主，并于 1984 年达到第二次高峰，产量为 6 018.55 万吨。1985—2016 年，世界海水鱼的产量波动频繁，增长与下降交替，但是仍维持在 5 500 万吨以上。从增长率来看，1951—1968 年，海水鱼的增长率均为正值，且在 1964 年到达最高，为 13.90%。1969 年，海水鱼的增长率首次出现负值，在 1998 年出现最大降幅（–11.72%）。

（2）淡水鱼。淡水鱼产量呈现出平稳上升的趋势，产量曲线的波动在六大类世界水生动植物中最小。自 1953 年起，淡水鱼的产量一直维持在世界水生动植物各大类产量中的第二位。1950 年世界淡水鱼的产量是 176.56 万吨，2016 年增加到 2 728.24 万吨，67 年间增加了 2 551.68 万吨，年均增长量为 38.66 万吨；1969 年，世界淡水鱼产量达到 412.98 万吨，首次突破 400 万吨；随后产量一路攀升，于 1999 年达到 1 036.78 万吨，突破了 1 000 万吨；于 2010 年达到 2 063.96 万吨，突破 2 000 万吨。从增长率来看，1950—2016 年，淡水鱼的产量以增长为主，仅有 5 年增长率为负值，分别是 1958 年（－1.52%）、1963 年（－4.01%）、1976 年（－3.14%）、1978 年（－2.25%）和 1991 年（－3.06%）。

（3）水生植物。水生植物产量呈现出波动上升的趋势，波动的幅度较为平缓。1950 年，世界水生植物产量为 55.53 万吨，是当年六大类世界水生动植物中产量最低的，与当年淡水鱼的产量相差 121.03 万吨。1952 年，世界水生植物产量为 72.53 万吨，与当年淡水鱼的产量相差 111.63 万吨，这是两者产量最为接近的一年。之后水生植物产量与淡水鱼产量的差距逐年加大，2010 年，世界水生植物产量为 872.93 万吨，与当年淡水鱼产量相差 1 191.03 万吨，这是两者产量相差最大的一年。从增长率来看，1952 年，水生植物增长率为 29.4%，是 67 年间的最高增长率；1998 年，水生植物增长率为－11.34%，是 67 年间的最大降幅。自 2004 年起，水生植物增长率均为正值，且 2004—2013 年期间有 9 年的增长率在 11%以上，表明此阶段水生植物产量增长迅速。

（4）甲壳类。甲壳类的产量虽呈现出波动上升的趋势，但波动幅度较小。1950 年世界甲壳类的产量是 61.99 万吨，2016 年增加到 738.56 万吨，67 年间增加了 676.57 万吨，年均增长量为 10.25 万吨。1960 年，甲壳类产量为 100.03 万吨，首次突破 100 万吨。随后产量一路攀升，于 2015 年达到 703.37 万吨，突破 700 万吨。2016 年，甲壳类产量为 738.56 万吨，首次超过当年世界（不含中国）软体类产量，在 2016 年六大类世界水生动植物产量中排名第四。从增长率来看，1950—2016 年，甲壳类的产量以增长为主，仅有 8 年增长率为负值；波动幅度较小，仅有 3 年的增长率超过 10%，分别是 1954 年（14.37%）、1977 年（11.06%）和 1985 年（11.02%）。

（5）软体类。软体类的产量也呈现出波动上升的趋势，波动幅度较甲壳类高。1950 年，世界软体类的产量是 160.59 万吨，在当年六大类世界水生动植物产量中排名第三，并一直保持到 2009 年。2009 年，水生植物的产量为 768.59 万吨，首次超过当年软体类的产量（752.17 万吨），成为世界水生动植物六大类产量中的第三位，软体类产量跌至第四位，并一直保持到 2015 年。2016 年甲壳类的产量为 738.56 万吨，首次超过当年软体类的产量（711.11 万吨），成为世界水生动植物六大类产量中的第四位，软体类产量跌至第五位。从增长率来看，1950—2016 年，软体类的产量在增长的同时，伴有 23 年不同程度的下跌；从波动幅度来看，有 7 年的增长率超过 10%；最高增长率出现在 1987 年，达到 14.65%；最大降幅出现在 1964 年，达到 8.75%。

（6）咸水鱼。与甲壳类类似，咸水鱼的产量变动也呈现出波动上升的趋势，且波动幅度较甲壳类高。1950 年，咸水鱼的产量为 77.79 万吨，2016 年增加到 623.72 万吨，67 年间增加了 545.93 万吨，年均增长量为 8.27 万吨。1950 年，咸水鱼的产量在当年世界水生动植物六大类产量中排名第四，并一直保持到 1959 年。从增长率来看，1950—2016 年，咸水鱼的产量在增长的同时，伴有 19 年不同程度的下跌；从波动幅度来看，有 12 年的增长率超过 10%；最高增长率出现在 1951 年，达到 33.33%；最大降幅出现在 1952 年，达到 12.56%。

（二）不同时期各大类产量增长情况

表 1-7 显示，1950—2016 年，世界水生动植物六大类产量整体实现了 10 129.97 万吨的增长量，增长率为 536.12%，年均增长量为 153.48 万吨，年均增长率高达 2.84%。从增长量方面来看，海水鱼、淡水鱼、水生植物、甲壳类、软体类和咸水鱼表现最好的时期分别为 1957—1966 年（2 056.74 万吨）、2007—2016 年（1 066.56 万吨）、2007—2016 年（1 050.73 万吨）、2007—2016 年（176.02 万吨）、1977—1986 年（144.75 万吨）和 2007—2016 年（155.68 万吨），表现最差的时期分别为 1997—2006 年（−472.51 万吨）、1957—1966 年（93.20 万吨）、1957—1966 年（34.72 万吨）、1957—1966 年（43.20 万吨）、2007—2016 年（−118.89 万吨）和 1967—1976 年（5.54 万吨）。从增长率方面来看，海水鱼、淡水鱼、水生植物、甲壳类、软体类和咸水鱼表现最好的时期分别为 1957—1966 年（99.95%）、1997—2006 年（71.16%）、2007—2016 年（175%）、1957—1966 年（45.48%）、1957—1966 年（42.55%）和 1977—1986 年（51.62%），表现最差的时期分别为 1997—2006 年（−7.43%）、1967—1976 年（25.77%）、1987—1996 年（14.14%）、1987—1996 年（19.89%）、2007—2016 年（−14.32%）和 1967—1976 年（4.18%）。

从增长潜力方面来看，6 个不同时期中，淡水鱼、水生植物、甲壳类和咸水鱼产量始终保持增长，仍有一定的发展潜力；与之形成对比的是海水鱼和软体类。6 个时期中，海水鱼产量出现 3 次负增长，软体类产量出现 1 次负增长。海水鱼产量和软体类产量的负增长究竟是由于捕捞产量的负增长高于养殖产量的正增长？还是捕捞产量和养殖产量同时出现负增长？抑或捕捞产量的正增长低于养殖产量的负增长？本节第四部分将对这些问题做进一步分析。

表 1-7　　不同时期世界水生动植物各大类产量增长情况

单位：万吨，%

| 年份 | | 1950—2016 | 1957—1966 | 1967—1976 | 1977—1986 | 1987—1996 | 1997—2006 | 2007—2016 |
|---|---|---|---|---|---|---|---|---|
| 海水鱼 | G | 4 209.61 | 2 056.74 | 766.52 | 1 598.19 | **-35.60** | **-472.51** | **-324.23** |
| | GR | 310.20 | 99.95 | 17.35 | 31.98 | **-0.55** | **-7.43** | **-5.50** |
| 淡水鱼 | G | 2 551.69 | 93.20 | 98.15 | 167.59 | 198.07 | 654.21 | 1 066.56 |
| | GR | 1 445.26 | 34.35 | 25.77 | 33.70 | 28.77 | 71.16 | 64.19 |
| 水生植物 | G | 1 595.63 | 34.72 | 52.11 | 120.70 | 48.56 | 162.65 | 1 050.73 |
| | GR | 2 873.63 | 39.14 | 36.71 | 56.85 | 14.14 | 43.51 | 175.00 |
| 甲壳类 | G | 676.58 | 43.20 | 60.07 | 96.27 | 67.01 | 145.35 | 176.02 |
| | GR | 1 091.49 | 45.48 | 41.32 | 42.19 | 19.89 | 35.47 | 31.29 |
| 软体类 | G | 550.53 | 86.04 | 114.44 | 144.75 | 63.69 | 71.48 | **-118.89** |
| | GR | 342.82 | 42.55 | 37.95 | 33.25 | 9.58 | 9.66 | **-14.32** |
| 咸水鱼 | G | 545.93 | 21.28 | 5.54 | 75.36 | 95.67 | 104.88 | 155.68 |
| | GR | 701.83 | 18.96 | 4.18 | 51.62 | 41.51 | 32.26 | 33.26 |
| 合计 | **G** | **10 129.97** | **2 335.18** | **1 096.83** | **2 202.85** | **437.40** | **666.05** | **2 005.87** |
| | **GR** | **536.12** | **82.59** | **19.87** | **33.81** | **4.98** | **7.30** | **20.03** |

### （三）选定年份各大类对水生动植物总产量的贡献

表 1-8 显示，选定年份世界水生动植物各大类产量在世界水生动植物总产量中的占比情况如下：在 9 个选定年份中，除 2015 年、2016 年外，海水鱼产量占比在其他选定年份始终保持 60%以上，最高是 1965 年达到的 78.71%。2015 年、2016 年海水鱼产量仍占据第一，但是占比却下降到 47.32%、46.31%。淡水鱼产量占比在选定年份一直保持在第二位，且自 1985 年起开始上升，于 2016 年达到高峰 22.7%。水生植物产量占比在 2005 年之前变动较小，最高是 2005 年的 5.04%，最低是 1965 年的 2.45%。但是在 2015 年、2016 年占比迅速提高，分别达到 13.56%和 13.74%。甲壳类产量占比相对稳定，除 1965 年外，其余选定年份甲壳类产量占比都呈上升趋势。1950 年甲壳类产量占比为 3.28%，2016 年占比为 6.14%，变动相对较小。软体类对世界水生动植物总产量的贡献却呈现下降的趋势，1950 年软体类产量占比 8.5%，1965 年下降到 5.93%，之后虽有所回升，但是在 2015 年、2016 年又出现下降，并于 2016 年下降到 5.92%，创历史新低。咸水鱼对世界水生动植物总产量的贡献相对较少，维持在 2.31%至 5.33%之间，且总体呈现先小幅增长后下降，再增长又小幅下降的趋势。1950

年咸水鱼产量占比 4.12%，1955 年上升到 4.21%，1975 年下降到 2.31%，2015 年上升到 5.33%，创历史新高，2016 年又下降到 5.19%。

表 1－8　　选定年份世界水生动植物各大类产量在水生动植物总产量中占比　　单位：万吨，%

| 年份 | | 1950 | 1955 | 1965 | 1975 | 1985 | 1995 | 2005 | 2015 | 2016 |
|---|---|---|---|---|---|---|---|---|---|---|
| 海水鱼 | 产量 | 1 357.07 | 1 904.23 | 3 749.90 | 4 855.36 | 6 124.21 | 6 485.75 | 6 212.53 | 5 669.15 | 5 566.69 |
| | 占比 | 71.82 | 72.93 | 78.71 | 77.44 | 74.97 | 70.67 | 62.87 | 47.32 | 46.31 |
| 淡水鱼 | 产量 | 176.56 | 238.62 | 361.17 | 494.57 | 623.13 | 866.50 | 1 470.00 | 2 575.76 | 2 728.24 |
| | 占比 | 9.34 | 9.14 | 7.58 | 7.89 | 7.63 | 9.44 | 14.88 | 21.50 | 22.70 |
| 水生植物 | 产量 | 55.53 | 81.23 | 116.61 | 183.34 | 298.46 | 385.72 | 497.82 | 1 624.14 | 1 651.16 |
| | 占比 | 2.94 | 3.11 | 2.45 | 2.92 | 3.65 | 4.20 | 5.04 | 13.56 | 13.74 |
| 甲壳类 | 产量 | 61.99 | 88.27 | 128.33 | 200.50 | 301.71 | 409.05 | 518.84 | 703.37 | 738.56 |
| | 占比 | 3.28 | 3.38 | 2.69 | 3.20 | 3.69 | 4.46 | 5.25 | 5.87 | 6.14 |
| 软体类 | 产量 | 160.59 | 188.82 | 282.52 | 391.37 | 589.45 | 712.42 | 753.88 | 769.86 | 711.11 |
| | 占比 | 8.50 | 7.23 | 5.93 | 6.24 | 7.22 | 7.76 | 7.63 | 6.43 | 5.92 |
| 咸水鱼 | 产量 | 77.79 | 109.85 | 125.85 | 144.72 | 231.52 | 318.44 | 428.48 | 638.37 | 623.72 |
| | 占比 | 4.12 | 4.21 | 2.64 | 2.31 | 2.83 | 3.47 | 4.34 | 5.33 | 5.19 |
| 合计 | 产量 | **1 889.51** | **2 611.02** | **4 764.39** | **6 269.86** | **8 168.48** | **9 177.89** | **9 881.55** | **11 980.65** | **12 019.49** |
| | 占比 | **100.00** | **100.00** | **100.00** | **100.00** | **100.00** | **100.00** | **100.00** | **100.00** | **100.00** |

## 四、世界水生动植物各大类养殖产量、捕捞产量变动趋势

### （一）养殖产量、捕捞产量变动趋势

世界水生动植物养殖产量在 1950—2016 年始终低于捕捞产量，且自 1950 年起，与后者的差距有逐年拉大的趋势，1988 年达到最大。1988 年，世界水生

动植物捕捞产量增加到 8 299.29 万吨，水生动植物养殖产量是 850.21 万吨，两者之间的差距高达 7 449.08 万吨。1967—2007 年，世界水生动植物捕捞产量与养殖产量的差距始终稳定在 5 000 万吨以上。1990 年以后，世界水生动植物养殖产量尽管依然低于捕捞产量，但两者之间的差距呈现出明显缩小的趋势（见图 1-4）。特别是自 2008 年以来，二者的差距迅速缩小。2016 年，世界水生动植物捕捞产量为 7 382.46 万吨，水生动植物养殖产量增加到 4 637.02 万吨，两者之间的差距是 2 745.44 万吨，是 1959 年以来差距最小的一个年份。

1950 年以来，世界水生动植物各大类养殖产量总体上呈现不断增加的趋势（见图 1-11）。1950—1982 年，世界水生动植物各大类中养殖产量排在前三位的分别是软体类、淡水鱼和水生植物（其中 1974 年、1978 年、1979 年、1980 年和 1981 年水生植物养殖产量略高于淡水鱼）。1983 年，淡水鱼和水生植物的养殖产量均首次超过当年软体类养殖产量，且此后迅速增长。1983—2000 年，世界水生动植物各大类中养殖产量排在前三位的分别是淡水鱼、水生植物和软体类（其中 1984 年、1986 年、1988 年水生植物养殖产量略高于淡水鱼）。2001 年，咸水鱼养殖产量首次超过软体类，但在 2003 年又被软体类反超。2005 年，咸水鱼养殖产量再次超过软体类，两者差距逐渐加大。2005—2016 年，世界水生动植物各大类中养殖产量排在前三位的分别是淡水鱼、水生植物和咸水鱼。

（1）淡水鱼。淡水鱼养殖产量呈现稳步上升趋势，前期增长速度较慢，后期增长速度较快，自 1983 年起，一直排在世界水生动植物各大类养殖产量的第一位。1950 年淡水鱼养殖产量为 18.46 万吨，2016 年达到 1 865.07 万吨，67 年间增长了 1 846.07 万吨，年均增长量为 27.98 万吨。除 1958 年淡水鱼养殖产量比 1957 年有所下降外，其余年份均呈现增长趋势。

（2）水生植物。水生植物养殖产量呈现波动上升趋势，且一直保持在世界水生动植物各大类养殖产量的前三位。1950 年水生植物养殖产量为 3.46 万吨，2016 年达到 1 566.34 万吨，67 年间增长了 1 562.88 万吨，年均增长量为 23.68 万吨。1950—2016 年，水生植物养殖产量有 8 个年份略高于淡水鱼养殖产量。2008 年，水生植物养殖产量为 592.43 万吨，与当年淡水鱼养殖产量（1 091.20 万吨）相差 498.77 万吨，是两者差距最大的年份，之后两者差距逐渐缩小。

（3）软体类。软体类养殖产量呈现先波动上升，后小幅下降的趋势。1950 年软体类养殖产量为 27.1 万吨，2016 年达到 266.55 万吨，67 年间增长了 239.45 万吨，年均增长量为 3.63 万吨。虽然期初养殖产量较高，但是后续增长速度不足，在 1983 年被淡水鱼和水生植物反超。1983 年之前，软体类养殖产量有 10 年的增长率均超过了 10%，最高为 18.15%；仅有 6 年出现负增长。1983 年之后，软体类养殖产量增长速度放缓，仅有 1 年增长率超过 10%，且有 10 年出现负增长。

（4）咸水鱼。咸水鱼养殖产量呈现波动上升趋势，并于 2001 年首次超过当年软体类养殖产量。1950 年咸水鱼养殖产量为 6.73 万吨，2016 年达到 454.45 万吨，67 年间增长了 447.72 万吨，年均增长量为 6.78 万吨。1950—2016 年，咸水鱼养殖产量仅有 5 个年份出现负增长，且下降幅度相对较小，均小于 1.1%。

（5）甲壳类。甲壳类的养殖产量在 1950 年为 0.16 万吨，经过 20 年的发展，于 1970 年突破 1 万吨大关，达到 1.01 万吨；又经过 10 余年的发展，于 1981 年突破 10 万吨大关，达到 10.09 万吨；2000 年，甲壳类养殖产量突破 100 万吨大关，达到 101.39 万吨；2011 年，甲壳类养殖产量首次超过当年软体类养殖产量，在世界水生动植物各大类中养殖产量排名中列第四位，并保持到 2016 年。

（6）海水鱼。与甲壳类类似，海水鱼养殖产量期初基数也较小，1950 年为 0.33 万吨，经过 10 多年的发展，于 1964 年突破 1 万吨大关，达到 1.62 万吨；又经过 10 年的发展，于 1974 年突破 10 万吨大关，达到 10.48 万吨；2006 年，海水鱼养殖产量突破 100 万吨大关，达到 100.38 万吨；2016 年达到 139.28 万吨。

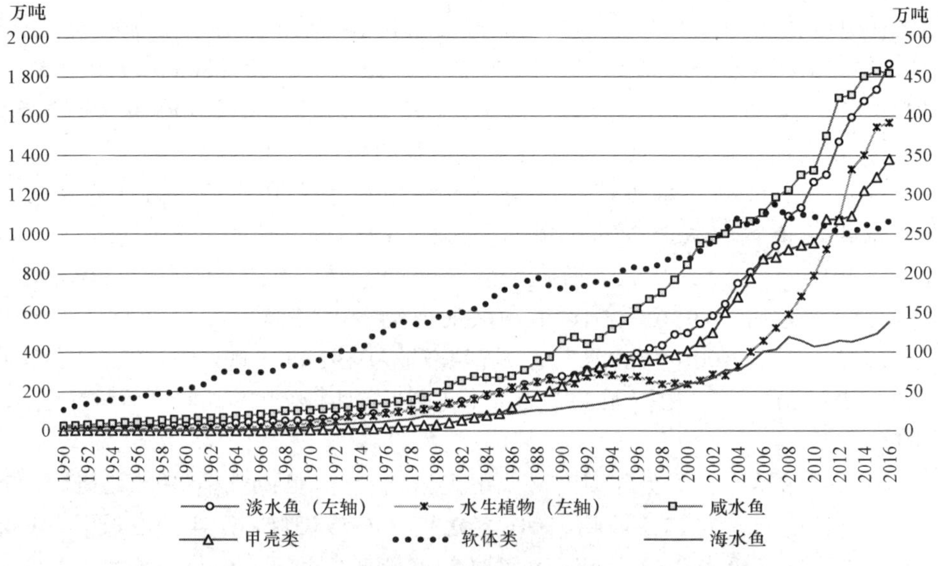


**图 1-11　1950—2016 年世界水生动植物养殖产量变动趋势**

下面分析 2016 年各大洲世界水生动植物各大类的养殖产量情况。表 1-9 显示，2016 年世界海水鱼、淡水鱼、水生植物、甲壳类、软体类、咸水鱼的内陆养殖产量最高的大洲分别是非洲（22.19 万吨）、亚洲（1 536.81 万吨）、非洲（0.02 万吨）、亚洲（12.06 万吨）、亚洲（1.98 万吨）、亚洲（44.84 万吨）。2016 年，世界海水鱼、淡水鱼、水生植物、甲壳类、软体类的海洋及近海养殖产量最高的大洲均为亚洲，养殖产量分别是 92.86 万吨、31.33 万吨、1 548.82 万吨、252.6 万吨、134.21 万吨；咸水鱼的海洋及近海养殖产量最高的大洲是欧洲（164.1 万吨）。对比上述数据，可见世界水生动植物各大类的养殖以海洋及近海养殖为主。

**表 1-9　　2016 年各大洲水生动植物养殖产量**

单位：万吨

| 类别 | 亚洲（不含中国） | 美洲 | 欧洲 | 非洲 | 大洋洲 | 世界（不含中国） |
|---|---|---|---|---|---|---|
| 内陆养殖 | | | | | | |
| 海水鱼 | 1.13 | — | 0.01 | 22.19 | — | 23.33 |
| 淡水鱼 | 1 536.81 | 95.85 | 27.80 | 172.90 | 0.35 | 1 833.72 |
| 水生植物 | 0.000 2 | 0.002 | 0.01 | 0.02 | | 0.03 |
| 甲壳类 | 12.06 | 6.79 | 0.01 | 0.01 | 0.01 | 18.88 |
| 软体类 | 1.98 | — | — | — | — | 1.98 |
| 咸水鱼 | 44.84 | 11.34 | 22.35 | 0.33 | 0.18 | 79.04 |
| 小计 | 1 596.82 | 113.98 | 50.17 | 195.46 | 0.54 | 1 956.97 |
| 海洋及近海养殖 | | | | | | |
| 海水鱼 | 92.86 | 1.40 | 18.93 | 1.66 | 1.09 | 115.95 |
| 淡水鱼 | 31.33 | 0.000 2 | — | 0.03 | — | 31.36 |
| 水生植物 | 1 548.82 | 1.56 | 0.15 | 13.91 | 1.88 | 1 566.31 |
| 甲壳类 | 252.60 | 72.72 | 0.03 | 0.45 | 0.64 | 326.44 |
| 软体类 | 134.21 | 57.38 | 61.26 | 0.57 | 11.16 | 264.57 |
| 咸水鱼 | 114.92 | 89.24 | 164.10 | 0.04 | 7.12 | 375.42 |
| 小计 | 2 174.74 | 222.30 | 244.46 | 16.66 | 21.89 | 2 680.05 |
| 所有水产养殖 | | | | | | |
| 海水鱼 | 94.00 | 1.40 | 18.94 | 23.86 | 1.09 | 139.28 |
| 淡水鱼 | 1 568.14 | 95.85 | 27.80 | 172.92 | 0.35 | 1 865.07 |
| 水生植物 | 1 548.82 | 1.56 | 0.16 | 13.93 | 1.88 | 1 566.34 |
| 甲壳类 | 264.66 | 79.51 | 0.04 | 0.46 | 0.65 | 345.32 |

续表

| 类别 | 亚洲 | 美洲 | 欧洲 | 非洲 | 大洋洲 | 世界 |
|---|---|---|---|---|---|---|
| 软体类 | 136.18 | 57.38 | 61.26 | 0.57 | 11.16 | 266.55 |
| 咸水鱼 | 159.76 | 100.58 | 186.45 | 0.37 | 7.29 | 454.45 |
| 合计 | **3 771.56** | **336.28** | **294.64** | **212.12** | **22.43** | **4 637.02** |

1950 年以来，世界水生动植物各大类捕捞产量总体上呈现不断增加的趋势，海水鱼和软体类相对波动幅度较大（见图 1－12）。1950—2016 年，海水鱼捕捞产量一直是世界水生动植物各大类中最高的，且一直保持在 1 000 万吨以上，其他五大类的捕捞产量在任何年份均未超过 1 000 万吨。

（1）海水鱼。海水鱼的捕捞产量呈现前期增长为主，中期增长与下降交替进行，后期下降为主的变动趋势。1950 年海水鱼的捕捞产量为 1 356.75 万吨，2016 年增加到 5 247.4 万吨，67 年间增加了 3 890.65 万吨，年均增长量为 58.95 万吨。1950—1968 年，海水鱼的捕捞产量不断增加，由 1950 年的 1 356.75 万吨增加到 1968 年的 4 678.96 万吨，19 年间增加了 3 322.21 万吨，年均增长量为 184.57 万吨，远高于 1950—2016 年的年均增长量。1969 年，海水鱼的捕捞产量首次出现下降，之后的 20 余年，海水鱼的捕捞产量波动频繁，增长与下降交替进行。1994 年，海水鱼的捕捞产量为 6 662.49 万吨，达到历史最高点。1994 年之后，海水鱼的捕捞产量变动以下降为主，经过 20 多年的变动，于 2016 年达到 5 247.4 万吨。

（2）淡水鱼。淡水鱼的捕捞产量呈现不断增加的变动趋势，波动幅度较小。1950 年淡水鱼捕捞产量为 158.09 万吨，2016 年达到 863.17 万吨，67 年间增长了 705.08 万吨，年均增长量为 10.68 万吨。1950—2016 年，除 1987—1989 年、1991—1997 年淡水鱼的捕捞产量低于软体类外，其余 57 年淡水鱼的捕捞产量均位于世界水生动植物各大类的第二位。整个考察期间，淡水鱼的捕捞产量有 15 个年份出现下降趋势，其余年份均呈现上升趋势，且变动幅度相对较小，仅有 2 个年份的增长率超过 10%。

（3）软体类。软体类捕捞产量呈现前期波动上升、后期波动下降的趋势。1950 年软体类捕捞产量为 133.48 万吨，2016 年达到 444.56 万吨，67 年间增长了 311.08 万吨，年均增长量为 4.71 万吨。1950—2000 年，软体类捕捞产量虽然个别年份是下降的，但仍以增长为主，2000 年增加到 557.35 万吨，达到历史最高点。2001—2016 年，软体类捕捞产量虽然个别年份是增加的，但以下降为主，2016 年为 444.56 万吨，比 2015 年下降了 13.45%。1987—1989 年、1991—1997 年，软体类捕捞产量超过淡水鱼的捕捞产量，居世界水生动植物各大类的第二位，其余年份均居世界水生动植物各大类的第三位。

（4）甲壳类。甲壳类的捕捞产量呈现不断增加的变动趋势，波动幅度较小。1950年甲壳类捕捞产量为61.82万吨，2016年达到393.24万吨，67年间增长了331.42万吨，年均增长量为5.02万吨。1950—1958年，甲壳类的捕捞产量低于咸水鱼，位列世界水生动植物各大类的第五位。1959—2016年，甲壳类的捕捞产量位列世界水生动植物各大类的第四位。整个考察期间，甲壳类的捕捞产量有15个年份出现下降趋势，其余年份均呈现上升趋势，且变动幅度相对较小，仅有3年的增长率超过10%。

（5）咸水鱼。咸水鱼捕捞产量也呈现波动上升趋势，但是增加量相对较小。1950年咸水鱼捕捞产量为71.06万吨，2016年增加到169.27万吨，67年间增长了98.21万吨，年均增长量为1.49万吨。1950—2016年，咸水鱼的捕捞产量基本都高于水生植物，只有7个年份（1960年、1962年、1967年、1969年、1974年、1976年、1977年）其捕捞产量低于水生植物。1981年之后，咸水鱼与水生植物的捕捞产量差距有所增加。2015年，咸水鱼捕捞产量为180.96万吨，水生植物捕捞产量为80.13万吨，相差100.83万吨，这是两者相差最大的一年。

（6）水生植物。水生植物捕捞产量变动较小。1950年水生植物捕捞产量为52.06万吨，2016年达到84.82万吨，67年间增长了32.76万吨，年均增长量为0.5万吨，增长量在六大类中最低。1950—2016年，水生植物的捕捞产量上升与下降交替出现，但总体产量较小，变动趋势在六大类中最不明显。最高捕捞产量出现在1990年，达到127.22万吨。

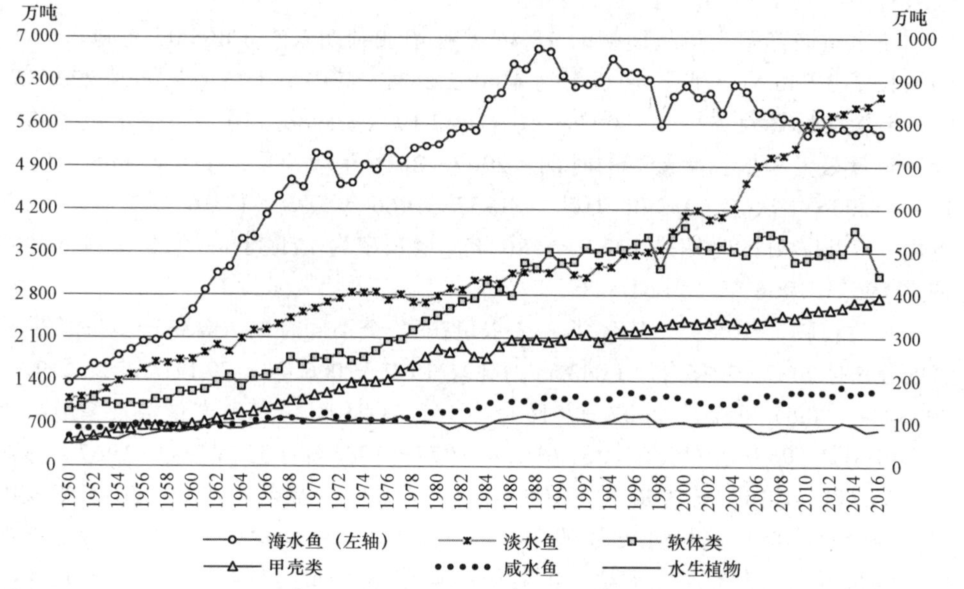


图1－12　1950—2016年世界水生动植物捕捞产量变动趋势

（二）养殖产量、捕捞产量在不同时期的增长情况

1950—2016 年，世界水生动植物养殖产量从期初的 56.25 万吨增加到期末的 4 637.02 万吨，67 年间共增长了 4 580.78 万吨，增长率为 8 144.29%，其中年均增长量为 69.41 万吨，年均增长率为 6.91%（见表 1－10）。

从 6 个不同时期来看，2007—2016 年和 1967—1976 年分别是世界水生动植物养殖产量增长量和增长率最高的时期。2007—2016 年增长量多（2 264.6 万吨），1997—2006 年次之（1 016.65 万吨），1957—1966 年最少（65.73 万吨）。增长率方面，表现最好的时期是 1967—1976 年，虽然这一时期的增长量仅为 178.16 万吨，但由于期初产量基数很低，增长率高达 100.35%。与此形成对比的是 1987—1996 年，虽然增长量为 367.01 万吨，但由于期初产量基数较高，增长率只有 46.26%，是增长率表现最差的时期。

从各大类水生动植物的养殖产量增长情况来看，海水鱼从期初的 0.33 万吨增加到期末的 139.28 万吨，67 年间共增长了 138.95 万吨，增长率为 42 493.72%，其中年均增长量为 2.11 万吨，年均增长率为 9.61%。1997—2006 年和 1957—1966 年分别是海水鱼养殖产量增长量最多和增长率最高的时期。1997—2006 年增长量最多（54.78 万吨），2007—2016 年次之（35.94 万吨），1957—1966 年最少（1.9 万吨）。增长率方面，表现最好的时期是 1957—1966 年，虽然这一时期的增长量仅为 1.9 万吨，但由于期初产量基数很低，增长率高达 521.95%。与此形成对比的是 2007—2016 年，虽然增长量为 35.94 万吨，但由于期初产量基数较高，增长率只有 34.77%，是增长率表现最差的时期。

淡水鱼的养殖产量从期初的 18.46 万吨增加到期末的 1 865.07 万吨，67 年间增长了 1 846.61 万吨，增长率为 10 002.24%，其中，年均增长量为 27.98 万吨，年均增长率为 7.24%。2007—2016 年和 1977—1986 年分别是淡水鱼养殖产量增长量最多和增长率最高的时期。2007—2016 年增长量最多（924.66 万吨），1997—2006 年次之（453.08 万吨），1957—1966 年最少（17.36 万吨）。增长率方面，表现最好的时期是 1977—1986 年，增长率为 121.38%；增长率最低的时期是 1957—1966 年，为 61.52%。

水生植物、甲壳类、软体类、咸水鱼在 6 个不同时期，养殖产量增长量最多的分别是 2007—2016 年（1 043.55 万吨）、1997—2006 年（129.12 万吨）、1997—2006 年（68.87 万吨）、2007—2016 年（153.73 万吨）。养殖产量增长率最高的时期分别是 1967—1976 年（221.63%）、1977—1986 年（518.67%）、1967—1976 年（65.31%）、1987—1996 年（101.68%）。表 1－10 显示，2007—2016 年软体类养殖产量的增长量和增长率都是负数，表示在该时期软体类养殖产量是下跌的。其余五大类世界水生动植物的养殖产量在 6 个不同时期均呈现增长趋势，未来仍有较大增长空间。

表 1－10　　不同时期世界水生动植物养殖产量增长情况

单位：万吨，%

| 年份 | | 1950—2016 | 1957—1966 | 1967—1976 | 1977—1986 | 1987—1996 | 1997—2006 | 2007—2016 |
|---|---|---|---|---|---|---|---|---|
| 海水鱼 | G | 138.95 | 1.90 | 9.28 | 8.30 | 16.55 | 54.78 | 35.94 |
| | GR | 42 493.72 | 521.95 | 340.52 | 60.77 | 68.19 | 120.13 | 34.77 |
| 淡水鱼 | G | 1 846.61 | 17.36 | 42.36 | 117.17 | 157.24 | 453.08 | 924.66 |
| | GR | 10 002.24 | 61.52 | 86.35 | 121.38 | 66.91 | 108.35 | 98.32 |
| 水生植物 | G | 1 562.88 | 9.23 | 60.14 | 126.40 | 49.47 | 201.27 | 1 043.55 |
| | GR | 45 123.03 | 79.90 | 221.63 | 132.09 | 21.89 | 78.78 | 199.61 |
| 甲壳类 | G | 345.16 | 0.16 | 3.00 | 25.05 | 46.62 | 129.12 | 124.77 |
| | GR | 213 324.42 | 58.62 | 511.64 | 518.67 | 112.36 | 144.73 | 56.57 |
| 软体类 | G | 239.45 | 28.02 | 49.82 | 42.21 | 18.78 | 68.87 | **−22.05** |
| | GR | 883.54 | 60.34 | 65.31 | 30.24 | 9.91 | 33.64 | **−7.64** |
| 咸水鱼 | G | 447.72 | 9.07 | 13.56 | 32.64 | 78.34 | 109.53 | 157.73 |
| | GR | 6 653.01 | 74.95 | 62.36 | 87.77 | 101.68 | 65.38 | 53.16 |
| 合计 | **G** | **4 580.78** | **65.73** | **178.16** | **351.77** | **367.01** | **1 016.65** | **2 264.60** |
| | **GR** | **8 144.29** | **66.44** | **100.35** | **90.79** | **46.26** | **86.10** | **95.45** |

表 1－11 列出了 1950—2016 年世界水生动植物捕捞产量及各大类捕捞产量的变动情况。1950—2016 年，世界水生动植物捕捞产量从期初的 1 833.27 万吨增加到期末的 7 382.46 万吨，67 年间共增长了 5 549.19 万吨，增长率为 302.69%，其中年均增长量为 84.08 万吨，年均增长率为 2.13%。增长率和年均增长率均低于养殖产量。

从 6 个不同时期来看，1957—1966 年是世界水生动植物捕捞产量增长量最多和增长率最高的时期。1957—1966 年增长量、增长率分别为 2 269.44 万吨、83.18%；1977—1986 年分别为 1 851.09 万吨、30.2%；1997—2006 年、2007—2016 年增长量、增长率均为负值，出现下跌趋势。

从各大类水生动植物的捕捞产量增长情况来看，只有淡水鱼和甲壳类在 6 个不同时期均呈现上升趋势。海水鱼有 3 个时期呈现下跌趋势，分别是 1987—1996 年（－52.15 万吨）、1997—2006 年（－527.29 万吨）、2007—2016 年（－360.17 万吨）。水生植物有 4 个时期呈现下跌趋势，分别是 1967—1976 年（－8.04 万吨）、1977—1986 年（－5.69 万吨）、1987—1996 年（－0.91 万吨）、1997—2006 年（－38.62 万吨）。软体类在 2007—2016 年（－96.84 万吨）出现下跌。咸水鱼有 2 个时期出现下跌趋势，分别是 1997—2006 年（－4.66 万吨）、2007—2016

年（-2.05 万吨）。

海水鱼、淡水鱼、水生植物、甲壳类、软体类、咸水鱼在 6 个不同时期，捕捞产量增长量最多的分别是 1957—1966 年（2054.84 万吨）、1997—2006 年（201.13 万吨）、1957—1966 年（25.49 万吨）、1977—1986 年（71.21 万吨）、1977—1986 年（102.53 万吨）、1977—1986 年（42.72 万吨）。捕捞产量增长率最高的时期分别是 1957—1966 年（99.87%）、1997—2006 年（40.13%）、1957—1966 年（33.04%）、1957—1966 年（45.44%）、1957—1966 年（37.24%）、1977—1986 年（39.26%）。

**表 1-11　　不同时期世界水生动植物捕捞产量增长情况**

单位：万吨，%

| 年份 | | 1950—2016 | 1957—1966 | 1967—1976 | 1977—1986 | 1987—1996 | 1997—2006 | 2007—2016 |
|---|---|---|---|---|---|---|---|---|
| 海水鱼 | G | 4 070.66 | 2 054.84 | 757.24 | 1 589.89 | **-52.15** | **-527.29** | **-360.17** |
| | GR | 300.03 | 99.87 | 17.15 | 31.90 | **-0.80** | **-8.35** | **-6.22** |
| 淡水鱼 | G | 705.08 | 75.84 | 55.79 | 50.42 | 40.83 | 201.13 | 141.90 |
| | GR | 445.99 | 31.20 | 16.81 | 12.58 | 9.00 | 40.13 | 19.67 |
| 水生植物 | G | 32.75 | 25.49 | **-8.04** | **-5.69** | **-0.91** | **-38.62** | 7.19 |
| | GR | 62.91 | 33.04 | **-7.00** | **-4.88** | **-0.78** | **-32.64** | 9.26 |
| 甲壳类 | G | 331.42 | 43.04 | 57.08 | 71.21 | 20.39 | 16.23 | 51.25 |
| | GR | 536.06 | 45.44 | 39.42 | 31.88 | 6.90 | 5.06 | 14.99 |
| 软体类 | G | 311.08 | 58.03 | 64.62 | 102.53 | 44.91 | 2.61 | **-96.84** |
| | GR | 233.04 | 37.24 | 28.68 | 34.67 | 9.44 | 0.49 | **-17.89** |
| 咸水鱼 | G | 98.21 | 12.21 | **-8.02** | 42.72 | 17.32 | **-4.66** | **-2.05** |
| | GR | 138.21 | 12.19 | **-7.24** | 39.26 | 11.29 | **-2.95** | **-1.20** |
| 合计 | **G** | **5 549.19** | **2 269.44** | **918.67** | **1 851.09** | **70.39** | **-350.60** | **-258.73** |
| | **GR** | **302.69** | **83.18** | **17.20** | **30.20** | **0.88** | **-4.41** | **-3.39** |

（三）选定年份的养捕比

从世界水生动植物整体来看，在 9 个选定年份，养殖产量呈逐年增加的趋势，捕捞产量呈先增后降趋势，养捕比呈逐渐递增趋势，从 1950 年的 3:97 上升到 2016 年的 39:6。

从世界水生动植物各大类的养捕比来看，表 1-12 数据显示，海水鱼的养殖产量占比总体上呈增加趋势，但捕捞产量依然占据绝对优势，海水鱼产量主要来源还是野生种群。淡水鱼、水生植物、咸水鱼的养殖产量呈不断增加趋势，且增加幅度较快，养捕比分别从1950年的10:90、6:94、9:91增加到2016年的68:32、95:5、73:27。养殖成为淡水鱼、水生植物、咸水鱼产量的主要来源。甲壳类、软体类养殖产量也是呈增加趋势，养捕比前期不断增加，后期维持在比较稳定的区间。

**表1－12　　选定年份世界水生动植物产量养捕比**

单位：万吨

| 年份 | | 1950 | 1955 | 1965 | 1975 | 1985 | 1995 | 2005 | 2015 | 2016 |
|---|---|---|---|---|---|---|---|---|---|---|
| 海水鱼 | 养殖产量 | 0.33 | 0.38 | 2.13 | 10.74 | 21.44 | 40.14 | 86.35 | 123.43 | 139.28 |
| | 捕捞产量 | 1 356.75 | 1 903.85 | 3 747.77 | 4 844.62 | 6 102.77 | 6 445.61 | 6 126.17 | 5 545.72 | 5 427.40 |
| | 养捕比 | 0.02:99.98 | 0.02:99.98 | 0.06:99.94 | 0.22:99.78 | 0.35:99.65 | 1:99 | 1:99 | 2:98 | 3:97 |
| 淡水鱼 | 养殖产量 | 18.46 | 25.45 | 43.99 | 88.52 | 196.45 | 370.28 | 808.06 | 1 734.30 | 1 865.07 |
| | 捕捞产量 | 158.09 | 213.17 | 317.18 | 406.05 | 426.68 | 496.22 | 661.94 | 841.46 | 863.17 |
| | 养捕比 | 10:90 | 11:89 | 12:88 | 18:82 | 32:68 | 43:57 | 55:45 | 67:33 | 68:32 |
| 水生植物 | 养殖产量 | 3.46 | 6.92 | 18.36 | 75.80 | 190.36 | 268.66 | 400.87 | 1 544.01 | 1 566.34 |
| | 捕捞产量 | 52.06 | 74.31 | 98.25 | 107.54 | 108.10 | 117.06 | 96.95 | 80.13 | 84.82 |
| | 养捕比 | 6:94 | 9:91 | 16:84 | 41:59 | 64:36 | 70:30 | 81:19 | 95:5 | 95:5 |
| 甲壳类 | 养殖产量 | 0.16 | 0.26 | 0.43 | 2.59 | 21.62 | 91.99 | 193.84 | 322.54 | 345.32 |
| | 捕捞产量 | 61.82 | 88.01 | 127.91 | 197.91 | 280.09 | 317.06 | 324.99 | 380.82 | 393.24 |
| | 养捕比 | 0.26:99.74 | 0.30:99.70 | 0.33:99.67 | 1:99 | 7:93 | 22:78 | 37:63 | 46:54 | 47:53 |
| 软体类 | 养殖产量 | 27.10 | 42.13 | 74.07 | 122.00 | 177.55 | 206.76 | 259.60 | 256.21 | 266.55 |
| | 捕捞产量 | 133.48 | 146.70 | 208.45 | 269.37 | 411.90 | 505.66 | 494.28 | 513.65 | 444.56 |
| | 养捕比 | 17:83 | 22:78 | 26:74 | 31:69 | 30:70 | 27:71 | 34:66 | 33:67 | 37:63 |

续表

| 年份 | | 1950 | 1955 | 1965 | 1975 | 1985 | 1995 | 2005 | 2015 | 2016 |
|---|---|---|---|---|---|---|---|---|---|---|
| 咸水鱼 | 养殖产量 | 6.73 | 10.93 | 19.56 | 33.94 | 67.28 | 139.69 | 266.48 | 457.41 | 454.45 |
| | 捕捞产量 | 71.06 | 98.92 | 106.29 | 110.78 | 164.24 | 178.75 | 162.01 | 180.96 | 169.27 |
| | 养捕比 | 9:91 | 10:90 | 16:84 | 23:77 | 29:71 | 44:56 | 62:38 | 72:28 | 73:27 |
| **合计** | **养殖产量** | **56.25** | **86.08** | **158.54** | **333.59** | **674.70** | **1 117.52** | **2 015.21** | **4 437.89** | **4 637.02** |
| | **捕捞产量** | **1 833.27** | **2 524.95** | **4 605.85** | **5 936.26** | **7 493.78** | **8 060.36** | **7 866.34** | **7 542.75** | **7 382.46** |
| | **养捕比** | **3:97** | **3:97** | **3:97** | **5:95** | **8:92** | **12:88** | **20:80** | **37:63** | **39:61** |

### 本节小结

本节主要研究了世界水生动植物总体发展概况。世界水生动植物总产量总体上呈现出“短期波动频繁、长期增长为主”的基本态势。世界水生动植物养殖产量总体上呈现出不断增加的趋势，虽然始终低于捕捞产量，但 1990 年以后两者之间的差距呈现出明显缩小的趋势。从各大类来看，海水鱼的产量呈现出波动上升的趋势，且前期波动的幅度较大，后期趋于稳定；淡水鱼的产量呈现平稳上升的趋势；水生植物的产量呈现出波动上升的趋势，波动的幅度较为平缓。甲壳类和咸水鱼的产量虽呈现波动上升趋势，但是甲壳类的波动幅度较小；软体类的产量呈现波动上升趋势，且在 2016 年之前一直高于甲壳类，2016 年被甲壳类反超。六大类的养殖产量与捕捞产量的比例也呈现出不断增加的趋势。

## 第二节　世界水生动植物养殖发展历程与现状

在本章第一节中，我们考察了 1950—2016 年世界水生动植物总产量及六大类产量的变动情形。以此为基础，本节旨在系统考察同一时期世界水生动植物养殖产业的动态演变过程。

### 一、世界水生动植物养殖产量、养殖产值变动趋势

本节研究主要目的是系统考察世界水生动植物六大类养殖产量、养殖产值和单位养殖产值 1984 年以来的变化过程、不同时期世界水生动植物养殖产量和

产值的增长情况和选定年份世界水生动植物养殖对世界水生动植物总产量的贡献。本节研究的数据的时间跨度为 1984—2016 年。[①]

（一）世界水生动植物养殖产量、养殖产值变动情况

1984 年以来，世界水生动植物养殖产量总体上呈现不断增加的趋势，而且增长趋势比捕捞产量要迅速得多。养殖产量从 1984 年的 634 万吨增长到 2016 年的 4 637.02 万吨，33 年间实现了 4 003.02 万吨的增长，年均增长 125.09 万吨，年均增长率为 6.42%。期间 32 个年份均呈现稳步递增的趋势，波动平缓，同比增长率仅有 3 个年份超过 10%。值得注意的是，1993 年、2005 年、2010 年和 2014 年世界水生动植物养殖产量顺次突破了 1 000 万吨、2 000 万吨、3 000 万吨和 4 000 万吨大关，产量数据分别为 1 027.07 万吨、2 015.21 万吨、3 006.17 万吨和 4 217.27 万吨。

从养殖产值方面来看，1984 年世界水生动植物养殖产值为 78.09 亿美元，2016 年为 896.79 亿美元，33 年间实现了 818.7 亿美元的增长，年均增长量为 25.58 亿美元，年均增长率为 7.93%。同一时期，世界水生动植物养殖产值也是呈现平稳上升趋势，除个别年份有所下降外，总体上保持着持续增加趋势。

世界水生动植物养殖产值的发展可划分为三个时期，世界水生动植物养殖产值变动的主要特点是“前期缓慢波动上升、中期变化不大、后期快速波动上升”，对应的时期分别为 1984—1995 年、1996—2002 年和 2003—2016 年。1984—1995 年，世界水生动植物养殖产值从期初的 78.09 亿美元上升至期末的 254.76 亿美元，年均增长 16.06 亿美元，1995 年为一小高峰。1996—2002 年，养殖产值由期初的 252.28 亿美元降至 1998 年的 243.44 亿美元，随后缓慢回升，2000 年达到了这一时期的最高值 280.32 亿美元。2001 年、2002 年又连续下降至 263.35 亿美元。2003—2016 年，养殖产值由期初的 296.06 亿美元快速增加到 2008 年的 517.37 亿美元，突破 500 亿美元大关。2014 年进一步增加到 901.01 亿美元，为迄今为止最高水平；2015 年出现回落，养殖产值降到 818.71 亿美元；2016 年又开始回升，达到 896.79 亿美元。

如图 1－13 所示，世界水生动植物养殖产量、产值曲线的变动趋势在部分年份表现出不一致，导致不同年份的养殖效益的变化，随后本节将从单位养殖产值的角度对世界水生动植物养殖状况做进一步的考察。

① 在联合国粮食及农业组织（FAO）数据库FishStatJ中，养殖产量数据的时间跨度为1950—2016年，养殖产值数据的时间跨度为1984—2016年。因此，本节研究的数据的时间跨度统一调整为1984—2016年。

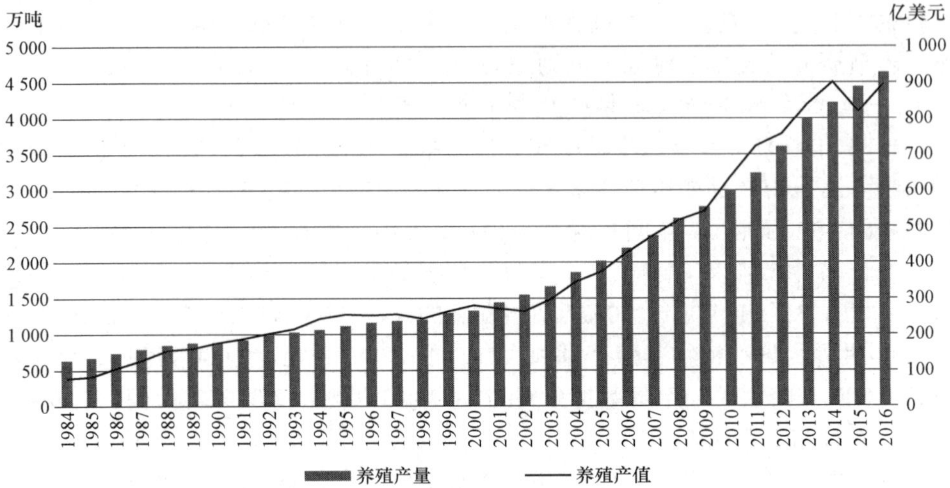


**图 1－13　1984—2016 年世界水生动植物养殖产量、产值变动趋势**

总体看来，世界水生动植物单位养殖产值呈现“前期以增长为主，中后期增长下降交替进行”的变动趋势（见图 1－14）。“前期以增长为主”对应的时间跨度是1984—1994 年，这一时期单位养殖产值自 0.12 万美元/吨上升至 0.22 万美元/吨，增加了 83.33%；期间只有 1985 年、1989 年出现轻微下降，降幅分别为 0.62%和0.1%。“中后期增长下降交替进行”对应的时间跨度是 1995—2016 年，世界水生动植物单位养殖产值从期初 0.22 万美元/吨，经历了 1995—1998 连续 4 年的下降，达到 0.2 万美元/吨；1999 年开始回升，2001 年又开始下降，2003 年再次回升，其间单位养殖产值增长与下降交替进行，但下降幅度更大，2016 年达到 0.19 万美元/吨。

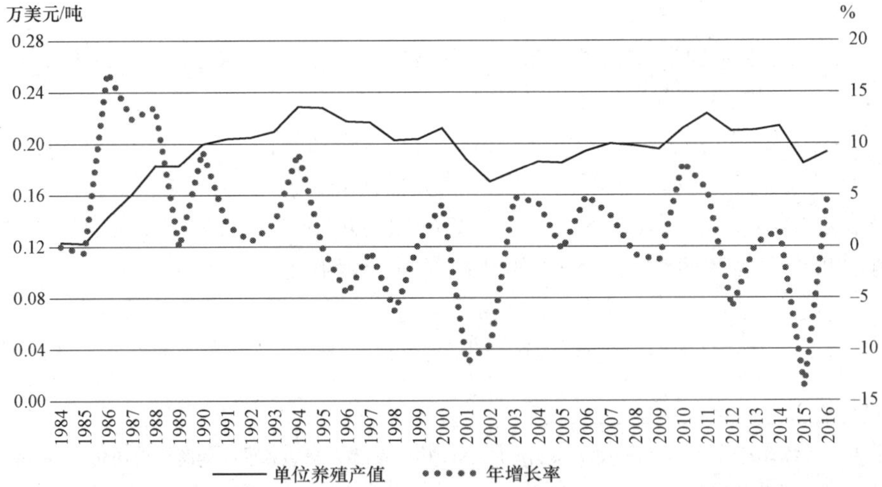


**图 1－14　1984—2016 年世界水生动植物单位养殖产值变动趋势**

### （二）不同时期世界水生动植物养殖产量、养殖产值增长情况

为进一步考察世界水生动植物养殖产量、养殖产值的变动情况，我们分别计算了两者在 1984—2016 年的增长量和增长率。如表 1－13 所示，两者在 33 年间的增长量分别为 4 003.02 万吨和 818.7 亿美元，年均增长量分别为 125.09 万吨和 25.58 亿美元。

我们以 10 年为期将 1984—2016 年划分为三个时期，计算各时期产量、产值的增长量和增长率（见表 1－10）。从增长量方面看，养殖产量表现最好的时期为 2007—2016 年，其年均增长量高达 251.62 万吨，表现最差的时期为 1987—1996 年，其年均增长量为 40.78 万吨；养殖产值表现最好和最差的时期分别为2007—2016年和1987—1996年，年均增长量分别为46.91亿美元和13.84亿美元。从增长率方面看，养殖产量表现最好的时期为 2007—2016 年，增长率为 95.45%；养殖产值表现最好的时期为 1987—1996 年，增长率为 97.55%，这主要是因为期初养殖产值基数较低。

**表 1－13　　不同时期世界水生动植物养殖产量、产值增长情况**

单位：万吨，亿美元，%

| 年份 | | 1984—2016 | 1987—1996 | 1997—2006 | 2007—2016 |
|---|---|---|---|---|---|
| 养殖产量 | G | 4 003.02 | 367.01 | 1 016.65 | 2 264.60 |
| | GR | 631.39 | 46.26 | 86.10 | 95.45 |
| 养殖产值 | G | 818.70 | 124.58 | 171.23 | 422.18 |
| | GR | 1 048.39 | 97.55 | 66.96 | 88.95 |

### （三）选定年份世界水生动植物养殖产量在总产量中占比

表 1－14 显示，所有选定年份中，世界水生动植物养殖产量在总产量中占比稳步增加，且在 2005 年、2010 年、2015 年增长迅速。1984 年，世界水生动植物养殖产量在总产量中占比仅有 7.94%，1995 年上升至 12.18%，2005 年已攀升到 20.39%，2015 年达到 37.04%，2016 年上升至历史最高值 38.58%。以上数据表明，未来水生动植物养殖业会在全世界范围内有进一步发展空间。

**表 1－14　　选定年份世界水生动植物养殖产量在总产量中占比**

单位：万吨，%

| 年份 | 1984 | 1985 | 1990 | 1995 | 2000 | 2005 | 2010 | 2015 | 2016 |
|---|---|---|---|---|---|---|---|---|---|
| 养殖产量 | 634.00 | 674.70 | 884.66 | 1 117.52 | 1 321.86 | 2 015.21 | 3 006.17 | 4 437.89 | 4 637.02 |
| 总产量 | 7 984.31 | 8 168.48 | 8 791.98 | 9 177.89 | 9 279.34 | 9 881.55 | 10 310.14 | 11 980.65 | 12 019.49 |
| 占比 | 7.94 | 8.26 | 10.06 | 12.18 | 14.25 | 20.39 | 29.16 | 37.04 | 38.58 |

## 二、世界水生动植物各大类养殖产量、养殖产值变动趋势

本部分探讨世界水生动植物六大类的养殖产量、养殖产值变动趋势与规律。①

### （一）各大类养殖产量、养殖产值变动趋势

（1）海水鱼。图 1－15（a）显示，海水鱼养殖产量和养殖产值表现出相似的变动趋势，即“偶尔小幅回落、长期快速上升”，同时与世界水生动植物养殖产量和养殖产值变动趋势较为相似。养殖产量的变化上，除 1989 年、2004 年、2009 年、2010 年和 2013 年出现五次小幅负增长（分别为－1.2%、－0.86%、－4.02%、－6.39%和－1.23%）外，海水鱼养殖产量始终保持增长态势。具体而言，1984 年海水鱼养殖产量只有 20.66 万吨，到 1999 年突破了 50 万吨（53.73 万吨），随后又于 2006 年突破了 100 万吨大关（100.38 万吨），随后逐渐递增，2016 年为历史最高水平 139.28 万吨。

养殖产值的情况。1984 年海水鱼养殖产值 8.56 亿美元，2016 年为 75.4 亿美元，33 年间实现了 66.84 亿美元的增长，年均增长 2.09 亿美元。同一时期，海水鱼养殖产值表现出类似于其养殖产量的变动趋势，即除个别年份有所下降外，总体上始终保持着明显的上升趋势。

海水鱼养殖产值的增长可划分为三个明显的时期，即 1984—1997 年、1998—2002 年和 2003—2016 年。其变动的主要特点是“前期一直保持增长，中期波动较大，后期增长为主、偶有下降”。前期 1984—1997 年，海水鱼养殖产值从期初的 8.56 亿美元波动上升至期末的 34.98 亿美元，年均增长量为 2.03 亿美元，这一时期的峰值出现在 1997 年。在中期的第一年（1998 年），海水鱼养殖产值在 1997 年的 34.98 亿美元的基础上下降到 32.12 亿美元，为这一时期的最低值。1999 年和 2000 年海水鱼养殖产值持续回升，并于 2000 年达到了这一时期的最高值 39.97 亿美元。2001 年和 2002 年又持续下降，于 2002 年达到 32.42 亿美元，接近 1998 年的数值。2003—2016 年为最后一个时期，期初（即 2003 年）的养殖产值在 2002 年 32.42 亿美元的基础上显著增加到 40.45 亿美元，随后一直保持增长趋势，于 2008 年达到 61.81 亿美元，2009 年出现小幅回落，为 61.27 亿美元。2010—2012 年又持续增长 3 年，2013 年再次出现下降，如此增长、下降交替进行，于 2016 年达到 75.40 亿美元，为历史最高水平。

（2）淡水鱼。图 1－15（b）显示，1984—2016 年，淡水鱼养殖产量一直保持增长，以 2003 年为分界点，其前增长较为平稳，其后则呈现快速飙升的趋势。1984 年，淡水鱼养殖产量为 178.32 万吨，随后分别于 1986 年、1992 年、1997 年和 2001 年突破 200 万吨、300 万吨、400 万吨、500 万吨，与之对应的产量分

① 世界水生动植物各大类按照2016年总产量高低依次进行介绍。

别为 213.69 万吨、310.41 万吨、418.17 万吨和 544.45 万吨。2003 年，淡水鱼养殖产量快速增长，以 10.14%的增长率突破 600 万吨，达到 644.9 万吨。2004 年养殖产量为 750.35 万吨，增长率为 16.35%，是考察期内增长幅度最大的一年。之后每年仍然保持较高速的增长趋势，2016 年达到历史最高水平 1 865.07 万吨。

养殖产值的情况。1984 年淡水鱼养殖产值为 20.9 亿美元，2016 年为 318.08 亿美元，33 年间实现了 297.18 亿美元的增长，年均增长 9.29 亿美元，高于同一时期海水鱼的养殖产值的增长。考察期内除 1991 年、2001 年、2002 年、2015 年有所下降外，其余年份淡水鱼养殖产值均保持快速增长。

（3）水生植物。图 1－15（c）显示，水生植物养殖产量以 2003 年为分界点，2003 年之前增长与下降交替进行，波动较为频繁；2003 年之后则呈现快速飙升的趋势。1984 年水生植物养殖产量为 185.67 万吨，2003 年达到 280.64 万吨，20 年间增长了 94.97 万吨，年均增长量为 5 万吨。1984—2003 年，水生植物养殖产量有 7 年出现负增长，降幅最大的为 1990 年，同比下降了 11.56%。同一时期，水生植物养殖产量增幅最大的为 1986 年，同比增长了 16.66%。2004—2016 年，水生植物养殖产量呈现快速飙升趋势，由期初的 327.69 万吨增加到期末的 1 566.34 万吨，13 年间增长了 1 238.65 万吨，年均增长量为 103.22 万吨；除 2014 年和 2016 年外，其余年份增长幅度均超过 10%，增长最快的年份是 2013 年，同比增长了 24.04%。

养殖产值的情况。水生植物养殖产值的波动趋势是水生动植物六大类中最明显的。1984 年水生植物养殖产值为 11.37 亿美元，2016 年为 30.29 亿美元，33 年间实现了 18.92 亿美元的增长，年均增长 0.59 亿美元，明显低于同一时期海水鱼、淡水鱼养殖产值的增长速度。整个考察期，水生植物养殖产值增长与下降交替进行，并于 1995—1998 年连续 4 年出现大幅下降。其中增长幅度最高的年份为 1986 年，同比增长了 37.65%；下降幅度最大的年份是 2015 年，同比下降 29.51%。

（4）甲壳类。图 1－15（d）显示，1984—2016 年，甲壳类养殖产量和养殖产值变动趋势相似，除个别年份偶有回落之外，其他年份均保持较快速增长趋势。除 1996 年和 2012 年外，养殖产量出现两次小幅负增长（分别为－4.21% 和－0.11%）外，33 年来甲壳类养殖产量始终保持增长态势。具体而言，1984 年，甲壳类养殖产量为 19.43 万吨，随后分别于 2000 年、2006 年和 2014 年突破 100 万吨、200 万吨和 300 万吨，与之对应的产量分别为 101.39 万吨、218.33 万吨和 305.33 万吨。2016 年，甲壳类养殖产量为 345.32 万吨，比期初增长了 325.89 万吨，年均增长量为 10.18 万吨。

养殖产值的情况。1984 年甲壳类养殖产值 8.76 亿美元，2016 年为 182.63 亿美元，33 年间实现了 173.87 亿美元的增长，年均增长 5.43 亿美元，高于同一时期海水鱼的养殖产值的增长。2010年甲壳类养殖产值突破100亿美元，达到113.14亿美元。考察期内除了1996年、1997年、1998年、2001年、2012年有所下降外，其余年份甲壳类养殖产值均保持快速增长。

（5）软体类。图1－15（e）显示，软体类养殖产量在1984—2016年波动较为平缓，总体呈上升趋势。1984年软体类养殖产量为161.94万吨，1995年突破了200万吨，达到206.76万吨，2016年为266.55万吨。期末比期初增长了104.61万吨，年均增长量为3.27万吨。考察期内，软体类养殖产量的增长率变动较为平缓，仅有1年超过10%，其余年份增长率变动均小于10%。其中，有12个年份出现下降。历史最高养殖产量出现在2007年，达到了288.60万吨。

养殖产值的情况。1984—2016年，软体类养殖产值也是总体上升的，但变动趋势较养殖产量明显。1984年软体类养殖产值为10.43亿美元，2016年为69.61亿美元，33年间实现了59.18亿美元的增长，年均增长1.85亿美元。考察期内，软体类养殖产值的增长率有12年超过10%，最高增长幅度出现在2013年，为33.94%。其中，有9个年份出现下降。历史最高养殖产值出现在2014年，达到了76.28亿美元。

（6）咸水鱼。图1－15（f）显示，1984—2016年咸水鱼养殖产量和养殖产值，除个别年份回落外，其他年份均保持较快速增长趋势。1984年，咸水鱼养殖产量为67.98万吨，随后分别于1990年、2000年、2008年和2012年突破100万吨、200万吨、300万吨和400万吨，与之对应的产量分别为113.96万吨、211.08万吨、306.06万吨和423.35万吨。2016年，咸水鱼养殖产量增长至454.45万吨，比期初增长了386.47万吨，年均增长量为12.07万吨。考察期内，咸水鱼养殖产量只有3年出现下降，且降幅都小于10%。其中，历史最高养殖产量出现在2015年，为457.41万吨。

养殖产值的情况。1984年咸水鱼养殖产值为18.07亿美元，2016年为220.79亿美元，33年间实现了202.72亿美元的增长，年均增长6.34亿美元。考察期内除了1998年、2002年、2012年、2015年有所下降外，其余年份咸水鱼养殖产值均保持快速增长。其中，历史最高养殖产值出现在2014年，为230.67亿美元。

### （二）各大类单位养殖产值变动趋势

（1）海水鱼。与其养殖产量、养殖产值的变动趋势不同的是，海水鱼单位养殖产值呈现“早期较快速增长，中后期以下降为主”的态势。图1－16（a）显示，海水鱼单位养殖产值的变动过程表现为两个不同的阶段，与其对应的时间跨度分别为1984—1994年和1995—2016年。第一阶段，海水鱼单位养殖产值除1990年小幅回落外，其他年份均呈增长趋势，从1984年的0.41万美元/吨上升到1994年的0.84万美元/吨，达到历史最高值，11年间增长了0.43

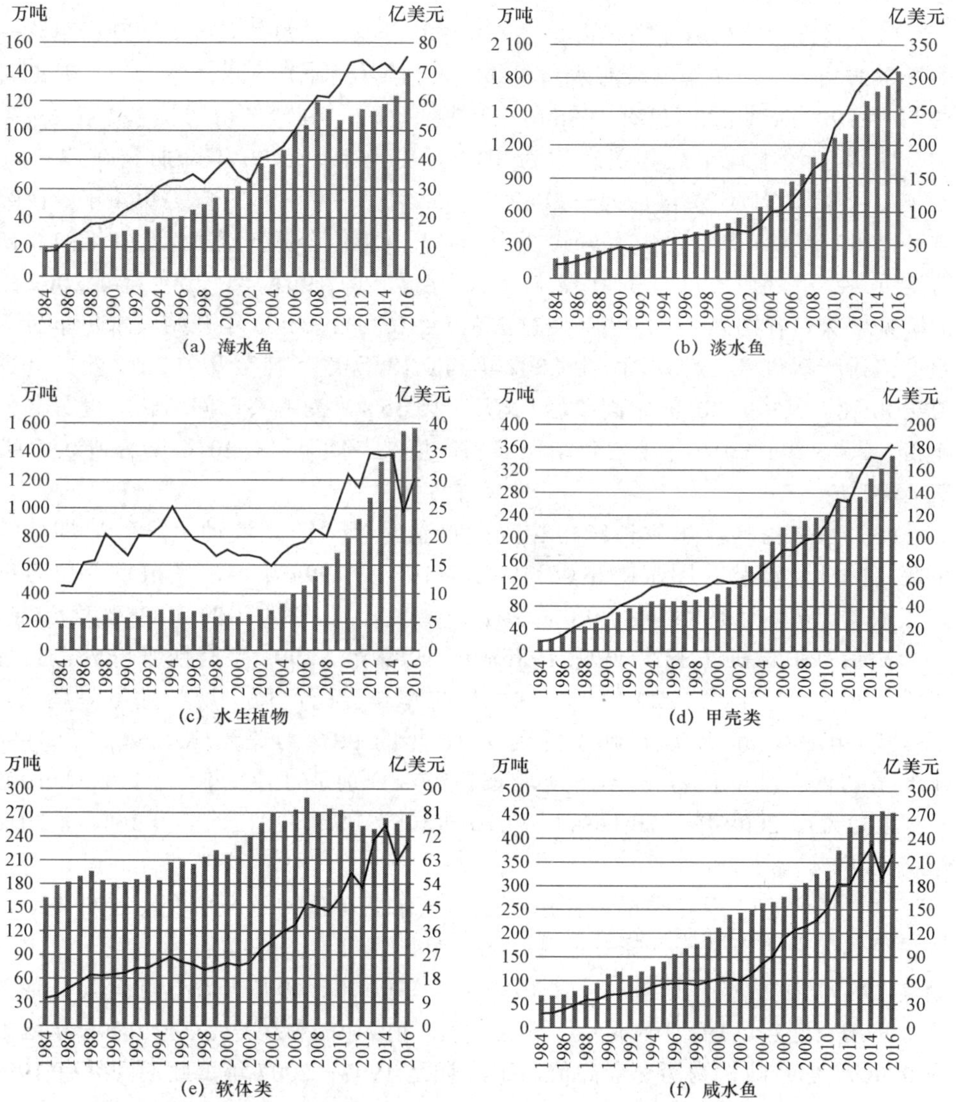


**图 1-15 1984—2016 年世界水生植物养殖产量、产值变动趋势**

万美元/吨，年均增长量为 0.04 万美元/吨。第二阶段，海水鱼单位养殖产值共有 15 个年份出现下降，只有 7 个年份出现增长，总体以下降为主。从 1994 年的 0.84 万美元/吨下降到 2016 年的 0.54 万美元/吨，22 年间下降了 0.3 万美元/吨。从增长率来看，1986 年海水鱼的单位养殖产值增长率为 38.35%，是考察期内的最大增幅；最大降幅出现在 1998 年，为 – 15.4%。

（2）淡水鱼。1984—2016 年，淡水鱼单位养殖产值总体呈现“上升—下降—上升”的趋势，波动幅度较海水鱼轻缓。图 1 – 16（b）显示，第一个上升期是 1984—1990 年，此期间只有 1985 年出现轻微下降，其他年份增长率均在 6%以上。1984 年淡水鱼单位养殖产值为 0.12 万美元/吨，1990 年增加到 0.17 万美元/吨。下降期对应的是 1991—2002 年，此期间只有 1993 年、1994 年、1995 年和 2000 年共 4 个年份出现轻微上升。淡水鱼单位养殖产值由 1990 年的 0.17 万美元/吨下降到 2002 年的 0.12 万美元/吨。其中 1991 年、2001 年、2002 年的降幅较大，分别为 – 11.36%、 – 11.2%、 – 10.29%。2003 年开始淡水鱼单位养殖产值再一次进入上升期间，由 2002 年的 0.12 万美元/吨上升到 2012 年的 0.19 万美元/吨。其中，2010 年同比增长率为 15.35%，为考察期间增长幅度最高的年份。2015 年、2016 年淡水鱼单位养殖产值又开始下降，2016 年达到 0.17 万美元/吨。

（3）水生植物。水生植物单位养殖产值呈现“前期波动上升，后期持续下降”的变动趋势。图 1 – 16（c）显示，1984—1994 年，水生植物单位养殖产值波动上升，由 1984 年的 0.06 万美元/吨上升到 1994 年的 0.09 万美元/吨，为历史最高值。在这 11 年间除 1985 年、1989 年、1992 年有所下降外，其余年份均为上升。1995—2016 年，水生植物单位养殖产值出现长期下降趋势，由 1994 年的 0.09 万美元/吨下降到 2016 年的 0.02 万美元/吨，远低于 1984 年的最初值。期间仅有 6 年出现增长趋势，分别是 1997 年（3.11%）、1999 年（4.52%）、2009 年（10.16%）、2010 年（5.63%）、2012 年（4.36%）、2016 年（22.83%）。

（4）甲壳类。甲壳类单位养殖产值与淡水鱼单位养殖产值变动趋势类似，也是总体呈现“上升—下降—上升”的趋势。图 1 – 16（d）显示，第一个上升期是 1984—1996 年，此期间只有 1989 年、1990 年、1995 年出现下降，其他年份均呈增长趋势。1984 年淡水鱼单位养殖产值为 0.45 万美元/吨，1996 年增加到 0.66 万美元/吨，为历史最高值。下降期是 1997—2007 年，此期间只有 1999 年、2000 年、2004 年出现轻微上升。淡水鱼单位养殖产值由 1996 年的 0.66 万美元/吨下降到 2007 年的 0.41 万美元/吨。其中，2001 年、2003 年的降幅较大，分别为 – 13.94%和 – 14.71%。2008 年开始甲壳类单位养殖产值再一次进入上升期间，由 2007 年的 0.41 万美元/吨上升到 2013 年的 0.57 万美元/吨。2014 年、2015 年甲壳类单位养殖产值又开始下降，2016 年又出现轻微上升。

（5）软体类。1984—2016 年，软体类单位养殖产值呈现总体上升趋势。1984 年软体类单位养殖产值为 0.06 万美元/吨，2016 年增长至 0.26 万美元/吨，在世界水生动植物六大类中增长趋势明显。1984—1994 年，软体类单位养殖产值呈较快速的增长，于 1994 年达到 0.13 万美元/吨，达到一个小高点。1995—2002 年，软体类单位养殖产值以下降为主，2002 年时达到 0.1 万美元/吨。自 2003 年起软体类单位养殖产值开始新一轮的高速增长，于 2014 年达到 0.29 万美元/吨，达到最高值。2015 年软体类单位养殖产值出现下降，为 0.24 万美元/吨，2016 年又增加为 0.26 万美元/吨。

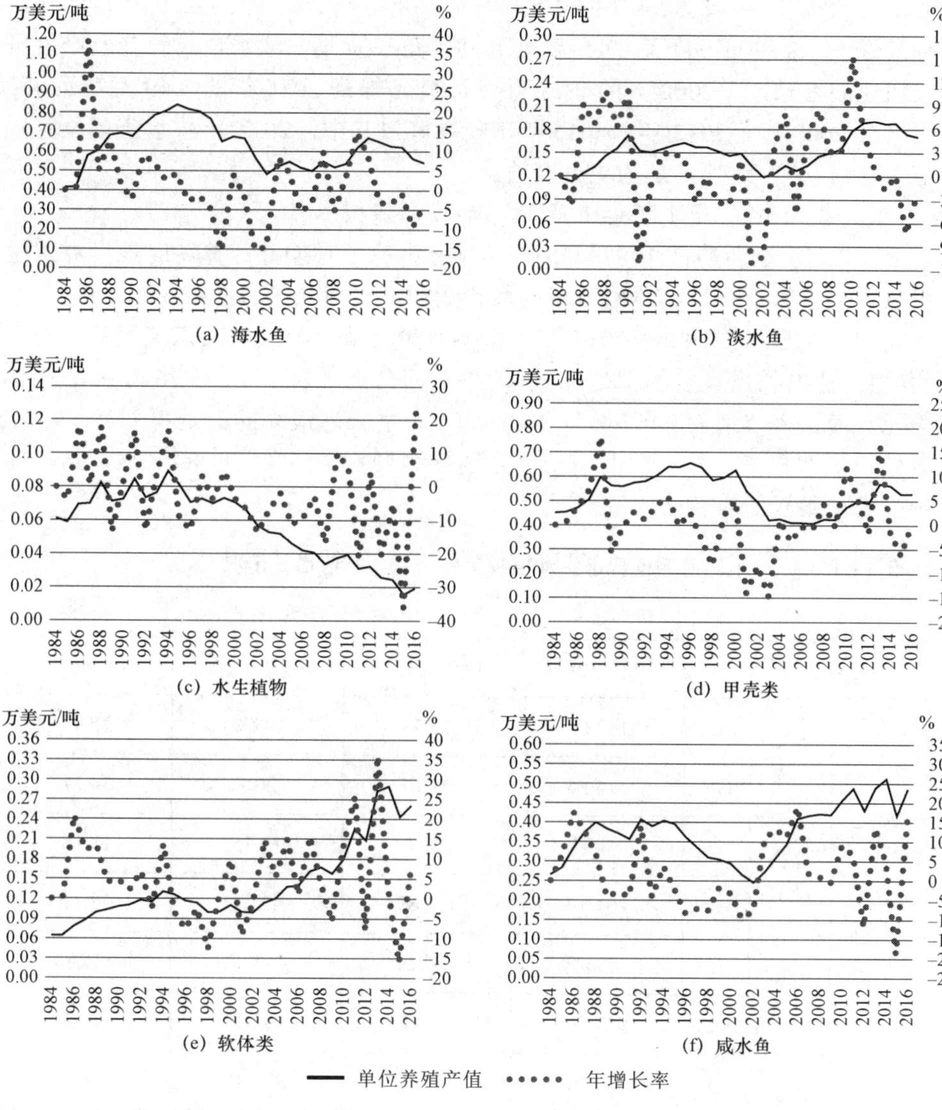


**图 1–16　1984—2016 年世界水生动植物单位养殖产值变动趋势**

（6）咸水鱼。咸水鱼单位养殖产值呈现“早期波动上升，中期持续下降，晚期较快速增长”的态势。图 1－16（f）显示，咸水鱼单位养殖产值的变动过程表现为三个不同的阶段，与其对应的时期分别为 1984—1994 年、1995—2002 年、2003—2016 年。第一阶段，咸水鱼单位养殖产值上升下降交替，在波动中上升。从 1984 年的 0.27 万美元/吨上升到 1994 年的 0.4 万美元/吨，11 年间增长了 0.13 万美元/吨，年均增长量为 0.01 万美元/吨。第二阶段，咸水鱼单位养殖产值呈现下降趋势。从 1994 年的 0.4 万美元/吨下降到 2002 年的 0.25 万美元/吨，达到最低值，8 年间下降了 0.15 万美元/吨。第三阶段，咸水鱼单位养殖产值呈现较快速的增长，从 2002 年的 0.25 万美元/吨增加到 2016 年的 0.49 万美元/吨。期间只有 2009 年、2012 年、2015 年出现下降，其中，2014 年咸水鱼单位养殖产值为 0.51 万美元/吨，是历史最高值。

（三）各大类不同时期养殖产量、养殖产值增长情况

下面以 10 年为期将 1987—2016 年划分为三个时期并计算各时期世界水生动植物各大类养殖产量、养殖产值的增长量和增长率（见表 1－15）。

表 1－15 显示，1984—2016 年，世界水生动植物各大类（六大类）养殖产量、养殖产值增长量最多的都是淡水鱼，33 年间分别增长了 1 686.76 万吨、297.18 亿美元，增长率分别为 945.94%、1 422.25%；增长率最高的都是甲壳类，33 年间养殖产量增长率、养殖产值增长率分别高达 1 677.57%、1 984.22%，这与期初甲壳类基数较低有关。

**表 1－15　　不同时期世界水生动植物养殖产量、产值增长情况**

单位：万吨，亿美元，%

| 年份 | | | 1984—2016 | 1987—1996 | 1997—2006 | 2007—2016 |
|---|---|---|---|---|---|---|
| 海水鱼 | 养殖产量 | G | 118.62 | 16.55 | 54.78 | 35.94 |
| | | GR | 574.26 | 68.19 | 120.13 | 34.77 |
| | 养殖产值 | G | 66.84 | 18.18 | 15.15 | 18.76 |
| | | GR | 781.17 | 123.89 | 43.32 | 33.11 |
| 淡水鱼 | 养殖产量 | G | 1 686.76 | 157.24 | 453.08 | 924.66 |
| | | GR | 945.94 | 66.91 | 108.35 | 98.32 |
| | 养殖产值 | G | 297.18 | 30.78 | 51.08 | 181.31 |
| | | GR | 1 422.25 | 99.70 | 77.83 | 132.57 |

续表

| 年份 | | | 1984—2016 | 1987—1996 | 1997—2006 | 2007—2016 |
|---|---|---|---|---|---|---|
| 水生植物 | 养殖产量 | G | 1 380.67 | 49.47 | 201.27 | 1 043.55 |
| | | GR | 743.60 | 21.89 | 78.78 | 199.61 |
| | 养殖产值 | G | 18.92 | 3.65 | 0.51 | 9.03 |
| | | GR | 166.41 | 23.11 | 2.71 | 42.48 |
| 甲壳类 | 养殖产量 | G | 325.89 | 46.62 | 129.12 | 124.77 |
| | | GR | 1 677.57 | 112.36 | 144.73 | 56.57 |
| | 养殖产值 | G | 173.87 | 36.79 | 32.66 | 92.83 |
| | | GR | 1 984.22 | 175.41 | 57.42 | 103.36 |
| 软体类 | 养殖产量 | G | 104.61 | 18.78 | 68.87 | **-22.05** |
| | | GR | 64.59 | 9.91 | 33.64 | **-7.64** |
| | 养殖产值 | G | 59.18 | 7.70 | 14.90 | 23.07 |
| | | GR | 567.22 | 46.46 | 63.99 | 49.56 |
| 咸水鱼 | 养殖产量 | G | 386.47 | 78.34 | 109.53 | 157.73 |
| | | GR | 568.46 | 101.68 | 65.38 | 53.16 |
| | 养殖产值 | G | 202.72 | 27.48 | 56.93 | 97.19 |
| | | GR | 1 121.62 | 95.38 | 101.08 | 78.63 |

养殖产量方面。海水鱼、淡水鱼、水生植物、甲壳类、软体类和咸水鱼的增长量表现最好的时期分别为 1997—2006 年（54.78 万吨）、2007—2016 年（924.66 万吨）、2007—2016 年（1 043.55 万吨）、1997—2006 年（129.12 万吨）、1997—2006 年（68.87 万吨）和 2007—2016 年（157.73 万吨）；增长率表现最好的时期分别为 1997—2006 年（120.13%）、1997—2006 年（108.35%）、2007—2016 年（199.61%）、1997—2006 年（144.73%）、1997—2006 年（33.64%）和 1987—1996 年（101.68%）。养殖产值方面，海水鱼、淡水鱼、水生植物、甲壳类、软体类和咸水鱼的增长量表现最好的时期分别为 2007—2016 年（18.76 亿美元）、2007—2016 年（181.31 亿美元）、2007—2016 年（9.03 亿美元）、2007—2016 年（92.83 亿美元）、2007—2016 年（23.07 亿美元）和 2007—2016 年（97.19 亿美元）；增长率表现最好的时期分别为 1987—1996 年（123.89%）、

2007—2016年（132.57%）、2007—2016年（42.48%）、1987—1996年（175.41%）、1997—2006年（63.99%）和1997—2006年（101.08%）。

增长潜力方面。3个不同时期中，海水鱼、淡水鱼、水生植物、甲壳类和咸水鱼养殖产量和养殖产值始终保持增长，仍有一定的发展潜力。与之形成对比的是软体类，软体类的养殖产值在3个时期始终保持增长，但养殖产量在2007—2016年呈现负增长，10年间下降了22.05万吨，降幅达7.64%。

（四）选定年份各大类养殖产量、养殖产值在世界水生动植物养殖总产量、总产值中占比

表1－16显示，选定年份世界水生动植物各大类养殖产量在世界水生动植物养殖总产量中的占比情况如下：在9个选定年份中，海水鱼养殖产量逐年增加，其在养殖总产量中的占比较为稳定，2000年的占比最高（4.54%），2015年的占比最低（2.78%）。除1984年、1985年外，淡水鱼养殖产量占比在其他选定年份中，始终保持在30%以上，2010年的占比最高（42.11%）。水生植物养殖产量除2000年有所下降外，其他选定年份均保持增长，但在养殖总产量中的占比以下降为主，只有2010年、2015年有所增加。2015年占比最高（34.79%），2000年占比最低（17.91%）。甲壳类养殖产量也是逐年增加，其在养殖总产量中的占比也呈上升趋势，1984年的占比最低（3.06%），2005年的占比最高（9.62%），之后占比出现下降，维持在7%左右。软体类养殖产量对世界水生动植物养殖总产量的贡献呈现下降的趋势，1984年软体类养殖产量占比25.54%，除1985年占比略有上升外，其余年份占比均呈下降趋势，1995年下降到18.50%，2016年下降到5.75%，创历史新低。咸水鱼养殖产量在世界水生动植物养殖总产量中的占比相对稳定，总体呈现先小幅增长后下降的趋势。在1984年咸水鱼养殖产量占比10.72%，2000年上升到15.97%，创历史新高，随后开始下降，于2016年下降到9.8%，与1984年占比相差不大。

各大类养殖产值在世界水生动植物养殖总产值中的占比情况如下：在9个选定年份中，海水鱼养殖产值逐年增加，其在养殖总产值中的占比呈现先上升后下降的趋势，1984年占比为10.96%，2000年时占比最高达到14.26%，之后持续下降，2016年的占比为8.41%，创历史新低。淡水鱼养殖产值占比除1990年、1995年和2016年略有下降外，总体呈上升趋势。最高是2015年的36.86%，最低是1995年的23.61%。水生植物养殖产值在1985年、2000年和2015年出现下降，其在养殖总产值中的占比出现持续下降，波动较大。1984年水生植物养殖产值在养殖总产值中的占比为14.56%，1990年降至9.43%，2000年进一步降至5.96%，2015年达到最低点，为2.97%，2016年

略有上升，占比为 3.38%。甲壳类养殖产值在选定年份均呈上升趋势，其在养殖总产值中的占比，除 2000 年、2005 年、2010 年有所下降外，其余选定年份均呈上升趋势。1984 年的占比最低为 11.22%，1995 年的占比最高为 23.07%，之后占比出现下降，2010 年降至 17.78%，2015 年、2016 年占比分别上升至 20.78%和 20.36%。在选定年份软体类养殖产值虽呈上升趋势，但其对世界水生动植物养殖总产值的贡献却呈现下降的趋势。1984 年软体类养殖产值占比 13.36%，1985 年占比略有上升为 13.88%，之后其占比持续呈下降趋势，2000 年下降到 8.5%，2005 年上升到 9.61%，之后又出现下降，2015 年降为 7.62%，创历史新低。咸水鱼养殖产值一直呈上升趋势，其在世界水生动植物养殖总产值的占比相对稳定，维持在 23%左右。在 1984 年咸水鱼养殖产值占比 23.14%，1995 年降为 21.65%，创历史新低，2016 年上升到 24.62%，创历史新高。

**表 1－16　　选定年份世界水生动植物各大类养殖产量、产值在养殖总产量、总产值中占比**　　单位：万吨，亿美元，%

| 年份 | | 1984 | 1985 | 1990 | 1995 | 2000 | 2005 | 2010 | 2015 | 2016 |
|---|---|---|---|---|---|---|---|---|---|---|
| 海水鱼 | 养殖产量 | 20.66 | 21.44 | 28.51 | 40.14 | 60.02 | 86.35 | 107.00 | 123.43 | 139.28 |
| | 占比 | 3.26 | 3.18 | 3.22 | 3.59 | 4.54 | 4.29 | 3.56 | 2.78 | 3.00 |
| | 养殖产值 | 8.56 | 8.92 | 19.25 | 32.79 | 39.97 | 44.65 | 65.93 | 69.48 | 75.40 |
| | 占比 | 10.96 | 10.80 | 10.90 | 12.87 | 14.26 | 11.97 | 10.36 | 8.49 | 8.41 |
| 淡水鱼 | 养殖产量 | 178.32 | 196.45 | 275.41 | 370.28 | 496.22 | 808.06 | 1 265.96 | 1 734.30 | 1 865.07 |
| | 占比 | 28.13 | 29.12 | 31.13 | 33.13 | 37.54 | 40.10 | 42.11 | 39.08 | 40.22 |
| | 养殖产值 | 20.90 | 22.14 | 47.30 | 60.16 | 74.10 | 102.89 | 225.87 | 301.80 | 318.08 |
| | 占比 | 26.76 | 26.80 | 26.77 | 23.61 | 26.43 | 27.57 | 35.49 | 36.86 | 35.47 |
| 水生植物 | 养殖产量 | 185.67 | 190.36 | 229.51 | 268.66 | 236.79 | 400.87 | 790.00 | 1 544.01 | 1 566.34 |
| | 占比 | 29.29 | 28.21 | 25.94 | 24.04 | 17.91 | 19.89 | 26.28 | 34.79 | 33.78 |

续表

| 年份 | | 1984 | 1985 | 1990 | 1995 | 2000 | 2005 | 2010 | 2015 | 2016 |
|---|---|---|---|---|---|---|---|---|---|---|
| 水生植物 | 养殖产值 | 11.37 | 11.21 | 16.65 | 21.80 | 16.71 | 18.49 | 31.09 | 24.31 | 30.29 |
| | 占比 | 14.56 | 13.57 | 9.43 | 8.56 | 5.96 | 4.95 | 4.89 | 2.97 | 3.38 |
| 甲壳类 | 养殖产量 | 19.43 | 21.62 | 56.51 | 91.99 | 101.39 | 193.84 | 238.65 | 322.54 | 345.32 |
| | 占比 | 3.06 | 3.20 | 6.39 | 8.23 | 7.67 | 9.62 | 7.94 | 7.27 | 7.45 |
| | 养殖产值 | 8.76 | 9.82 | 31.62 | 58.77 | 63.53 | 79.75 | 113.14 | 170.16 | 182.63 |
| | 占比 | 11.22 | 11.89 | 17.90 | 23.07 | 22.66 | 21.37 | 17.78 | 20.78 | 20.36 |
| 软体类 | 养殖产量 | 161.94 | 177.55 | 180.76 | 206.76 | 216.35 | 259.60 | 273.06 | 256.21 | 266.55 |
| | 占比 | 25.54 | 26.32 | 20.43 | 18.50 | 16.37 | 12.88 | 9.08 | 5.77 | 5.75 |
| | 养殖产值 | 10.43 | 11.46 | 19.52 | 26.08 | 23.83 | 35.85 | 48.96 | 62.41 | 69.61 |
| | 占比 | 13.36 | 13.88 | 11.05 | 10.24 | 8.50 | 9.61 | 7.69 | 7.62 | 7.76 |
| 咸水鱼 | 养殖产量 | 67.98 | 67.28 | 113.96 | 139.69 | 211.08 | 266.48 | 331.49 | 457.41 | 454.45 |
| | 占比 | 10.72 | 9.97 | 12.88 | 12.50 | 15.97 | 13.22 | 11.03 | 10.31 | 9.80 |
| | 养殖产值 | 18.07 | 19.04 | 42.33 | 55.16 | 62.19 | 91.52 | 151.43 | 190.55 | 220.79 |
| | 占比 | 23.14 | 23.05 | 23.96 | 21.65 | 22.18 | 24.53 | 23.79 | 23.27 | 24.62 |

## 本节小结

本节主要研究了世界水生动植物产业养殖发展概况。1984 年以来，世界水生动植物养殖产量总体上呈现不断增加的趋势，而且增长趋势比捕捞产量要迅速得多。从产值方面来看，其总体上始终保持着持续增加趋势。从世界水生动植物各大类来看，海水鱼、甲壳类、咸水鱼的养殖产量和养殖产值表现出相似的变动趋势，即“偶尔小幅回落、长期快速上升”。淡水鱼养殖产量一直保持增长，以 2003 年为分界点，其前增长较为平稳，其后则呈现快速飙升的趋势；养殖产值除个别年份有所下降外，在其余年份均保持快速增长。水生植物养殖产量以 2003 年为分界点，2003 年之前增长与下降交替进行，波动较为频繁；2003 年之后则呈现快速飙升的趋势。水生植物养殖产值总体波动上升，且波动趋势是水生动植物六大类中最明显的。软体类养殖产量和养殖产值总体呈上升趋势，且养殖产量的波动较养殖产值平缓。

## 第三节　世界水生动植物进出口贸易发展历程与现状

本章第一节和第二节从生产的角度分别考察了 1950—2016 年世界水生动植物总产量和各大类产量的变动情况。本节将简要回顾 1976—2016 年世界水生动植物进出口贸易的变化过程，分析选定年份各大类出口量在其产量中所占比重（简称出口产量比），阐述影响水生动植物进出口贸易的主要因素，旨在系统把握 1976—2016 年世界水生动植物进出口贸易动态演变过程，并简要分析演变的主要因素[①]。

### 一、世界水生动植物国际贸易总体变动趋势

FAO 的统计数据显示，1976—2016 年，世界水生动植物进出口贸易总体上表现出“稳步上升”的态势。受世界经济整体形势的影响，世界水生动植物进出口贸易在不同阶段呈现出小幅波动，甚至少量的回调下跌。具体地讲，其主要呈现出以下主要特征。

第一，总体增长态势明显，出口贸易增长幅度高于进口贸易。如图 1－17 所示，1976—2016 年，进口量有 30 年保持增长，年均增长率为 3.65%；进口额有 32 年保持增长，年均增长率为 6.96%；出口量有 34 年保持增长，年均增长率为 3.68%；出口额有 35 年保持增长，年均增长率为 7.14%。世界水生动植物进口量和进口额分别由期初的 782.10 万吨和 86.19 亿美元，增加到期末的 3 279.41 万吨和 1 269.53 亿美元，分别增长了 4.19 倍和 14.73 倍；出口量和出口额则分别由期初的 773.75 万吨和 77.10 亿美元，增加到期末的 3 278.16 万吨和 1 216.18 亿美元，分别增长了 4.32 倍和 15.77 倍。无论是从贸易量还是从贸易额的角度来看，世界水生动植物贸易的总体增长态势明显，而且出口贸易的增长幅度高于其进口贸易。

① 需进一步说明的是，理论上，世界水生动植物进口总量应该等于出口总量，但是在联合国粮食及农业组织（FAO）数据库FishStatJ中，上述数值并不相等，其差别源于统计误差和疏漏。进口总额与出口总额的差别源于统计误差和疏漏及统计价格差别的共同作用。一般情况下，进口额按照成本、保险加运费（CIF）价格计算，而出口额按照离岸价（FOB）统计，因此全球层面上进口额应高于出口额。

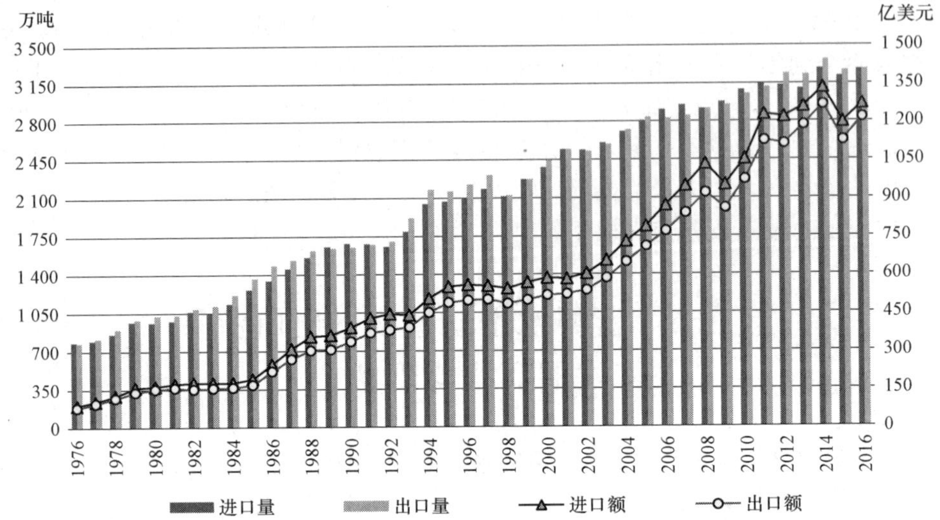


**图 1－17　1976—2016 年世界水生动植物进出口总量、总额变动趋势**

第二，总体波动幅度较小，且贸易额变动幅度高于贸易量。1976—2016 年，世界水生动植物进口量和出口量年度同比最高增幅分别为 14.21%和 13.61%，其中进口量增幅只有 3 年超过 10%，分别为 12.68%、11.32%和 14.21%；出口量增幅只有 5 年超过 10%，其他年份增幅均在 10%以下。同一时期，世界水生动植物进口额和出口额同比最高增幅分别为 30%和 31.9%，其中进口额增幅有 12 年超过 10%；出口额增幅有 13 年超过 10%，仅有 1 年超过 30%，其他年份增幅均在 10%以下。可见，1976—2016 年，世界水生动植物贸易总体波动幅度较小。之所以如此，一方面是统计数据样本增大，另一方面是发达国家在水生动植物贸易管理方面的政策相对成熟和稳定。

第三，外部大环境是影响波动的主要原因。从图 1－17 可以看出，世界水生动植物贸易的波动与世界经济大环境的变化基本一致。第一次大波动出现在 1997 年前后，此时正值东南亚金融危机爆发，对世界经济造成了重大冲击，东南亚国家货币迅速贬值，对世界其他各国的出口也造成了负面影响，因此世界水生动植物贸易明显回落，其中 1998 年进口量和出口量分别同比下降了 3.04%和 8.02%，是考察期内进口量、出口量降幅最大的年份；1998 年，进口额和出口额分别同比下降 1.87%和 3.31%。第二次大波动出现在 2008—2009 年美国次贷危机引发全球经济危机时期。2009 年，世界水生动植物进口额和出口额同比分别下降的 7.86%和 6.53%，是考察期内进出口额降幅最大的年份。

第四，总额增长幅度明显高于总量增长幅度。1976—2016 年，世界水生动植物进口量和出口量分别由期初的 782.1 万吨和 773.75 万吨，增加到期末的

3 279.41 万吨和 3 278.16 万吨，分别增长了 4.19 倍和 4.32 倍。同一时期世界水生动植物进口额和出口额分别由期初的 86.19 亿美元和 77.1 亿美元，增加到期末的 1 269.53 亿美元和 1 216.18 亿美元，分别增长了 14.73 倍和 15.77 倍。整体上看，进出口总额的增长幅度明显大于进出口总量，这显示了价格波动对世界水生动植物贸易带来的影响。

从不同时期世界水生动植物进出口量和进出口额增长情况来看，表 1－17 表明，1976—2016 年，世界水生动植物进口量和出口量分别增长了 2 497.3 万吨和 2 504.41 万吨，年均增长量分别为 62.43 万吨和 62.61 万吨；进口额和出口额分别增长了 1 183.34 亿美元和 1 139.08 亿美元，年均增长量分别为 29.58 亿美元和 28.48 亿美元。进口量、出口量、进口额、出口额年均增长率分别达到了 3.65%、3.68%、6.96%、7.14%。

按照 10 年期划分来考察世界水生动植物的国际贸易情况，从增长量来看，1997—2006 年是世界水生动植物贸易进口量增长最快的时期，增长量为 724.36 万吨，年均增长量为 80.48 万吨。2007—2016 年是世界水生动植物贸易进口额增长最快的时期，增长量为 320.65 亿美元，年均增长量为 35.63 亿美元。1987—1996 年是世界水生动植物贸易出口量增长最快的时期，增长量为 691.17 万吨，年均增长量为 76.8 万吨。2006—2016 年是世界水生动植物贸易出口额增长最快的时期，增长量为 375.18 亿美元，年均增长量为 41.69 亿美元。从增长率来看，进口量、出口量、进口额、出口额最高的时期都是 1997—1986 年，增长率分别为 69.02%、82.14%、142.72%、135.13%。

**表 1－17　　不同时期世界水生动植物进出口总量、总额增长情况**

单位：万吨，亿美元，%

| 年份 | | | 1976—2016 | 1977—1986 | 1987—1996 | 1997—2006 | 2007—2016 |
|---|---|---|---|---|---|---|---|
| 进口 | 进口总量 | G | 2 497.30 | 549.00 | 646.90 | 724.36 | 331.71 |
| | | GR | 319.31 | 69.02 | 44.50 | 33.17 | 11.25 |
| | 进口总额 | G | 1 183.34 | 145.66 | 250.43 | 317.11 | 320.65 |
| | | GR | 1 372.91 | 142.72 | 81.24 | 57.15 | 33.79 |
| 出口 | 出口总量 | G | 2 504.41 | 668.63 | 691.17 | 516.60 | 427.53 |
| | | GR | 323.67 | 82.14 | 45.10 | 22.35 | 15.00 |
| | 出口总额 | G | 1 139.08 | 126.88 | 228.89 | 268.85 | 375.18 |
| | | GR | 1 477.48 | 135.13 | 85.19 | 53.60 | 44.61 |

接下来考察选定年份世界水生动植物出口量在其总产量中的占比情况。从表 1–18 中可以看出，世界水生动植物出口量在总产量中所占比重先逐步增大后有所下降。1976 年，世界水生动植物出口量仅占总产量的 11.69%，但是到了 2010 年，此项占比已经升至 29.61%。其中上升最快的时期是 1990—1995 年，从期初的 18.81%升至期末的 23.56%，增幅达到了 4.75 个百分点。2015 年、2016 年出口量在总产量中的占比出现小幅下降，分别为 27.26%、27.27%。世界水生动植物贸易量在其总产量中所占比重逐步增高，明显体现了世界水生动植物生产也在参与世界经济全球化的进程，说明世界范围内越来越多的水生动植物生产和消费要通过国际贸易来完成。

**表 1–18　　选定年份世界水生动植物出口量在总产量中占比**

单位：万吨，%

| 年份 | 1976 | 1980 | 1985 | 1990 | 1995 | 2000 | 2005 | 2010 | 2015 | 2016 |
|---|---|---|---|---|---|---|---|---|---|---|
| 出口量 | 773.75 | 1 025.12 | 1 365.69 | 1 654.05 | 2 162.23 | 2 449.31 | 2 835.57 | 3 052.57 | 3 266.01 | 3 278.16 |
| 总产量 | 6 616.61 | 6 970.24 | 8 168.48 | 8 791.98 | 9 177.89 | 9 279.34 | 9 881.55 | 10 310.14 | 11 980.65 | 12 019.49 |
| 占比 | 11.69 | 14.71 | 16.72 | 18.81 | 23.56 | 26.40 | 28.70 | 29.61 | 27.26 | 27.27 |

## 二、世界水生动植物国际贸易价格变动趋势

价格是国际贸易的重要组成部分，也是考察国际贸易走势的一个主要观察指标。下面分析 1976—2016 年世界水生动植物进出口均价的变动趋势，从价格角度来观察世界水生动植物国际贸易的演变过程。

从图 1–18 可以看出，1976—2016 年世界水生动植物进出口均价整体上呈现出波动上涨的基本态势，且变动趋势基本一致。1976 年，世界水生动植物进口均价为 0.11 万美元/吨，出口均价略低，为 0.1 万美元/吨；2016 年，进口均价增加到了 0.39 万美元/吨，出口均价也相应地上涨至 0.37 万美元/吨。世界水生动植物进、出口均价分别增长了 254.55%和 270%。

观察世界水生动植物进出口价格的波动，不难发现其波动同进出口量波动一样也受到了外部经济环境的影响，但波动时段稍有不同。例如，受东南亚金融危机影响，1998 年进口量和出口量分别同比下降了 3.04%和 8.02%，但 1998

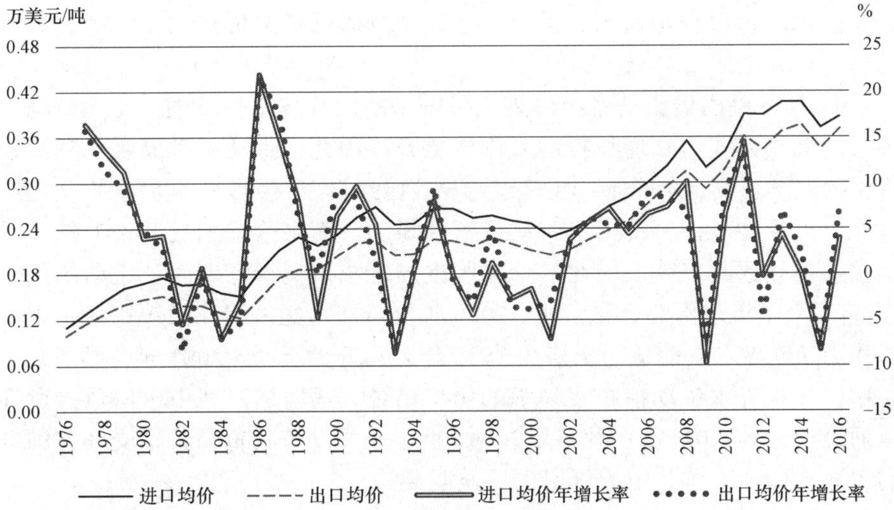


**图 1－18　1976—2016 年世界水生动植物进出口均价变动趋势**

年世界水生动植物进、出口均价分别比 1997 年同比上涨了 1.21%和 5.12%；1999 年，世界水生动植物进、出口均价分别同比下降了 2.67%和 3.62%。这反映了需求量下降传导到市场价格下降的时间滞后效应。

分阶段来看，1976—2016 年，世界水生动植物国际贸易价格的变化大致可以分为五个周期，与其对应的时间跨度分别是 1976—1983 年、1984—1992 年、1993—2001 年、2002—2008 年和 2009—2016 年。

第一个周期即 1976—1983 年，当时恰逢美国等西方国家主导的世界经济滞胀时期。自 1975 年开始，美国等西方国家主导的世界经济进入了滞胀时期，到 1980 年进入另一个谷底，1982 年又产生了一波下跌行情，直到 1984 年才开始进入恢复性增长。滞胀时期的特征是经济停滞且通货膨胀。价格即使在经济周期的低谷也居高不下，加之有效需求到价格的传导时滞。因此，1980 年世界水生动植物的进、出口价格并不是最低点，1982 年价格也不是最低点。这一时期的世界水生动植物进出口价格受以美国为主的西方国家市场影响最大，因为无论世界水生动植物的实际贸易数量，还是本文所获得的统计数据，均是由美国等西方国家主导的。

1984 年，随着里根政府经济政策的实施，美国经济才开始了另一波的上涨行情，由此带动了世界经济的增长。此时可以看到世界水生动植物进出口价格出现了猛增，直到 1988 年达到一个新高点，进、出口均价分别为 0.23 万美元/吨、0.19 万美元/吨。1989 年，进、出口均价又出现下跌，1990 年开始回升，于 1992 年达到又一个新高点，进、出口均价分别为 0.27 万美元/吨、0.22 万美元/吨。此时虽然中国等国家的统计数据也已经包含在世界水生动植物贸易统计之中，但是由于占比较小，因此世界水生动植物国际贸易依然由美国等西方国家主导。

1993 年，美国借由信息经济进入了一个新的经济增长周期，由此带动了全球经济的大繁荣。需求增长拉动了价格上升，因此也带动了世界水生动植物贸易价格的显著提高。从图 1－18 可以看出，1994 年和 1995 年世界水生动植物贸易价格出现了猛增，价格上涨带动供给的增加，而供给增加反过来平抑了价格的上涨甚至导致其下跌。因此，价格因素加之中国货币汇率改革带动的供给增加，还有 1997 年东南亚金融危机、2000 年全球网络经济泡沫破灭等多重因素的共同作用，世界水生动植物价格在 1995 年之后开始下滑，2001 年到达谷底。此时，中国在世界水生动植物贸易中的比重已经大幅增加，其中出口量占世界出口量的比重达到 7.01%。由此可以看出，世界水生动植物贸易价格受西方国家市场的主导，而中国在其中的作用也日益明显。

自 2002 年起，世界水生动植物贸易价格又出现了连续的上涨，此次上涨周期一直持续到 2008 年美国次贷危机爆发。这一时期，世界水生动植物进、出口均价分别从 2002 年的 0.24 万美元/吨、0.21 万美元/吨，上涨至 2008 年的 0.35 万美元/吨和 0.32 万美元/吨，上涨幅度分别达到了 45.83%和 52.38%。

2009 年，世界水生动植物进、出口均价分别下降到 0.32 万美元/吨和 0.29 万美元/吨，同比分别下降了 9.79%和 7.55%。此次下降是由美国次贷危机引发的全球经济危机影响所致，全球经济低迷，水生动植物的进出口总量和进出口均价均出现不同程度的下降。2009 年之后，世界水生动植物贸易价格以增长为主，虽然在 2012 年和 2015 年出现同比下降，但总体价格是趋于上涨的。2013 年，世界水生动植物进口均价达到高峰，为 0.41 万美元/吨。2014 年，世界水生动植物出口均价达到高峰，为 0.38 万美元/吨。此阶段进出口均价总体呈上涨趋势是因为全球经济缓慢复苏，经济与贸易逐步趋于稳定，美国经济强势复苏和中国等新兴经济体发挥了较大作用。

总体来看，世界水生动植物国际贸易价格呈现长期波动上涨趋势，价格的波动受到了世界经济形势的显著影响，各国在世界水生动植物贸易中所占比重的彼此消长也对世界水生动植物贸易价格的形成产生了重要的影响。

## 三、世界水生动植物各大类国际贸易变动趋势

世界水生动植物各大类进出口贸易与水生动植物贸易整体上的变动趋势基本一致，即总体上呈现出“稳步上升”的基本态势。但是，各大类的主产区不同，世界水生动植物各大类国际贸易的变动趋势也必然会受到主产区国际贸易形势的影响，再加上各大类不同的特征和各自面临的不同环境变迁，因此，各大类进出口贸易的波动趋势也就略有不同。

（1）海水鱼贸易的变化情况。图 1－19（a）显示，海水鱼贸易的变动趋势基本上类似于世界水生动植物整体贸易的走势，即在平稳上升的同时虽然略有波动，但波动幅度普遍较小。1976—2016 年，海水鱼进口量和进口额分别从期初的 647.69 万吨和 48.13 亿美元增加到期末的 2 218.98 万吨和 572.34 亿美元，41 年间海水鱼进口量实现了 243%的增长率，进口额增长率更是高达 1 089%。同一时期，海水鱼出口量和出口额则分别由期初的 664.42 万吨和 47.24 亿美元增加到期末的 2 168.13 万吨和 524 亿美元，出口量和出口额增长率分别达到了 226%和 1 009%。总体来看，海水鱼贸易额的增长幅度大于贸易量的增长幅度。

分阶段来看，经过 1976—1982 年的连续上涨后，海水鱼进口量在 1983 年首次出现下降，而进口额在 1982 年首次出现下降，说明 1982 年海水鱼的进口价格是下降的，且下降幅度大于进口量的增长幅度。1984 年，海水鱼进口量和进口额开始新一轮的增长。1992 年前后出现又一次的下降趋势，其中 1986 年进口额的增长率达到 27.61%，是考察期内增长幅度最高的一年。1993 年之后，海水鱼进口量和进口额仍然保持基本一致的变动趋势，且以增长为主。1994 年，进口量的增长率达到 15.29%，是考察期内增长幅度最大的一年。受东南亚金融危机影响，1998 年，海水鱼进口量下降幅度为 5.17%，是考察期内下降幅度最大的一年。进口额下降幅度最大的一年出现在 2009 年，为 9.81%，主要是受全球金融危机的影响。1976—2016 年，海水鱼的出口量和出口额也是保持基本一致的变动趋势，且以增长为主。1981 年，出口量和出口额首次出现下降，之后又开始新一轮的增长。考察期内，出口量和出口额增长幅度最大的年份分别是 1994 年（14.41%）和 1986 年（30.42%），下降幅度最大的年份分别是 1998 年（10.5%）和 2015 年（9.91%）。

（2）淡水鱼贸易的变化情况。图 1－19（b）显示，淡水鱼的贸易量和贸易额都呈直线上升趋势，2008 年前后和 2014 年前后出现波动，但波动幅度较小。1976—2016 年，世界淡水鱼进口量和进口额分别由期初的 6.99 万吨和 1.29 亿美元增加到期末的 150.74 万吨和 44.66 亿美元，41 年间分别增长了 2 056%和 3 362%。同一时期，出口量和出口额分别由期初的 2.80 万吨和 0.62 亿美元增加到期末的 117.85 万吨和 35.52 亿美元，41 年间分别增长了 4 096%和 5 629%。与其他各大类比较，淡水鱼的进出口量和进出口额增长幅度明显较大，且绝大多数年份都以增长为主。

分阶段来看，经过 1976—1980 年的连续上涨后，淡水鱼进口量在 1981 年首次出现下降，之后增长与下降交替进行，于 1992 年出现最大降幅（13.05%）。1993—2016 年，进口量只有 2 年出现下降，分别是 2009 年（－1.01%）和 2011 年（－3.01%），其余增长年份中有 13 年保持 10%以上的增长率。其中，1994 年增长率最高，达到了 33.31%。淡水鱼进口额在经过 1976—1982 年的连续上涨后，于 1983 年首次出现下降，下降幅度为 9.4%，是考察期内下降幅度最大的年份。1986 年进口额又开始新一轮的增长，1994 年增长率达到 42.75%，成为考察期内增长幅度最大的年份。1994 年之后，淡水鱼进口额仍以增长为主，只有 4 年出现下降，分别是 1999 年（－2.22%）、2009 年（－6.73%）、2015 年（－7.36%）、2016 年（－5.22%）。淡水鱼的出口量在 1977 年出现下降，之后开始增长，于 1983 年再次出现下降，1985 年又开始增长，于 1988 年又一次出现下降，降幅为 31.93%，是考察期内下降幅度最大的年份。1989—2016 年，淡水鱼的出口量快速增长，有 19 年增长率保持在 10%以上，1992 年增长幅度最高（50.36%），仅有 3 年出现下降，分别是 1999 年（－0.81%）、2009 年（－19.73%）、2015 年（－8.50%）。淡水鱼的出口额在经历了 1976—1982 年的连续上涨后，于 1983 年首次出现下降，之后开始增长，于 1988 年再次出现下降，降幅为 23.66%，是考察期内降幅最大的年份。1989—2016 年，淡水鱼的出口额也保持快速增长，有 18 年的增长率在 10%以上，仅有 5 年出现下降，分别是 1995 年（－5.16%）、1999 年（－1.04%）、2009 年（－12.28%）、2012 年（－1.08%）、2015 年（－14.02%）。

（3）水生植物贸易的变化情况。图 1－19（c）显示，1976—2016 年，水生植物进口量和进口额分别从期初的 5.05 万吨和 1.68 亿美元增加到期末的 28.05 万吨和 9.98 亿美元，41 年间分别增长了 455.45%和 494%。同一时期，出口量和出口额则分别由期初的 0.51 万吨和 0.65 亿美元增加到期末的 43.56 万吨和 8.20 亿美元，两者的增长率分别为 8 441%和 1 161.54%。与其他各大类比较，水生植物出口量的增长幅度在各大类中最大。

分阶段来看，1976—1994 年，水生植物的进出口量、进出口额波动频繁，波动幅度在各大类中最大。在此期间，进、出口量和进、出口额都是以增长为主，最大增长幅度分别出现在 1994 年（144.51%）、1985 年（376.03%）、1994 年（157.84%）、1989 年（218.2%）。1995—2016 年水生植物的进出口量、进出口额呈波动上升趋势，但波动幅度明显降低。其中进口量增长率有 6 年超过 ±10%，出口量增长率有 8 年超过 ±10%，进、出口额增长率分别有 5 年、10 年超过 ±10%。

（4）甲壳类贸易的变化情况。图 1－19（d）显示，1976—2016 年，甲壳类进口量和进口额分别从期初的 54.98 万吨和 22.09 亿美元增加到期末的 292.62 万吨和 270.32 亿美元，两者分别增长了 432%和 1 124%。同一时期，甲壳类出口量和出口额则分别由期初的 50.01 万吨和 18.6 亿美元增加到期末的 336.61 万吨和 289.75 亿美元，其增长率分别为 573%和 1 458%。从整体上看，这一时期甲壳类进出口贸易呈现上升的趋势，波动幅度相对较小。

分阶段来看，经过 1976—1994 年的连续上涨后，甲壳类进口量在 1995 年首次出现下降，而进口额在 1980 年首次出现下降，说明 1980 年甲壳类的进口价格是下降的，且下降幅度大于进口量的增长幅度。甲壳类出口量和出口额首次出现下降，分别是在 1988 年和 1989 年。1976—2016 年，甲壳类进口量和出口量以增长为主，且波动幅度较小，其中进口量仅有 6 年为下降趋势，只有 3 年增长率超过 10%；出口量有 8 年为下降趋势，8 年增长率超过 10%。甲壳类进口额和出口额变动趋势基本一致，也是以增长为主，最高值都出现在 2014 年，分别是 304.39 万亿美元、305.30 万亿美元。其中，进口额有 9 年为下降趋势，有 11 年增长率超过 10%；出口额有 8 年呈下降趋势，有 13 年增长率超过 10%。

（5）软体类贸易的变化情况。图 1－19（e）显示，1976—2016 年，软体类进口量和进口额分别从期初的 50.47 万吨和 6.78 亿美元增加到期末的 260.57 万吨和 119.18 亿美元，41 年间分别增长了 416.29%和 1 658%。同一时期，出口量和出口额则分别由期初的 42.08 万吨和 5.23 亿美元增加到期末的 239.44 万吨和 103.05 亿美元，两者的增长率分别为 469%和 1 870%。

分阶段来看，1977 年，软体类的进口量、出口量、出口额出现了下降，只有进口额是小幅度的上升。1978 年，进、出口量和进、出口额增长迅速，同比增长率分别为 30.33%、40.57%、38.43%、47.97%，其中进口量、出口量、出口额都是考察期内的最大增幅。经过了 2 年的增长后，1980 年进、出口量和进、出口额同时出现了下降，降幅分别为 15.07%、14.94%、2.77%、8.37%，其中，进口量和出口量都是考察期内的最大降幅。1981 年之后，软体类的进出口量、进出口额保持基本一致的变动趋势，且以增长为主，伴有个别年份的下降。1986 年进口额的增长幅度为 38.5%，是考察期内进口额的最大增幅。1998 年进口额、出口额分别下降了 8.77%、12.55%，是考察期内的进出口额的最大降幅。

（6）咸水鱼贸易的变化情况。图 1－19（f）显示，咸水鱼的贸易量和贸易额都呈直线上升趋势，虽有波动，但波动幅度较小。1976—2016 年，咸水鱼进口量和进口额分别从期初的 16.92 万吨和 6.23 亿美元增加到期末的 328.44 万吨和 253.06 亿美元，41 年间分别增长了 1 841%和 270%。同一时期，出口量和出口额则分别由期初的 13.93 万吨和 4.74 亿美元增加到期末的 354.58 万吨和 255.64 亿美元，两者的增长率分别为 2 445%和 5 293%。

分阶段来看，经过 1976—1986 年的连续上涨后，咸水鱼进口量在 1987 年首次出现下降，降幅较小（1.24%）。1988—2016 年咸水鱼的进口量保持平稳增长，仅有 2 年出现下降，分别是 1991 年（－3.24%）和 2016 年（－1.25%）。咸水鱼出口量和进、出口额首次出现下降都是在 1980 年，降幅分别为 0.49%、2.76%、3.68%。1981—2016 年，咸水鱼的出口量、进出口额也是保持平稳增长，且变动趋势基本一致，其中出口量有 5 年出现下降，进口额仅有 7 年出现下降，出口额仅有 6 年出现下降。

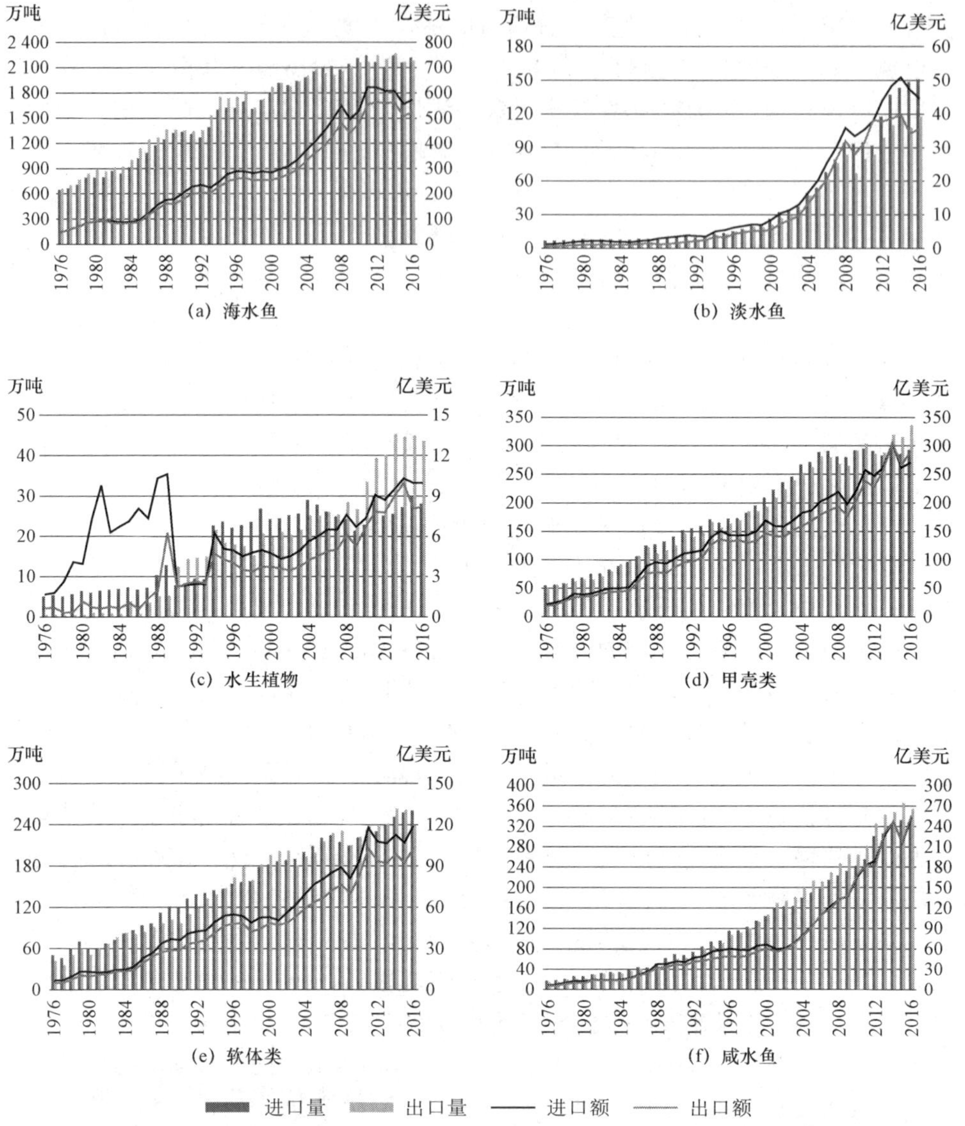


**图 1-19　1976—2016 年世界水生动植物进出口量、进出口额变动趋势**

结合表 1-19 中的数据，分阶段来看不同时期世界水生动植物各大类进口量、出口量、进口额、出口额的增长情况。海水鱼、淡水鱼、水生植物、甲壳类、软体类、咸水鱼的进口量增长最多的时期分别是 1987—1996 年（448.13 万吨）、2007—2016 年（71.58 万吨）、1987—1996 年（14.91 万吨）、1997—2006 年（115.20 万吨）、1997—2006 年（63.98 万吨）、2007—2016 年（114.11 万吨）；进口额增长最多的时期分别是 1997—2006 年（159.29 亿美元）、1997—2006 年

（18.82 亿美元）、1977—1986 年（6.27 亿美元）、2007—2016 年（60.53 亿美元）、2007—2016 年（33.90 亿美元）、2007—2016 年（130.84 亿美元）；出口量增长最多的时期分别是 1977—1986 年（541.14 万吨）、1997—2006 年（45.56 万吨）、2007—2016 年（18.18 万吨）、1997—2006 年（111.40 万吨）、1987—1996 年（71.33 万吨）、2007—2016 年（124.65 万吨）；出口额增长最多的时期分别是 1997—2006 年（127.18 亿美元）、1997—2006 年（15.82 亿美元）、2007—2016 年（3.22 亿美元）、2007—2016 年（102.75 亿美元）、2007—2016 年（30.64 亿美元）、2007—2016 年（136.47 亿美元）。

除了水生植物的进口额在 1987—1996 年下降了 2.4 亿美元，出口额在 1977—1986 年下降了 0.09 亿美元之外，其他各大类的进口量、出口量、进口额、出口额在不同时期都是增长的。

**表 1－19　不同时期世界水生动植物各大类进出口量、进出口额增长情况**　单位：万吨，亿美元，%

| 年份 | | | 1976—2016 | 1977—1986 | 1987—1996 | 1997—2006 | 2007—2016 |
|---|---|---|---|---|---|---|---|
| 海水鱼 | 进口量 | G | 1 571.29 | 422.03 | 448.13 | 408.87 | 104.44 |
| | | GR | 242.60 | 63.72 | 38.20 | 24.08 | 4.94 |
| | 进口额 | G | 524.21 | 62.91 | 134.14 | 159.29 | 77.36 |
| | | GR | 1 089.17 | 105.83 | 86.61 | 55.24 | 15.63 |
| | 出口量 | G | 1 521.71 | 541.14 | 486.12 | 214.99 | 174.00 |
| | | GR | 229.03 | 76.87 | 38.29 | 11.83 | 8.65 |
| | 出口额 | G | 476.76 | 56.22 | 119.30 | 127.18 | 93.21 |
| | | GR | 1 009.22 | 92.99 | 85.08 | 48.54 | 21.64 |
| 淡水鱼 | 进口量 | G | 143.75 | 1.55 | 7.04 | 50.91 | 71.58 |
| | | GR | 2 056.97 | 21.90 | 84.66 | 297.03 | 90.43 |
| | 进口额 | G | 43.37 | 0.87 | 3.78 | 18.82 | 14.54 |
| | | GR | 3 373.97 | 61.88 | 154.51 | 281.85 | 48.27 |
| | 出口量 | G | 115.05 | 1.49 | 11.11 | 45.56 | 41.90 |
| | | GR | 4 112.54 | 65.39 | 285.50 | 278.52 | 55.17 |
| | 出口额 | G | 34.90 | 0.76 | 2.75 | 15.82 | 8.90 |
| | | GR | 5 602.92 | 121.07 | 174.81 | 328.30 | 33.44 |

续表

| 年份 | | | 1976—2016 | 1977—1986 | 1987—1996 | 1997—2006 | 2007—2016 |
|---|---|---|---|---|---|---|---|
| 水生植物 | 进口量 | G | 23.00 | 1.35 | 14.91 | 3.32 | 3.17 |
| | | GR | 455.15 | 24.96 | 205.95 | 14.56 | 12.76 |
| | 进口额 | G | 8.30 | 6.27 | **−2.40** | 2.00 | 3.48 |
| | | GR | 494.77 | 349.91 | **−32.77** | 44.44 | 53.55 |
| | 出口量 | G | 43.05 | 0.25 | 14.39 | 8.56 | 18.18 |
| | | GR | 8 486.46 | 46.97 | 411.78 | 48.91 | 71.63 |
| | 出口额 | G | 7.55 | −0.09 | 2.63 | 1.35 | 3.22 |
| | | GR | 1 153.69 | −13.11 | 190.23 | 38.23 | 64.51 |
| 甲壳类 | 进口量 | G | 237.64 | 50.41 | 46.86 | 115.20 | 2.20 |
| | | GR | 432.22 | 89.79 | 37.45 | 66.37 | 0.76 |
| | 进口额 | G | 248.23 | 44.57 | 53.94 | 59.43 | 60.53 |
| | | GR | 1 123.82 | 178.91 | 60.24 | 41.59 | 28.85 |
| | 出口量 | G | 286.60 | 50.79 | 42.20 | 111.40 | 56.57 |
| | | GR | 573.11 | 90.31 | 34.46 | 65.62 | 20.20 |
| | 出口额 | G | 271.15 | 39.68 | 56.25 | 44.50 | 102.75 |
| | | GR | 1 457.81 | 185.52 | 73.90 | 33.05 | 54.94 |
| 软体类 | 进口量 | G | 210.10 | 47.78 | 58.02 | 63.98 | 36.21 |
| | | GR | 416.29 | 103.69 | 60.24 | 40.94 | 16.14 |
| | 进口额 | G | 112.40 | 16.21 | 28.14 | 26.68 | 33.90 |
| | | GR | 1 656.77 | 228.65 | 105.33 | 49.62 | 39.75 |
| | 出口量 | G | 197.35 | 48.64 | 71.33 | 36.68 | 12.22 |
| | | GR | 468.96 | 135.15 | 77.55 | 20.51 | 5.38 |
| | 出口额 | G | 97.82 | 14.71 | 24.24 | 18.34 | 30.64 |
| | | GR | 1 868.55 | 286.15 | 101.32 | 37.99 | 42.31 |

续表

| 年份 | | | 1976—2016 | 1977—1986 | 1987—1996 | 1997—2006 | 2007—2016 |
|---|---|---|---|---|---|---|---|
| 咸水鱼 | 进口量 | G | 311.52 | 25.88 | 71.94 | 82.08 | 114.11 |
| | | GR | 1 840.79 | 140.86 | 164.64 | 70.79 | 53.24 |
| | 进口额 | G | 246.84 | 14.83 | 32.84 | 50.88 | 130.84 |
| | | GR | 3 963.64 | 199.77 | 120.03 | 86.75 | 107.06 |
| | 出口量 | G | 340.64 | 26.33 | 66.03 | 99.41 | 124.65 |
| | | GR | 2 444.56 | 174.56 | 160.22 | 88.84 | 54.21 |
| | 出口额 | G | 250.90 | 15.59 | 23.73 | 61.66 | 136.47 |
| | | GR | 5 289.61 | 279.21 | 93.10 | 127.64 | 114.51 |

下面就选定年份各大类出口量在各自产量中的占比进行分析，这个占比受出口量和产量两个方面因素的影响。

从表 1–20 可以看出，选定年份世界水生动植物各大类出口量在各自总产量中的占比情况如下：在 10 个选定年份中，海水鱼的出口量占比除 2015 年略有下降外，其他年份是逐年提高的。1976 年海水鱼的出口量占比为 12.82%，2016 年海水鱼的出口量占比增加至 39.27%，增长了 2 倍。在 10 个选定年份中，淡水鱼的出口量占比除 1985 年、1990 年外，其他年份也是呈现上升趋势。1976 年淡水鱼的出口量占比为 0.58%，2016 年淡水鱼的出口量占比增加 4.32%，增长了 6 倍多。在 10 个选定年份中，水生植物的出口量占比呈现先上升后下降的趋势。1976 年水生植物的出口量占比为 0.26%，之后开始上升，于 2000 年达到 5.84%，为 10 个选定年份出口量占比的最高值。2005 年水生植物的出口量占比下降 5.05%，之后一直下降，于 2016 年下降到 2.64%。在 10 个选定年份中，甲壳类的出口量占比以上升趋势为主，伴有个别年份的下降。1976 年甲壳类的出口量占比为 24.34%，1980 年下降至 23.13%，主要是因为 1980 年甲壳类出口量增加幅度小于其总产量增加幅度；之后逐渐上升，于 2005 年达到 50.44%，说明甲壳类总产量中有一半用于出口；2010 年、2015 年甲壳类出口量占比有所下降，分别为 48.53%、44.91%，而 2016 年又有所回升，占比达 45.58%。在 10 个选定年份中，软体类的出口量占比除 2016 年略有下降外，其他年份是逐年提高的。1976 年软体类的出口量占比为 10.12%，2015 年占比增加 34.03%，增长了 2 倍；2016 年软体类的出口量占比略有下降，为 33.67%，这是由于 2016 年软体类的出口量和总产量都有所下降，且出口量下降幅度更大导致的。咸水鱼的出口量占比变化趋势与软体类类似，在 10 个选定年份中，除 2016 年略有下降外，其他年份是逐年提高的。1976 年咸水鱼的出口量占比为 10.09%，2015 年占比增加为 57.26%，增长了 4 倍多，此时咸水鱼的总产量中有一半多是用于出口的；2016 年咸水鱼的出口量占比略有下降，为 56.85%，这是由于 2016 年咸水鱼的出口量和总产量都有所下降且出口量下降幅度更大导致的。

**表 1－20　　选定年份世界水生动植物各大类出口量在各自产量中占比**

单位：万吨，%

| 年份 | | 1976 | 1980 | 1985 | 1990 | 1995 | 2000 | 2005 | 2010 | 2015 | 2016 |
|---|---|---|---|---|---|---|---|---|---|---|---|
| 海水鱼 | 出口量 | 664.42 | 884.40 | 1 141.16 | 1 353.96 | 1 736.17 | 1 872.57 | 2 083.58 | 2 161.94 | 2 169.68 | 2 186.13 |
| | 总产量 | 5 183.96 | 5 273.52 | 6 124.21 | 6 406.85 | 6 485.75 | 6 280.05 | 6 212.53 | 5 520.78 | 5 669.15 | 5 566.69 |
| | 占比 | 12.82 | 16.77 | 18.63 | 21.13 | 26.77 | 29.82 | 33.54 | 39.16 | 38.27 | 39.27 |
| 淡水鱼 | 出口量 | 2.80 | 3.54 | 3.47 | 3.86 | 12.69 | 21.25 | 53.15 | 79.74 | 107.99 | 117.85 |
| | 总产量 | 479.05 | 516.12 | 623.13 | 752.82 | 866.50 | 1 081.98 | 1 470.00 | 2 063.96 | 2 575.76 | 2 728.24 |
| | 占比 | 0.58 | 0.69 | 0.56 | 0.51 | 1.46 | 1.96 | 3.62 | 3.86 | 4.19 | 4.32 |
| 水生植物 | 出口量 | 0.51 | 0.58 | 3.84 | 12.43 | 18.34 | 19.82 | 25.12 | 33.47 | 44.91 | 43.56 |
| | 总产量 | 194.03 | 230.84 | 298.46 | 356.73 | 385.72 | 339.46 | 497.82 | 872.93 | 1 624.14 | 1 651.16 |
| | 占比 | 0.26 | 0.25 | 1.29 | 3.48 | 4.76 | 5.84 | 5.05 | 3.83 | 2.77 | 2.64 |
| 甲壳类 | 出口量 | 50.01 | 64.99 | 98.98 | 125.86 | 156.35 | 192.66 | 261.71 | 291.23 | 315.87 | 336.61 |
| | 总产量 | 205.46 | 280.93 | 301.71 | 352.25 | 409.05 | 439.89 | 518.84 | 600.06 | 703.37 | 738.56 |
| | 占比 | 24.34 | 23.13 | 32.81 | 35.73 | 38.22 | 43.80 | 50.44 | 48.53 | 44.91 | 45.58 |
| 软体类 | 出口量 | 42.08 | 50.82 | 81.74 | 96.93 | 146.96 | 195.79 | 199.01 | 222.19 | 261.99 | 239.44 |
| | 总产量 | 416.02 | 495.05 | 589.45 | 655.05 | 712.42 | 773.69 | 753.88 | 754.41 | 769.86 | 711.11 |
| | 占比 | 10.12 | 10.26 | 13.87 | 14.80 | 20.63 | 25.31 | 26.40 | 29.45 | 34.03 | 33.67 |
| 咸水鱼 | 出口量 | 13.93 | 20.80 | 36.50 | 61.02 | 91.73 | 147.21 | 212.99 | 263.99 | 365.56 | 354.58 |
| | 总产量 | 138.09 | 173.80 | 231.52 | 268.27 | 318.44 | 364.27 | 428.48 | 497.99 | 638.37 | 623.72 |
| | 占比 | 10.09 | 11.97 | 15.77 | 22.75 | 28.80 | 40.41 | 49.71 | 53.01 | 57.26 | 56.85 |

## 四、世界水生动植物各大类国际贸易价格变动趋势

一种商品的价格能够从一个角度反映出其在不同经济体之间的供求变化。下面将考察世界水生动植物各大类进出口价格的变动趋势，以便更好地把握其在不同经济体中的供求关系及其变动情形。总体来看，世界水生动植物各大类的价格波动与世界水生动植物整体价格波动保持一致，也都表现出明显的波动上升趋势，但是不同类之间波动的幅度和频率有所不同，进出口价格的相似度也不同，这些都是由于不同类别的水生动植物在国际贸易中的自身特征决定的。下面将逐一进行分析。

（1）海水鱼国际贸易价格的波动情况。一般情况下，一种商品的进口价格应该高于其出口价格，这是因为进口价格一般按照 CIF 价格统计，而出口价格则按照 FOB 价格统计，进口价格和出口价格之间应该存在运费和保险费之差。如图 1－20（a）所示，海水鱼的进口价格一直高于出口价格。整体来看，海水鱼进出口价格基本与水生动植物整体价格波动情况一致，呈现波动上涨趋势。1976—2016 年，海水鱼进口价格由 0.07 万美元/吨涨至 0.26 万美元/吨，增长 271.43%，出口价格由 0.07 万美元/吨涨至 0.24 万美元/吨，增长 242.86%，进出口价格增长趋势都很明显。

分阶段来看，1976—1981 年是海水鱼价格波动的第一个阶段。海水鱼进口价格在 1981 年最高曾涨至 0.12 万美元/吨，随后于 1982 年出现下滑，至 1985 年降至 0.09 万美元/吨；出口价格在 1981 年最高涨至 0.11 万美元/吨，随后于 1982 年出现下滑，1985 年又跌至 0.08 万美元/吨。1986—1992 年是海水鱼价格波动的第二个阶段。海水鱼进出口价格保持较高速增长，仅在 1989 年出现下降趋势。1992 年进口价格达到高峰，为 0.19 万美元/吨，随后进口价格、出口价格双双出现下跌。1993—2001 年是海水鱼价格波动的第三个阶段。海水鱼进出口价格以下降为主，仅有 3 个年份均保持增长。其中，出口价格在 1998 年达到高峰，为 0.16 万美元/吨。2002—2016 年是海水鱼价格波动的第四个阶段，涨跌互现，以涨为主，2008 年之后受美国次贷危机影响，波动较为明显。

（2）淡水鱼国际贸易价格的波动。从图 1－20（b）可以看出，淡水鱼的出口价格呈现波浪上升趋势，波动幅度比海水鱼大，且有部分年份淡水鱼的出口价格高于其进口价格，可能部分统计数据存在疏漏。1976—2016 年，淡水鱼进口价格由 0.18 万美元/吨涨至 0.3 万美元/吨，上涨 166.67%；出口价格由 0.22 万美元/吨涨至 0.3 万美元/吨，上涨 136.36%。

分阶段来看，淡水鱼价格在 1983 年、1985 年、1997—2000 年、2012—2016 年，由于受到美国经济滞胀、东南亚金融危机、全球经济形势等影响持续出现下跌，这与整体水生动植物国际贸易价格的波动原因一致。淡水鱼出口价格变

动趋势中几个突出的高点是1987—1990年、2009年、2011年，分别达到了0.41万美元/吨、0.45万美元/吨、0.41万美元/吨、0.43万美元/吨、0.42万美元/吨、0.46万美元/吨。淡水鱼进口价格波动幅度小于其出口价格，变动趋势中几个突出的高点是1995年、1996年、2011年，分别达到了0.4万美元/吨、0.41万美元/吨、0.41万美元/吨。

（3）水生植物国际贸易价格的波动情况。从图1-20（c）可以看出，水生植物的进出口价格前期波动幅度很大，后期波动幅度很小，基本趋于稳定。考察期内有部分年份水生植物的出口价格高于其进口价格，可能部分统计数据存在疏漏。1976—2016年，水生植物进口价格由0.33万美元/吨涨至0.36万美元/吨，上涨109%；出口价格由1.29万美元/吨跌至0.19万美元/吨，下跌679%，是水生动植物各大类中唯一期末值低于期初值的类别，且跌幅明显。

分阶段来看，水生植物的进出口价格变动趋势的分界点是1990年。1976—1990年，水生植物进出口价格涨跌互现，且波动幅度很大。进口价格的最大涨幅为96.28%，最大跌幅为64.95%，其中只有3年的变动幅度小于10%。出口价格的最大涨幅为207.01%，最大跌幅为85.07%，只有4年的变动幅度小于10%。1991—2016年，水生植物进出口价格波动幅度很小，基本趋于稳定。进口价格的最大涨幅为20.13%，最大跌幅为22.49%，其中只有7年的变动幅度大于10%。出口价格的最大涨幅为30.66%，最大跌幅为19.54%，只有5年的变动幅度大于10%。

（4）甲壳类国际贸易价格的波动情况。从图1-20（d）可以看出，甲壳类进出口价格呈波动上升趋势，与海水鱼、淡水鱼、软体类等相比，甲壳类的进出口均价明显高于其他各大类。1976—2016年，甲壳类进口价格由0.4万美元/吨涨至0.92万美元/吨，增长230%；出口价格由0.37万美元/吨涨至0.86万美元/吨，增长232%，进、出口价格增长趋势明显。

分阶段来看，甲壳类价格也是在1983—1985年、1996—1998年、2009年以及2015年分别受到美国经济滞胀、东南亚金融危机、美国次贷危机以及全球经济形势等影响相继出现下跌。这与整体水生动植物国际贸易价格以及其他各大类国际贸易价格的波动原因是一致。考察期间的大部分年份，甲壳类的进、出口价格都是上涨的，其中最高价格均出现在2014年，分别是1.03万美元/吨、0.96万美元/吨。

（5）软体类国际贸易价格的波动情况。从图1-20（e）可以看出，软体类的进出口价格也是呈波动上升的趋势，且两者变动趋势基本一致。整体来看，1976—2016年，软体类进口价格由0.13万美元/吨涨至0.46万美元/吨，增长354%；出口价格由0.12万美元/吨涨至0.43万美元/吨，增长358%，在各大类中增长幅度最大。

分阶段来看，1976—1980 年是软体类价格波动的第一个阶段，软体类进、出口价格在 1980 年最高曾涨至 0.22 万美元/吨、0.19 万美元/吨，随后于 1981 年出现下滑，1984 年降至 0.18 万美元/吨和 0.16 万美元/吨。1985—1995 年可以看作软体类价格波动的第二个阶段，软体类进、出口价格保持较高速增长，进口价格仅有 2 年出现下降趋势，出口价格仅有 3 年出现下降趋势。1996—2001 年是软体类价格波动的第三个阶段，除 2000 年软体类的出口价格上涨了 0.59%外，其他年份的进、出口价格均呈现下降趋势。2002—2016 年可以看作软体类价

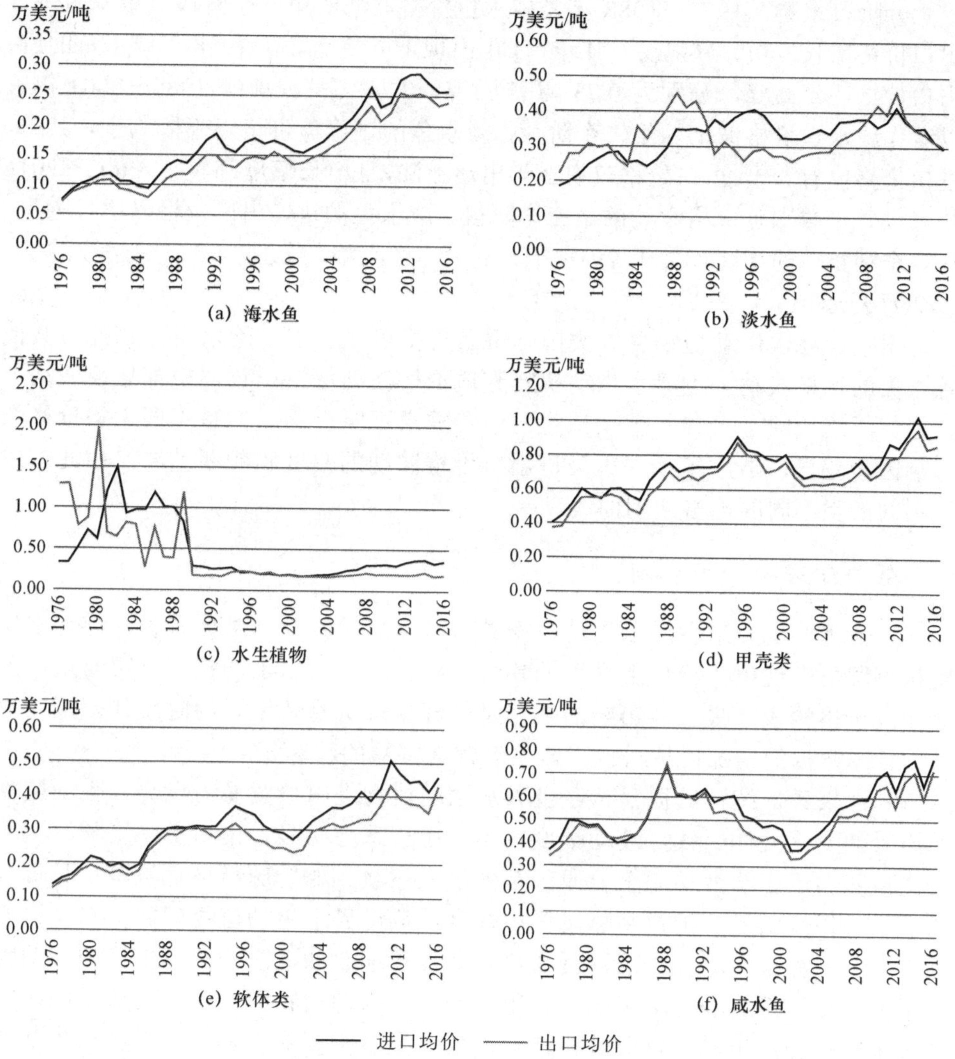


**图 1－20　1976—2016 年世界水生动植物进出口均价变动趋势**

格波动的第四个阶段，涨跌互现，以涨为主。2011 年进、出口价格均达到高峰，分别为 0.51 万美元/吨、0.43 万美元/吨。

（6）咸水鱼国际贸易价格的波动情况。从图 1－20（f）可以看出，整体上看，咸水鱼的进出口价格变动趋势虽然也是呈波动上升趋势，但是中期下降趋势明显。1976—2016 年，咸水鱼进口价格由 0.37 万美元/吨涨至 0.77 万美元/吨，增长 208%；出口价格由 0.34 万美元/吨，涨至 0.72 万美元/吨，增长 212%。

分阶段来看，1976—1988 年是咸水鱼价格波动的第一个阶段，咸水鱼进、出口价格增长较快，分别仅有 4 年、3 年出现下降趋势。在 1988 年咸水鱼的进、出口价格达到高峰，分别为 0.73 万美元/吨、0.74 万美元/吨。1989—2001 年可以看作咸水鱼价格波动的第二个阶段，咸水鱼的进出口价格以下降为主，其中，进口价格仅有 5 年，出口价格仅有 3 年出现上涨，且增长幅度都较小。2002—2016 年可以看作咸水鱼价格波动的第三个阶段，咸水鱼的进、出口价格以增长为主，伴有个别年份的下降，并于 2016 年达到另一个高峰，分别为 0.77 万美元/吨、0.72 万美元/吨。

比较世界水生动植物各大类国际贸易价格可以看出，除水生植物外，其他各大类的价格波动与世界水生动植物整体价格波动保持一致，也都呈现波动上升趋势，这反映了世界水生动植物的消费需求不断上涨。但是不同大类价格的影响因素差异，造成了不同大类进出口价格波动的幅度和频率差异，由此形成了不同大类不同的价格波动曲线。

## 本节小结

本节主要研究了世界水生动植物进出口贸易的概况。总体来说，世界水生动植物贸易呈现出“稳步上升”的趋势，而且对世界水生动植物类贸易量、贸易额及价格构成了最主要影响的依然是外部经济贸易环境。同时统计范围的扩大，样本数据的增加，使得世界水生动植物贸易的波动相对温和。

具体来看，统计数据显示，世界水生动植物进出口贸易与世界水生动植物总产量的变化大体一致，波动幅度较小，增长态势明显，出口贸易增长幅度高于进口贸易，影响波动的主要原因是外部大环境，如全球经济危机等，且贸易总额增长幅度明显大于贸易总量增长幅度。从世界水生动植物国际贸易价格变动来看，世界水生动植物国际贸易价格呈现长期波动上涨趋势，价格的波动受到了世界经济形势的显著影响，各国在世界水生动植物贸易中所占比重的彼此消长也对世界水生动植物贸易价格的形成产生了重要的影响。从世界水生动植物各大类进出口贸易上看，世界水生动植物各大类进出口贸易与水生动植物贸易整体上的变动趋势基本一致，总体“稳步上升”，不同大类进出口贸易的波动幅度略有不同。从价格上看，除水生植物外，世界水生动植物各大类的价格波动与世界水生动植物整体价格波动保持一致，呈波动上升趋势，但是不同大类之间波动的幅度和频率有所不同，进出口价格的相似度也不同，这点和不同大类在国际贸易中的自身特征有密切关系，反映了世界水生动植物的消费需求不断上涨。

# 第二章　中国水生动植物产业发展

## 第一节　中国水生动植物产业发展概况

为初步掌握中国在世界水生动植物产业中的地位，本节将系统考察 1950—2016 年中国水生动植物产量的演变轨迹。本节关注的主要内容有：（1）中国水生动植物总产量变动趋势；（2）中国水生动植物养殖产量、捕捞产量变动趋势；（3）中国水生动植物各大类产量变动趋势；（4）中国水生动植物各大类养殖产量、捕捞产量变动趋势。

### 一、中国水生动植物总产量变动趋势

#### （一）总产量变动趋势

1950 年，中国水生动植物（不包括各种水生动物、各种水生动物产品和鲸、海豹及其他水生哺乳动物，下同）总产量 95.61 万吨，2016 年中国水生动植物总产量 8 043.23 万吨。

中国水生动植物总产量总体上呈现出持续明显增加的基本态势（见图 2-1）。具体而言，中国水生动植物总产量的变动趋势主要表现出以下特点。

一是从总产量来看，1950—2016 年，中国水生动植物总产量持续增加，虽有个别年份较其上年有所下降，但总体呈上升趋势，在此期间中国水生动植物产量增加 3 522.95 万吨，年均增加 53.38 万吨。在此统计期间，总产量期末值较期初值增加 83 倍，增幅明显，说明中国水生动植物总产量贡献呈上升趋势。

二是从年增长率波动来看，1950—2016 年，总产量增加波动率虽有起伏，但总体来看，增长波动趋于稳定，年均增长率为 6.94%，年增长率平均值为 7.21%，二者数据相差不大。具体来看，1950—1996 年，中国水生动植物处于刚刚起步阶段，资源开发速率较慢，总产量逐年以稳定的速率增加，产量增加较为明显；1997—2016 年，总产量增加波动率趋于稳定，总产量稳定持续增加，从数据反映来看，此期间年增长率为 4.21%，年增长率平均值为 4.22%，二者数据几乎相同。

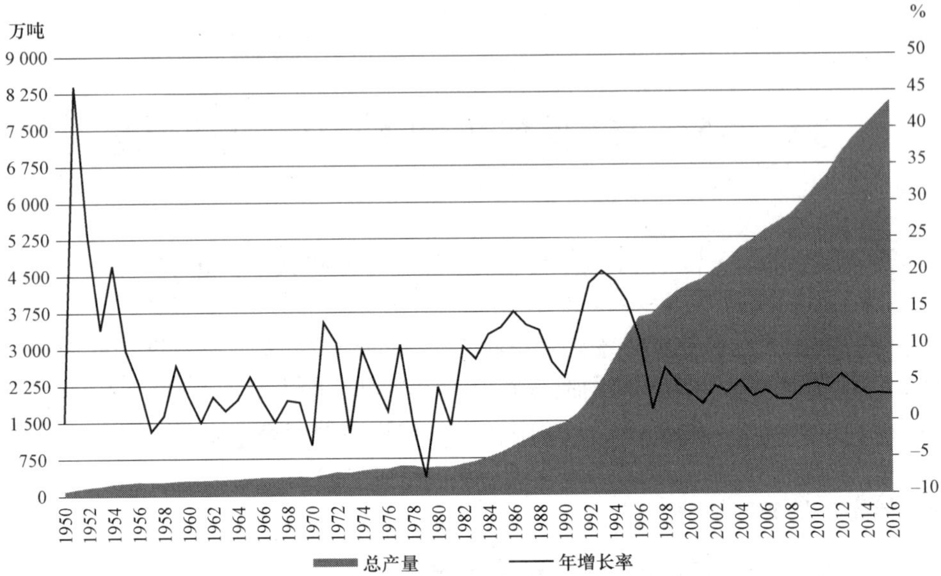


**图 2-1　1950—2016 年中国水生动植物总产量变动趋势**

（二）总产量在不同时期的增长情况

从中国水生动植物总产量在不同时期的增长来看，我们以 10 年为期把 1957—2016 年划分为 6 个时期，分别计算了每一时期的增长量和增长率，同时计算了 1950—2016 年的产量增量和增幅。表 2-1 显示，1950—2016 年，世界水生动植物总产量增加了 7 947.62 万吨，年均增长量为 120.4 万吨，年均增长率为 6.94%。

计算结果表明：

（1）从增长量来看，在划分的 6 个时期内，增长量均为正，说明 6 个时期内总产量均保持了持续增加。除了 1997—2006 年这个时期较其上个时期增长量有所下降外，其他几个时期的增长量相比其上期均实现增加，2007—2016 年增长量最大，为 2 502.35 万吨。

（2）从增长率来看，6 个时期内，尽管个别时期变动较大，但从长远来看，有总体保持稳定的趋势。前 3 个时期内，增长率不断增加，说明总产量增长是呈稳定加速增长的。1987—1996 年，由于基数较小，增长率大幅增加，达到 218.6%，说明总产量增长实现跳跃式增长，在此之后增长率剧烈下滑，1997—2006 年、2007—2016 年两个时期则回归平稳，有保持稳定增长的趋势。

表 2-1　　不同时期中国水生动植物总产量增长情况

单位：万吨，%

| 年份 | 1950—2016 | 1957—1966 | 1967—1976 | 1977—1986 | 1987—1996 | 1997—2006 | 2007—2016 |
|---|---|---|---|---|---|---|---|
| G | 7 947.62 | 90.74 | 178.41 | 402.87 | 2 482.79 | 1 715.23 | 2 502.35 |
| GR | 8 312.54 | 33.09 | 48.89 | 67.06 | 218.60 | 46.69 | 45.16 |

注：G 为增长量，GR 为增长率，下同。

## 二、中国水生动植物养殖产量、捕捞产量变动趋势

### （一）养殖产量、捕捞产量变动趋势

自中国水生动植物产量有统计数据开始，从养殖产量和捕捞产量总体来看，二者均保持了总量上的增加（见图 2-2），但差异明显：初期，养殖发展较慢，捕捞占据主导地位。进入 20 世纪 80 年代之后，养殖产量无论从总产量还是增长速度来看，相比较于捕捞，均实现反超，2016 年养殖产量已突破 6 000 万吨，而捕捞产量仅 1 700 余万吨，二者相差甚远，且有进一步拉大的趋势。由此可见，中国水生动植物养殖产量在未来发展空间巨大，而捕捞产量增长会有所放缓。

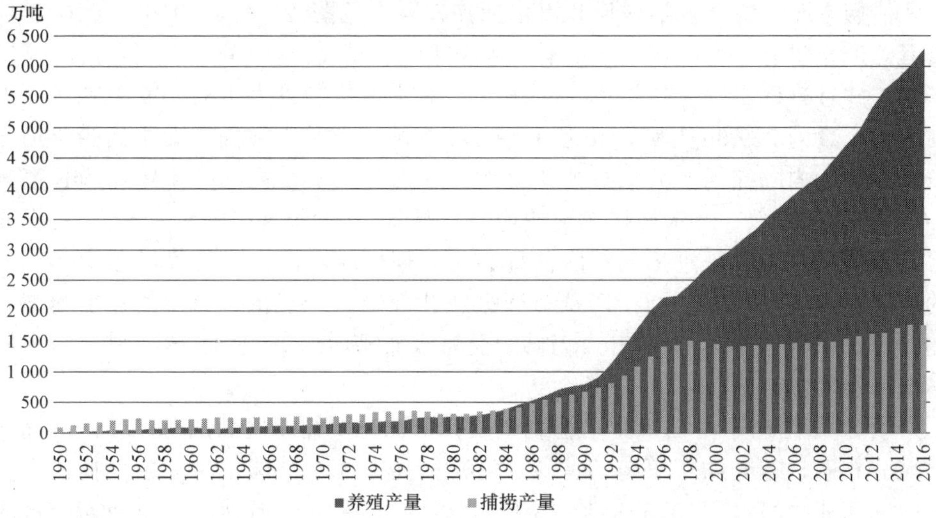


图 2-2　1950—2016 年中国水生动植物养殖产量和捕捞产量变动趋势

养殖方面。内陆养殖与海水养殖发展时期同步，总体上，二者产量逐年递增，交叉领先，但差距不大。1950 年，内陆养殖产量为 6.6 万吨，到 2016 年为 3 135.44 万吨；海水养殖产量 1950 年为 1 吨，2016 年为 3 150.71 吨。从总量来看，二者几乎相当。1950—2016 年，内陆养殖年均增长率为 9.79%，海水养殖

年均增长率为 12.98%。综合来看，无论是内陆养殖还是海水养殖，二者均有稳定持续增加的趋势（见图 2-3）。

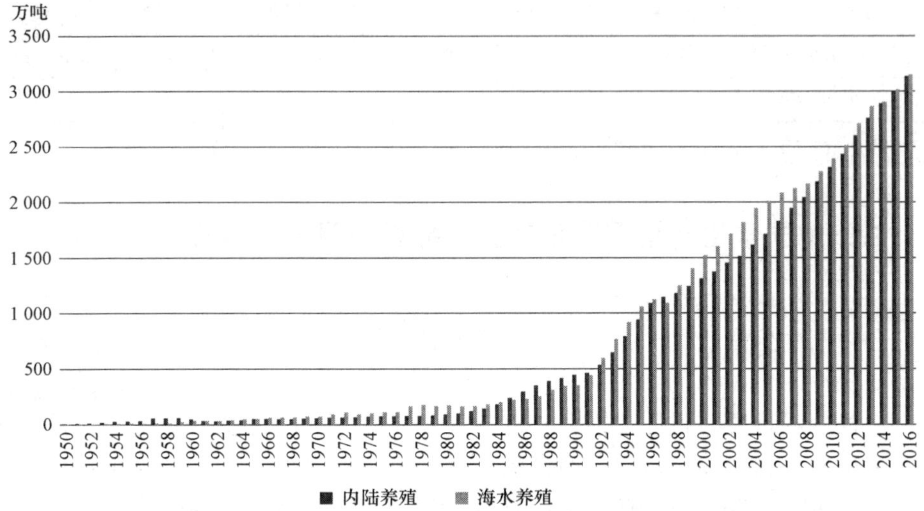


**图 2-3　1950—2016 年中国水生动植物养殖产量变动趋势**

捕捞方面。综合内陆捕捞和海水捕捞来看（见图 2-4），1950—2016 年，二者总产量虽有小幅下降，但总体持续增加，海水捕捞产量一直高于内陆捕捞产量，并且有逐步拉大的趋势。2016 年，海水捕捞产量为 1 527.99 万吨，而内陆捕捞产量为 229.06 万吨，相差 1 298.93 万吨。增长率方面，海水捕捞年均增长率要高于内陆捕捞，海水捕捞年均增长率为 4.74%，内陆捕捞年均增长率为 4.07%。具体来看，海水捕捞实现快速增长是从 20 世纪 80 年代开始的，这主要得益于捕捞装备和先进捕捞技术的提高与大规模应用，在此阶段以年均 8.16% 的速度增加。反观内陆捕捞，从有数据统计开始，一直保持缓慢的速度增加，1950—2016 年仅增加了 212.69 万吨，而海水捕捞增加了 1 456.38 万吨，海水捕捞优势明显。

表 2-2 给出了中国水生动植物主要年份在主要捕捞区域的总产量，从捕捞地域分布看，有分布不平衡的特点。海洋捕捞方面，中国水生动植物捕捞主要集中在西北太平洋，2016 年其捕捞产量达到 1 481.04 万吨，占总捕捞产量的 84.29%，并且捕捞产量还在逐年增加，2010 年之后，其年增长率超过 4.4%。其后依次是东南太平洋、西南大西洋、中东太平洋海域。对比 1950—2016 年中国在各个海域的捕捞产量来看，受渔业资源和国家保护政策的影响，东北大西洋、中东大西洋、西南大西洋、中西太平洋等地出现捕捞产量下降的趋势。但从全球范围来看，除了西北太平洋海域外，东南大西洋、西印度洋、东印度洋以及

南极区域现有资源开发程度不高，捕捞潜力较大，中国在这些海域捕捞产量有进一步增加的趋势。

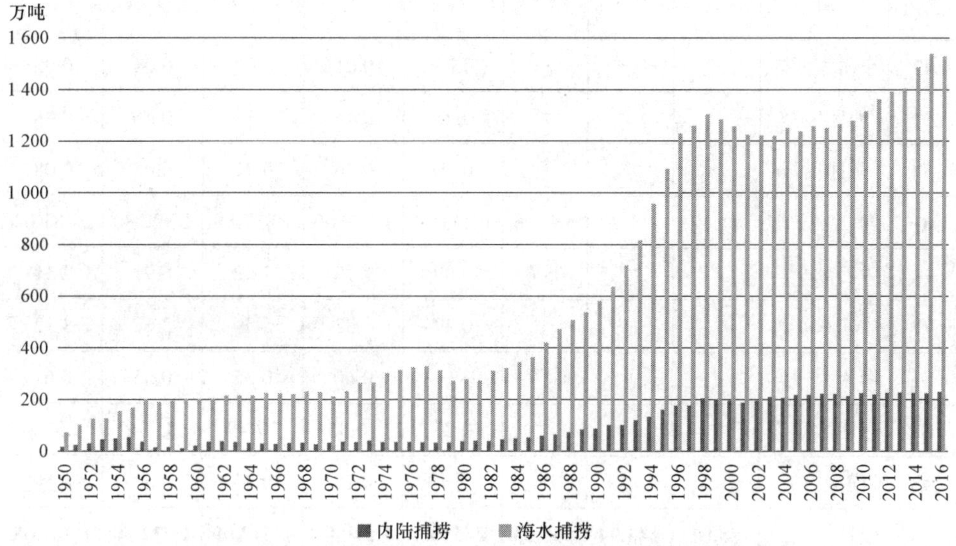


图 2-4　1950—2016 年中国水生动植物捕捞产量变动趋势

中国在内陆的水生动植物主要集中在亚洲—内陆水域，捕捞产量每年稳定增加，2016 年达到 229.09 万吨，1950—2000 年，捕捞产量保持了较为快速的增长，年均增长率超过 5%，而 2000 年以后，每年的捕捞产量保持稳定，年均增长率保持在 1%左右。

表 2-2　　中国水生动植物捕捞产量：FAO 主要捕捞区域

单位：万吨

| 捕捞区域代码 | 捕捞区域名称 | 1950 年 | 1970 年 | 1990 年 | 2000 年 | 2010 年 | 2012 年 | 2014 年 | 2016 年 |
|---|---|---|---|---|---|---|---|---|---|
| 内陆 | | | | | | | | | |
| **04** | 亚洲—内陆水域 | 16.40 | 32.17 | 86.41 | 195.31 | 224.52 | 226.11 | 226.70 | 229.09 |
| 海洋 | | | | | | | | | |
| **27** | 东北大西洋 | — | — | — | — | 0.004 | 0.004 | 0.004 | 0.01 |
| **31** | 中西大西洋 | — | — | — | — | — | 0.003 | — | 0.05 |
| **34** | 中东大西洋 | — | — | 1.00 | 2.54 | 1.88 | 6.74 | 0.93 | 0.57 |
| **41** | 西南大西洋 | — | — | — | 9.33 | 3.71 | 7.90 | 33.71 | 7.12 |

续表

| 捕捞区域代码 | 捕捞区域名称 | 1950 年 | 1970 年 | 1990 年 | 2000 年 | 2010 年 | 2012 年 | 2014 年 | 2016 年 |
|---|---|---|---|---|---|---|---|---|---|
| **47** | 东南大西洋 | — | — | — | 0.71 | 0.01 | 0.04 | 0.04 | 0.05 |
| **51** | 西印度洋 | — | — | — | 0.26 | 0.45 | 0.33 | 0.66 | 0.98 |
| **57** | 东印度洋 | — | — | — | 0.49 | 0.36 | 0.21 | 0.08 | 0.08 |
| **61** | 西北太平洋 | 71.61 | 211.77 | 580.06 | 1 243.62 | 1 279.00 | 1 337.89 | 1 397.80 | 1 481.04 |
| **71** | 中西太平洋 | — | — | 0.06 | 0.89 | 7.18 | 7.62 | 6.97 | 2.51 |
| **77** | 中东太平洋 | — | — | — | 0.27 | 1.33 | 2.99 | 3.68 | 3.32 |
| **81** | 西南太平洋 | — | — | — | — | 0.60 | 0.35 | 0.55 | 0.61 |
| **87** | 东南太平洋 | — | — | — | 0.23 | 20.85 | 27.49 | 35.96 | 25.16 |
| **48** | 南极区域 | — | — | — | — | 0.19 | 0.43 | 5.43 | 6.50 |
| 合计 | | **88.01** | **243.94** | **667.53** | **1 453.64** | **1 540.08** | **1 618.09** | **1 712.50** | **1 757.08** |

（二）养殖产量、捕捞产量在不同时期的增长情况

20 世纪 50 年代至 70 年代，养殖产量和捕捞产量均保持了快速增长（见图 2－5），但是起伏较大，这与统计年份基数较小的原因有关。进入 80 年代到 90 年代中期，养殖产量和捕捞产量均迎来了稳定高速增长期，尤其是养殖产量，大部分年份增长率超过 15%。在此之后，养殖产量则保持了较为稳定的增长，年均增长率超过 3%，捕捞产量虽然也持续增加，但是增幅不明显，受资源的影响，捕捞在未来可会出现负增长的情况，捕捞渔获物总量有下滑趋势。

为了直观地了解不同时期中国水生动植物（六大类）养殖产量增长情况，我们获得了 1957—2016 年的数据，以每 10 年作为一个统计年限，分别计算出增长量和年均增长率（见表 2－3、表 2－4）。养殖方面，从总量来看，主要实现跨越是在 1977—1986 年之后。1987—1996 年比 1977—1986 年总量增长 1 325.94 万吨，增幅 465.32%，年均增长率为 268.11%，达到各个统计时期的最高值。主要原因是这个时期养殖技术的大幅度提高和养殖的空间拓展，网箱养殖等投入使用，使养殖从近岸养殖不断向远海养殖发展。之后，养殖产量稳定增长。同样，捕捞产量也在此期间实现历史最高，不同的是，在此之后，捕捞产量下滑明显。综合来看，捕捞产量、养殖产量在不同时期均实现了快递增长，但捕捞产量增长速度一直低于养殖产量。

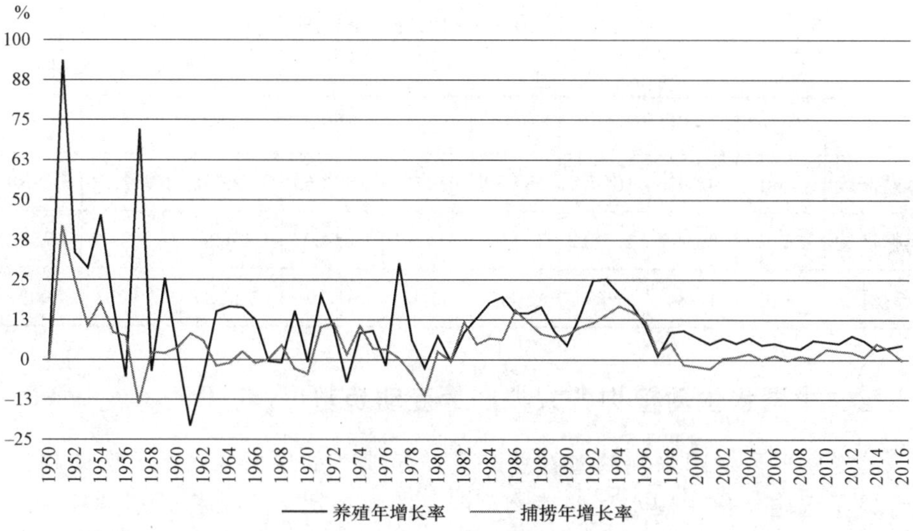


图 2-5　1950—2016 年中国水生动植物养殖产量、捕捞产量增长情况

表 2-3　不同时期中国水生动植物养殖产量增长情况

单位：万吨，%

| 年份 | 1950—2016 | 1957—1966 | 1967—1976 | 1977—1986 | 1987—1996 | 1997—2006 | 2007—2016 |
|---|---|---|---|---|---|---|---|
| G | 6 278.55 | 44.48 | 70.11 | 284.95 | 1 610.90 | 1 674.05 | 2 217.96 |
| GR | 82 654.91 | 63.55 | 61.50 | 118.92 | 268.11 | 74.77 | 54.52 |

表 2-4　不同时期中国水生动植物捕捞产量增长情况

单位：万吨，%

| 年份 | 1950—2016 | 1957—1966 | 1967—1976 | 1977—1986 | 1987—1996 | 1997—2006 | 2007—2016 |
|---|---|---|---|---|---|---|---|
| G | 1 669.07 | 46.26 | 108.30 | 117.92 | 871.89 | 41.17 | 284.40 |
| GR | 1 896.37 | 22.65 | 43.16 | 32.65 | 162.99 | 2.87 | 19.31 |

（三）选定年份的养捕比

捕捞一直是传统优势产业，20 世纪 50 年代，养捕比达到 8:92（见表 2-5），80 年代我国制定了“以养为主”的渔业发展方针，产业结构发生变化，此外，随着近海渔业资源持续衰退和养殖技术的快速发展，养殖产量首次超过捕捞产量，实现养殖为主、捕捞为辅的局面。20 世纪 90 年代末，我国实行海洋捕捞产量“零增长”计划，养捕比进一步拉大，捕捞业发展受到限制，2016 年养捕比达到 78:22，结构趋于合理。

表 2-5　　选定年份中国水生动植物产量养捕比

单位：万吨，%

| 年份 | 1950 | 1955 | 1965 | 1975 | 1985 | 1995 | 2005 | 2015 | 2016 |
|---|---|---|---|---|---|---|---|---|---|
| 养殖产量 | 7.60 | 42.92 | 101.87 | 187.59 | 457.73 | 1 997.63 | 3 722.26 | 6 012.79 | 6 286.15 |
| 捕捞产量 | 88.01 | 220.58 | 253.05 | 347.97 | 414.92 | 1 254.07 | 1 456.94 | 1 762.69 | 1 757.08 |
| 养捕比 | 8:92 | 16:84 | 29:71 | 35:65 | 52:48 | 61:39 | 72:28 | 77:23 | 78:22 |

## 三、中国水生动植物各大类产量变动趋势

前文分析了中国水生动植物总产量及养殖产量与捕捞产量的变动趋势，并计算了选定年份中国水生动植物总产量的养捕比，下文将分别考察中国水生动植物六大类截止到 2016 年的产量变化情况。2016 年，中国水生动植物六大类总产量高低排序如图 2-6 所示。淡水鱼依然是中国水生动植物产量的主要构成，达到 36.61%，其后依次是软体类、水生植物、海水鱼、甲壳类、咸水鱼（0.62%）。

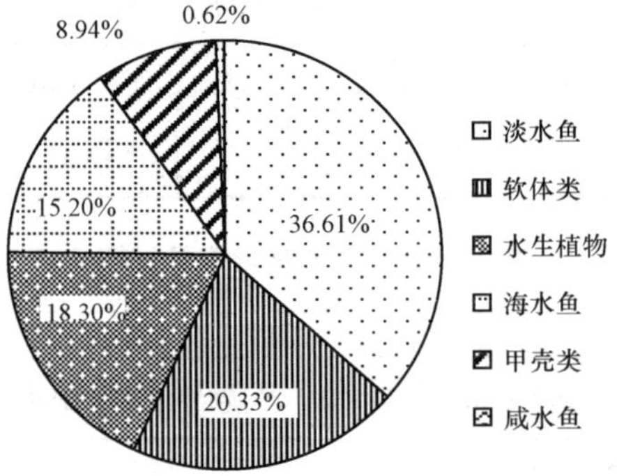


图 2-6　2016 年中国水生动植物总产量构成

### （一）六大类产量变动趋势

六大类水生动植物产量的大幅度增加是从 20 世纪 80 年代开始的（见图 2-7）。80 年代以后咸水鱼年均增长最快（10.24%），其后依次是软体类（9.84%）、淡水鱼（9.39%）、甲壳类（7.86%）、水生动物（6.86%）、海水鱼（4.83%）。海水鱼类在六大类中起步较早，20 世纪 50 年代海水鱼产量在各大类中占绝对优势，产量逐年稳定递增，80 年代迎来高速增长期，90 年代末起保持了稳定增长。淡水鱼虽然起步产量较海水鱼小，但保持了较快的增速，在 80 年代中后期超越海水鱼，成为中国水生动植物产量第一大渔获物，2009 年产量突破 2 000 万吨，

2016 年逼近 3 000 万吨。软体类和水生植物产量同样增速较快，先后超过咸水鱼产量，2016 年产量分别居第二位和第三位，这也反映出市场的需求和选择。咸水鱼产业起步最晚，20 世纪 70 年代初成规模，虽然增速较快，但是总量规模较小，2016 年全国产量仅有 49.76 万吨。

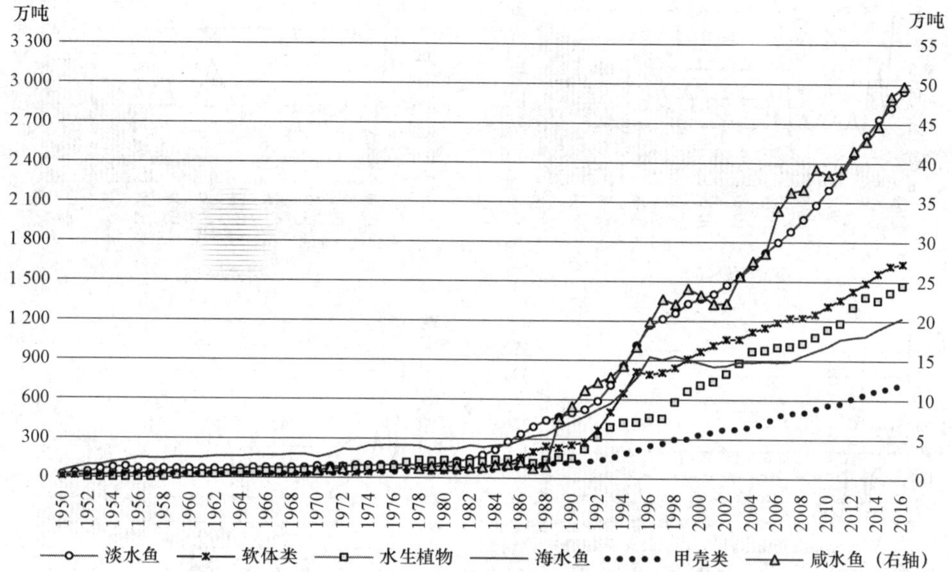


**图 2-7　1950—2016 年中国水生动植物产量变动趋势**

（二）不同时期各大类产量增长情况

中国六大类水生动植物在不同时期产量增速较快，从历史数据来看，不同时期增速均超过 33%，1987—1996 年增速最快，达到 218.6%，也是在这个时期，渔获物产量增加明显，此后虽然产量有所波动，但增量可观，如图 2-8 所示。

具体来看，海水鱼在 1957—1966 年产量增加了 23.4 万吨，此后有所增加，虽然在 1977—1986 年产量增加下滑明显，但随后在 1987—1996 年实现反弹，增长量达到历史新高 601.74 万吨，在此之后，又有所下滑。淡水鱼产量在过去的几十年里持续保持增长，尤其在 1977—1996 年增长率超过 195%，2007—2016 年产量增加 1 063.87 万吨。水生植物同样在 1987—1996 年增长明显，增长率为 295.27%，之后一个时期内也保持了 118.23%的增长率，2007—2016 年产量增加 464.54 万吨，仅次于淡水鱼（见表 2-6）。甲壳类与软体类虽然在 1957—1996 年产量增加很少，但在接下来的时期增速较快；1997 年之前，软体类无论从增速还是增量上都领先于甲壳类；1997 年之后，二者增速放缓，甲壳类产量增速首次超过软体类，但是由于基数较小的原因，产量增加少于软体类。咸水鱼在六大类水生动植物中起步最晚，产量增加处于末位。

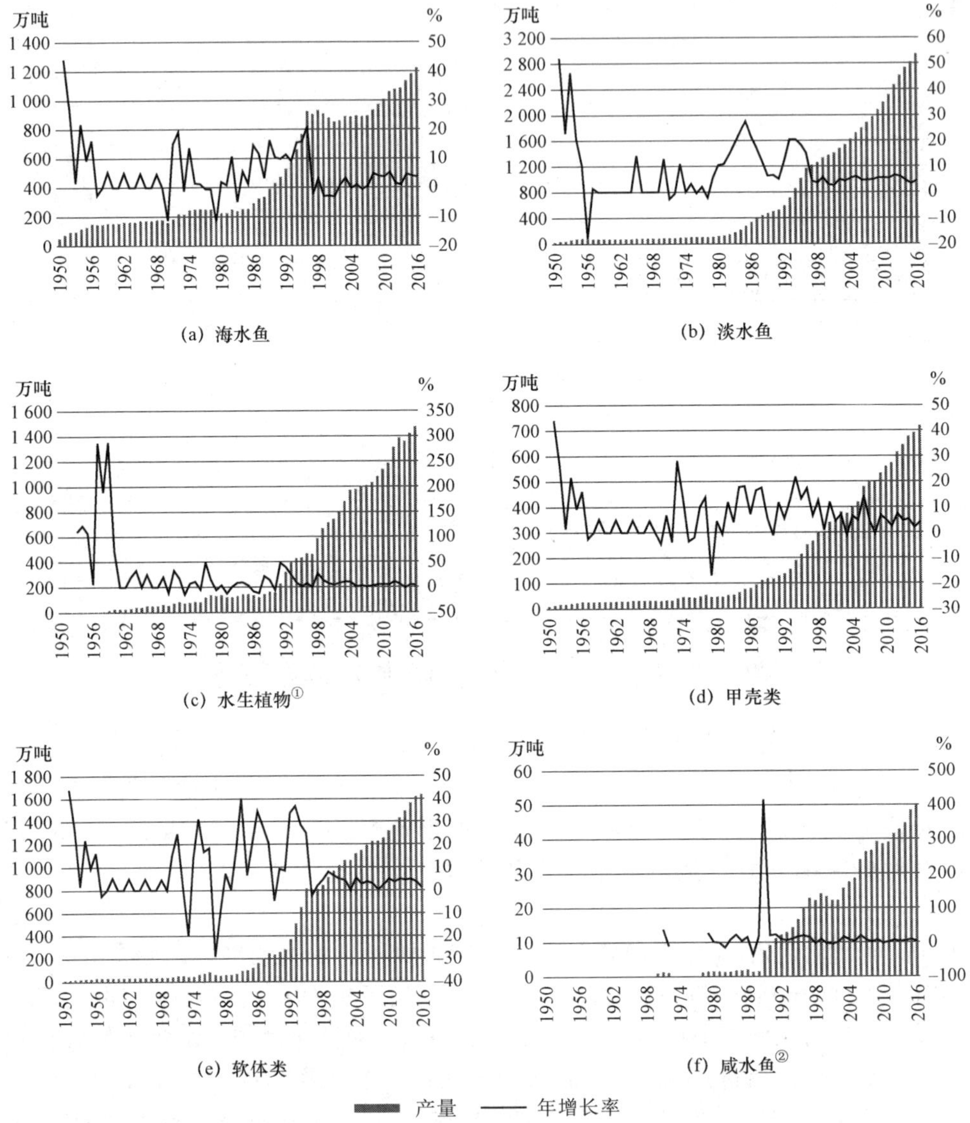


**图 2-8　1950—2016 年中国水生动植物各大类产量变动及其增长趋势**

① 中国水生植物1950—1951年总产量数据缺失。

② 中国咸水鱼1950—1969年和1973—1977年总产量数据缺失。

表 2－6　　不同时期中国水生动植物产量增长情况

单位：万吨，%

| 年份 | | 1950—2016 | 1957—1966 | 1967—1976 | 1977—1986 | 1987—1996 | 1997—2006 | 2007—2016 |
|---|---|---|---|---|---|---|---|---|
| 海水鱼 | G | 1 169.59 | 23.40 | 79.50 | 40.90 | 601.74 | **－17.08** | 331.36 |
| | GR | 2 205.10 | 15.79 | 46.33 | 16.37 | 185.34 | **－1.89** | 37.18 |
| 淡水鱼 | G | 2 921.83 | 10.00 | 19.87 | 234.40 | 771.54 | 582.87 | 1 063.87 |
| | GR | 12 703.59 | 14.29 | 24.84 | 229.93 | 195.93 | 47.97 | 56.56 |
| 水生植物 | G | — | 48.70 | 30.61 | 13.40 | 347.03 | 542.56 | 464.54 |
| | GR | — | 3 751.78 | 61.22 | 11.14 | 295.27 | 118.23 | 46.11 |
| 甲壳类 | G | 709.19 | 4.19 | 12.54 | 33.75 | 155.70 | 212.16 | 217.65 |
| | GR | 7 449.45 | 15.77 | 40.71 | 70.77 | 164.10 | 79.44 | 43.44 |
| 软体类 | G | 1 625.35 | 4.44 | 35.90 | 78.43 | 588.17 | 383.48 | 411.44 |
| | GR | 16 172.61 | 15.81 | 110.38 | 96.89 | 288.81 | 47.57 | 33.62 |
| 咸水鱼 | G | — | — | — | — | 18.62 | 11.24 | 13.49 |
| | GR | — | — | — | — | 1 490.00 | 49.43 | 37.18 |
| 合计 | **G** | **7 947.62** | **90.74** | **178.41** | **402.87** | **2 482.79** | **1 715.23** | **2 502.35** |
| | **GR** | **8 312.54** | **33.09** | **48.89** | **67.06** | **218.60** | **46.69** | **45.16** |

（三）选定年份各大类对水生动植物总产量的贡献

20 世纪 50 年代至 70 年代，海水鱼是六大类水生动植物产量的主要贡献来源，1950 年海水鱼产量占全年水生动植物产量比重（以下简称占比，其他品类相同）为 55.48%，但总产量占比逐年下降，2016 年贡献度排名第四位，占比 15.2%，产量为 1 222.63 万吨。淡水鱼发展迅速，20 世纪 80 年代中期，淡水鱼产量超越海水鱼产量，位列六大类产量占比第一位，2016 年占比达到 36.61%。软体类作为后起之秀，产量贡献度逐年递增，于 20 世纪 90 年代中叶超越海水鱼，占比仅次于淡水鱼，2016 年占比达到 20.3%，其产量为 1 635.4 万吨，比第一位的淡水鱼少 1 309.43 万吨。2016 年排名第三的是水生植物，2016 年占比 18.3%，产量为 1 471.91 万吨。甲壳类和咸水鱼分别排名第四位、第五位，占比分别为 8.94%和 0.62%（见表 2－7）。

**表 2-7　　选定年份中国水生动植物各大类产量在总产量中占比**

单位：万吨，%

| 年份 | | 1950 | 1955 | 1965 | 1975 | 1985 | 1995 | 2005 | 2015 | 2016 |
|---|---|---|---|---|---|---|---|---|---|---|
| 海水鱼 | 产量 | 53.04 | 130.88 | 171.60 | 248.00 | 253.86 | 765.33 | 891.96 | 1 179.70 | 1 222.63 |
| | 占比 | 55.48 | 49.67 | 48.35 | 46.31 | 29.09 | 23.54 | 17.22 | 15.17 | 15.20 |
| 淡水鱼 | 产量 | 23.00 | 84.00 | 80.00 | 100.29 | 276.49 | 1 012.35 | 1 717.91 | 2 820.25 | 2 944.83 |
| | 占比 | 24.06 | 31.88 | 22.54 | 18.73 | 31.68 | 31.13 | 33.17 | 36.27 | 36.61 |
| 水生植物 | 产量 | — | 0.32 | 40.00 | 84.44 | 146.04 | 431.26 | 975.60 | 1 418.63 | 1 471.91 |
| | 占比 | — | 0.12 | 11.27 | 15.77 | 16.73 | 13.26 | 18.84 | 18.24 | 18.30 |
| 甲壳类 | 产量 | 9.52 | 23.49 | 30.80 | 44.24 | 75.98 | 213.60 | 418.66 | 689.99 | 718.71 |
| | 占比 | 9.96 | 8.91 | 8.68 | 8.26 | 8.71 | 6.57 | 8.08 | 8.87 | 8.94 |
| 软体类 | 产量 | 10.05 | 24.81 | 32.52 | 58.59 | 118.54 | 812.50 | 1 146.51 | 1 618.46 | 1 635.40 |
| | 占比 | 10.51 | 9.42 | 9.16 | 10.94 | 13.58 | 24.99 | 22.14 | 20.81 | 20.33 |
| 咸水鱼 | 产量 | — | — | — | — | 1.73 | 16.66 | 28.55 | 48.45 | 49.76 |
| | 占比 | — | — | — | — | 0.20 | 0.51 | 0.55 | 0.62 | 0.62 |
| 合计 | 产量 | **95.61** | **263.50** | **354.92** | **535.56** | **872.65** | **3 251.70** | **5 179.19** | **7 775.48** | **8 043.23** |
| | 占比 | **100.00** | **100.00** | **100.00** | **100.00** | **100.00** | **100.00** | **100.00** | **100.00** | **100.00** |

## 四、中国水生动植物各大类养殖产量、捕捞产量变动趋势

### （一）养殖产量、捕捞产量变动趋势

下面从养殖和捕捞两方面描述中国水生动植物六大类的产量变动情况。中国水生动植物养殖品种比较集中，淡水鱼是养殖的主要品种，2016 年产量占水生动植物养殖总产量的 44%，水生植物、软体类分别位列第二、第三，二者产量变动趋势比较同步，但慢于淡水鱼的增长，排名前三的主要品种占据总产量的 90%。甲壳类虽然产量不高，但是 20 世纪 90 年代后增速明显。而海水鱼、咸水鱼产量要远远落后排名前几位的几个品种，2016 年两类品种总计产量为 176.59 万吨，二者相比较而言，海水鱼产量要高于咸水鱼，增速也占优势（见图 2-9）。

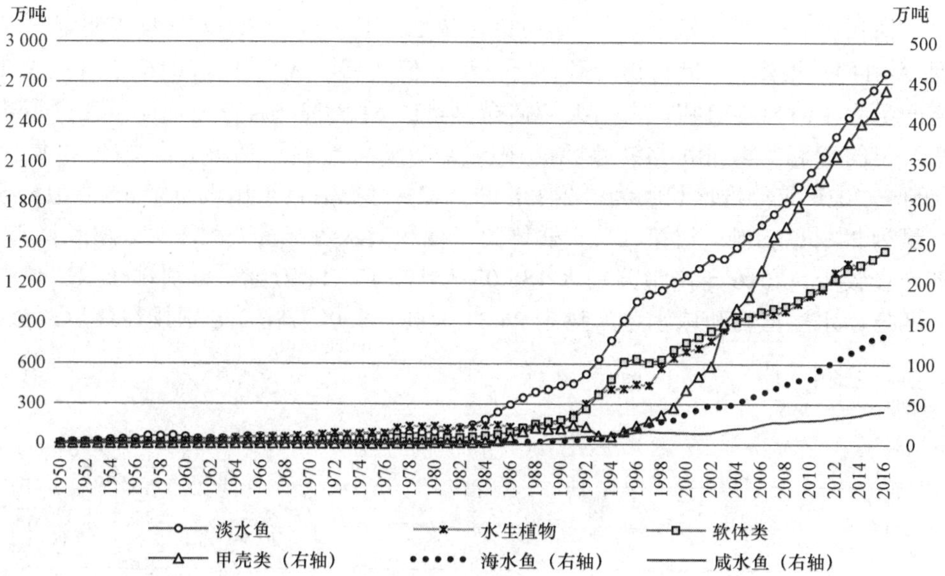


**图 2－9　1950—2016 年中国水生动植物养殖产量变动趋势**①

从养殖区域划分来说，内陆养殖产量方面，2016 年，主要集中在淡水鱼，占六大类养殖产量 88.46%，是养殖第一大品种，接下来是甲壳类（9.07%）、咸水鱼（1.32%）、软体类（0.85%）、水生植物（0.28%）、海水鱼（0.02%），见图 2－10（a）。海洋及近海养殖方面则有所差异，水生植物占优，排名第一，占比 45.66%，软体类紧随其后，为 45.09%，其次是甲壳类和海水鱼，分别为 4.97%、4.28%，见图 2－10（b）。

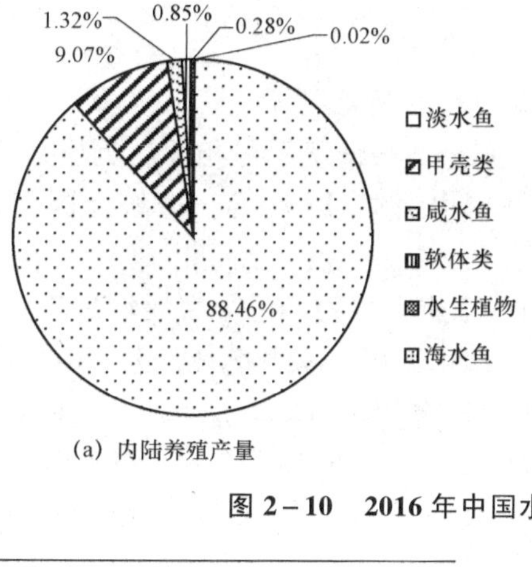


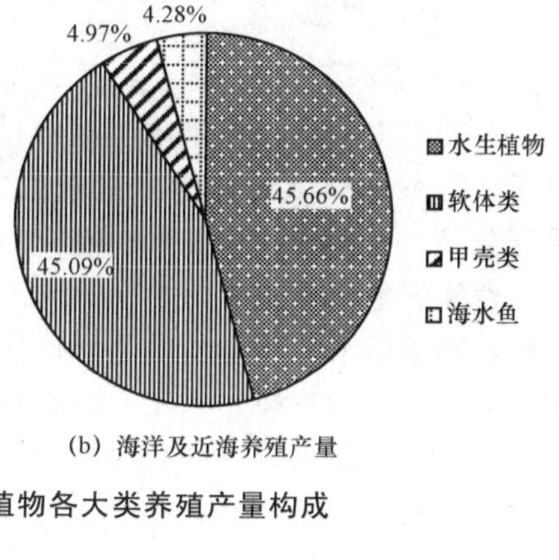


**图 2－10　2016 年中国水生动植物各大类养殖产量构成**

① 海水鱼养殖产量数据时间跨度为1966—2016年；水生植物养殖产量数据时间跨度为1952—2016年；甲壳类养殖产量数据时间跨度为1970—2016年；咸水鱼养殖产量数据时间跨度为1989—2016年。

捕捞方面。其主要集中在海水鱼，从 20 世纪 50 年代以来增速明显（见图 2－11），虽然 21 世纪初产量有所下滑，但随后实现反弹，2016 年海水鱼捕捞产量为 1 087.32 万吨，占六大类捕捞总量的 61.88%，居首位，产量比同期排第二位的甲壳类多 809.49 万吨。甲壳类产量虽然逐年递增，但增速缓慢，1950—2016 年年均增长率为 5.24%，进入 21 世纪后甚至出现负增长，2016 年产量为 277.83 万吨，居第二位。软体类产量和淡水鱼产量差距不大，增长稳定，但产量较少，2016 年产量分别为 188.03 万吨、171.11 万吨，分别排在第三位和第四位。水生植物和咸水鱼产量为 24.31 万吨、8.48 万吨，分别排在最后两位。

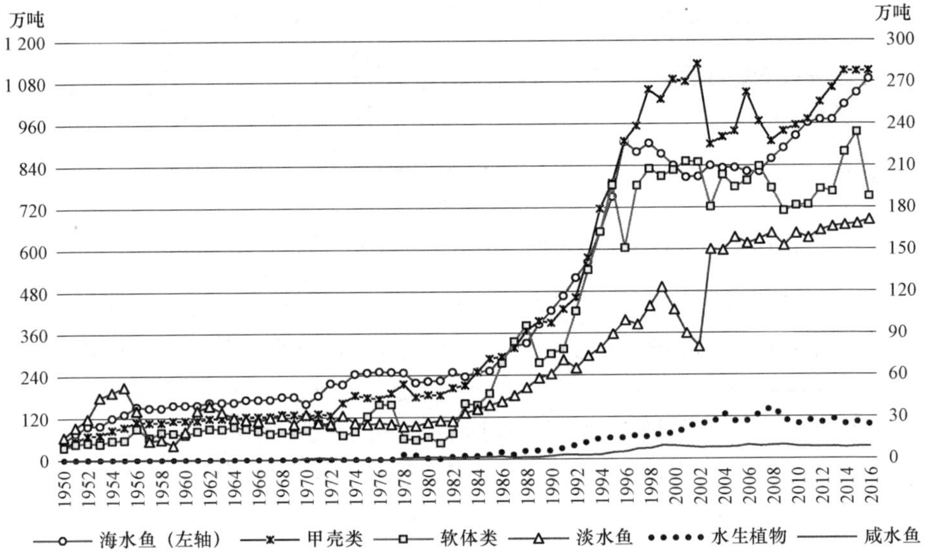


**图 2－11　1950—2016 年中国水生动植物捕捞产量变动趋势**[①]

（二）养殖产量、捕捞产量在不同时期的增长情况

不同水生动植物在不同时期养殖、捕捞产量增长情况不尽相同。为了直观全面分析养殖产量与捕捞产量增长情况，本节依然以 10 年为一个统计区间，展开分析（见表 2－8 和表 2－9）。

养殖产量增长方面。1957—1986 年，中国水生动植物产量呈缓慢增长趋势，在此期间中国水生动植物产量总计增加仅 399.54 万吨，实现跨越的是 20 世纪 80 年代末，1987—1996 年，增长量比上个周期增加了 1 326 万吨，增长率为 268.1%，随后，进入高速增长时期，1997—2006 年增加 1 674.05 万吨，2007—2016 年增加 2 217.96 万吨（见表 2－8）。具体来看，淡水鱼增长最快，除了个别年份，

① 水生植物捕捞产量数据的时间跨度为1978—2016年；咸水鱼捕捞产量数据的时间跨度为1970—1972年及1978—2016年。

产量均保持了高速增长，2007—2016 年增长率虽然低于 1977—1986 年、1987—1996 年，但增长量（1 050.17 万吨）高于这两个期间增长量之和。水生植物从 20 世纪 80 年代末开始进入高速增长期，1987—1996 年增长率达到 292.28%，到 2016 年累计增长 1 340.46 万吨，软体类同样在此期间迎来明显增长，这个时期增长量超过水生植物，增长率达 435.7%，但随后增长量少于水生植物。甲壳类、海水鱼、咸水鱼增长量较少，在最近一个时期里增长量居后三位。

**表 2-8　　不同时期中国水生动植物养殖产量增长情况**

单位：万吨，%

| 年份 | | 1950—2016 | 1957—1966 | 1967—1976 | 1977—1986 | 1987—1996 | 1997—2006 | 2007—2016 |
|---|---|---|---|---|---|---|---|---|
| 海水鱼 | G | — | — | 0.08 | 1.58 | 15.27 | 39.47 | 66.31 |
| | GR | — | — | 1 355.00 | 488.62 | 518.23 | 1.65 | 96.12 |
| 淡水鱼 | G | 2 767.12 | **-4.00** | 24.05 | 218.32 | 717.42 | 524.98 | 1 050.17 |
| | GR | 41 950.88 | **-7.08** | 48.09 | 284.17 | 205.91 | 0.47 | 60.93 |
| 水生植物 | G | — | 48.70 | 30.61 | 8.29 | 334.83 | 532.54 | 473.09 |
| | GR | — | 3 751.78 | 61.22 | 6.89 | 292.28 | 1.21 | 48.55 |
| 甲壳类 | G | — | — | — | 7.90 | 7.58 | 188.22 | 181.62 |
| | GR | — | — | — | 2 040.23 | 49.44 | 6.60 | 70.05 |
| 软体类 | G | 1 446.36 | **-0.23** | 15.25 | 48.86 | 521.07 | 380.14 | 432.88 |
| | GR | 144 636.30 | **-1.85** | 109.19 | 116.97 | 435.70 | 0.62 | 42.67 |
| 咸水鱼 | G | — | — | — | — | — | 8.70 | 13.89 |
| | GR | — | — | — | — | — | 0.56 | 50.68 |
| 合计 | **G** | **6 278.55** | **44.48** | **70.11** | **284.95** | **1 610.90** | **1 674.05** | **2 217.96** |
| | **GR** | **82 654.91** | **63.55** | **61.50** | **118.92** | **268.11** | **0.75** | **54.52** |

捕捞产量增长方面。1957—1986 年，中国水生动植物捕捞产量虽然逐年增加，但是增长量波动较大。例如，1987—1996 年，捕捞增长量达 871.89 万吨，增长率为 162.99%，但 1997—2006 年增长量下滑明显，为 41.17 万吨，增长率为 2.87%，这与渔业资源持续衰退和捕捞政策有关。总体来看，仅有海水鱼和甲壳类增长量有明显增加，其他几类增加量在逐年减少，有的甚至已经出现负增长，如水生植物、软体类以及咸水鱼。淡水鱼产量所有增加，但是增加幅度波动较大，增加量在逐年递减。

表 2-9　　不同时期中国水生动植物捕捞产量增长情况

单位：万吨，%

| 年份 | | 1950—2016 | 1957—1966 | 1967—1976 | 1977—1986 | 1987—1996 | 1997—2006 | 2007—2016 |
|---|---|---|---|---|---|---|---|---|
| 海水鱼 | G | 1 034.28 | 23.40 | 79.42 | 39.32 | 586.47 | **-56.55** | 265.05 |
| | GR | 1 950.00 | 15.79 | 46.28 | 15.76 | 182.29 | **-6.43** | 32.23 |
| 淡水鱼 | G | 154.70 | 14.00 | **-4.18** | 16.08 | 54.12 | 57.89 | 13.70 |
| | GR | 943.10 | 103.56 | **-13.95** | 64.02 | 119.27 | 60.07 | 8.71 |
| 水生植物 | G | — | — | — | — | 12.20 | 10.01 | **-8.55** |
| | GR | — | — | — | — | 410.88 | 58.78 | **-26.02** |
| 甲壳类 | G | 268.31 | 4.19 | 12.42 | 25.85 | 148.12 | 23.95 | 36.03 |
| | GR | 2 818.35 | 15.77 | 40.32 | 54.65 | 186.19 | 10.04 | 14.90 |
| 软体类 | G | 178.98 | 4.67 | 20.65 | 29.57 | 67.11 | 3.34 | **-21.44** |
| | GR | 1 977.73 | 29.41 | 111.27 | 75.48 | 79.83 | 1.70 | **-10.23** |
| 咸水鱼 | G | — | — | — | — | 3.88 | 2.54 | **-0.40** |
| | GR | — | — | — | — | 310.91 | 35.46 | **-4.50** |
| 合计 | **G** | **1 669.07** | **46.26** | **108.30** | **117.92** | **871.89** | **41.17** | **284.40** |
| | **GR** | **1 896.37** | **22.65** | **43.16** | **32.65** | **162.99** | **2.87** | **19.31** |

（三）选定年份的养捕比

20 世纪 50 年代初，中国水生动植物以捕捞为主、养殖为辅，1950 年养捕比为 8:92，但是到了 80 年代末，养殖产量首次超过捕捞，形成了目前的养殖为主、捕捞为辅的局面，2016 年养捕比为 78:22，逐渐趋于稳定，如表 2-10 所示。以海藻为主的水生植物养殖增长迅速，2016 年达到历史新高（1 447.59 万吨），而捕捞经过几十年的发展，2016 年产量仅为 24.31 万吨，养捕比为 98:2。淡水鱼同样如此，20 世纪 50 年代淡水鱼以捕捞为主，1950 年养捕比为 29:71，但是 60 年代中后期养殖反超捕捞，产量差距逐渐拉大，2016 年养捕比达到 94:6，说明当前淡水鱼主要来源是养殖。软体类同样在 20 世纪 50 年代以捕捞为主，80 年代中期，养殖产量超过捕捞产量，截至 2016 年，养捕比为 89:11。甲壳类 2015 年养殖产量超过捕捞产量，2016 年养捕比为 61:39。咸水鱼产业起步较晚，一直以养殖为主，2016 年养捕比为 83:17。海水鱼是个例外，一直以捕捞为主，养殖占少数，2016 年养捕比为 11:89。

表 2－10　　　　选定年份中国水生动植物产量养捕比

单位：万吨

| 年份 | | 1950 | 1955 | 1965 | 1975 | 1985 | 1995 | 2005 | 2015 | 2016 |
|---|---|---|---|---|---|---|---|---|---|---|
| 海水鱼 | 养殖产量 | — | — | — | 0.06 | 1.37 | 14.50 | 57.74 | 131.28 | 135.31 |
| | 捕捞产量 | 53.04 | 130.88 | 171.60 | 247.94 | 252.50 | 750.83 | 834.22 | 1 048.42 | 1 087.32 |
| | 养捕比 | — | — | — | 0.02:99.98 | 1:99 | 2:98 | 6:94 | 11:89 | 11:89 |
| 淡水鱼 | 养殖产量 | 6.60 | 31.91 | 51.45 | 75.27 | 237.93 | 922.86 | 1 559.31 | 2 651.96 | 2 773.72 |
| | 捕捞产量 | 16.40 | 52.09 | 28.55 | 25.02 | 38.56 | 89.49 | 158.60 | 168.30 | 171.11 |
| | 养捕比 | 29:71 | 38:62 | 64:36 | 75:25 | 86:14 | 91:9 | 91:9 | 94:6 | 94:6 |
| 水生植物 | 养殖产量 | — | 0.32 | 40.00 | 84.44 | 142.87 | 416.26 | 949.42 | 1 392.45 | 1 447.59 |
| | 捕捞产量 | — | — | — | — | 3.17 | 15.00 | 26.18 | 26.18 | 24.31 |
| | 养捕比 | — | — | — | — | 98:2 | 97:3 | 97:3 | 98:2 | 98:2 |
| 甲壳类 | 养殖产量 | — | — | — | 0.07 | 4.07 | 15.74 | 183.96 | 412.55 | 440.88 |
| | 捕捞产量 | 9.52 | 23.49 | 30.80 | 44.16 | 71.92 | 197.86 | 234.70 | 277.43 | 277.83 |
| | 养捕比 | — | — | — | 0.17:99.83 | 5:95 | 7:93 | 44:56 | 60:40 | 61:39 |
| 软体类 | 养殖产量 | 1.00 | 10.69 | 10.42 | 27.75 | 71.50 | 616.27 | 951.72 | 1 384.60 | 1 447.36 |
| | 捕捞产量 | 9.05 | 14.12 | 22.10 | 30.84 | 47.05 | 196.22 | 194.79 | 233.85 | 188.03 |
| | 养捕比 | 10:90 | 43:57 | 32:68 | 47:53 | 64:40 | 76:24 | 83:17 | 86:14 | 89:11 |
| 咸水鱼 | 养殖产量 | — | — | — | — | — | 12.00 | 20.10 | 39.94 | 41.28 |
| | 捕捞产量 | — | — | — | — | 1.73 | 4.66 | 8.45 | 8.51 | 8.48 |
| | 养捕比 | — | — | — | — | — | 72:28 | 70:30 | 82:18 | 83:17 |

续表

| 年份 | | 1950 | 1955 | 1965 | 1975 | 1985 | 1995 | 2005 | 2015 | 2016 |
|---|---|---|---|---|---|---|---|---|---|---|
| 合计 | 养殖产量 | **7.60** | **42.92** | **101.87** | **187.59** | **457.73** | **1 997.63** | **3 722.26** | **6 012.79** | **6 286.15** |
| | 捕捞产量 | **88.01** | **220.58** | **253.05** | **347.97** | **414.92** | **1 254.07** | **1 456.94** | **1 762.69** | **1 757.08** |
| | 养捕比 | **8:92** | **16:84** | **29:71** | **35:65** | **52:48** | **61:39** | **72:28** | **77:23** | **78:22** |

### 本节小结

本节研究了1950—2016年中国水生动植物产业发展概况。20世纪80年代末，产量大幅增加，中国水生动植物呈现出持续明显增加的趋势，总产量增加波动率趋于稳定。20世纪50年代初，中国水生动植物以捕捞为主，养殖为辅，80年代末，养殖产量首次超过捕捞产量，捕捞增长速度放缓，两者之间产量有进一步拉大的趋势，2016年养捕比达到78:22，结构有稳定趋势。中国水生动植物捕捞地域分布不平衡，中国的海洋捕捞主要集中在西北太平洋。从六大类产量来看，淡水鱼依然是中国水生动植物产量的主要构成，其后依次是软体类、水生植物、海水鱼、甲壳类、咸水鱼。淡水鱼是中国水生动植物养殖的主要品类，而海水鱼则是捕捞的主要品类。

## 第二节　中国水生动植物养殖发展历程与现状

在本章第一节中，我们考察了1950—2016年中国水生动植物总产量及六大类产量的变动情形。以此为基础，本节旨在系统考察同一时期中国水生动植物养殖产业的动态演变过程。

### 一、中国水生动植物养殖产量、养殖产值变动趋势

本节研究的主要目的是系统考察中国水生动植物（六大类）1984—2016年养殖产量、养殖产值和单位养殖产值的变化过程、不同时期中国水生动植物养殖产量和产值的增长情况和选定年份中国水生动植物养殖对中国水生动植物总产量的贡献。本节研究的数据的时间跨度为1984—2016年。①

① 联合国粮食及农业组织（FAO）数据库FishStatJ中，养殖产量数据的时间跨度为1950—2016年，养殖产值数据的时间跨度为1984—2016年。本节研究的数据的时间跨度统一调整为1984—2016年。

（一）中国水生动植物养殖产量、养殖产值变动情况

中国水生动植物养殖从产量上看，逐年递增，有稳定增长的趋势，增速明显（见图 2－12）。1984—2016 年养殖总量年均增长率为 9.14%，2016 年养殖总产量为 6 286.15 万吨，较 2015 年增加 273.35 万吨。从产值上看，产值增长速度要快于产量增长速度，1984—2016 年总产值年均增长率为 12.63%，2016 年中国水生动植物养殖实现总产值 1 468.13 亿美元。

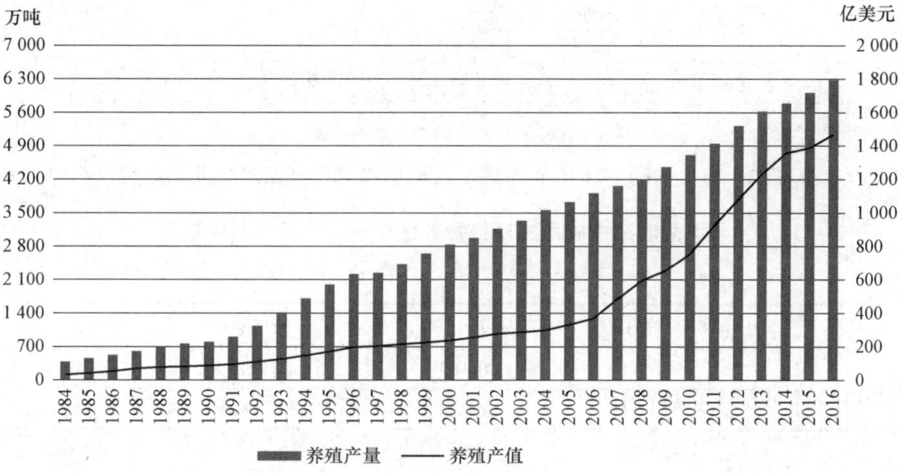


**图 2－12　1984—2016 年中国水生动植物养殖产量、产值变动趋势**

进一步地，我们用养殖产值来衡量水生动植物的经济价值，结合 1984—2016 年中国水生动植物（六大类）单位养殖产值变动趋势（见图 2－13），可以发现水生动植物的经济价值在不断提升，1984 年单位养殖产值为 0.09 万美元/吨，2016 年已经实现单位养殖产值 0.23 万美元/吨，翻了一番多。从增长率波动来看，单位养殖产值波动幅度较小，有稳定缓慢增长的趋势。

（二）不同时期中国水生动植物养殖产量、养殖产值增长情况

为进一步考察中国水生动植物养殖产量、养殖产值的变动情况，我们分别计算了两者在 1984—2016 年的增长量和增长率（见表 2－11）。以 10 年为一个时期，从养殖产量看，年产量增加速度较快，2007—2016 年增长了 2 217.96 万吨，但综合来看，有放缓迹象，三个统计时期内虽然总产量是持续增加的，但是增长率逐年降低。相反，对比养殖产量，养殖产值增长速度却有持续增速的趋势，2007—2016 年总产值增长 983.28 亿美元，较上个统计时期增长 817.98 亿元，增长 202.8%，高于前一个统计期间 121.49 个百分点。

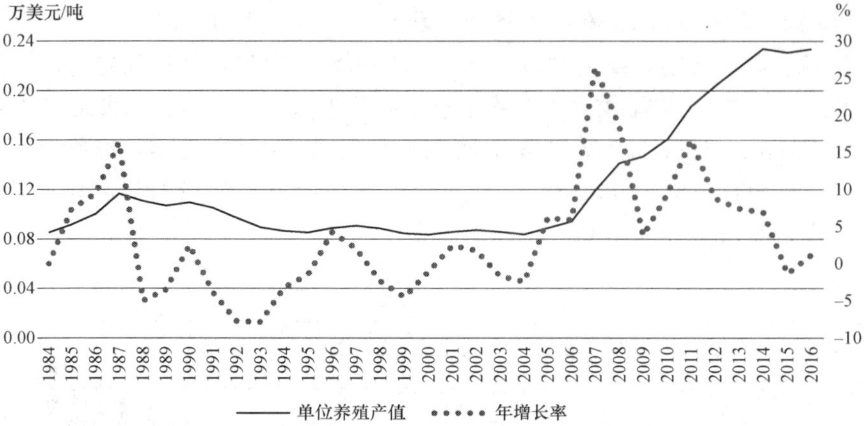


**图 2－13　1984—2016 年中国水生动植物单位养殖产值变动趋势**

**表 2－11　　不同时期中国水生动植物养殖产量、产值增长情况**

单位：万吨，亿美元，%

| 年份 | | 1984—2016 | 1987—1996 | 1997—2006 | 2007—2016 |
|---|---|---|---|---|---|
| 产量 | G | 5 903.41 | 1 610.90 | 1 674.05 | 2 217.96 |
| | GR | 1 542.43 | 268.11 | 74.77 | 54.52 |
| 产值 | G | 1 435.46 | 126.74 | 165.30 | 983.28 |
| | GR | 4 393.87 | 180.89 | 81.31 | 202.80 |

### （三）选定年份中国水生动植物养殖产量在总产量中占比

通过整理主要年份中国水生动植物（六大类）养殖产量在总产量中占比数据（见表 2－12）可以发现，养殖产量占总产量的比例是持续上升的，1984 年占比为 49.5%，2016 年占比已经升至 78.15%，但是仔细分析占比增长数据可以发现，养殖产量在总产量的占比中增长速度已经放缓，有趋于稳定的趋势。这与浅海、滩涂、近海、内陆养殖空间已经饱和有关，同时，养殖带来的资源环境问题迫使养殖面积不断减少。

**表 2－12　　选定年份中国水生动植物养殖产量在总产量中占比**

单位：万吨，%

| 年份 | 1984 | 1985 | 1990 | 1995 | 2000 | 2005 | 2010 | 2015 | 2016 |
|---|---|---|---|---|---|---|---|---|---|
| 养殖产量 | 382.74 | 457.73 | 795.86 | 1 997.63 | 2 834.96 | 3 722.26 | 4 707.47 | 6 012.79 | 6 286.15 |
| 总产量 | 773.16 | 872.65 | 1 463.40 | 3 251.70 | 4 288.60 | 5 179.19 | 6 247.55 | 7 775.48 | 8 043.23 |
| 占比 | 49.50 | 52.45 | 54.38 | 61.43 | 66.10 | 71.87 | 75.35 | 77.33 | 78.15 |

## 二、中国水生动植物各大类养殖产量、养殖产值变动趋势

本部分探讨中国水生动植物（六大类）的养殖产量、养殖产值变动趋势（见图 2-14）与规律。①

（一）各大类养殖产量、养殖产值变动趋势

养殖技术的提高使近海养殖向远海养殖过渡，同时，居民消费结构的升级使水产品的消费量剧增，这一定程度上刺激了养殖产量的提升，对于各大类养殖来说，区别主要在于养殖产量与产值增长速度差异。

（1）海水鱼。海水鱼养殖产量增长从 1984—2016 年保持了较为稳定的增长，年均增长率为 16.8%，2016 年养殖总产量为 135.31 万吨，产值的增长速度高于产量增长速度，年均增长率为 22.59%，2016 年实现总产值 47.37 亿美元。

（2）淡水鱼。淡水鱼的养殖产量增速同样较为平缓，1984—2016 年年均增长率为 8.9%，2016 年养殖总产量为 2 773.72 万吨，但产值增加却经历了先平缓后加速的过程，1984—2006 年产值年均增长率为 9.73%，2007—2016 年增长率为 13.23%，侧面反映出淡水鱼的经济价值在显著提升，2016 年实现产值 704.85 亿美元。

（3）水生植物。水生动植物的养殖产量与产值变动差距较小，1984—2016 年产量年均增长率为 7.6%，产值年均增长率为 10.18%，2016 年养殖产量为 1 447.59 万吨，实现产值为 86.45 亿美元。

（4）甲壳类。甲壳类的产值增速要明显快于产量增速，比其他各大类的增长速度都快，1984—2016 年养殖产量年均增长率为 18.5%，产值年均增长率则为 20.23%，2016 年养殖产量为 440.88 万吨，实现产值 388.16 亿美元。

（5）软体类。总体来看，软体类产量与产值的增速却基本趋于同步，差距不大，1984—2016 年养殖产量增长 10.47%，产值增长 11.2%，2016 年养殖产量为 1 447.36 万吨，实现产值 222.41 亿美元。

（6）咸水鱼。咸水鱼 1984—2016 年养殖产量年均增长率为 7.4%，产值年均增长率为 11.9%，产值增速要高于产量增速，这主要是 2004 年之后产值的大幅增长带动，咸水鱼养殖产量较少，2016 年养殖产量为 41.28 万吨，实现产值为 18.89 亿美元。

① 为了与本书第一章内容形成呼应与对比，中国水生动植物各大类按照2016年世界（不含中国）水生动植物各大类总产量高低依次进行介绍。

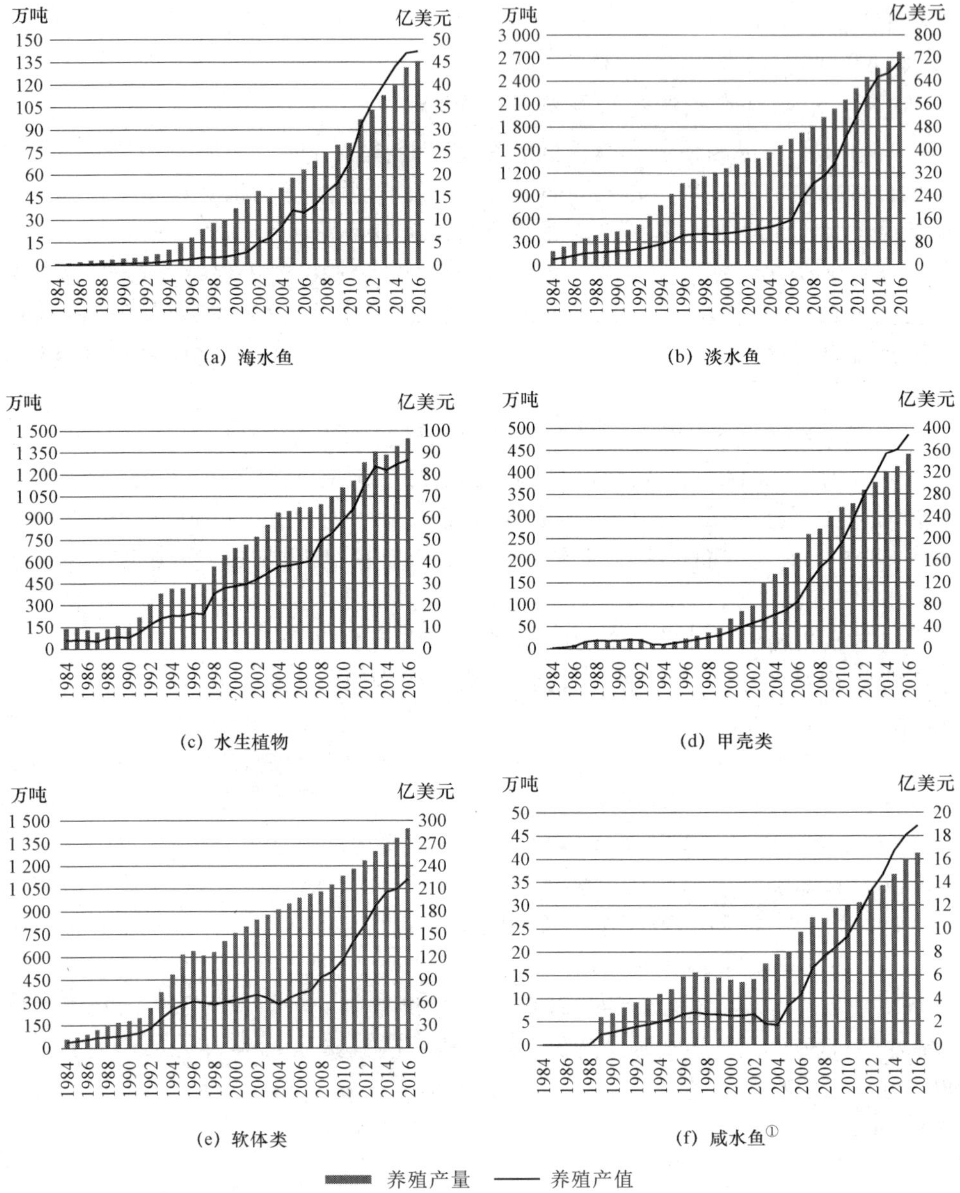


**图 2－14　1984—2016 年中国水生动植物养殖产量、产值变动趋势**

① 咸水鱼养殖产量、养殖产值数据的时间跨度为1989—2016年。

### （二）各大类单位养殖产值变动趋势

单位养殖产值可以衡量水产品的经济价值，计算出各大类的单位养殖产值如图 2-15 所示，分别是中国的海水鱼、淡水鱼、水生植物、甲壳类、软体类和咸水鱼的单位养殖产值和年增长率情况。

（1）海水鱼。可以明显地看到，20 世纪海水鱼单位养殖产值变动幅度不大，基本持稳定状态，20 世纪 90 年代后期略有下滑。进入 21 世纪后，单位养殖产值上升趋势明显，2014 年达到峰值为 0.37 万美元/吨，之后有所下滑，这也反映出市场对海水鱼的选择，2016 年海水鱼单位养殖产值为 0.35 万美元/吨。

（2）淡水鱼。2006 年以前，淡水鱼单位养殖产值持续下滑，由 1984 年的 0.11 万美元/吨下滑到 2005 年的 0.09 万美元/吨。之后淡水鱼单位养殖产值一路上涨，2016 年达到峰值（0.25 万美元/吨），2006—2016 年年均增长率为 9.6%。

（3）水生植物。水生植物单位养殖产值则保持了稳定上涨的态势，尽管如此，由于水生植物单位养殖产值偏低，单位养殖产值上升空间有限，1984 年为 0.03 万美元/吨，2016 年仅为 0.06 万美元/吨。

（4）甲壳类和软体类。甲壳类和软体类则表现出了相似的变动趋势，单位养殖产值先下滑后上升，不同的是，甲壳类的单位养殖产值始终高于软体类，这说明甲壳类的养殖经济价值要好于软体类。软体类单位养殖产值最低值为2004年的0.06万美元/吨，甲壳类最低值为 2003 年的 0.35 万美元/吨，软体类单位养殖产值峰值为 2014—2016 年的 0.15 万美元/吨，甲壳类单位养殖产值峰值为 2014 年的 0.89 万美元/吨。

（5）咸水鱼。咸水鱼单位养殖产值经历了“先上升，后稳定不动，再短暂下滑，最后稳步上升”的趋势。20 世纪 80 年代至 90 年代中期，咸水鱼单位养殖产值由 0.15 万美元/吨上升到 0.19 万美元/吨，之后下滑至 0.18 万美元/吨，这个数值一直维持到 21 世纪初。进入 21 世纪后咸水鱼单位养殖产值反弹明显，虽然在 2004 年跌至最低值 0.09 万美元/吨，之后一路飙升到 2016 年的历史新高值 0.46 万美元/吨。

### （三）各大类不同时期养殖产量、养殖产值增长情况

下面以 10 年为期将 1987—2016 年划分为三个时期计算各时期中国水生动植物各大类养殖产量、养殖产值的增长量和增长率（见表 2-13）。

（1）海水鱼。海水鱼在产量上是加速增长的，但是总量规模不大，1987—1996 年增长明显，增长率达到 518.23%，养殖增加量为 15.27 万吨，2007—2016 年养殖增长量达到峰值（66.31 万吨）。产值方面则增加量经历了先下滑后上升的趋势，2007—2016 年增加最多，为 34.12 亿美元。

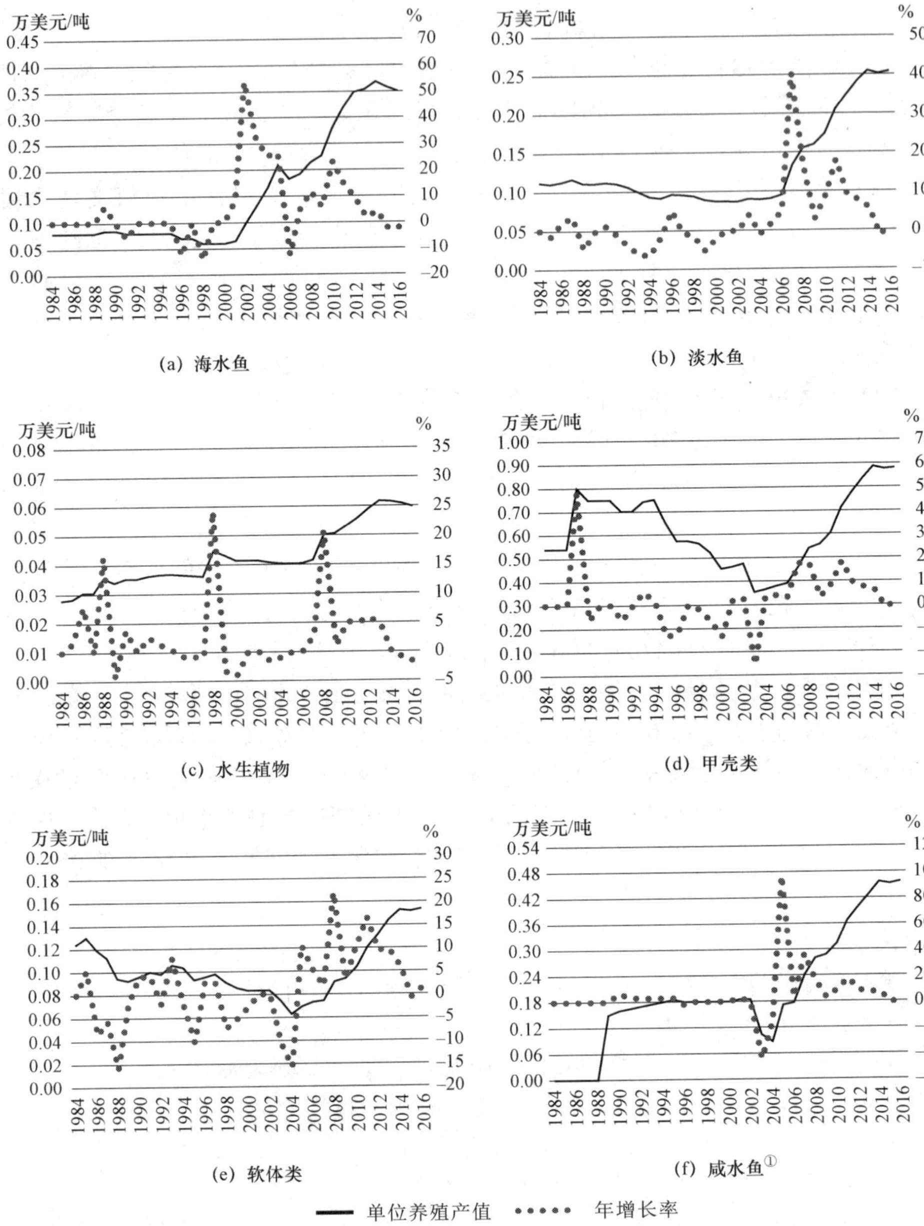


**图 2-15　1984—2016 年中国水生动植物单位养殖产值变动趋势**

① 咸水鱼单位养殖产值数据的时间跨度为1989—2016年。

表 2-13　　不同时期中国水生动植物养殖产量、产值增长情况

单位：万吨，亿美元，%

| 年份 | | | 1984—2016 | 1987—1996 | 1997—2006 | 2007—2016 |
|---|---|---|---|---|---|---|
| 海水鱼 | 产量 | G | 134.37 | 15.27 | 39.47 | 66.31 |
| | | GR | 14 358.85 | 518.23 | 165.16 | 0.96 |
| | 产值 | G | 47.29 | 1.04 | 9.92 | 34.12 |
| | | GR | 63 173.78 | 440.95 | 592.84 | 2.58 |
| 淡水鱼 | 产量 | G | 2 592.61 | 717.42 | 524.98 | 1 050.17 |
| | | GR | 1 431.51 | 205.91 | 46.93 | 0.61 |
| | 产值 | G | 684.56 | 61.87 | 49.42 | 474.56 |
| | | GR | 3 373.66 | 152.19 | 46.21 | 2.06 |
| 水生植物 | 产量 | G | 1 308.58 | 334.83 | 532.54 | 473.09 |
| | | GR | 941.36 | 292.28 | 120.52 | 0.49 |
| | 产值 | G | 82.57 | 12.80 | 23.45 | 46.01 |
| | | GR | 2 129.97 | 366.33 | 147.42 | 1.14 |
| 甲壳类 | 产量 | G | 438.95 | 7.58 | 188.22 | 181.62 |
| | | GR | 22 743.57 | 49.44 | 660.11 | 0.70 |
| | 产值 | G | 387.12 | 0.85 | 68.24 | 269.37 |
| | | GR | 37 144.36 | 6.90 | 418.01 | 2.27 |
| 软体类 | 产量 | G | 1 387.61 | 521.07 | 380.14 | 432.88 |
| | | GR | 2 322.35 | 435.70 | 62.30 | 0.43 |
| | 产值 | G | 215.02 | 47.53 | 12.78 | 146.95 |
| | | GR | 2 911.82 | 354.16 | 21.43 | 1.95 |
| 咸水鱼 | 产量 | G | — | — | 8.70 | 13.89 |
| | | GR | — | — | 55.86 | 0.51 |
| | 产值 | G | — | — | 1.50 | 12.27 |
| | | GR | — | — | 53.34 | 1.85 |

（2）淡水鱼。淡水鱼在各大类中产量增加量是最大的，2007—2016 年增加量达到最大，为 1 050.17 万吨。其产值也领先于其他各类，但是增速有所放缓，

2007—2016年产值增加474.56亿美元。

（3）水生植物。水生植物产量也持续增加，经历了先增长后下降的过程，1997—2006年增长量达到巅峰，为532.54万吨。但是产值却持续上涨，2007—2016年增加量最多，为16.01亿美元。

（4）甲壳类。甲壳类养殖产量增加虽然比淡水鱼、水生植物、软体类要少，1997—2016年达到最大，增加181.62万吨，但是产值增加却十分明显，2007—2016年产值增加量为269.37亿美元，经济效益十分显著。

（5）软体类。软体类产量增加量可观，即使1997—2006年增加最少，但也有380.14万吨，2007—2016年产值增加量实现反弹，但仍少于1987—1996年，产值则发生了类似的变化。

（6）咸水鱼。咸水鱼产量和产值在各大类中规模是最小的，其中2007—2016年产量增加量达到最大，为13.89万吨，产值增加值也达到峰值，为12.27亿美元。

（四）选定年份各大类养殖产量、养殖产值在中国水生动植物养殖总产量、总产值中占比

为了更加全面、直观地看出各大类水生动植物的产量、产值情况，本文选取了主要年份的各大类养殖产量、养殖产值在中国水生动植物养殖总产量、总产值中占比进行研究（见表2－14）。

（1）淡水鱼。淡水鱼在养殖产量上长期占据主要位置，养殖产量在各大类水生动植物的总养殖量占比（以下简称养殖量占比）中遥遥领先，1990年养殖产量占比达到最高（55.12%）。虽然在20世纪90年代后期出现过下滑，但是进入21世纪后，实现反弹，2016年养殖产量占比为44.12%。养殖产值也如养殖产量经历了相似的变动，淡水鱼养殖产值同样占据主导地位，2016年淡水鱼养殖产值在各大类水生动植物的养殖总产值占比为48.01%（以下养殖产值占比，各类如此）。

（2）水生植物。水生植物养殖产量保持了持续增加，但是养殖产量占比数据有所波动，经历了先下降、后上升、再趋于稳定的过程。1984—1990年，水生植物养殖量占比持续下滑达到历史最低值，1990年养殖产量占比18.47%，之后实现反弹，一直增加到2005年的25.51%，随后一路下滑，但是趋于稳定，一直保持在23%以上，2016年养殖产量占比23.03%。水生植物的养殖产值占比经历了先下降、再上升、再下降的过程，2016年水生植物的养殖产值占比为5.89%。

（3）甲壳类。甲壳类比较特殊，总体上来看，甲壳类养殖产量稳定增加，养殖产量占比也由1984年的0.5%上升到2016年的7.01%。但是其产值却比产量增加的幅度大得多，养殖产值占比由1984年的3.19%飙升到2016年的26.44%，可见其市场需求十分旺盛。

表 2-14　　选定年份中国水生动植物各大类养殖产量、产值在养殖总产量、总产值中占比　单位：万吨，亿美元，%

| 年份 | | 1984 | 1985 | 1990 | 1995 | 2000 | 2005 | 2010 | 2015 | 2016 |
|---|---|---|---|---|---|---|---|---|---|---|
| 海水鱼 | 养殖产量 | 0.94 | 1.37 | 4.34 | 14.50 | 37.67 | 57.74 | 81.10 | 131.28 | 135.31 |
| | 占比 | 0.24 | 0.30 | 0.54 | 0.73 | 1.33 | 1.55 | 1.72 | 2.18 | 2.15 |
| | 养殖产值 | 0.07 | 0.11 | 0.37 | 1.16 | 2.26 | 12.08 | 22.66 | 46.97 | 47.37 |
| | 占比 | 0.23 | 0.26 | 0.42 | 0.68 | 0.95 | 3.65 | 3.00 | 3.38 | 3.23 |
| 淡水鱼 | 养殖产量 | 181.11 | 237.93 | 438.66 | 922.86 | 1 262.33 | 1 559.31 | 2 034.05 | 2 651.96 | 2 773.72 |
| | 占比 | 47.32 | 51.98 | 55.12 | 46.20 | 44.53 | 41.89 | 43.21 | 44.11 | 44.12 |
| | 养殖产值 | 20.29 | 26.27 | 49.10 | 84.44 | 109.93 | 141.48 | 354.23 | 666.27 | 704.85 |
| | 占比 | 62.11 | 62.64 | 56.30 | 49.53 | 46.29 | 42.73 | 46.91 | 48.01 | 48.01 |
| 水生植物 | 养殖产量 | 139.01 | 142.87 | 147.02 | 416.26 | 693.81 | 949.42 | 1 109.23 | 1 392.45 | 1 447.59 |
| | 占比 | 36.32 | 31.21 | 18.47 | 20.84 | 24.47 | 25.51 | 23.56 | 23.16 | 23.03 |
| | 养殖产值 | 3.88 | 4.05 | 5.18 | 15.22 | 28.74 | 38.29 | 58.94 | 84.72 | 86.45 |
| | 占比 | 11.87 | 9.66 | 5.93 | 8.93 | 12.10 | 11.57 | 7.80 | 6.11 | 5.89 |
| 甲壳类 | 养殖产量 | 1.93 | 4.07 | 18.97 | 15.74 | 67.73 | 183.96 | 319.91 | 412.55 | 440.88 |
| | 占比 | 0.50 | 0.89 | 2.38 | 0.79 | 2.39 | 4.94 | 6.80 | 6.86 | 7.01 |
| | 养殖产值 | 1.04 | 2.20 | 14.22 | 10.25 | 30.73 | 69.72 | 192.92 | 361.61 | 388.16 |
| | 占比 | 3.19 | 5.24 | 16.31 | 6.01 | 12.94 | 21.06 | 25.55 | 26.06 | 26.44 |
| 软体类 | 养殖产量 | 59.75 | 71.50 | 180.11 | 616.27 | 759.41 | 951.72 | 1 133.33 | 1 384.60 | 1 447.36 |
| | 占比 | 15.61 | 15.62 | 22.63 | 30.85 | 26.79 | 25.57 | 24.08 | 23.03 | 23.02 |
| | 养殖产值 | 7.38 | 9.31 | 17.27 | 57.21 | 63.30 | 66.07 | 117.06 | 210.04 | 222.41 |
| | 占比 | 22.60 | 22.20 | 19.80 | 33.56 | 26.65 | 19.96 | 15.50 | 15.14 | 15.15 |

续表

| 年份 | | 1984 | 1985 | 1990 | 1995 | 2000 | 2005 | 2010 | 2015 | 2016 |
|---|---|---|---|---|---|---|---|---|---|---|
| 咸水鱼 | 养殖产量 | — | — | 6.77 | 12.00 | 14.01 | 20.10 | 29.84 | 39.94 | 41.28 |
| | 占比 | — | — | 0.85 | 0.60 | 0.49 | 0.54 | 0.63 | 0.66 | 0.66 |
| | 养殖产值 | — | — | 1.08 | 2.22 | 2.52 | 3.45 | 9.35 | 18.06 | 18.89 |
| | 占比 | — | — | 1.24 | 1.30 | 1.06 | 1.04 | 1.24 | 1.30 | 1.29 |

（4）软体类。软体类虽然初期养殖产量占比有所增加，但是在 20 世纪 90 年代中后期一泻千里，尤其是 1995 年较 1990 年下降近 9 个百分点，养殖产量占比持续下降，2016 年为 23.02%。而软体类养殖产值下降速度要比养殖产量速度更快，养殖产值占比已经由 1995 年的 33.56%下降至 2016 年的 15.15%。

（5）海水鱼、咸水鱼。海水鱼与咸水鱼在各大类中产量、产值占比则要小很多，低于其他品类，但是海水鱼占比高于咸水鱼，海水鱼 2016 年养殖产量占比和养殖产值占比分别为 2.15%和 3.23%，咸水鱼 2016 年养殖产量占比为 0.66%，而养殖产值占比为 1.29%。

### 本节小结

本节主要研究了中国各大类水生动植物养殖产量、养殖产值变动情况。总体上看，中国水生动植物养殖产量有稳定增长的趋势，增速明显，水生动植物的经济价值在不断提升。但是养殖产量在总产量的占比中增速已经放缓，养殖产量占比有趋于稳定的趋势。各大类养殖产量与产值增速差异明显，单位养殖产值反映了渔获物的经济价值。2016 年，甲壳类的单位养殖产值最高（0.89 万美元/吨），其后依次是咸水鱼、海水鱼、淡水鱼、软体类、水生植物。从各大类养殖产量、养殖产值在中国水生动植物养殖总产量、总产值中占比来看，淡水鱼在养殖产量、养殖产值方面长期占据主要位置，软体类的养殖总产量、总产值下滑十分明显，甲壳类的市场需求十分旺盛，养殖产值增长明显，而水生植物养殖产值则比较低。

## 第三节　中国水生动植物进出口贸易发展历程与现状

本章第一节和第二节从生产的角度，分别考察了 1950—2016 年中国水生动植物总产量和各大类产量的变动情况。本节将简要回顾 1976—2016 年中国水生动植物进出口贸易的变化过程，分析选定年份各大类出口量在其产量中所占比重，阐述影响水生动植物进出口贸易的主要因素，旨在系统把握1976年以来中国水生动植物进出口贸易动态演变过程，并简要分析演变的主要因素。

## 一、中国水生动植物国际贸易总体变动趋势

全球化加速了中国的贸易水平，中国水产品贸易发展迅速，尤其随着国家“一带一路”建设，中国水产品贸易将会作为市场手段发挥其重要作用。中国的水产品贸易从20世纪80年代起步，进入90年代后迅速发展，中国已经逐渐成为世界主要的水产品贸易大国。中国水生动植物进口总量和进口总额保持了持续增加的态势（见图2－16），1984—2016年中国水生动植物进口总量年均增长率为10.68%，年均增加11.94万吨，2016年中国水生动植物进口总量达到397.55万吨；进口总额方面，1984—2016年年均增长率达10.68%，年均增加2.79亿美元，2016年进口总额为90.14亿美元。中国水生动植物出口量和出口额方面总体同样保持了增加态势，2016年中国水生动植物出口量达到414.68万吨，出口量首次超过进口量，1976—2016年年均增长率为10.66%；2016年中国水生动植物出口总额为201.51亿美元，高出同期进口总额111.37亿美元，1976—2016年年均增长率为13.52%。从2012—2016年数据来看，中国水生动植物进出口贸易顺差逐年扩大，进出口贸易量增长幅度低于贸易额1.95个百分点，贸易总量相对稳定，增长速度有所放缓。

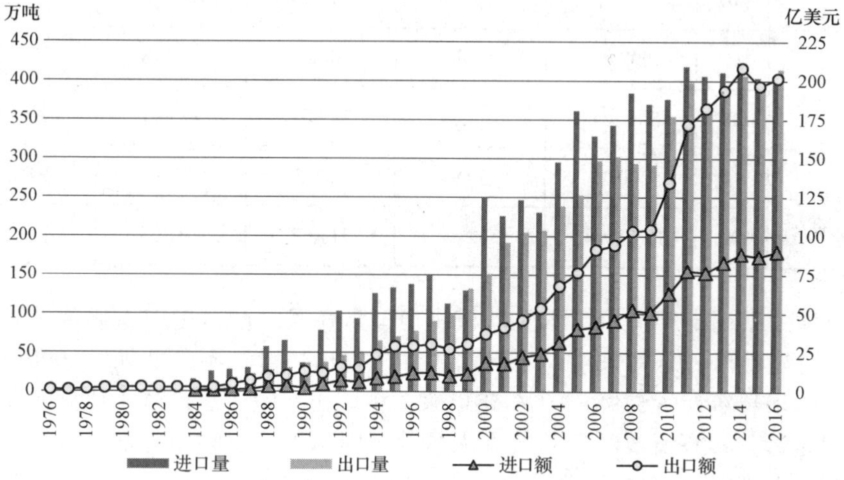


**图2－16 1976—2016年中国水生动植物进出口总量、总额变动趋势**[①]

① 中国水生动植物进口量、进口额数据的时间跨度为1984—2016年。

不同时期中国水生动植物进、出口总量和总额增长情况。表 2－15 显示，中国水生动植物进口量增加明显，1987—1996 年大幅增加，增长幅度为 352.3%；1997—2006 年增加量最多，为 178.52 万吨，增长 118.97%；2007—2016 年有所放缓，增加 54.82 万吨。进口额增长则持续扩大，进口额增加量的增长速度一直大幅领先于同期进口量增加速度，2007—2016 年进口额增加了 44.46 亿美元。出口方面，中国水生动植物出口量增加保持了持续上升的态势，近几年增加量有所减少，1997—2006 年增加量最多，为 206.78 万吨；2007—2016 年增加了 112.71 万吨，较上个时期有所减少，出口额总量也保持了持续增加的趋势，2007—2016 年增加了 107.31 亿美元，增长 113.92%。对比进出口贸易，20 世纪 90 年代后期，水产品贸易顺差越来越大。

**表 2－15　不同时期中国水生动植物进、出口总量及进、出口总额增长情况**　单位：万吨，亿美元，%

| 年份 | | | 1976—2016 | 1977—1986 | 1987—1996 | 1997—2006 | 2007—2016 |
|---|---|---|---|---|---|---|---|
| 进口 | 进口总量 | G | — | — | 107.43 | 178.52 | 54.82 |
| | | GR | — | — | 352.30 | 118.97 | 16.00 |
| | 进口总额 | G | — | — | 10.48 | 29.79 | 44.46 |
| | | GR | — | — | 727.60 | 249.38 | 97.35 |
| 出口 | 出口总量 | G | 407.48 | 10.60 | 55.50 | 206.78 | 112.71 |
| | | GR | 5 659.42 | 154.69 | 247.01 | 228.97 | 37.33 |
| | 出口总额 | G | 200.25 | 3.69 | 22.15 | 60.97 | 107.31 |
| | | GR | 15 829.86 | 312.32 | 311.57 | 201.63 | 113.92 |

下面考察选定年份中国水生动植物出口量在其总产量中的占比情况。从表 2－16 可以看出，总体来讲，中国水生动植物出口量在不断增加，2000—2016 年，年均增长率为 6.53%。1976 年以来，中国出口量占总产量占比逐年稳定上升，但是近几年有所放缓，从数据来看，中国水生动植物出口量发展潜力还有很大的挖掘空间。2016 年出口量占总产量占比为 5.16%，这说明中国水生动植物主要在国内市场消化。

表 2－16　　选定年份中国水生动植物各大类出口量在总产量中占比

单位：万吨，%

| 年份 | 1976 | 1980 | 1985 | 1990 | 1995 | 2000 | 2005 | 2010 | 2015 | 2016 |
|---|---|---|---|---|---|---|---|---|---|---|
| 出口量 | 7.20 | 8.95 | 11.55 | 36.75 | 70.76 | 150.77 | 252.78 | 354.25 | 396.94 | 414.68 |
| 总产量 | 543.32 | 579.73 | 872.65 | 1 463.40 | 3 251.70 | 4 288.60 | 5 179.19 | 6 247.55 | 7 775.48 | 8 043.23 |
| 占比 | 1.33 | 1.54 | 1.32 | 2.51 | 2.18 | 3.52 | 4.88 | 5.67 | 5.11 | 5.16 |

## 二、中国水生动植物国际贸易价格变动趋势

价格是国际贸易的重要组成部分，也是考察国际贸易走势的一个主要指标。下面分析 1976—2016 年中国水生动植物进出口均价的变动趋势（见图 2－17），从价格角度来观察中国水生动植物国际贸易的演变过程。

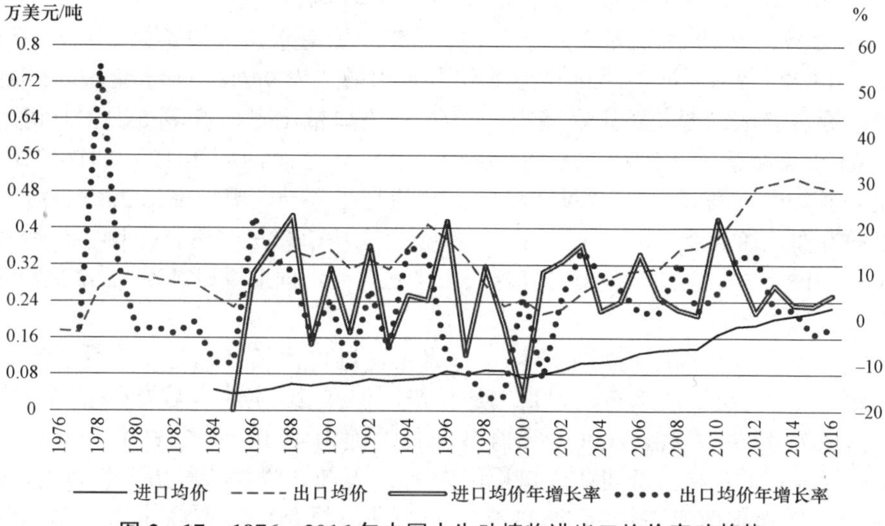


图 2－17　1976—2016 年中国水生动植物进出口均价变动趋势

中国水生动植物进口均价从价格变动区间来看，中国水生动植物进口均价在 1984—2002 年低于 0.1 万美元/吨，而 2003—2012 年中国水生动植物进口均价则基本维持在 0.1 万美元/吨至 0.2 万美元/吨之间，2014—2016 年则高于 0.2 万美元/吨，但低于 0.25 万美元/吨。总体来看，进口均价由 1984 年的 0.05 万美元/吨上涨到 2016 年的 0.23 万美元/吨，增加了 360%。从中国水生动植物进口均价变动轨迹来看，波动相对平缓，逐年持续稳定上升，最低点为 1985 年和 1986 年的 0.04 万美元/吨，最高点为 2016 年的 0.23 万美元/吨。

中国水生动植物出口均价高于同期进口均价，从波动幅度来看，出口均价波动较大。具体来看，1976—1986年，出口均价在0.17万美元/吨至0.3万美元/吨之间；1987—1997年，出口均价在0.3万美元/吨至0.41万美元/吨之间；1998—2004年，出口均价有所下降，回落到0.21万美元/吨至0.28万美元/吨之间；2005—2010年，反弹至0.3万美元/吨至0.38万美元/吨之间；2011—2016年，上升至0.43万美元/吨至0.51万美元/吨之间。作为对比，中国水生动植物1984年出口均价为0.25万美元/吨，2016年出口均价为0.49万美元/吨，增加了96%。综合来看，中国水生动植物出口均价最高价格出现在2014年（0.51万美元/吨），最低价格出现在1977年（0.17万美元/吨）。

## 三、中国水生动植物各大类国际贸易变动趋势

本部分内容具体介绍各大类水生动植物的进出口情况（见图2–18）。

（1）海水鱼。海水鱼是中国水生动植物进出口贸易是各大类中数量最大的。进口量方面，海水鱼进口量总体保持了持续增长的态势，其间出现过几次产量下降，2006年产量下降幅度最大，较2005年下降47.69万吨，下降幅度15.43%，2014年后增长放缓，进口量有所下降，2016年中国海水鱼进口量为290.74万吨，少于2013年、2014年，1984—2016年，年均增速为9.7%。海水鱼进口量要多于出口量，但是二者差距正在减少，2016年进口量比出口量多54.19万吨，二者2005年差距最大（相差155.18万吨）。出口量方面，从2012—2016年数据反映来看，中国海水鱼出口量有稳定上升的趋势，年均增长率为2.3%。海水鱼进出额方面，20世纪90年代以后，出口额便稳步超越进口额，并且差距越来越明显，2016年中国实现海水鱼出口额82.54亿美元，同期进口额为47.32亿美元，两者相差35.22亿美元。

（2）淡水鱼。淡水鱼则主要以出口为主，进口为辅。但进出口总量都比较少，进入21世纪后淡水鱼出口量增加较快，但在2014年之后有所下降，2014年出口量为47.79万吨，2000—2014年年均增速为44.04%，2016年淡水鱼出口量下降至46.31万吨，而同期进口量仅为3.69万吨。贸易额经历了相似的过程，2016年中国淡水鱼出口额为15.33亿美元，进口额为0.79亿美元。可以发现，中国淡水鱼贸易顺差明显。

（3）水生植物。中国水生植物以进口为主，出口为辅。1994年以来，水生植物进口量逐年递增。2013年中国水生植物进口量达到历史最高的28.23万吨，之后几年进口量有所下降，2016年进口量为24.97万吨。而反观出口量，进入21世纪后出口量逐年下降。2002年出口量达到历史最高的6.49万吨，此后持续出口量持续下滑，2016年下降为2.2万吨。中国水生植物进口额保持了快速的增长，2014年达到历史最高的3.48亿美元，2015年、2016年有所下滑，2016年中国水生植物进口总额为2.33亿美元，高出2015年0.09

亿美元。中国水生植物出口额则经历了先增加后下降的变动趋势，历史最高出现在 2011 年（2.43 亿美元），2016 年水生植物出口额为 1.44 亿，比同期进口额少 0.89 亿美元。

（4）甲壳类。中国甲壳类出口量要高于进口量，但是 2010 年以后，出口量与进口量的差距在逐渐缩小，两者在 2010 年差额达到最大（50.33 万吨）。2016 年甲壳类进口量为 20.29 万吨，同期出口量 30.87 万吨，差距已经缩小到 10.58 万吨。进出口额同样在不断缩小，但甲壳类的市场价格在不断提高，进出口额差距缩小的速度慢于进出口量差距缩小的速度。2016 年中国甲壳类进口额为 21.22 亿美元，同期出口额为 35.41 亿美元。

（5）软体类。软体类的进出口量和进出口额均保持了持续的增长。软体类的出口量与进口量的差距在不断扩大且差距越发明显，尽管进口量也在不断增加，2016 年出口量为 84.5 万吨，进口量为 36.26 万吨，两者相差 48.24 万吨，差距达到历史最大。2016 年，贸易额差额同样达到历史最大，出口额比进口额多 41.7 亿美元，可以发现，软体类出口优势明显。

（6）咸水鱼。咸水鱼是为数不多的进口量超过出口量的品类。从数据反映来看，咸水鱼进口量近几年维持稳定，在 21 万吨左右浮动，而出口量则维持在 14 万吨左右。但是咸水鱼的出口额却一直高于进口额，2016 年出口额比进口额高 6.61 亿美元。

结合表 2－17 中的数据，分阶段来看不同时期中国水生动植物各大类进口量、出口量、进口额、出口额的增长情况。

（1）海水鱼。从表 2－17 中可以看出，几大类的贸易量增加主要来源是海水鱼，海水鱼进口量在 1997—2016 年增加最多，此阶段进口量增加 122.21 万吨，同期出口量增加 131.19 万吨。海水鱼进出口量在 2007—2016 年增加量有所减少，2007—2016 年进口量增加 19.61 万吨，出口量增加 54.27 万吨，下降幅度明显。进口额表现出了相似的路径，1997—2006 年增加最多，为 21.34 亿美元，2007—2016 年下降 12.06 亿美元，增长幅度下降；而出口额则有所差异，从 1987 年以来一直持续增加，2007—2016 年增加量达到最大（35.29 亿美元），这反映出海水鱼的出口价值在不断提升。

（2）淡水鱼。淡水鱼的变动则主要表现在出口上。2007—2016 年出口量增加 23.71 万吨，比 1997—2006 年增加 39.88%，出口额增加 10.11 亿美元。同期进口量仅增加 3.68 万吨，进口额增加 0.79 亿美元，其余年份增加不明显。

（3）水生植物。水生植物则主要表现在进口，2007—2016 年进口量增加 16.99 万吨，进口额增加 1.84 亿美元。而同期出口量和出口额是下降的，2007—2016 年中国水生植物出口量下降 2.43 万吨，出口额下降 0.17 亿美元。

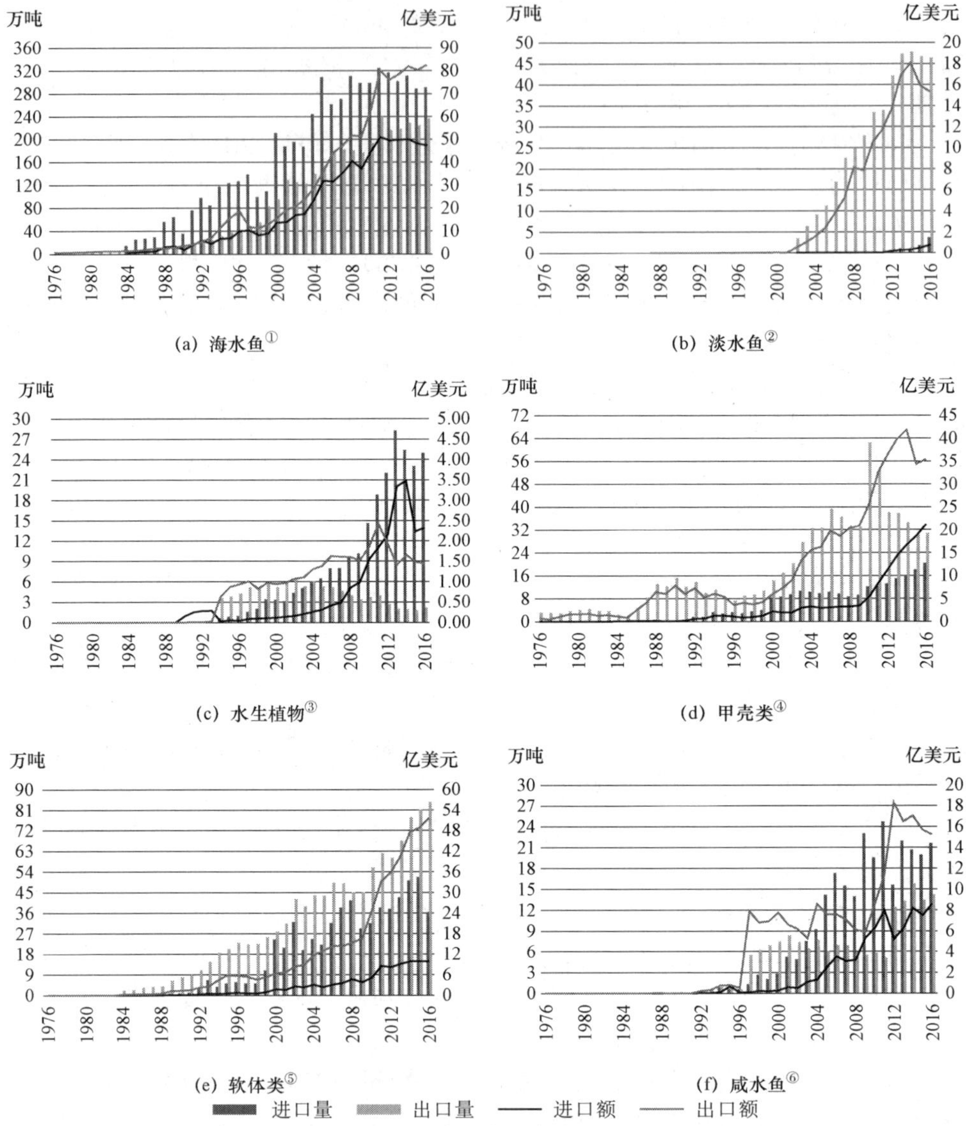


**图 2-18 1976—2016 年中国水生植物进出口量、进出口额变动趋势**

---

① 中国海水鱼进口量、进口额数据的时间跨度为1984—2016年。

② 中国淡水鱼进出口数据的时间跨度为1987—2016年。

③ 中国水生植物进口量、出口量数据的时间跨度为1994—2016年，进口额、出口额数据的时间跨度为1990—2016年。

④ 中国甲壳类进口量、进口额数据的时间跨度为1984—2016年。

⑤ 中国软体类进出口数据的时间跨度为1984—2016年。

⑥ 中国咸水鱼进口量、进口额数据的时间跨度为1990—2016年，出口量、出口额数据的时间跨度为1987—2016年。

（4）甲壳类。甲壳类主要依赖于进口，近几年进口量明显增加，2007—2016 年进口增加 10.56 万吨，进口额增加 17.97 亿美元。同期出口量增加量有所减少，2007—2016 年出口量减少 5.73 万吨。

（5）软体类。软体类则相反，出口量呈加速增加态势。2007—2016 年出口量增加 35.51 万吨，出口额增加 37.13 亿美元。同期进口量减少 2.16 万吨，由于市场价格的原因，进口额反而增加 6.29 亿美元。

（6）咸水鱼。咸水鱼进口量虽然在不断增加，但是数量有所下降，2007—2016 年增加 6.13 万吨，增加量少于 1997—2006 年，但是进口额增加 5.52 亿美元。2007—2016 年出口量增加多于 1997—2006 年，增加 7.38 万吨，出口额增加 8.18 亿美元，增幅 116.1%（见表 2－17）。

**表 2－17　不同时期中国水生动植物进出口量、进出口额增长情况**

单位：万吨，亿美元，%

| 年份 | | | 1976—2016 | 1977—1986 | 1987—1996 | 1997—2006 | 2007—2016 |
|---|---|---|---|---|---|---|---|
| 海水鱼 | 进口量 | G | — | — | 97.54 | 122.21 | 19.61 |
| | | GR | — | — | 328.68 | 87.90 | 7.23 |
| | 进口额 | G | — | — | 8.71 | 21.34 | 12.06 |
| | | GR | — | — | 710.34 | 207.05 | 34.20 |
| | 出口量 | G | 232.55 | 5.50 | 32.44 | 131.19 | 54.27 |
| | | GR | 5 813.80 | 146.67 | 319.63 | 271.90 | 29.78 |
| | 出口额 | G | 81.96 | 1.25 | 15.98 | 32.25 | 35.29 |
| | | GR | 14 254.45 | 192.31 | 641.15 | 273.55 | 74.70 |
| 淡水鱼 | 进口量 | G | — | — | **－0.003** | — | 3.68 |
| | | GR | — | — | **－96.15** | — | 55 798.48 |
| | 进口额 | G | — | — | **－0.000 2** | 0.001 | 0.79 |
| | | GR | — | — | **－96.00** | 3 150.00 | 59 596.21 |

续表

| 年份 | | | 1976—2016 | 1977—1986 | 1987—1996 | 1997—2006 | 2007—2016 |
|---|---|---|---|---|---|---|---|
| 淡水鱼 | 出口量 | G | — | — | 0.005 | 16.95 | 23.71 |
| | | GR | — | — | 4 800.00 | 434 505.13 | 104.92 |
| | 出口额 | G | — | — | 0.001 | 3.76 | 10.11 |
| | | GR | — | — | 9 100.00 | 709 558.49 | 193.78 |
| 水生植物 | 进口量 | G | — | — | — | 6.34 | 16.99 |
| | | GR | — | — | — | 400.05 | 213.11 |
| | 进口额 | G | — | — | — | 0.33 | 1.84 |
| | | GR | — | — | — | 377.83 | 377.49 |
| 水生植物 | 出口量 | G | — | — | — | **−0.02** | **−2.43** |
| | | GR | — | — | — | **−0.44** | **−52.47** |
| | 出口额 | G | — | — | — | 0.62 | **−0.17** |
| | | GR | — | — | — | 61.61 | **−10.43** |
| 甲壳类 | 进口量 | G | — | — | 2.82 | 7.53 | 10.56 |
| | | GR | — | — | 535.96 | 263.07 | 108.43 |
| | 进口额 | G | — | — | 0.89 | 2.17 | 17.97 |
| | | GR | — | — | 491.98 | 245.66 | 552.54 |
| | 出口量 | G | 27.67 | 1.68 | **−1.13** | 30.41 | **−5.73** |
| | | GR | 864.78 | 54.19 | **−13.47** | 339.01 | **−15.65** |
| | 出口额 | G | 34.72 | 2.04 | **−0.57** | 15.68 | 16.77 |
| | | GR | 5 032.58 | 384.52 | **−13.63** | 382.82 | 89.93 |
| 软体类 | 进口量 | G | — | — | 5.51 | 26.43 | **−2.16** |
| | | GR | — | — | 1 912.70 | 504.29 | **−5.62** |
| | 进口额 | G | — | — | 0.74 | 2.53 | 6.29 |
| | | GR | — | — | 2 382.13 | 446.98 | 175.51 |

续表

| 年份 | | | 1976—2016 | 1977—1986 | 1987—1996 | 1997—2006 | 2007—2016 |
|---|---|---|---|---|---|---|---|
| 软体类 | 出口量 | G | — | — | 19.45 | 26.84 | 35.51 |
| | | GR | — | — | 517.92 | 119.78 | 72.47 |
| | 出口额 | G | — | — | 5.29 | 8.97 | 37.13 |
| | | GR | — | — | 1 297.24 | 165.06 | 257.27 |
| 咸水鱼 | 进口量 | G | — | — | — | 16.00 | 6.13 |
| | | GR | — | — | — | 1 208.53 | 39.62 |
| | 进口额 | G | — | — | — | 3.42 | 5.52 |
| | | GR | — | — | — | 3 364.55 | 178.61 |
| | 出口量 | G | — | — | 0.45 | 1.42 | 7.38 |
| | | GR | — | — | 271.63 | 25.81 | 107.65 |
| | 出口额 | G | — | — | 0.51 | **−0.31** | 8.18 |
| | | GR | — | — | 2 342.26 | **−3.87** | 116.10 |

下面就选定年份各大类出口量在各自产量中的占比进行分析（以下简称出口占比），出口占比数据受到出口量和总产量两方面因素的影响，如表 2－18 所示。

海水鱼出口量在几大类中总量最多，2016 年出口量达到 236.55 万吨，遥遥领先于其他几个品类。海水鱼出口占比除 2015 年有所下降外，其他年份出口占比持续增加，由 1976 年的 1.59%上升到 2016 年的 19.35%。淡水鱼的出口占比比较小，2015 年达到历史最高的 1.66%，2016 年下降为 1.57%。水生植物的出口占比在持续下降，由 1995 年的 0.89%下降到 2016 的 0.15%。甲壳类的出口占比则波动比较大，呈波浪形变动，1990 年出口占比达到最高（13.05%），最低为 1985 年的 2.76%，2016 年出口占比为 4.3%。软体类出口占比有稳步上升趋势，虽然在 20 世纪 90 年代有所下滑，但是从此以后保持了持续的增加，由 1995 年的 2.5%上升到 2016 年的 5.17%。咸水鱼的出口占比较高，曾在 2000 年达到 32.36%，虽然 2000 年以后咸水鱼出口占比持续下滑到 2010 年的 14.9%，但近些年实现反弹，2016 年出口占比达到 28.61%。

表 2－18　选定年份中国水生动植物各大类出口量在各自产量中占比

单位：万吨，%

| 年份 | | 1976 | 1980 | 1985 | 1990 | 1995 | 2000 | 2005 | 2010 | 2015 | 2016 |
|---|---|---|---|---|---|---|---|---|---|---|---|
| 海水鱼 | 出口量 | 4.00 | 4.85 | 7.15 | 13.41 | 37.04 | 95.52 | 153.76 | 193.09 | 223.75 | 236.55 |
| | 总产量 | 251.10 | 223.78 | 253.86 | 429.74 | 765.33 | 878.72 | 891.96 | 1 006.23 | 1 179.70 | 1 222.63 |
| | 占比 | 1.59 | 2.17 | 2.82 | 3.12 | 4.84 | 10.87 | 17.24 | 19.19 | 18.97 | 19.35 |
| 淡水鱼 | 出口量 | — | — | — | — | 0.005 | 0.29 | 11.26 | 33.45 | 46.70 | 46.31 |
| | 总产量 | 99.87 | 116.33 | 276.49 | 499.46 | 1 012.35 | 1 369.29 | 1 717.91 | 2 195.52 | 2 820.25 | 2 944.83 |
| | 占比 | — | — | — | — | 0.000 5 | 0.02 | 0.66 | 1.52 | 1.66 | 1.57 |
| 水生植物 | 出口量 | — | — | — | — | 3.83 | 5.19 | 5.29 | 3.70 | 1.83 | 2.20 |
| | 总产量 | 80.61 | 135.18 | 146.04 | 153.03 | 431.26 | 711.34 | 975.60 | 1 133.89 | 1 418.63 | 1 471.91 |
| | 占比 | — | — | — | — | 0.89 | 0.73 | 0.54 | 0.33 | 0.13 | 0.15 |
| 甲壳类 | 出口量 | 3.20 | 4.10 | 2.10 | 15.22 | 8.73 | 14.34 | 32.73 | 62.49 | 30.10 | 30.87 |
| | 总产量 | 43.33 | 47.12 | 75.98 | 116.58 | 213.60 | 339.63 | 418.66 | 558.79 | 689.99 | 718.71 |
| | 占比 | 7.39 | 8.70 | 2.76 | 13.05 | 4.09 | 4.22 | 7.82 | 11.18 | 4.36 | 4.30 |
| 软体类 | 出口量 | — | — | 2.30 | 7.94 | 20.33 | 27.90 | 43.70 | 55.78 | 81.13 | 84.50 |
| | 总产量 | 68.42 | 55.83 | 118.54 | 255.47 | 812.50 | 966.38 | 1 146.51 | 1 314.60 | 1 618.46 | 1 635.40 |
| | 占比 | — | — | 1.94 | 3.11 | 2.50 | 2.89 | 3.81 | 4.24 | 5.01 | 5.17 |
| 咸水鱼 | 出口量 | — | — | — | 0.18 | 0.82 | 7.52 | 6.05 | 5.74 | 13.45 | 14.24 |
| | 总产量 | — | 1.49 | 1.73 | 9.11 | 16.66 | 23.25 | 28.55 | 38.52 | 48.45 | 49.76 |
| | 占比 | — | — | — | 1.99 | 4.95 | 32.36 | 21.17 | 14.90 | 27.75 | 28.61 |

## 四、世界水生动植物各大类国际贸易价格变动趋势

为进一步了解各类水生动植物进出口贸易情况，图 2–19 给出了各类的进出口均价来研究各大类的经济价值。

（1）海水鱼。海水鱼进口均价基本保持了持续增加的趋势。具体来看，1984—

2010年期间进口均价持续上涨，从0.04万美元/吨上升到0.15万美元/吨，27年间增加275%，而2011年以后，海水鱼进口均价则保持相对稳定，基本维持在0.16万美元/吨左右，仅2015年为0.17万美元/吨。而海水鱼的出口均价则起伏较大，1976—1996年间，海水鱼出口均价持续上升，由0.14万美元/吨上升到0.43万美元/吨，涨幅明显，但随后持续下降，到2001年已经下降至0.15万美元/吨，之后实现反弹，出口价格一路上升，近几年保持稳定，维持在0.36万美元/吨左右。

（2）淡水鱼。淡水鱼进口均价起伏较大，在2010年达到历史最高的0.54万美元/吨，2010年以后开始持续下跌，2016年进口均价为0.21万美元/吨，较2010年下降0.33万美元/吨。淡水鱼的出口均价持续上涨，2014年达到最高为0.38万美元/吨，近几年有下降趋势，2016年淡水鱼出口均价下降到0.33万美元/吨。

（3）水生植物。水生植物进口均价平稳上升，但幅度有限，由1994年的0.04万美元/吨上升到2016年的0.09万美元/吨，增加125%。水生植物出口均价高于同期进口均价，同时增加幅度超过进口均价，出口均价由1994年的0.17万美元/吨上升到2016年的0.65万美元/吨，增加282.35%，但是从2014年以后出口均价已经开始持续下滑，出口均价历史最高值为2014年的0.85万美元/吨。

（4）甲壳类。甲壳类的进口均价和出口均价变化趋势基本同步，都在持续上涨。从2010年以后，速度明显加快，出口均价高于同期进口进价。甲壳类进、出口均价历史最高均在2014年，分别为1.07万美元/吨和1.21万美元/吨，2016年甲壳类进口均价为1.05万美元/吨，出口均价为1.15万美元/吨。

（5）软体类。软体类的进口均价和出口均价变化都表现出波浪式的上升趋势。进口均价上升明显，由1984年的0.1万美元/吨上升到2016年的0.27万美元/吨。出口均价由1984年的0.12万美元/吨上升到2016年的0.61万美元/吨，软体类出口均价2012—2016年基本保持稳定，在0.6万美元/吨至0.61万美元/吨之间浮动。

（5）咸水鱼。咸水鱼进口均价变动要比出口均价变动平稳，但是出口均价一直高于进口均价，除1995年外。1984—2016年进口均价年均增长率保持在3.83%，2016年进口均价为0.4万美元/吨。出口均价起伏较大，2012年达到最大，为2.24万美元/吨；1988年、1989年最低，均为0.11万美元/吨；2016年为1.07万美元/吨。

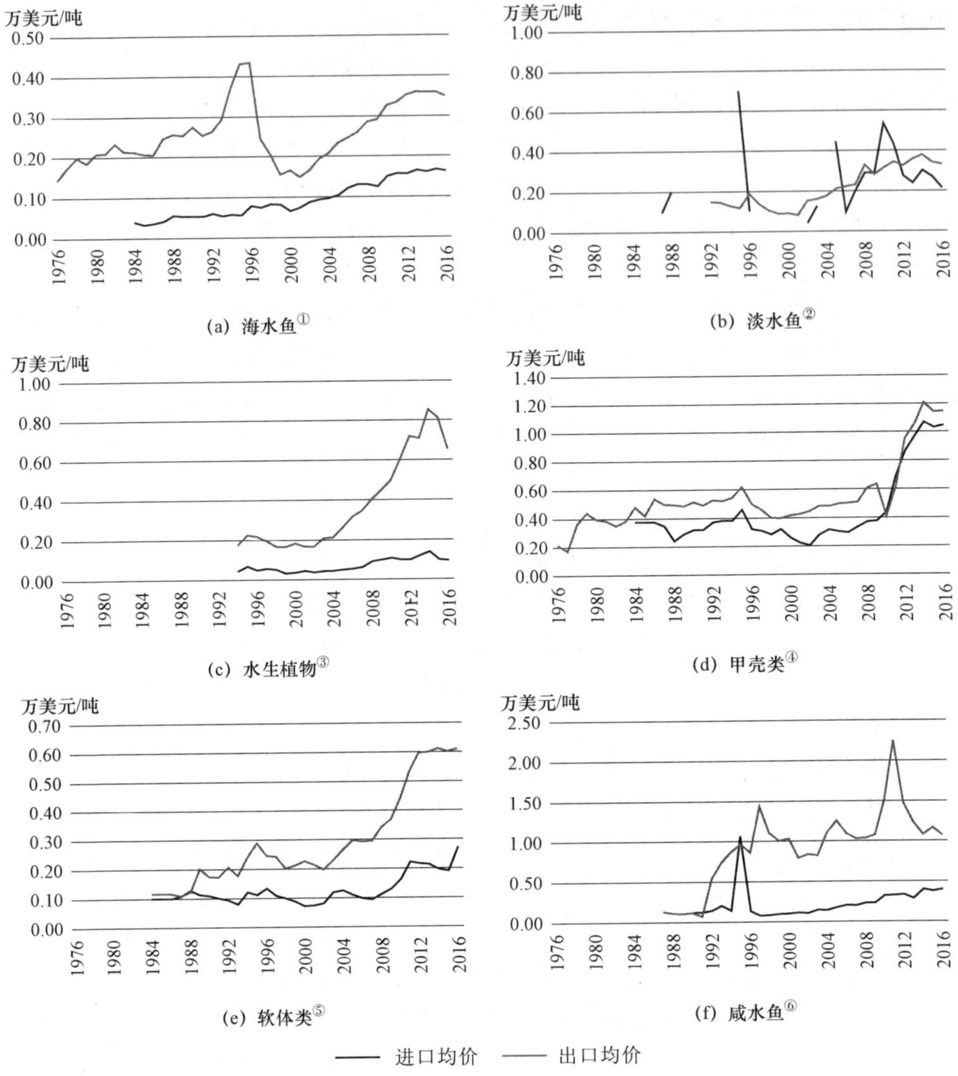


**图 2-19　1976—2016 年中国水生动植物进出口均价变动趋势**

① 中国海水鱼进口均价数据的时间跨度为1984—2016年。

② 中国淡水鱼进口均价1989年、1991年、1992年、1994年、1997年、1999—2001年、2004年数据缺失；出口均价1988—1991年数据缺失。

③ 中国水生植物进出口均价数据的时间跨度为1994—2016年。

④ 中国甲壳类进口均价数据的时间跨度为1984—2016年。

⑤ 中国软体类进出口均价数据的时间跨度为1984—2016年。

⑥ 中国咸水鱼进口均价数据的时间跨度为1990—2016年，出口均价数据的时间跨度为1987—2016年。

## 本节小结

本节主要研究了中国水生动植物进出口贸易发展历程与现状。从中国水生动植物贸易总量来看，保持相对稳定，增长速度有所放缓，进出口贸易顺差逐年扩大，进出口均价几十年里保持了较高的增长率。海水鱼的进出口贸易是各大类中数量最大的，20 世纪 90 年代以后，出口额超越进口额，两者差距越来越明显。淡水鱼则主要以出口为主、进口为辅，出口在几大类中数量最多。水生植物的出口占比在持续下降，主要依赖于进口。甲壳类出口量要高于进口量，但差距在逐渐缩小。软体类的出口量与进口量的差距在不断扩大，出口占比有稳步上升趋势。咸水鱼是为数不多的进口量超过出口量的品类。

# 第三章　中国在世界水生动植物产业中的总体地位

本书第一章回顾了世界水生动植物生产与贸易的变动情况，第二章沿用了类似于世界水生动植物生产与贸易研究的基本框架，系统梳理了中国水生动植物产业的发展情况。本章将从产量、产值和贸易角度系统考察中国在世界水生动植物产业中的地位。考虑到数据的可得性，选取12个指标。其中，衡量中国水生动植物生产地位的指标有5个，即总产量、捕捞产量、养殖产量、养殖产值、单位养殖产值，衡量中国水生动植物贸易地位的指标有6个，分别为进口量、进口额、进口均价、出口量、出口额、出口均价；最后一个指标为出口量在总产量中占比（简称出口产量比），把水生动植物生产与贸易联系起来，旨在考察中国水生动植物对外部市场依赖度。

上述12个指标中，从FAO FishStatJ数据库可直接获得的有8个，分别为水生动植物总产量及其捕捞产量、养殖产量和产值、进口量和进口额、出口量和出口额；剩余4个指标，即单位养殖产值、进口均价、出口均价和出口量在总产量中占比，是根据相关数据计算得出，公式如下：单位养殖产值=养殖产值/养殖产量，进（出）口均价=进（出）口额/进（出）口量，出口量在总产量中占比=出口量/总产量。与第一章和第二章不同的是，本章所说的“世界”，指代向FAO提供水生动植物（六大类）有效数据的所有国家（地区）。涉及的“有效数据”将在后文相应处加以具体说明。

前已述及，FAO FishStatJ数据库中有关水生动植物产量、产值和进（出）口量（额）数据的时间跨度分别为1950—2016年、1984—2016年和1976—2016年。也就是说，三大类数据均涉及的时间段为1984—2016年（个别物种组个别年代数据存在缺失现象），由于这一原因，同时也为了分别用上述12个指标对中国与世界进行比较，本章把考察时间跨度确定为1984—2016年。

本章的主要目的是从产量、产值和贸易角度厘清中国在世界水生动植物产业中的地位，研究的基本思路是：以1986年、1996年、2006年和2016年为选定年份（相邻选定年份间隔10年）。针对选定的每一指标，首先列出排名前十的国家（地区），如果中国在前十国（地区）以内，将继续做指标计算与比较研究；反之，将先确定中国的具体位次，再继续做指标计算与比较研究，直到考察完所有指标。例如，以 1986 年为选定年份，以单位养殖产值为指标，如果中国名列世界前十国（地区），将考察下一个年份如 1996 年；反之，将进一步确定中国的具体位次，再进入下一个年份。当考察完所有选定年份后，将转而考察其他指标，直到考察完所有指标为止。

## 第一节　中国在世界水生动植物产量中的地位

### 一、水生动植物总产量排名前十国及中国的位次

观察 FAO 数据报告可以发现，世界水生动植物产量分布比较集中，主要分布在西北太平洋、中西太平洋、东南太平洋沿线国家（地区）。从世界总量来看，水生动植物总产量上升趋势明显，1986—2016 年年均增长率为 2.44%，2016 年全球水生动植物产量为 20 062.71 万吨。

观察表 3–1 中不同年份全球排名前五的国家的水生动植物产量占世界水生动植物总产量比重数据（以下简称占比），呈持续上升趋势，这表明世界水生动植物产量呈过度集中趋势。例如 1986 年占比为 46.64%，2016 年为 62.81%，较 1986 年增加了 16.17 个百分点，2016 年排名前十国家占比为 73.4%。从排名前五的国家来看，主要集中在中国、秘鲁、美国、日本、印度尼西亚这几个国家。但是相比其他国家，中国优势越发突出，与排名第二位的国家产量差距越来越大，2016 年，中国和第二位的印度尼西亚差距已经达到 5 741.09 万吨，全球占比达到 40.09%，可以发现，中国占比已经超过前十位一半以上份额。日本虽然在选定年份中每年都有出现，但优势已经不明显，世界排名逐年下滑。相比之下，美国则要稳得多。印度尼西亚和印度则表现不俗，产量逐年上升，4 个选定年份两个国家分别保持了 7.55%和 4.35%的年均增速。

中国水生动植物产量在世界贡献度逐年上升，上升态势明显。虽然 1986 年中国在水生动植物总产量排名中居第三位，产量为 1 003.63 万吨，占比为 10.32%，落后于日本和苏联，但差距不大，仅仅落后于排名第一的日本 2.69 个百分点。但是中国后程发力，1996 年、2006 年、2016 年，已经成为世界第一大水产国，中国 2016 年总产量已经达到 8 043.23 万吨，较 2006 年增加 49.25%，占比 40.09%，持续保持全球第一。

表 3-1　　选定年份水生动植物总产量排名前十国

单位：万吨，%

| 1986 | | | 1996 | | | 2006 | | | 2016 | | |
|---|---|---|---|---|---|---|---|---|---|---|---|
| 国家 | 数值 | 占比 | 国家 | 数值 | 占比 | 国家 | 数值 | 占比 | 国家 | 数值 | 占比 |
| 日本 | 1 264.88 | 13.01 | **中国** | **3 618.56** | **28.19** | **中国** | **5 389.02** | **35.50** | **中国** | **8 043.23** | **40.09** |
| 苏联 | 1 137.94 | 11.70 | 秘鲁 | 952.26 | 7.42 | 印度尼西亚 | 724.14 | 4.77 | 印度尼西亚 | 2 302.14 | 11.47 |
| **中国** | **1 003.63** | **10.32** | 日本 | 740.33 | 5.77 | 印度 | 705.46 | 4.65 | 印度 | 1 078.53 | 5.38 |
| 智利 | 566.56 | 5.83 | 智利 | 717.66 | 5.59 | 秘鲁 | 704.90 | 4.64 | 越南 | 641.45 | 3.20 |
| 秘鲁 | 561.68 | 5.78 | 美国 | 543.01 | 4.23 | 日本 | 563.87 | 3.71 | 美国 | 536.78 | 2.68 |
| 美国 | 523.63 | 5.39 | 印度 | 530.17 | 4.13 | 美国 | 536.61 | 3.53 | 俄罗斯 | 493.19 | 2.46 |
| 韩国 | 362.38 | 3.73 | 俄罗斯 | 474.61 | 3.70 | 智利 | 525.81 | 3.46 | 日本 | 429.96 | 2.14 |
| 印度 | 300.63 | 3.09 | 印度尼西亚 | 463.45 | 3.61 | 菲律宾 | 438.76 | 2.89 | 菲律宾 | 422.51 | 2.11 |
| 印度尼西亚 | 259.03 | 2.66 | 泰国 | 353.91 | 2.76 | 泰国 | 390.96 | 2.58 | 秘鲁 | 391.09 | 1.95 |
| 泰国 | 246.47 | 2.54 | 韩国 | 329.44 | 2.57 | 越南 | 369.93 | 2.44 | 孟加拉国 | 387.83 | 1.93 |
| 合计 | **6 226.82** | **64.04** | 合计 | **8 723.39** | **67.96** | 合计 | **10 349.46** | **68.17** | 合计 | **14 726.71** | **73.40** |
| 世界 | **9 722.70** | **100.00** | 世界 | **12 836.30** | **100.00** | 世界 | **15 182.10** | **100.00** | 世界 | **20 062.71** | **100.00** |

注：各国在表 3-1 中出现的次序按产量高低排序，每一国家之后都有两组数据，前一数据是该国向 FAO 报告的当年产量，后一数据是该国产量在当年全球总产量中所占比例。后文表 3-2 和表 3-3 遵循了类似的规则。另外，向 FAO 报告 1986 年、1996 年、2006 年和 2016 年水生动植物总产量的国家（地区）分别有 204 个、226 个、229 个和 234 个。

## 二、水生动植物捕捞产量排名前十国及中国的位次

从 FAO 数据报告来看，水生动植物捕捞排名前十的国家依然被中国、日本、秘鲁、美国等传统捕捞大国长期占据，前五国依然占据了全球大部分渔获物捕捞产量，几个选定年份保持在 39%以上，中国、日本、智利、秘鲁、美国、印度、印度尼西亚是全球主要水生动植物捕捞大国。

从全球水生动植物捕捞产量来看，似乎已经达到捕捞产量瓶颈，1986 年之后增加幅度不明显，增速已经放缓，有些年份已经出现负增长，例如 2006 年全球水生动植物养殖产量较 1996 年下降 4.12%。从排名前五位的国家总产量来看，基本保持稳定，2016 年仅仅比 1986 年增加 3 万吨，世界总产量增加 680.64 万吨。尽管如此，中国捕捞产量增幅依然可观，2016 年总产量 1 757.08 万吨，较 1986 年增加 1 278.02 万吨，可以发现，全球渔获物捕捞产量主要贡献来自中国。日本保持了短暂的优势，1986 年居世界第一，占比为 13.44%，随后下滑明显。同期中国水生动植物捕捞产量全球排名第六位，总产量 479.06 万吨，占比 5.66%。但是中国在 1996 年之后反超，在随后选定的 1996 年、2006 年、2016 年三个年份中，一直持续保持世界第一。

另外，需要指出的是，近年来，东南亚国家渔获物捕捞发展迅速，发展潜力巨大。例如 2016 年，印度尼西亚持续上升至第二位，占比 7.05%，而越南和缅甸是首次进入排名前十的两个东南亚国家，相比之下，泰国则要逊色得多，已经跌出前十，但是在其他几个选定年份的前十位中都有出现。

与表 3－1 对比可以发现，绝大多数国家水生动植物总产量与捕捞产量占有量呈正向趋势。但是也存在一些国家水生动植物总产量上有较大的优势，捕捞产量较少，如菲律宾。相反，也有一些国家总产量中捕捞产量保有量较大，如挪威、缅甸。

**表 3－2　　选定年份水生动植物捕捞产量排名前十国**

单位：万吨，%

| 1986 | | | 1996 | | | 2006 | | | 2016 | | |
|---|---|---|---|---|---|---|---|---|---|---|---|
| 国家 | 数值 | 占比 | 国家 | 数值 | 占比 | 国家 | 数值 | 占比 | 国家 | 数值 | 占比 |
| 日本 | 1 136.59 | 13.44 | **中国** | **1 406.82** | **14.86** | **中国** | **1 476.13** | **16.27** | **中国** | **1 757.08** | **19.23** |
| 苏联 | 1 105.59 | 13.07 | 秘鲁 | 951.49 | 10.05 | 秘鲁 | 702.06 | 7.74 | 印度尼西亚 | 644.24 | 7.05 |
| 智利 | 565.57 | 6.69 | 智利 | 685.35 | 7.24 | 美国 | 484.61 | 5.34 | 印度 | 508.23 | 5.56 |
| 秘鲁 | 561.40 | 6.64 | 日本 | 606.32 | 6.41 | 印度尼西亚 | 477.86 | 5.27 | 美国 | 492.34 | 5.39 |
| 美国 | 486.41 | 5.75 | 美国 | 503.67 | 5.32 | 智利 | 442.58 | 4.88 | 俄罗斯 | 475.83 | 5.21 |
| **中国** | **479.06** | **5.66** | 俄罗斯 | 469.28 | 4.96 | 日本 | 442.49 | 4.88 | 秘鲁 | 381.07 | 4.17 |
| 韩国 | 269.22 | 3.18 | 印度尼西亚 | 375.34 | 3.97 | 印度 | 387.17 | 4.27 | 日本 | 325.03 | 3.56 |

续表

| 1986 | | | 1996 | | | 2006 | | | 2016 | | |
|---|---|---|---|---|---|---|---|---|---|---|---|
| 国家 | 数值 | 占比 | 国家 | 数值 | 占比 | 国家 | 数值 | 占比 | 国家 | 数值 | 占比 |
| 泰国 | 233.07 | 2.76 | 印度 | 354.29 | 3.74 | 俄罗斯 | 329.15 | 3.63 | 越南 | 278.59 | 3.05 |
| 印度 | 232.00 | 2.74 | 泰国 | 298.35 | 3.15 | 泰国 | 255.89 | 2.82 | 挪威 | 220.34 | 2.41 |
| 印度尼西亚 | 217.88 | 2.58 | 挪威 | 282.16 | 2.98 | 挪威 | 240.18 | 2.65 | 缅甸 | 207.05 | 2.27 |
| **合计** | **5 286.80** | **62.50** | **合计** | **5 933.07** | **62.69** | **合计** | **5 238.13** | **57.74** | **合计** | **5 289.80** | **57.88** |
| **世界** | **8 458.90** | **100.00** | **世界** | **9 464.27** | **100.00** | **世界** | **9 071.80** | **100.00** | **世界** | **9 139.54** | **100.00** |

注：向 FAO 报告 1986 年、1996 年、2006 年和 2016 年水生动植物捕捞产量的国家（地区）分别有 203 个、225 个、229 个和 234 个。

## 三、水生动植物养殖产量排名前十国及中国的位次

从表 3－2 可以发现，世界水生动植物捕捞产量主要集中在东亚、东南亚、南亚，相比于捕捞产量，养殖产量分布更加集中（见表 3－3），选定年份世界排名前五的国家占比在 70%以上，2016 年达到最高，占比 83.29%。中国、印度、印度尼西亚、日本、韩国、智利、美国都是世界的主要养殖大国，中国选定年份的养殖产量都居全球第一。从全球养殖总量来看，养殖发展迅速，2016 年世界水生动植物养殖总产量 10 923.17 万吨，自 1986 年以来，保持了 7.45%的年均增长速度，远高于同期捕捞增长速度，在总产量上也已经超越捕捞。对比表 3－2，我们也可以发现，一些国家虽然在捕捞产量上没有进入全球前十，但是在养殖产量前十排名中出现，如西班牙、菲律宾、孟加拉国、埃及。

20 世纪 80 年代，养殖大国基本分布在西北太平洋地区，以中、日、韩、朝为主。中国产量达到 524.56 万吨，比排名第二的日本多 396.28 万吨，比日本总产量多 3 倍，中国占全球养殖比例 41.51%，居全球第一，其后依次是韩国、朝鲜、印度。但是进入 21 世纪后，养殖重心有所偏移，主要集中在东南亚的几个国家，印度尼西亚、菲律宾、越南、泰国的强势崛起，也包括南亚的印度和孟加拉国，当然印度一直是个传统养殖大国。这些国家已经对中国的养殖形成一定的挑战。例如，2016 年中国虽然较前几个年份增加最多，为 2 373.25 万吨，总产量 6 286.15 万吨，但占全球比重进一步下降，为 57.55%，这与东南亚国家养殖热潮的兴起有关。但是即使这样，中国依然优势明显，总量上与第二位差距达到 4 628.25 万吨，比 2006 年中国总产量还多，远超 1996 年的世界养殖总产量。

表 3-3　　选定年份水生动植物养殖产量排名前十国

单位：万吨，%

| 1986 | | | 1996 | | | 2006 | | | 2016 | | |
|---|---|---|---|---|---|---|---|---|---|---|---|
| 国家 | 数值 | 占比 | 国家 | 数值 | 占比 | 国家 | 数值 | 占比 | 国家 | 数值 | 占比 |
| **中国** | **524.56** | **41.51** | **中国** | **2 211.73** | **65.59** | **中国** | **3 912.89** | **64.04** | **中国** | **6 286.15** | **57.55** |
| 日本 | 128.28 | 10.15 | 印度 | 175.87 | 5.22 | 印度 | 318.28 | 5.21 | 印度尼西亚 | 1 657.90 | 15.18 |
| 韩国 | 93.16 | 7.37 | 日本 | 134.01 | 3.97 | 印度尼西亚 | 246.28 | 4.03 | 印度 | 570.30 | 5.22 |
| 朝鲜 | 85.51 | 6.77 | 菲律宾 | 100.77 | 2.99 | 菲律宾 | 209.23 | 3.42 | 越南 | 362.85 | 3.32 |
| 印度 | 68.63 | 5.43 | 印度尼西亚 | 88.11 | 2.61 | 越南 | 167.27 | 2.74 | 孟加拉国 | 220.36 | 2.02 |
| 菲律宾 | 47.09 | 3.73 | 韩国 | 87.97 | 2.61 | 泰国 | 135.06 | 2.21 | 菲律宾 | 220.09 | 2.01 |
| 印度尼西亚 | 41.16 | 3.26 | 朝鲜 | 78.25 | 2.32 | 韩国 | 126.76 | 2.07 | 韩国 | 181.99 | 1.67 |
| 美国 | 37.22 | 2.95 | 泰国 | 55.56 | 1.65 | 日本 | 121.38 | 1.99 | 埃及 | 137.07 | 1.25 |
| 苏联 | 32.35 | 2.56 | 美国 | 39.33 | 1.17 | 孟加拉国 | 89.20 | 1.46 | 挪威 | 132.62 | 1.21 |
| 西班牙 | 26.84 | 2.12 | 孟加拉国 | 37.91 | 1.12 | 智利 | 83.23 | 1.36 | 智利 | 105.01 | 0.96 |
| **合计** | **1 084.80** | **85.84** | **合计** | **3 009.52** | **89.25** | **合计** | **5 409.60** | **88.53** | **合计** | **9 874.34** | **90.40** |
| **世界** | **1 263.80** | **100.00** | **世界** | **3 372.03** | **100.00** | **世界** | **6 110.30** | **100.00** | **世界** | **10 923.17** | **100.00** |

注：向 FAO 报告 1986 年、1996 年、2006 年和 2016 年水生动植物养殖产量的国家（地区）分别有 131 个、168 个、188 个和 193 个。

## 第二节　中国在世界水生动植物养殖产值中的地位

从 FAO 数据报告反映来看，全球水生动植物养殖产值增长较快，养殖产值规模持续增大。选定年份里，1986 年全球水生动植物养殖产值为 105.33 亿美元，2016 年已经增加到 1 849.53 亿美元，年均增长率达到 10.02%，比养殖产量同期增长率高了 2.57 个百分点。选定年份水生动植物养殖产值排名前十的国家（地区）虽然在产值规模上增加明显，但总占比经历了一段下滑时期，从 1986 年到

2006 年持续下降，但幅度不大，2016 年实现强势反弹，占比达到 87.83%，较 2006 年上升 8.71 个百分点（见表 3－4）。

得益于养殖产量的绝对占有量，中国在养殖产值方面保持了明显的领先优势。在所选的几个年份中，产值总量规模不断增加，均保持全球第一。在产值贡献上，中国成为绝对力量，尤其 2016 年，中国养殖产值实现 1 468.13 亿美元，占比达到 62.08%，占比超过全球一半以上，中国贡献力量显而易见。

仔细观察表 3－4，全球养殖产值比较突出的国家有中国、日本、印度、智利、印度尼西亚、越南、挪威。进入 21 世纪以来，这几个国家产值全球贡献超过 70%。对比表 3－3 选定年份水生动植物养殖产量排名前十国（地区）数据，我们做一个简单排名对比可以发现，只观察产量与产值排名前五的国家（地区）（因为全球养殖绝大多数贡献来自排名前五的国家（地区），占比达到 66%以上）可以发现，产量排名与产值排名基本还是相对应的，虽然有所浮动，但基本都是在排名前五（地区）的国家里上下浮动，很少国家（地区）跳出前五位，这在我们的容忍范围之内，因为除了中国，这些国家（地区）的产量在规模上差距并不是很大，但智利是个例外。

对比表 3－3 可以发现，一些国家虽然养殖规模也在排名前十之内，但排名靠后，而在同期产值方面则大放异彩，排名十分靠前，例如泰国、日本、智利、挪威。此外，厄瓜多尔也首次出现在 2016 年产值排名前十国家（地区）中。这种情况的出现原因极有可能与其水生动植物产业链较长，导致产品附加值高有关，也有可能与大量出口及国内消费量较少有关。

**表 3－4　　选定年份水生动植物养殖产值排名前十国（地区）**

单位：亿美元，%

| 1986 | | | 1996 | | | 2006 | | | 2016 | | |
|---|---|---|---|---|---|---|---|---|---|---|---|
| 国家（地区） | 数值 | 占比 | 国家（地区） | 数值 | 占比 | 国家（地区） | 数值 | 占比 | 国家（地区） | 数值 | 占比 |
| **中国** | **52.59** | **33.19** | **中国** | **196.80** | **43.82** | **中国** | **368.57** | **46.33** | **中国** | **1 468.13** | **62.08** |
| 日本 | 32.69 | 20.63 | 日本 | 50.41 | 11.22 | 智利 | 44.11 | 5.55 | 印度 | 106.45 | 4.50 |
| 中国台湾 | 8.19 | 5.17 | 印度尼西亚 | 21.80 | 4.85 | 印度 | 41.84 | 5.26 | 印度尼西亚 | 102.67 | 4.34 |
| 印度 | 6.64 | 4.19 | 泰国 | 18.99 | 4.23 | 日本 | 39.53 | 4.97 | 越南 | 93.28 | 3.94 |
| 菲律宾 | 5.23 | 3.30 | 印度 | 18.72 | 4.17 | 越南 | 33.19 | 4.17 | 智利 | 79.01 | 3.34 |

续表

| 1986 | | | 1996 | | | 2006 | | | 2016 | | |
|---|---|---|---|---|---|---|---|---|---|---|---|
| 国家（地区） | 数值 | 占比 | 国家（地区） | 数值 | 占比 | 国家（地区） | 数值 | 占比 | 国家（地区） | 数值 | 占比 |
| 印度尼西亚 | 5.02 | 3.17 | 菲律宾 | 12.73 | 2.83 | 挪威 | 27.49 | 3.46 | 挪威 | 76.24 | 3.22 |
| 美国 | 4.71 | 2.97 | 中国台湾 | 11.45 | 2.55 | 印度尼西亚 | 24.65 | 3.10 | 孟加拉国 | 56.21 | 2.38 |
| 法国 | 4.53 | 2.86 | 挪威 | 9.97 | 2.22 | 泰国 | 19.86 | 2.50 | 日本 | 46.95 | 1.99 |
| 苏联 | 4.32 | 2.73 | 韩国 | 9.51 | 2.12 | 韩国 | 16.61 | 2.09 | 泰国 | 24.71 | 1.04 |
| 朝鲜 | 3.61 | 2.28 | 智利 | 8.29 | 1.85 | 孟加拉国 | 13.59 | 1.71 | 厄瓜多尔 | 23.39 | 0.99 |
| **合计** | **127.53** | **80.48** | **合计** | **358.67** | **79.87** | **合计** | **629.45** | **79.12** | **合计** | **2 077.03** | **87.83** |
| **世界** | **158.46** | **100.00** | **世界** | **449.09** | **100.00** | **世界** | **795.51** | **100.00** | **世界** | **2 364.92** | **100.00** |

注：向 FAO 报告 1986 年、1996 年、2006 年和 2016 年水生动植物养殖产值的国家（地区）分别有 131 个、168 个、188 个和 193 个。

这里有一个问题：水产品养殖产量大或者产值高的国家（地区）是否单位产值就高？为探究这个问题，我们给出世界水生动植物选定年份单位养殖产值排名前十国（地区）情况（见表 3－5）。由表 3－3、表 3－4 可知，选定年份里，中国是世界上最大的水产品养殖大国，产量、产值均居世界第一，但是比较同期选定年份单位养殖产值排名，中国在全球排名中未进前 100 位，1986 年第 109 位，2006 年第 180 位，2016 年第 147 位，这几个年份中国最高单位养殖产值为 0.23 万美元/吨，最低为 0.09 万美元/吨。从上面分析我们知道，除了中国，还有印度、印度尼西亚、日本、韩国、智利、美国等国家（地区）都在养殖产量和产值上进入世界前十，但是无一出现在单位养殖产值世界前十中。相反，出现在单位养殖产值前十的国家（地区）在我们印象中无一是水产大国（地区）。瓜德罗普出现了三次，1986 年、1996 年、2006 年单位养殖产值都是世界排名第一，乌拉圭在 2016 年世界排名第一，中国单位养殖产值相比较之下显然小得多。这说明，产量、产值大小与单位养殖产值相互之间无实质性的关系。不过可以确定的是，从生产要素方面来看，单位养殖产值主要受自然资源禀赋条件和技术投入影响最大。

表 3-5　　选定年份水生动植物单位养殖产值排名前十国（地区）

单位：万美元/吨

| 1986 | | | 1996 | | | 2006 | | | 2016 | | |
|---|---|---|---|---|---|---|---|---|---|---|---|
| 国家（地区） | 数值 | 位次 | 国家（地区） | 数值 | 位次 | 国家（地区） | 数值 | 位次 | 国家（地区） | 数值 | 位次 |
| 瓜德罗普 | 2.40 | 1 | 瓜德罗普 | 2.35 | 1 | 瓜德罗普 | 1.94 | 1 | 乌拉圭 | 3.26 | 1 |
| 马提尼克 | 1.74 | 2 | 留尼汪 | 1.85 | 2 | 圣基茨和尼维斯 | 1.11 | 2 | 巴哈马 | 2.30 | 2 |
| 法属圭亚那 | 1.30 | 3 | 马提尼克 | 1.84 | 3 | 法属圭亚那 | 1.09 | 3 | 法属波利尼西亚 | 1.87 | 3 |
| 科威特 | 1.20 | 4 | 巴哈马 | 1.50 | 4 | 巴巴多斯 | 1.06 | 4 | 瑞士 | 1.76 | 4 |
| 新喀里多尼亚 | 1.20 | 5 | 所罗门群岛 | 1.50 | 5 | 马耳他 | 1.00 | 5 | 波多黎各 | 1.66 | 5 |
| 莫桑比克 | 1.16 | 6 | 塞舌尔 | 1.21 | 6 | 马提尼克 | 0.99 | 6 | 瓦努阿图 | 1.62 | 6 |
| 多米尼加 | 1.06 | 7 | 瑞士 | 1.20 | 7 | 沙特阿拉伯 | 0.97 | 7 | 阿曼 | 1.27 | 7 |
| 伯利兹 | 1.00 | 8 | 斯里兰卡 | 1.15 | 8 | 乌拉圭 | 0.96 | 8 | 北马里亚纳群岛 | 1.19 | 8 |
| 巴拿马 | 0.75 | 9 | 新喀里多尼亚 | 1.07 | 9 | 瑞士 | 0.96 | 9 | 巴林 | 1.15 | 9 |
| 瑞士 | 0.73 | 10 | 缅甸 | 1.04 | 10 | 波多黎各 | 0.93 | 10 | 圣基茨和尼维斯 | 1.15 | 10 |
| **中国** | **0.10** | **109** | **中国** | **0.09** | **158** | **中国** | **0.09** | **180** | **中国** | **0.23** | **147** |

注：向 FAO 报告 1986 年、1996 年、2006 年和 2016 年甲壳类养殖产量、产值的国家（地区）分别有 131 个、168 个、188 个和 193 个。

## 第三节　中国在世界水生动植物贸易中的地位

本节将分别以进（出）口量、进（出）口额和进（出）口均价为指标建立排行榜，确定各水生动植物贸易国在各选定年份排行榜中的位次，并列出位居前十的国家（地区），若中国不在其内，将先确定中国的具体位次。

### 一、水生动植物进口贸易排名前十国（地区）及中国的位次

表 3-6 给出了选定主要年份的全球水生动植物进口产量排名。可以看出，中国、日本、美国、丹麦、西班牙、德国、泰国都是水产品进口大国。全球进

口量相对集中，但集中程度与养殖产量、养殖产值相比则低很多，全球水生动植物进口量排名前五的国家（地区）占比集中在 30%～45%之间。全球进口量持续上升，2016 年进口量为 3 676.96 万吨，从 1986 年以来，年均增长率为 3.34%，从 2006 年以来，年均增长率为 1.28%，从数据反映来看，全球水生动植物进口量增长速度已经开始放缓。

从水生动植物进口量前十国家（地区）占比数据变化来看，水生动植物进口量集中程度有趋于分散趋势，进口量占比有保持稳定发展态势。前十国家（地区）占比逐渐在降低（见表 3－6），同时，从前五国家（地区）占比数据也能看出来。可以判断，水产品进口并不会出现哪个国家独大的情况，即使如排名第一的中国，最高在 2016 年仅占比为 10.81%，较 2006 年增加 0.66 个百分点，增幅十分有限。从表 3－6 中各个国家（地区）排名也能看出来，排名前十国家（地区）基本变化不大，只是排名上下浮动而已，各个名次占比变动幅度不大，只有极少数国家跌出前十，例如荷兰和尼日利亚。

从 FAO 数据报告来看，中国进口量增加明显，2016 年水生动植物进口量达 397.55 万吨，占全球进口量 10.81%，从总量上来看，比 1986 年增加 369.81 万吨，领先于同期排第二的美国 126.15 万吨。从过程来看，中国在 20 世纪 80 年代进口量并不多，1986 年世界排第 12 位，从 2006 年开始，超过日本和美国，中国成为水产品第一进口大国。日本和美国均是水产品进口大国，具体来看，日本优势逐渐下降，虽然在 1986 年世界排名第一，从 1996 年开始，产量逐年下降，在 2016 年美国已经超越日本，成为世界第二大水产品进口量大国，仅次于中国。

**表 3－6　　选定年份水生动植物进口量排名前十国（地区）**

单位：万吨，%

| 1986 | | | 1996 | | | 2006 | | | 2016 | | |
|---|---|---|---|---|---|---|---|---|---|---|---|
| 国家（地区） | 数值 | 占比 | 国家（地区） | 数值 | 占比 | 国家（地区） | 数值 | 占比 | 国家（地区） | 数值 | 占比 |
| 日本 | 183.80 | 13.39 | 日本 | 340.21 | 15.20 | **中国** | **328.57** | **10.15** | **中国** | **397.55** | **10.81** |
| 美国 | 143.83 | 10.48 | 美国 | 152.27 | 6.80 | 日本 | 310.20 | 9.58 | 美国 | 271.40 | 7.38 |
| 德国 | 119.35 | 8.70 | **中国** | **137.92** | **6.16** | 美国 | 245.29 | 7.58 | 日本 | 234.75 | 6.38 |
| 英国 | 67.05 | 4.89 | 德国 | 111.21 | 4.97 | 西班牙 | 165.56 | 5.12 | 泰国 | 180.69 | 4.91 |
| 法国 | 62.21 | 4.53 | 西班牙 | 105.90 | 4.73 | 泰国 | 146.41 | 4.52 | 西班牙 | 171.27 | 4.66 |
| 意大利 | 54.75 | 3.99 | 法国 | 93.79 | 4.19 | 丹麦 | 137.48 | 4.25 | 丹麦 | 149.06 | 4.05 |

续表

| 1986 | | | 1996 | | | 2006 | | | 2016 | | |
|---|---|---|---|---|---|---|---|---|---|---|---|
| 国家（地区） | 数值 | 占比 | 国家（地区） | 数值 | 占比 | 国家（地区） | 数值 | 占比 | 国家（地区） | 数值 | 占比 |
| 苏联 | 53.75 | 3.92 | 丹麦 | 92.34 | 4.13 | 韩国 | 135.10 | 4.17 | 韩国 | 141.30 | 3.84 |
| 丹麦 | 49.43 | 3.60 | 英国 | 85.57 | 3.82 | 尼日利亚 | 134.59 | 4.16 | 德国 | 123.01 | 3.35 |
| 荷兰 | 47.71 | 3.48 | 泰国 | 78.67 | 3.51 | 德国 | 115.19 | 3.56 | 法国 | 114.55 | 3.12 |
| 中国台湾 | 35.61 | 2.59 | 意大利 | 72.21 | 3.23 | 法国 | 112.46 | 3.47 | 意大利 | 110.08 | 2.99 |
| **合计** | **817.48** | **59.58** | 合计 | **1 270.09** | **56.74** | 合计 | **1 696.26** | **52.41** | 合计 | **1 893.67** | **51.50** |
| **中国** | **27.74** | **2.02** | | | | | | | | | |
| **世界** | **1 372.19** | **100.00** | 世界 | **2 238.51** | **100.00** | 世界 | **3 236.49** | **100.00** | 世界 | **3 676.96** | **100.00** |

注：向 FAO 报告 1986 年、1996 年、2006 年和 2016 年水生动植物进口量的国家（地区）分别有 161 个、196 个、205 个和 206 个。1986 年中国排名第 12 位。

表 3－7 则给出了选定年份水生动植物进口额排名情况。全球进口额表现出几个明显的特点：一是从进口额总量来看，保持了高速的增长，增量明显，进口额总量规模不断扩大，2016 年全球水生动植物进口额达到 1 359.67 亿美元，1986 年以来年均增长率为 5.82%。二是进口额集中程度有所下降，排名前十的国家（地区）占比从 1986 年的 77.25%下降到 2016 年的 60.92%，排名前五的国家（地区）占比从 1986 年的 61.46%下降到 2016 年的 41.91%，选定年份期间都呈持续下降趋势，没有出现任何反弹迹象。三是日本、美国、法国、西班牙、中国、意大利、丹麦、英国、德国是全球水生动植物进口额较大的几个国家，在选定年份水生动植物进口额排名榜里出现次数较多。

对比表 3－6，中国相比较于进口量排名，进口额排名要靠后的多，但单从进口额总量看，进口额总量在不断增加，排名持续上升，但少于美国和日本。例如，1986 年中国全球排名第 24 位；1996 年首次进入前十，排名第十；2006 年上升到第 6 位；2016 年第 3 位，总进口额为 90.14 亿美元，占比 6.63%。尽管如此，同期和排名第一的美国和排名第二的日本差距较大，2016 年分别相差 116.59 亿美元和 49.06 亿美元。此外，日本在 20 世纪是水生动植物进口额最大的国家，进入 21 世纪后被美国超越，且差距有逐渐拉大的趋势，美国进口额增加明显，而日本增长有限，占比下降明显。

对比表 3－6，我们可以发现，尽管两个表里同期国家上下排名有所不同，但是国家变化范围不大，在前十的国家（地区）里新增加的国家（地区）不多，仅有极少数的国家（地区）进入，但也是昙花一现，如尼日利亚。这在侧面反映世界水生动植物进口量和进口额集中趋势比较明显。

**表 3-7　　选定年份水生动植物进口额排名前十国（地区）**

单位：亿美元，%

| 1986 | | | 1996 | | | 2006 | | | 2016 | | |
|---|---|---|---|---|---|---|---|---|---|---|---|
| 国家（地区） | 数值 | 占比 | 国家（地区） | 数值 | 占比 | 国家（地区） | 数值 | 占比 | 国家（地区） | 数值 | 占比 |
| 日本 | 65.76 | 26.43 | 日本 | 168.16 | 29.47 | 美国 | 141.60 | 15.50 | 美国 | 206.73 | 15.20 |
| 美国 | 47.41 | 19.05 | 美国 | 71.17 | 12.47 | 日本 | 140.00 | 15.32 | 日本 | 139.19 | 10.24 |
| 法国 | 15.23 | 6.12 | 法国 | 32.08 | 5.62 | 西班牙 | 63.65 | 6.97 | **中国** | **90.14** | **6.63** |
| 意大利 | 12.67 | 5.09 | 西班牙 | 31.49 | 5.52 | 法国 | 50.84 | 5.56 | 西班牙 | 71.54 | 5.26 |
| 英国 | 11.86 | 4.77 | 意大利 | 26.01 | 4.56 | 意大利 | 47.31 | 5.18 | 法国 | 62.18 | 4.57 |
| 德国 | 11.20 | 4.50 | 德国 | 25.57 | 4.48 | **中国** | **41.74** | **4.57** | 意大利 | 61.75 | 4.54 |
| 中国台湾 | 8.91 | 3.58 | 英国 | 20.73 | 3.63 | 德国 | 37.66 | 4.12 | 德国 | 56.49 | 4.15 |
| 西班牙 | 7.00 | 2.81 | 中国香港 | 19.06 | 3.34 | 英国 | 37.46 | 4.10 | 瑞典 | 51.91 | 3.82 |
| 中国香港 | 6.10 | 2.45 | 丹麦 | 16.66 | 2.92 | 丹麦 | 29.36 | 3.21 | 韩国 | 45.85 | 3.37 |
| 丹麦 | 6.09 | 2.45 | **中国** | **11.92** | **2.09** | 韩国 | 27.06 | 2.96 | 英国 | 42.47 | 3.12 |
| **合计** | **192.24** | **77.25** | **合计** | **422.84** | **74.10** | **合计** | **616.68** | **67.49** | **合计** | **828.25** | **60.92** |
| **中国** | **1.13** | **0.45** | | | | | | | | | |
| **世界** | **248.84** | **100.00** | **世界** | **570.63** | **100.00** | **世界** | **913.70** | **100.00** | **世界** | **1 359.67** | **100.00** |

注：向 FAO 报告 1986 年、1996 年、2006 年和 2016 年水生动植物进口额的国家（地区）分别有 162 个、196 个、205 个和 206 个。1986 年中国排名第 24 位。

选定年份水生动植物进口均价排名前十国（地区）如表 3-8 所示。对照表 3-6、表 3-7 可以发现，绝大多数进口产量和进口额总量规模大的国家（地区）并没有出现在进口均价前十国家（地区）排名里，仅有 1996 年的中国香港、日本和美国，以及 2016 年的中国香港和美国出现在这个榜单里。

观察中国，水生动植物进口均价在持续上升，1986 年为 0.04 万美元/吨，1996 年为 0.09 万美元/吨，2006 年为 0.13 万美元/吨，2016 年为 0.23 万美元/吨，中国排名持续上升，最高排位为 2016 年的第 126 位。综合分析，我们可以得出以下两个结论：一是中国的水生动植物进口均价十分低廉，远低于进口均价排名前十的国家（地区），但有上涨的趋势。二是水生动植物进口产量规模大、进口额规模大的国家在进口均价高低方面无正比关系。

**表 3-8　　选定年份水生动植物进口均价排名前十国（地区）**

单位：万美元/吨

| 1986 | | | 1996 | | | 2006 | | | 2016 | | |
|---|---|---|---|---|---|---|---|---|---|---|---|
| 国家（地区） | 数值 | 位次 | 国家（地区） | 数值 | 位次 | 国家（地区） | 数值 | 位次 | 国家（地区） | 数值 | 位次 |
| 塞舌尔 | 0.99 | 1 | 开曼群岛 | 0.94 | 1 | 卢森堡 | 0.99 | 1 | 瑞士 | 1.03 | 1 |
| 布隆迪 | 0.60 | 2 | 瑞士 | 0.62 | 2 | 安道尔 | 0.76 | 2 | 卢森堡 | 0.95 | 2 |
| 法属圭亚那 | 0.59 | 3 | 百慕大群岛 | 0.60 | 3 | 瑞士 | 0.76 | 3 | 中国香港 | 0.87 | 3 |
| 百慕大群岛 | 0.55 | 4 | 中国香港 | 0.58 | 4 | 法属波利尼西亚 | 0.73 | 4 | 安道尔 | 0.82 | 4 |
| 突尼斯 | 0.54 | 5 | 安道尔 | 0.56 | 5 | 马尔代夫 | 0.67 | 5 | 马尔代夫 | 0.79 | 5 |
| 委内瑞拉 | 0.54 | 6 | 日本 | 0.49 | 6 | 开曼群岛 | 0.60 | 6 | 阿鲁巴 | 0.76 | 6 |
| 开曼群岛 | 0.50 | 7 | 叙利亚 | 0.49 | 7 | 百慕大群岛 | 0.60 | 7 | 美国 | 0.76 | 7 |
| 苏里南 | 0.41 | 8 | 美国 | 0.47 | 8 | 阿鲁巴 | 0.60 | 8 | 圣多美和普林西比 | 0.72 | 8 |
| 巴哈马 | 0.38 | 9 | 缅甸 | 0.46 | 9 | 比利时 | 0.58 | 9 | 开曼群岛 | 0.71 | 9 |
| 法属波利尼西亚 | 0.38 | 10 | 法属波利尼西亚 | 0.44 | 10 | 库克群岛 | 0.58 | 10 | 比利时 | 0.70 | 10 |
| **中国** | **0.04** | **153** | **中国** | **0.09** | **156** | **中国** | **0.13** | **141** | **中国** | **0.23** | **126** |

注：向 FAO 报告 1986 年、1996 年、2006 年和 2016 年水生动植物进口量和进口额的国家（地区）分别有 161 个、196 个、205 个和 206 个。

## 二、水生动植物出口贸易排名前十国及中国的位次

前文分析了全球水生动植物进口贸易排名前十的国家（地区）以及中国的情况，接下来分析全球水生动植物出口贸易以及中国的排名情况。选定年份还是 1986 年、1996 年、2006 年、2016 年四个年份，向 FAO 报告水生动植物出口量的国家（地区）的前十位见表 3-9。

表 3－9　　选定年份水生动植物出口量排名前十国

单位：万吨，%

| 1986 | | | 1996 | | | 2006 | | | 2016 | | |
|---|---|---|---|---|---|---|---|---|---|---|---|
| 国家 | 数值 | 占比 | 国家 | 数值 | 占比 | 国家 | 数值 | 占比 | 国家 | 数值 | 占比 |
| 美国 | 176.53 | 11.77 | 秘鲁 | 196.23 | 8.53 | **中国** | **297.08** | **9.51** | **中国** | **414.68** | **11.23** |
| 智利 | 128.99 | 8.60 | 挪威 | 178.96 | 7.77 | 秘鲁 | 200.83 | 6.43 | 挪威 | 244.98 | 6.63 |
| 苏联 | 82.40 | 5.49 | 智利 | 151.47 | 6.58 | 挪威 | 187.63 | 6.00 | 俄罗斯 | 198.24 | 5.37 |
| 丹麦 | 80.39 | 5.36 | 俄罗斯 | 126.52 | 5.50 | 泰国 | 173.29 | 5.54 | 越南 | 166.32 | 4.50 |
| 秘鲁 | 77.98 | 5.20 | 丹麦 | 116.56 | 5.06 | 美国 | 150.43 | 4.81 | 美国 | 153.27 | 4.15 |
| 日本 | 75.55 | 5.04 | 美国 | 113.50 | 4.93 | 俄罗斯 | 139.57 | 4.47 | 泰国 | 150.71 | 4.08 |
| 冰岛 | 70.59 | 4.71 | 泰国 | 96.17 | 4.18 | 智利 | 138.22 | 4.42 | 荷兰 | 117.78 | 3.19 |
| 荷兰 | 64.47 | 4.30 | 冰岛 | 78.32 | 3.40 | 丹麦 | 115.09 | 3.68 | 智利 | 117.29 | 3.18 |
| 挪威 | 62.58 | 4.17 | **中国** | **77.97** | **3.39** | 荷兰 | 98.63 | 3.16 | 丹麦 | 113.82 | 3.08 |
| 泰国 | 58.87 | 3.92 | 荷兰 | 71.50 | 3.11 | 西班牙 | 91.14 | 2.92 | 西班牙 | 111.40 | 3.02 |
| **合计** | **878.33** | **58.55** | **合计** | **1 207.20** | **52.45** | **合计** | **1 591.92** | **50.94** | **合计** | **1 788.49** | **48.43** |
| **中国** | **17.45** | **1.16** | | | | | | | | | |
| **世界** | **1 500.13** | **100.00** | **世界** | **2 301.74** | **100.00** | **世界** | **3 125.22** | **100.00** | **世界** | **3 692.84** | **100.00** |

注：向 FAO 报告 1986 年、1996 年、2006 年和 2016 年水生动植物出口量的国家（地区）分别有 150 个、180 个、191 个和 195 个。1986 年中国排名第 22 位。

表 3－9 表现出以下几个特点：一是世界水生动植物出口总量在持续增加，但从增加量来看，有放缓迹象，2016 年全球水生动植物出口总量达到 3 692.84 万吨，较 1986 年增加 2 192.71 万吨，年均增长率为 3.05%。二是从前十位占比数据来看，持续下降明显，已经由 1986 年的 58.55%下降到 2016 年的 48.43%，排名前五位占比也是如此，1986 年为 36.42%，2016 年为 31.89%，其间都未出现反弹，这说明全球水生动植物出口量也呈现出分散的趋势，程度要高于进口量。三是中国、美国、秘鲁、挪威、俄罗斯、泰国、荷兰、丹麦这几个国家是传统水生动植物出口大国。

中国水生动植物出口量增加较快，总量规模持续扩大。中国水生动植物出口量 1986 年为 17.45 万吨，全球排名第 12 位，2006 年已经成为全球第一大出口量大国，2016 年出口量持续增加，已经达到 414.68 万吨，全球占比 11.23%，领先于同期第 2 位的挪威 169.7 万吨。同时，可以看到，除了中国以外，智利、挪威、丹麦、美国这些传统渔业大国优势同样明显，这几个国家多次排名前五位。

对比表 3－6 选定年份水生动植物进口量排名，综合比较，在同一个年份里，进口量和出口量都同时出现在两个榜单中的国家有：中国、美国、日本、丹麦、荷兰、泰国、西班牙，这说明这几个国家进出口比较均衡，但是比较同期这些国家的进口产量与出口产量，无明显规律，变动较大。

表 3－10 则给出了选定年份水生动植物进口额的排名情况，同时对比表 3－7。有以下特点：一是从出口额来看，增幅较大，有持续增长趋势，1986 年全球水生动植物进口额为 225.63 亿美元，2016 年达到 1 417.69 亿美元，年均增长率为 6.31%，快于全球进口额增长速度。二是与全球水生动植物进口额恰相反，1986 年以后，全球进口额集中程度实现反弹，集中度有加强趋势，从数据反映看，1996 年排名前十国（地区）占比为 48.23%，2006 年为 51.46%，2016 年为 52.59%，同期前五国（地区）占比分别为 30.9%、32.57%、35.08%，集中程度明显加强。三是中国、挪威、丹麦、美国、泰国、加拿大、智利是全球水生动植物出口额较大的国家，在选定年份水生动植物出口额排名榜里出现次数较多，与进口额主要国家稍有区别。

**表 3－10　　选定年份水生动植物出口额排名前十国（地区）**

单位：亿美元，%

| 1986 | | | 1996 | | | 2006 | | | 2016 | | |
|---|---|---|---|---|---|---|---|---|---|---|---|
| 国家（地区） | 数值 | 占比 | 国家（地区） | 数值 | 占比 | 国家（地区） | 数值 | 占比 | 国家（地区） | 数值 | 占比 |
| 加拿大 | 17.33 | 7.68 | 泰国 | 41.06 | 7.79 | **中国** | **91.21** | **10.59** | **中国** | **201.51** | **14.21** |
| 美国 | 14.68 | 6.51 | 挪威 | 34.34 | 6.52 | 挪威 | 55.43 | 6.43 | 挪威 | 107.97 | 7.62 |
| 中国台湾 | 13.92 | 6.17 | 美国 | 31.02 | 5.89 | 泰国 | 52.59 | 6.10 | 越南 | 73.37 | 5.18 |
| 丹麦 | 13.90 | 6.16 | **中国** | **29.26** | **5.55** | 美国 | 41.42 | 4.81 | 泰国 | 58.98 | 4.16 |
| 韩国 | 11.75 | 5.21 | 丹麦 | 27.11 | 5.15 | 丹麦 | 39.97 | 4.64 | 印度 | 55.54 | 3.92 |
| 挪威 | 11.71 | 5.19 | 加拿大 | 22.80 | 4.33 | 加拿大 | 36.62 | 4.25 | 美国 | 55.45 | 3.91 |
| 泰国 | 10.10 | 4.48 | 中国台湾 | 17.76 | 3.37 | 智利 | 35.82 | 4.16 | 智利 | 52.32 | 3.69 |

续表

| 1986 | | | 1996 | | | 2006 | | | 2016 | | |
|---|---|---|---|---|---|---|---|---|---|---|---|
| 国家（地区） | 数值 | 占比 | 国家（地区） | 数值 | 占比 | 国家（地区） | 数值 | 占比 | 国家（地区） | 数值 | 占比 |
| 日本 | 9.21 | 4.08 | 智利 | 17.15 | 3.26 | 越南 | 33.74 | 3.92 | 加拿大 | 49.05 | 3.46 |
| 冰岛 | 8.58 | 3.80 | 印度尼西亚 | 16.85 | 3.20 | 西班牙 | 28.37 | 3.29 | 丹麦 | 47.10 | 3.32 |
| 荷兰 | 7.74 | 3.43 | 俄罗斯 | 16.73 | 3.18 | 荷兰 | 28.24 | 3.28 | 瑞典 | 44.28 | 3.12 |
| **合计** | **118.92** | **52.70** | **合计** | **254.08** | **48.23** | **合计** | **443.41** | **51.46** | **合计** | **745.57** | **52.59** |
| **中国** | **4.87** | **2.16** | | | | | | | | | |
| **世界** | **225.63** | **100.00** | **世界** | **526.83** | **100.00** | **世界** | **861.69** | **100.00** | **世界** | **1 417.69** | **100.00** |

注：向 FAO 报告 1986 年、1996 年、2006 年和 2016 年水生动植物出口额的国家（地区）分别有 151 个、183 个、195 个和 196 个。1986 年中国排名第 15 位。

中国出口额增长飞速，1986 年总量较少，仅有 4.87 亿美元，居世界第 15 位，1996 年排名第 4 位，仅次于泰国、挪威、美国，但是差距并不是很大，与排名第一的泰国仅相差 11.8 亿美元。2006 年，中国水生动植物出口额全球第一，2016 年已经和同期排在第二的挪威差距拉开到 93.54 亿美元。除了中国，挪威和泰国也是水生动植物进口额大国，排名从 1996 年之后没有跌出前五。此外，美国、丹麦、挪威三个国家在选定年份中从没跌出前十位，每期都出现在榜单中。

对比图 3－9，可以发现，出口额前十国（地区）和出口量前十国（地区）变动幅度不大，但是名次在大多数年份是不相对应的，仅有极个别国家在个别年份里有对应，例如，1986 年的丹麦，1996 年的挪威、丹麦，2006 年的中国、智利，2016 年的中国、挪威、丹麦。此外，同年出口额国家排名一般要领先于出口量国家，虽然也存在相反情况，但是数量不多。

作为对比，表 3－11 给出了选定年份水生动植物出口均价排名情况。对照表 3－9、表 3－10 可以发现，水生动植物出口均价排名前十的国家（地区）无一是以上分析的进口量大国，而非进口额大国，这也表明水生动植物出口产量规模大、出口额规模大的国家在出口均价高低方面无正比关系，这与进口均价结论一致。

中国的出口均价情况。从均价涨幅情况来看，中国的出口均价有所起伏，1986 年为 0.28 万美元/吨，1996 年上涨为 0.38 万美元/吨，2006 年有所下降，为 0.31 万美元/吨，2016 年实现反弹，上涨为 0.49 万美元/吨。相比较于同期排第一的布隆迪、布基纳法索、巴哈马、多哥，差距逐渐缩小，2016 年差距已经缩小为 3.38 万美元/吨，但是从数值上来看，依然差距较大，这说明中国出口均价依然十分低廉，不过高于同期的进口均价。从排名来看，近几年中国排名有反弹上升的趋势，虽然中国在 1986 年排名第 63 位，1996 年排名第 69 位，2006 年排名第 80 位，表面看排名在持续下降，2016 年排名第 65 位。一方面，我们要考虑到向 FAO 报告 4 个选定年份水生动植物出口量和出口额的国家（地区）数量增加量多于中国排名上升数；另一方面，我们要看到，不考虑排名，中国的出口均价增加速度非常快，发展潜力较大，而排名前十的国家（地区）均价有保持稳定的态势。

**表 3－11　　选定年份水生动植物出口均价排名前十国（地区）**

单位：万美元/吨

| 1986 | | | 1996 | | | 2006 | | | 2016 | | |
|---|---|---|---|---|---|---|---|---|---|---|---|
| 国家（地区） | 数值 | 位次 | 国家（地区） | 数值 | 位次 | 国家（地区） | 数值 | 位次 | 国家（地区） | 数值 | 位次 |
| 布隆迪 | 20.10 | 1 | 布基纳法索 | 2 642.60 | 1 | 巴哈马 | 3.66 | 1 | 多哥 | 3.38 | 1 |
| 伊朗 | 2.57 | 2 | 布隆迪 | 12.20 | 2 | 卢森堡 | 1.68 | 2 | 巴哈马 | 2.59 | 2 |
| 开曼群岛 | 1.28 | 3 | 百慕大群岛 | 6.48 | 3 | 布隆迪 | 1.65 | 3 | 刚果（金） | 2.43 | 3 |
| 伯利兹 | 1.18 | 4 | 洪都拉斯 | 2.64 | 4 | 马耳他 | 1.44 | 4 | 阿鲁巴 | 1.86 | 4 |
| 巴哈马 | 1.16 | 5 | 刚果（金） | 2.55 | 5 | 澳大利亚 | 1.42 | 5 | 开曼群岛 | 1.78 | 5 |
| 海地 | 1.09 | 6 | 以色列 | 2.51 | 6 | 海地 | 1.30 | 6 | 圣赫勒拿岛 | 1.75 | 6 |
| 留尼汪 | 1.05 | 7 | 巴哈马 | 1.99 | 7 | 新喀里多尼亚 | 1.25 | 7 | 百慕大群岛 | 1.70 | 7 |
| 瑞士 | 1.05 | 8 | 瑞士 | 1.30 | 8 | 瑞士 | 0.99 | 8 | 牙买加 | 1.64 | 8 |
| 尼加拉瓜 | 1.02 | 9 | 圣赫勒拿岛 | 1.22 | 9 | 古巴 | 0.95 | 9 | 澳大利亚 | 1.58 | 9 |
| 澳大利亚 | 0.97 | 10 | 澳大利亚 | 1.22 | 10 | 塞浦路斯 | 0.91 | 10 | 瑞士 | 1.49 | 10 |
| **中国** | **0.28** | **63** | **中国** | **0.38** | **69** | **中国** | **0.31** | **80** | **中国** | **0.49** | **65** |

注：向 FAO 报告 1986 年、1996 年、2006 年和 2016 年水生动植物出口量和出口额的国家（地区）分别有 150 个、180 个、191 个和 195 个。

## 第四节　中国在世界水生动植物出口产量比中的地位

本节将以水生动植物出口量在产量中占比为指标，确定有哪些国家（地区）位居前十和中国的具体位次。表 3－12 详细列出了分析结果，包括在四个选定年份排行榜中位居前十的国家（地区）及其出口量在各自水生动植物总产量中所占比重，同时也列出了中国在四个选定年份排行榜中的位次及各选定年份中国的出口量在其水生动植物总产量中的占比情况。

从表 3－12 中可以看出，一是选定年份水生动植物出口量在其产量中占比排名前十国（地区）中，基本上都是一些小国家（地区），对照表 3－1、表 3－6，在之前分析的水生动植物出口量大国和水生动植物产量大国在同时期内几乎无一出现在表 3－12 中，仅有 2016 年的西班牙。二是排在进口量在其产量中占比排在前十的国家（地区）水生动植物出口比例非常高，至少保持了 60%以上的比例用于出口，排名前五国家（地区）比例更高，在 73%以上，这说明这些国家（地区）的市场消费非常少。而选定年份中排第一的国家（地区）几乎全部用于出口，例如 1986 年的开曼群岛为 100%，1996 年的福克兰群岛为 99.99%，2006 年的蒙古国为 98.47%，2016 年的萨摩亚为 99.3%，出口比例非常高。

再来看中国的水生动植物出口量占比情况。从表 3－12 数据反映来看，中国作为世界第一大水产国，水生动植物出口量占比非常少，说明中国水产品市场消费旺盛。从选定年份数据来看，1986 年出口量占比 1.74%，1996 年为 2.15%，2006 年达到最高，为 5.51%，2016 年下降为 5.16%。排名情况看，四个年份中国分别排在世界第 120 位、第 139 位、第 129 位、第 116 位，向 FAO 报告其 1986 年、1996 年、2006 年和 2016 年水生动植物出口量和总产量的国家（地区）分别有 150 个、178 个、190 个和 193 个，可以看出，中国水生动植物出口量占比排名十分靠后。

**表 3－12　　选定年份水生动植物出口量在其总产量中占比排名前十国（地区）**

单位：%

| 1986 | | | 1996 | | | 2006 | | | 2016 | | |
|---|---|---|---|---|---|---|---|---|---|---|---|
| 国家（地区） | 占比 | 位次 | 国家（地区） | 占比 | 位次 | 国家（地区） | 占比 | 位次 | 国家（地区） | 占比 | 位次 |
| 开曼群岛 | 100.00 | 1 | 福克兰群岛 | 99.99 | 1 | 蒙古国 | 98.47 | 1 | 萨摩亚 | 99.30 | 1 |
| 比利时 | 93.84 | 2 | 蒙古国 | 92.76 | 2 | 佛得角 | 92.65 | 2 | 卢森堡 | 95.28 | 2 |
| 法属圭亚那 | 88.42 | 3 | 法罗群岛 | 87.24 | 3 | 拉脱维亚 | 85.28 | 3 | 西班牙 | 92.98 | 3 |

续表

| 1986 | | | 1996 | | | 2006 | | | 2016 | | |
|---|---|---|---|---|---|---|---|---|---|---|---|
| 国家（地区） | 占比 | 位次 | 国家（地区） | 占比 | 位次 | 国家（地区） | 占比 | 位次 | 国家（地区） | 占比 | 位次 |
| 德国 | 85.29 | 4 | 克罗地亚 | 85.40 | 4 | 几内亚比绍 | 84.83 | 4 | 乌拉圭 | 91.07 | 4 |
| 所罗门群岛 | 73.18 | 5 | 爱沙尼亚 | 85.32 | 5 | 纳米比亚 | 84.57 | 5 | 拉脱维亚 | 91.05 | 5 |
| 新西兰 | 70.35 | 6 | 阿尔巴尼亚 | 84.35 | 6 | 中国澳门 | 79.00 | 6 | 爱尔兰 | 89.38 | 6 |
| 毛里塔尼亚 | 70.25 | 7 | 科特迪瓦 | 78.95 | 7 | 斯洛伐克 | 78.40 | 7 | 英国 | 86.61 | 7 |
| 爱尔兰 | 69.89 | 8 | 斯洛文尼亚 | 77.69 | 8 | 英国 | 77.93 | 8 | 纳米比亚 | 80.11 | 8 |
| 瓦努阿图 | 67.46 | 9 | 乌拉圭 | 76.78 | 9 | 捷克 | 76.30 | 9 | 厄瓜多尔 | 78.52 | 9 |
| 危地马拉 | 61.13 | 10 | 瓦努阿图 | 76.50 | 10 | 亚美尼亚 | 74.54 | 10 | 格鲁吉亚 | 77.93 | 10 |
| **中国** | **1.74** | **120** | **中国** | **2.15** | **139** | **中国** | **5.51** | **129** | **中国** | **5.16** | **116** |

注：向 FAO 报告 1986 年、1996 年、2006 年和 2016 年水生动植物出口量和总产量的国家（地区）分别有 150 个、178 个、190 个和 193 个。虽然这些国家（地区）都提供了其出口量和总产量数据，但其中有一些国家（地区）所报告的水生动植物出口量大于其总产量，也就是说，两者之比超过 100%，我们称此类数据为无效数据，因为这不符合我们设计出口量与产量之比的初衷，即比较不同的水生动植物生产国（地区）所生产的水生动植物有多少用于出口。凡是所提供数据被视为无效的国家（地区）均不在出口量在其产量中占比排名的考虑中。1986 年、1996 年、2006 年和 2016 年报告数据被视为有效的国家（地区）分别有 147 个、168 个、172 个和 170 个，也就是说，上述四个年份其报告数据视为无效的国家（地区）分别有 3 个、10 个、18 个和 23 个。

## 本章小结

本章选取了四个年份，运用 12 个指标，分别考察了中国在世界水生动植物生产与贸易中的地位。本章对前述分析结果进行汇总（见表 3－13），第一列列出了所有的 12 个指标，第一行标出了四个选定年份，第二行的“位次”列，表明与每一选定年份相对应的中国位次，第二行的“报告国（地区）”列，指的是向 FAO 报告了其当年相关数据且报告数据被视为有效的国家（地区）数量。

中国的水生动植物生产方面，无愧于世界第一大水产国，增长量显著，总产量方面除了1986年排名第三以外，其余选定年份均居全球第一，总量规模占有绝对优势。捕捞产量从1996年之后持续保持全球第一。养殖产量和产值则优势从1986年开始持续全球第一。

中国的水生动植物贸易方面，从2006年以后，进出口贸易量成为全球第一。综合来看，出口额比进口额优势明显。从进出口均价来看，中国的进出口均价都比较低廉。从出口量占产量比重情况来看，中国作为世界第一大水产国，出口量占比非常少，主要用于国内消费。

**表3-13　选定年份中国在世界水生动植物产业中排名情况一览表**

单位：个

| 指标 | 1986 | | 1996 | | 2006 | | 2016 | |
|---|---|---|---|---|---|---|---|---|
| | 位次 | 报告国（地区）数量 | 位次 | 报告国（地区）数量 | 位次 | 报告国（地区）数量 | 位次 | 报告国（地区）数量 |
| 总产量 | 3 | 204 | 1 | 226 | 1 | 229 | 1 | 234 |
| 捕捞产量 | 6 | 203 | 1 | 225 | 1 | 229 | 1 | 234 |
| 养殖产量 | 1 | 131 | 1 | 168 | 1 | 188 | 1 | 193 |
| 养殖产值 | 1 | 131 | 1 | 168 | 1 | 188 | 1 | 193 |
| 单位养殖产值 | 109 | 131 | 158 | 168 | 180 | 188 | 147 | 193 |
| 进口量 | 12 | 161 | 3 | 196 | 1 | 205 | 1 | 206 |
| 进口额 | 24 | 162 | 10 | 196 | 6 | 205 | 3 | 206 |
| 进口均价 | 153 | 161 | 156 | 196 | 141 | 205 | 126 | 206 |
| 出口量 | 22 | 150 | 9 | 180 | 1 | 191 | 1 | 195 |
| 出口额 | 15 | 151 | 4 | 183 | 1 | 195 | 1 | 196 |
| 出口均价 | 63 | 150 | 69 | 180 | 80 | 191 | 65 | 195 |
| 出口量/产量 | 120 | 147 | 139 | 168 | 129 | 172 | 116 | 170 |

# 第四章　中国在世界海水鱼产业中的地位

本章及随后各章将从水生动植物各大类的角度，分别考察中国在世界海水鱼、淡水鱼、水生植物、甲壳类、软体类和咸水鱼产业中的地位。

本章首先从生产的角度，采用第三章的方法和相关指标，回顾世界和中国海水鱼产业在过去一段时间内的动态演变，考察中国在世界海水鱼生产中的地位。随后，从贸易的角度，分析世界和中国海水鱼进出口贸易的发展过程，考察中国在世界海水鱼产业中的地位。最后，通过海水鱼出口量在其总产量中占比（简称出口产量比）这一指标，考察中国海水鱼产业对外部市场的依赖状况。第五章至第九章采用与本章相同的研究方法和框架，研究淡水鱼、水生植物、甲壳类、软体类和咸水鱼。

## 第一节　世界与中国海水鱼产业发展概况

本部分将考察世界与中国的海水鱼生产情况，包括其总产量、捕捞产量、养殖产量、养殖产值和单位养殖产值的变动情形。其中，世界海水鱼总产量和捕捞产量数据的时间跨度为 1950—2016 年，而养殖产值数据的时间跨度为 1984—2016 年。

### 一、世界与中国海水鱼总产量变动趋势

图 4-1 给出了 1950—2016 年世界与中国海水鱼的总产量情况。

从世界海水鱼的产量变化情况来看，经过 60 多年的发展，世界海水鱼产量总体而言，总量经历了先快速增长后缓慢下降的过程，据此大体可以分为两个发展阶段。(1) 快速增长阶段（1950—1988 年），这个阶段虽然有所起伏，但不影响总体趋势，增长波动幅度最高上涨 13.9%，最高下降 9.16%。总体保持了较高的增长率，增长量明显，1950 年世界海水鱼总产量为 1 357.07 万吨，1988 年达到历史最高产量 6 847.65 万吨，较 1950 年增加了 5 490.58 万吨，39 年间年均增长率为 4.35%，年均增加了 144.49 万吨。(2) 缓慢下降阶段（1989—2016 年），这个阶段也有上下波动的过程，不过起伏不大，波动幅度最高上涨 8.63%，最高下降 11.7%，总体呈下降趋势。1989 年世界海水鱼总产量 6 801.83 万吨，2016 年总

产量下降 5 566.69 万吨，年均下降 45.75 万吨。

从中国的海水鱼产量情况来看，1950—2016 年，中国海水鱼产量呈缓慢持续上升趋势，最大增幅 44.12%，出现在 1951 年，这与初期基数较小有关，随后大多数年份里增幅在 20%以内，1996 年超过 20%，为 21.05%，最大幅度下降 11.63%，波动幅度相对平缓。1950 年中国海水鱼总产量为 53.04 万吨，到了 2016 年增加至 1 222.63 万吨，年均增加 17.72 万吨，年均增长率为 4.87%。

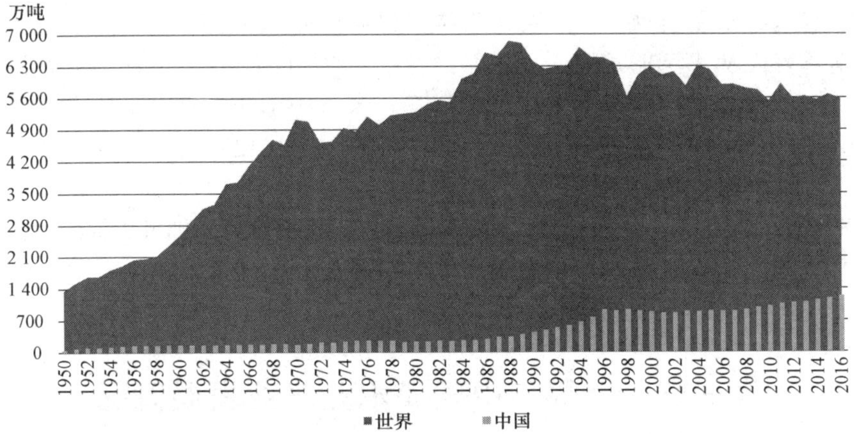


**图 4-1　1950—2016 年世界与中国海水鱼总产量变动趋势**

下面具体研究海水鱼各个物种组产量情况。世界绝大多数海水鱼类产量变动都经历了先增长后下降的趋势（以 20 世纪 80 年代末为界点），见图 4–2。

世界海水鱼以鲱鱼、沙丁鱼、凤尾鱼为主要品种，总产量在各个年份中处于领先。鲱鱼、沙丁鱼、凤尾鱼从 20 世纪 50 年代到 80 年代保持了很高的增长量，产量呈总体上升趋势，随后在 90 年代开始持续下降，虽然在 1994 年达到历史最高产量 2 540.11 万吨，但是产量一直起起伏伏，总体呈下降趋势，2016 年下降为 1 439.44 万吨。即使这样，鲱鱼、沙丁鱼、凤尾鱼的产量仍然在海水鱼的各类品种中遥遥领先。

鳕、无须鳕、黑线鳕产量基本和各种远洋鱼类保持了近似的规模和变化轨迹。虽然在 20 世纪 50 年代至 70 年代中期，鳕、无须鳕、黑线鳕类总量规模要高于远洋鱼类，鳕类 1950 年产量为 326.67 万吨，同期远洋鱼类为 130.5 万吨，两者产量同时逐年递增，但是远洋鱼类产量增长较快，后期发力，在 20 世纪 70 年代已经超过鳕类，并保持了短暂的增长期，80 年代末至 90 年代初持续下降。而鳕类虽然在 20 世纪 70 年代产量开始持续下降后，但在 2009 年之后实现反弹，2016 年两者产量基本接近，鳕类为 899.78 万吨，同期远洋鱼类为 899.73 万吨。

金枪鱼、狐鲣、剑旗鱼类和各种沿海鱼类产量规模近似，但沿海鱼类增长速度偏慢，这两个品类比较特殊，产量有稳定增长的趋势，但是近几年总量保持稳定。2016 年金枪鱼、狐鲣、剑旗鱼类总产量为 693.18 万吨，从 1950 年以来年均增速为 3.82%，年均增加 9.62 万吨。沿海鱼类总产量 587.11 万吨，1950—2016 年年均增速为 2.7%，年均增加 7.37 万吨。具有同样特点的还有鲽、大比目鱼、鳎类，但是此类产量较少，鲽、大比目鱼、鳎类虽然变化起伏较大，但是近几年总量维持在 104 吨上下，2016 年总产量为 104.47 万吨。

而鲨鱼、魟鱼、银鲛类则从 20 世纪 50 年代至 21 世纪初产量持续增加，1950 年总产量 27.4 万吨，到 2000 年达到历史最高产量 88.8 万吨，随后产量逐年下降，近些年产量有保持稳定的趋势，近十年产量维持在 76 万吨上下。而未识别的海水鱼近十年产量维持在 700 万吨上下。

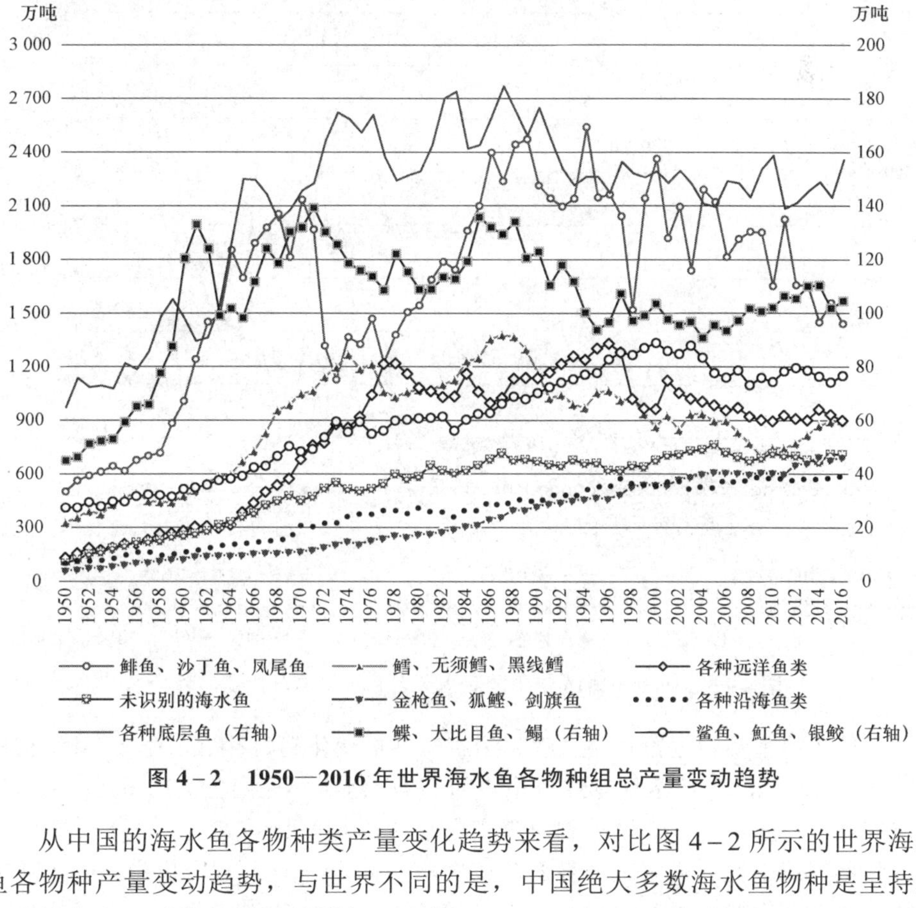


**图 4－2　1950—2016 年世界海水鱼各物种组总产量变动趋势**

从中国的海水鱼各物种类产量变化趋势来看，对比图 4－2 所示的世界海水鱼各物种产量变动趋势，与世界不同的是，中国绝大多数海水鱼物种是呈持续上升的状态，总量规模持续增加，见图 4–3。

中国海水鱼总量以未识别的海水鱼产量最高，在 20 世纪 90 年代产量达到最高 458.14 万吨后剧烈下滑，一直到 2006 年才反弹，2016 年产量上升为 419.05 万吨。鳕、无须鳕、黑线鳕与未识别的海水鱼类产量变化路径相似，不过鳕类产量要低得多，从 1987 年才有数据报告出现，当年产量仅有 2 万吨，1997 年产量达到历史最高的 31.28 万吨，之后持续下滑，近几年产量基本为零。

产量第二大的品类为各种沿海鱼类，从 1950—2016 年数据来看，沿海鱼类基本保持了稳定增长态势，2016 年实现总产量 292.5 万吨，年均增加 4.36 万吨，年均增速 6.44%。和沿海鱼类保持相同变动趋势的还有各种远洋鱼类，2016 年总产量为 174.33 万吨，年均增加 2.6 万吨，年均增速 6.5%。

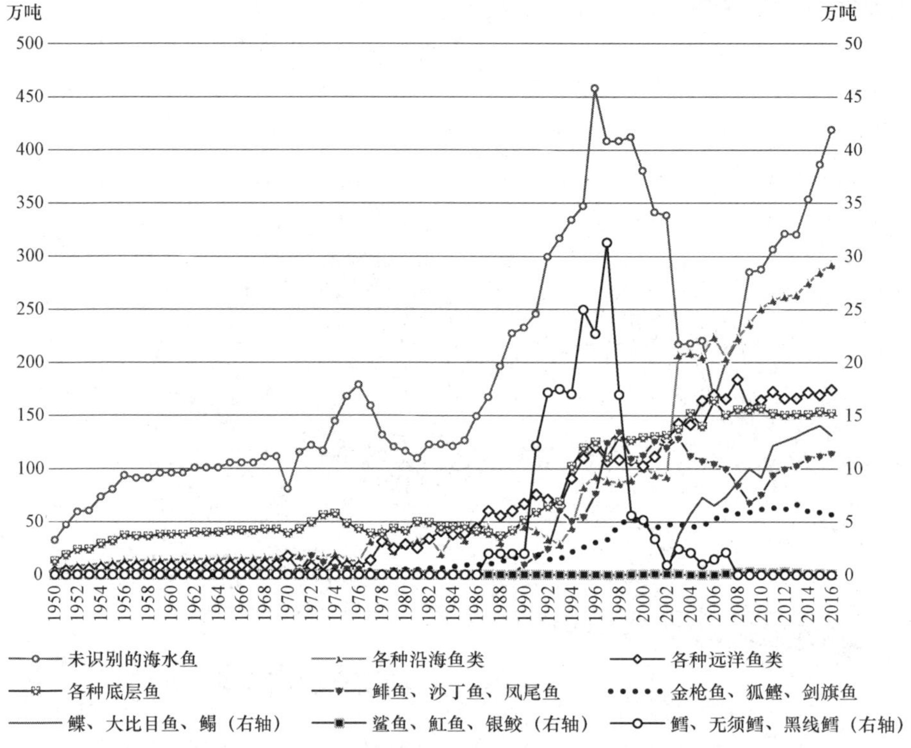


**图 4－3　1950—2016 年中国海水鱼各物种组总产量变动趋势**

各种底层鱼类和金枪鱼、狐鲣、剑旗鱼产量变化趋势接近，在 21 世纪初保持了增长，而在此之后总量有维持稳定的趋势。近十年底层鱼类产量维持在 153 万吨左右，而金枪鱼、狐鲣、剑旗鱼产量维持在 61 万吨左右。

鲱鱼、沙丁鱼、凤尾鱼产量变动较大。1988 年产量达到历史最高的 134.39 万吨，经过几次的小幅度波动，2016 年产量为 114.59 万吨。鲨鱼、魟鱼、银鲛和鲽、大比目鱼、鳎在中国产量较低，鲽、大比目鱼、鳎基本近五年维持在 13 万吨上下，而鲨鱼、魟鱼、银鲛历年产量不足 0.3 万吨。

## 二、世界与中国海水鱼捕捞产量变动趋势

图4－4给出了世界与中国海水鱼捕捞产量变动趋势。对比图4－1可以发现，世界与中国海水鱼捕捞产量变动趋势都与图 4－1 几乎完全一致，这里不再重复分析，主要原因是世界与中国海水鱼产量几乎全部来自捕捞产量，唯一区别在于产量稍少于总产量。世界海水鱼捕捞产量在 1950 年起呈持续增加态势，历史最高值出现在 1988 年，为 6 821.34 万吨，之后呈下降趋势，2016 年世界海水鱼捕捞产量为 5 427.4 万吨。中国 1950—2016 年海水鱼捕捞产量总体呈上涨态势，2016 年总捕捞产量为 1 087.32 万吨，年均增加 15.67 万吨，年均增长率为 4.68%，稍低于中国海水鱼总产量增长率。

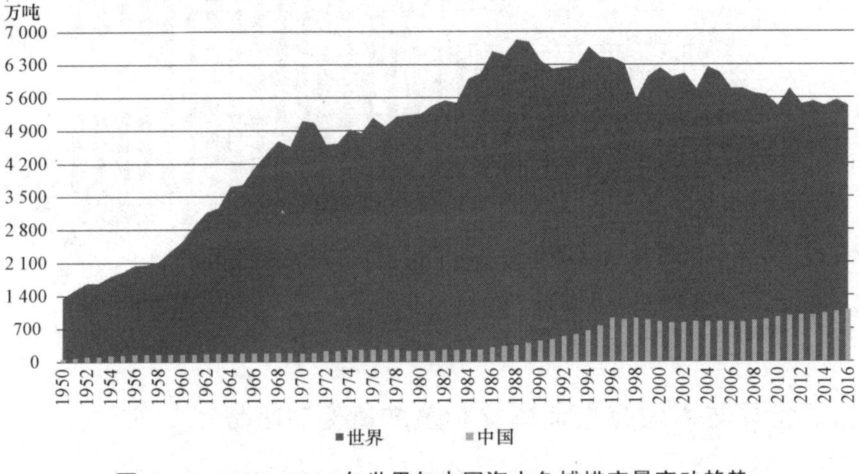


**图 4－4　1950—2016 年世界与中国海水鱼捕捞产量变动趋势**

## 三、世界与中国海水鱼养殖产量、养殖产值变动趋势

世界与中国的海水鱼养殖产量、养殖产值情况如图 4－5 所示。从产量情况来看，相比较于海水鱼捕捞产量，养殖产量总量规模要小很多。世界海水鱼养殖产量总体维持了缓慢增长的态势，增长率上下波动幅度在 16.24%以内，2008 年之后出现短暂下滑，2013 年实现反弹，2016 年世界海水鱼养殖产量为 139.28 万吨，1984—2016 年年均增长率为 6.15%，年均增加 1.8 万吨。中国海水鱼总量保持了持续增长的趋势，与世界海水鱼总量差距越来越小，2016 年海水鱼总产量为 135.31 万吨，与世界总产量差距仅 3.98 万吨，1984 年以来年均增长率为

16.8%，快于同期世界海水鱼增速，年均增加 2.04 万吨。

从养殖产值情况来看，世界海水鱼养殖总体呈上升趋势，较大幅度的变动是产值由 39.97 亿美元下降到 2002 年的 32.42 亿美元，在此之后保持了较长时期的增长，但是近几年产值有小幅度波动，年增长率在 9%以内，但是有保持稳定的趋势，2012—2016 年保持在 73 亿美元左右。中国的海水鱼养殖产值延续了持续增加的态势，相比世界变化轨迹要平滑得多。中国 2016 年实现海水鱼养殖产值为 47.37 亿美元，同期与世界相差 28.03 亿美元，较 1984 年增加 47.3 亿美元，1984—2016 年年均增加 1.48 亿美元，年均增速为 22.3%。

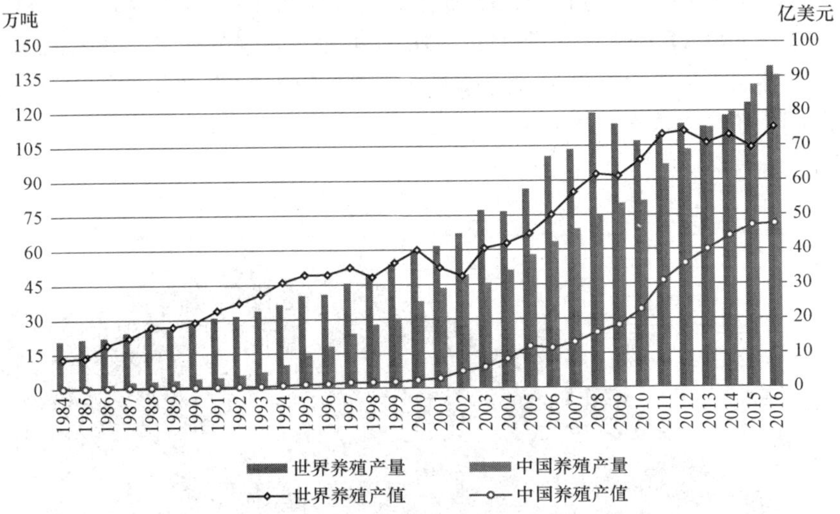


图 4-5　1984—2016 年世界与中国海水鱼养殖产量、产值变动趋势

## 四、世界与中国海水鱼单位养殖产值变动趋势

比较世界与中国的海水鱼单位养殖产值（见图 4-6），世界海水鱼单位养殖波动趋势要大于中国，同时，世界海水鱼单位养殖价值高于中国，说明中国的海水鱼养殖经济价值低于世界水平。但从两者变动趋势来看，差距在逐渐减少，最大差距出现在 1994 年，为 0.74 万美元/吨，2016 年差距达到历史最小值（0.19 万美元/吨）。

从世界海水鱼单位养殖产值变动情况来看，1984—1994 年世界海水鱼单位养殖经历了高速增长，由 0.41 万美元/吨上升到 0.84 万美元/吨，年均增长率为 7.44%，1995—2002 年则下降明显，2002 年单位养殖产值为 0.48 万美元/吨，2003—2009 年则变动幅度不大，年均增长率在 10%以内，基本维持在 5.27 万美元/吨左右。2010—2016 年则经历了先上升后下降的态势，此期间内最高单位养殖产值出现在 2011 年，为 0.67 万美元/吨，2016 年下降 0.54 万美元/吨，与 2009 年持平。

中国海水鱼单位养殖产值在 21 世纪前基本维持稳定，进入 21 世纪后，中国海水鱼单位养殖产值则基本保持了总体持续上涨的态势，说明其海水鱼养殖经济价值在不断提升。具体来看，1984—2000 年，海水鱼单位养殖产值变动幅度不大，历年年增长率在 1.5%以内，单位养殖产值保持在 0.08 万美元/吨左右。2001—2016 年则上涨明显，2016 年中国海水鱼单位养殖产值为 0.35 万美元/吨，在此期间年均增长率为 11.88%，增长速度明显加快。

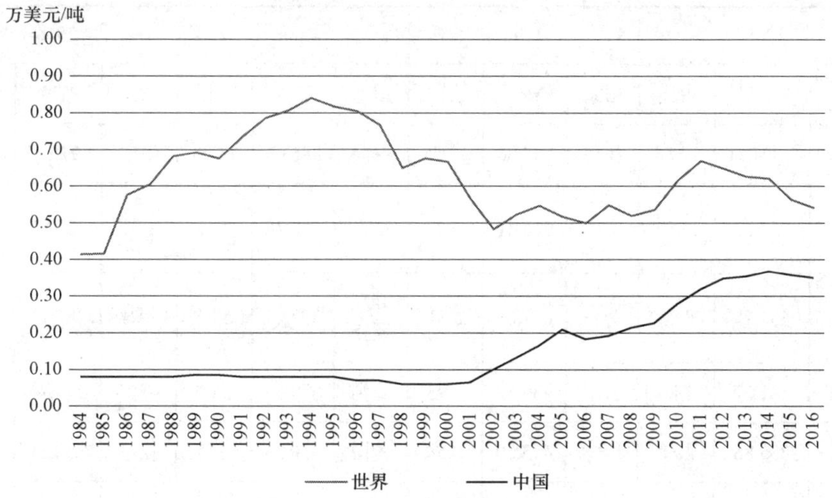


**图 4-6　1984—2016 年世界与中国海水鱼单位养殖产值变动趋势**

## 第二节　中国在世界海水鱼产业生产中的地位

为掌握世界上主要的海水鱼生产国（地区），特别是中国在世界海水鱼产业生产中的地位，选定四个年份，即 1986 年、1996 年、2006 年和 2016 年，分别确定在这些年份的总产量、捕捞产量、养殖产量、养殖产值和单位养殖产值排名中位居前十的国家（地区）。如果中国不在前十以内，将进一步确定中国的具体位次。与第一节不同的是，本节所说的世界的数据包括中国。

### 一、海水鱼总产量排名前十国及中国的位次

根据 FAO 数据报告，整理选定年份世界海水鱼总产量排名前十国如表 4-1 所示。呈现出以下特点：一是从总产量来看，世界海水鱼总产量经历了先增加

后下降的趋势，近些年产量增加有所放缓。1996 年产量达到最高，为 7 406.71 万吨，之后在 2006 年和 2016 年产量有所下降，分别为 6 772.98 万吨和 6 789.31 万吨，低于 1986 年的 6 886.1 万吨。二是世界海水鱼产量有逐渐分散的趋势，从排名前十国数据占比来看，已经由 1986 年的 64.31%下降到 2016 年的 58.73%，从排名前五国家占比数据来看，1986 年为 49.26%，2016 年为 41.88%，下降幅度明显。三是中国、秘鲁、印度尼西亚、美国、日本、挪威、泰国、俄罗斯是世界的海水鱼主要产量大国。

**表 4-1　　选定年份世界海水鱼总产量排名前十国**

单位：万吨，%

| 1986 | | | 1996 | | | 2006 | | | 2016 | | |
|---|---|---|---|---|---|---|---|---|---|---|---|
| 国家 | 数值 | 占比 | 国家 | 数值 | 占比 | 国家 | 数值 | 占比 | 国家 | 数值 | 占比 |
| 日本 | 1 004.21 | 14.58 | 秘鲁 | 944.06 | 12.75 | **中国** | **886.65** | **13.09** | **中国** | **1 222.63** | **18.01** |
| 苏联 | 957.82 | 13.91 | **中国** | **926.41** | **12.51** | 秘鲁 | 648.26 | 9.57 | 印度尼西亚 | 520.98 | 7.67 |
| 秘鲁 | 552.95 | 8.03 | 智利 | 652.68 | 8.81 | 印度尼西亚 | 397.14 | 5.86 | 俄罗斯 | 386.73 | 5.70 |
| 智利 | 541.27 | 7.86 | 日本 | 439.12 | 5.93 | 智利 | 379.56 | 5.60 | 美国 | 374.74 | 5.52 |
| 美国 | 335.86 | 4.88 | 俄罗斯 | 413.59 | 5.58 | 美国 | 350.94 | 5.18 | 秘鲁 | 338.21 | 4.98 |
| **中国** | **290.77** | **4.22** | 美国 | 351.48 | 4.75 | 日本 | 344.45 | 5.09 | 印度 | 284.14 | 4.19 |
| 韩国 | 214.80 | 3.12 | 印度尼西亚 | 291.17 | 3.93 | 俄罗斯 | 269.55 | 3.98 | 日本 | 277.89 | 4.09 |
| 泰国 | 179.91 | 2.61 | 挪威 | 260.41 | 3.52 | 印度 | 254.67 | 3.76 | 越南 | 223.74 | 3.30 |
| 挪威 | 178.94 | 2.60 | 印度 | 235.37 | 3.18 | 挪威 | 221.36 | 3.27 | 挪威 | 184.10 | 2.71 |
| 丹麦 | 171.74 | 2.49 | 泰国 | 234.49 | 3.17 | 泰国 | 204.87 | 3.02 | 菲律宾 | 174.30 | 2.57 |
| 合计 | **4 428.29** | **64.31** | 合计 | **4 748.77** | **64.11** | 合计 | **3 957.44** | **58.43** | 合计 | **3 987.47** | **58.73** |
| 世界 | **6 886.12** | **100.00** | 世界 | **7 406.71** | **100.00** | 世界 | **6 772.98** | **100.00** | 世界 | **6 789.31** | **100.00** |

注：向 FAO 报告 1986 年、1996 年、2006 年和 2016 年世界海水鱼总产量的国家（地区）分别有 179 个、191 个、195 个和 198 个。

从中国海水鱼产量变化情况来看，中国的海水鱼产量增加较为明显，1986年中国海水鱼产量不高，为290.77万吨，全球占比4.22%，全球排名第6位，与排名第一的日本差距较大，相差713.44万吨，虽然在2006年较1996年下降了39.76万吨，但是占比却比1996年上升0.58个百分点，2006年排名全球第一。总体而言，增加趋势明显，2016年海水鱼总产量为1 222.63万吨，全球占比已经达到18.01%，持续保持全球第一，领先同期排名第二的印度尼西亚10.33个百分点。

秘鲁海水鱼总产量在逐年下降，虽然1996年排名全球第一，但2016年已经跌至第5位，同样呈下降趋势的还有日本。印度尼西亚海水鱼产量则保持了高速增长，产量由1996年的291.17万吨增加到2016年的520.98万吨，排名也持续上升，2016年全球排名第二，仅次于中国（见表4－1）。而美国的海水鱼产量变化则比较稳定，保持了缓慢的增速，选定四个年份其产量为330～380万吨。

## 二、海水鱼捕捞产量排名前十国及中国的位次

前面我们已经分析到海水鱼产量主要以捕捞为主，本部分内容具体分析海水鱼捕捞产量主要地区分布情况。

表4－2给出了主要年份世界海水鱼捕捞产量的国家排名情况。从世界整体看，海水鱼捕捞产量近些年有下滑趋势，1996年捕捞产量达到最高为7 347.66万吨，较1986年增加485.4万吨，2006年和2016年里世界海水鱼捕捞产量持续下降，2016年下降至6 514.72万吨。此外，世界海水鱼捕捞产量集中程度有所下降，但近些年有保持稳定的态势，从排名前十国占比数据来看，1986年为64.22%，1996年为64.03%，2006年为58.38%，2016年为58.34%，较2006年虽有所下降，但幅度极小。海水鱼捕捞产量主要集中在中国、秘鲁、印度尼西亚、日本、俄罗斯、美国、印度、智利这几个国家。

中国海水鱼捕捞产量上升趋势明显，仅有2006年有所下降，但是幅度不大。紧接着在2016年实现反弹，海水鱼捕捞产量为1 087.32万吨，占比16.69%，较1986年增加798.45万吨，年均增加26.61万吨，年均增长率为4.52%。需要指出的是，中国1986年世界海水鱼捕捞产量排名第六，1996年排名第二，2006年、2016年则均排名世界第一。在其他国家中，印度尼西亚增长较快，排名持续上升，2016年仅次于中国，海水鱼捕捞产量排名第二，与此类似的还有美国。秘鲁下降明显，2016年排名第五，俄罗斯则起伏较大（见表4－2）。

表 4－2　　选定年份世界海水鱼捕捞产量排名前十国

单位：万吨，%

| 1986 | | | 1996 | | | 2006 | | | 2016 | | |
|---|---|---|---|---|---|---|---|---|---|---|---|
| 国家 | 数值 | 占比 | 国家 | 数值 | 占比 | 国家 | 数值 | 占比 | 国家 | 数值 | 占比 |
| 日本 | 985.30 | 14.36 | 秘鲁 | 944.06 | 12.85 | **中国** | **823.28** | **12.46** | **中国** | **1 087.32** | **16.69** |
| 苏联 | 957.81 | 13.96 | **中国** | **908.19** | **12.36** | 秘鲁 | 648.26 | 9.81 | 印度尼西亚 | 518.00 | 7.95 |
| 秘鲁 | 552.95 | 8.06 | 智利 | 652.66 | 8.88 | 印度尼西亚 | 395.58 | 5.99 | 俄罗斯 | 386.73 | 5.94 |
| 智利 | 541.27 | 7.89 | 日本 | 414.34 | 5.64 | 智利 | 379.53 | 5.74 | 美国 | 374.54 | 5.75 |
| 美国 | 335.86 | 4.89 | 俄罗斯 | 413.58 | 5.63 | 美国 | 350.78 | 5.31 | 秘鲁 | 338.21 | 5.19 |
| **中国** | **288.87** | **4.21** | 美国 | 351.48 | 4.78 | 日本 | 319.82 | 4.84 | 印度 | 275.14 | 4.22 |
| 韩国 | 214.50 | 3.13 | 印度尼西亚 | 290.12 | 3.95 | 俄罗斯 | 269.55 | 4.08 | 日本 | 254.46 | 3.91 |
| 泰国 | 179.87 | 2.62 | 挪威 | 260.35 | 3.54 | 印度 | 247.17 | 3.74 | 越南 | 208.11 | 3.19 |
| 挪威 | 178.94 | 2.61 | 印度 | 235.37 | 3.20 | 挪威 | 219.85 | 3.33 | 挪威 | 183.89 | 2.82 |
| 丹麦 | 171.74 | 2.50 | 泰国 | 234.33 | 3.19 | 泰国 | 204.59 | 3.10 | 菲律宾 | 174.22 | 2.67 |
| 合计 | **4 407.12** | **64.22** | 合计 | **4 704.48** | **64.03** | 合计 | **3 858.40** | **58.38** | 合计 | **3 800.62** | **58.34** |
| 世界 | **6 862.26** | **100.00** | 世界 | **7 347.66** | **100.00** | 世界 | **6 609.24** | **100.00** | 世界 | **6 514.72** | **100.00** |

注：向 FAO 报告 1986 年、1996 年、2006 年和 2016 年海水鱼捕捞产量的国家（地区）分别有 179 个、191 个、195 个和 198 个。

## 三、海水鱼养殖产量、养殖产值排名前十国（地区）及中国的位次

从 FAO 数据报告来看，海水鱼养殖产量规模不大，与捕捞产量还有很大差距，但是从表 4－3 中数据情况来看，增长趋势明显，1986 年世界养殖海水鱼总产量仅为 23.47 万吨，2016 年已经达到 274.59 万吨，年均增加 8.36 万吨，年均增长率为 8.48%。从排名前十国家（地区）占比数据来看，与捕捞类似，集中程度有所下降，1986 年、1996 年、2006 年、2016 年排名前十国家（地区）的养殖产量占比分别为 98.36%、94.66%、93.06%、92.33%，可以发现，即使集中程度在持续下降，但是世界海水鱼养殖地理集中趋势极其明显，选定年份分析排名前五国家（地区）占比数据可以得到同样的结论。对比表 4－2，可以发现，与捕捞集中国家有所区别，海水鱼养殖主要集中在中国、日本、埃及、孟加拉国、土耳其、希腊、韩国等国家（地区）。

中国海水鱼养殖发展迅速，1986 年海水鱼养殖产量仅为 1.9 万吨，排名全球第

二，这与当年全球养殖海水鱼养殖产量整体规模不大有关，1986 年全球海水鱼养殖产量仅为 23.47 万吨。中国海水鱼养殖产量 1996 年同样排名第二，全年海水鱼养殖产量 18.22 万吨，仅次于日本。2006 年、2016 年中国已经连续排名世界第一，全面超越日本，2016 年中国海水鱼总产量为 135.31 万吨，占比为 49.28%，几乎占世界一半份额，与排名第二的日本相差 111.87 万吨。从向 FAO 报告海水鱼养殖产量的国家（地区）数量也可以看出，中国海水鱼养殖产量占绝对优势。

日本是一个传统海水鱼养殖大国，但是产量增加不明显，1986 年为 18.91 万吨，排名全球第一，但是在接下来的 1996 年、2006 年、2016 年三个选定年份里海水鱼养殖产量维持在 24 万吨左右。埃及和土耳其海水鱼养殖增速较快，虽然埃及产量在 2016 年有所下降，但是这两个国家的海水鱼养殖规模相比较其他国家仍然可观。越南作为一个海水鱼养殖新兴国家，2016 年产量仅次于埃及，全球排名第四。

**表 4-3　　选定年份世界海水鱼养殖产量排名前十国（地区）**

单位：万吨，%

| 1986 | | | 1996 | | | 2006 | | | 2016 | | |
|---|---|---|---|---|---|---|---|---|---|---|---|
| 国家（地区） | 数值 | 占比 | 国家（地区） | 数值 | 占比 | 国家（地区） | 数值 | 占比 | 国家（地区） | 数值 | 占比 |
| 日本 | 18.91 | 79.28 | 日本 | 24.78 | 41.97 | **中国** | **63.37** | **38.70** | **中国** | **135.31** | **49.28** |
| **中国** | **1.90** | **7.98** | **中国** | **18.22** | **30.85** | 日本 | 24.63 | 15.04 | 日本 | 23.43 | 8.53 |
| 孟加拉国 | 0.53 | 2.22 | 希腊 | 2.64 | 4.47 | 埃及 | 23.24 | 14.19 | 埃及 | 22.17 | 8.07 |
| 中国台湾 | 0.45 | 1.89 | 埃及 | 2.25 | 3.82 | 韩国 | 8.86 | 5.41 | 越南 | 15.63 | 5.69 |
| 印度尼西亚 | 0.43 | 1.80 | 孟加拉国 | 2.21 | 3.75 | 希腊 | 8.10 | 4.95 | 土耳其 | 14.27 | 5.20 |
| 意大利 | 0.42 | 1.76 | 中国台湾 | 1.39 | 2.36 | 印度 | 7.50 | 4.58 | 孟加拉国 | 11.32 | 4.12 |
| 韩国 | 0.30 | 1.25 | 土耳其 | 1.15 | 1.95 | 土耳其 | 6.95 | 4.24 | 希腊 | 9.79 | 3.56 |
| 中国香港 | 0.26 | 1.07 | 韩国 | 1.14 | 1.93 | 孟加拉国 | 4.24 | 2.59 | 印度 | 9.00 | 3.28 |
| 墨西哥 | 0.20 | 0.84 | 意大利 | 1.06 | 1.79 | 西班牙 | 3.21 | 1.96 | 韩国 | 7.98 | 2.90 |
| 萨尔瓦多 | 0.07 | 0.27 | 印度尼西亚 | 1.05 | 1.78 | 中国台湾 | 2.27 | 1.39 | 西班牙 | 4.63 | 1.69 |
| **合计** | **23.47** | **98.36** | **合计** | **55.89** | **94.66** | **合计** | **152.38** | **93.06** | **合计** | **253.53** | **92.33** |
| **世界** | **23.86** | **100.00** | **世界** | **59.05** | **100.00** | **世界** | **163.74** | **100.00** | **世界** | **274.59** | **100.00** |

注：向 FAO 报告 1986 年、1996 年、2006 年和 2016 年海水鱼养殖产量的国家（地区）分别有 34 个、44 个、60 个和 65 个。

为探究世界海水鱼养殖经济价值，表 4－4 给出了选定年份世界海水鱼养殖产值排名情况。从数据来看，世界海水鱼养殖产值增幅较大，1986 年实现养殖产值 12.79 亿美元，2016 年实现养殖产值为 122.77 亿美元，31 年间增加近 110 亿美元，年均增长率保持在 7.82%，略慢于海水鱼养殖产量增长速度。同时，与世界海水鱼养殖产量不同的是，世界海水鱼养殖产值集中程度非常高，在选定年份里排名前十国（地区）占比最低的也有 87.99%，最高的能达到 98.97%，这说明世界海水鱼养殖产值的贡献主要来自排名前十的国家（地区）。此外，世界海水鱼养殖产值也有逐渐趋于分散的趋势，这和海水鱼产量结论类似。由表 4－4 可以发现，中国、日本、韩国、希腊、埃及、土耳其、中国台湾海水鱼养殖产值较高。

与海水鱼产量排名地位相比，中国海水鱼养殖产值相对较低。1986 年，中国海水鱼养殖产值为 0.15 亿美元，世界排名第三；1996 年，为 1.28 亿美元，增长慢于日本、希腊、韩国，排名下降至世界第四；2006 年，有所反弹，养殖产值达到 11.59 亿美元，占比 18.78%，排名上升为世界第二，日本虽然较 1996 年养殖产值有所下降，但同期仍然领先中国 6.38 亿美元；中国到 2016 年则大幅度超越日本，产值为 47.37 亿美元，占比 38.59%。日、韩两个国家同样是海水鱼养殖产值贡献大国，2016 年分别排名第二和第三，但和中国差距较大。

**表 4－4　　选定年份世界海水鱼养殖产值排名前十国（地区）**

单位：亿美元，%

| 1986 | | | 1996 | | | 2006 | | | 2016 | | |
|---|---|---|---|---|---|---|---|---|---|---|---|
| 国家（地区） | 数值 | 占比 | 国家（地区） | 数值 | 占比 | 国家（地区） | 数值 | 占比 | 国家（地区） | 数值 | 占比 |
| 日本 | 11.88 | 92.84 | 日本 | 22.95 | 67.25 | 日本 | 17.97 | 29.12 | **中国** | **47.37** | **38.59** |
| 意大利 | 0.19 | 1.47 | 希腊 | 2.15 | 6.31 | **中国** | **11.59** | **18.78** | 日本 | 20.99 | 17.10 |
| **中国** | **0.15** | **1.19** | 韩国 | 1.50 | 4.40 | 韩国 | 8.24 | 13.36 | 韩国 | 7.70 | 6.27 |
| 中国香港 | 0.15 | 1.19 | **中国** | **1.28** | **3.74** | 埃及 | 4.68 | 7.59 | 土耳其 | 7.51 | 6.12 |
| 中国台湾 | 0.08 | 0.66 | 土耳其 | 0.97 | 2.85 | 希腊 | 4.35 | 7.05 | 希腊 | 5.61 | 4.57 |
| 孟加拉国 | 0.05 | 0.41 | 意大利 | 0.77 | 2.26 | 土耳其 | 3.51 | 5.69 | 埃及 | 4.98 | 4.05 |
| 韩国 | 0.05 | 0.36 | 中国台湾 | 0.68 | 1.98 | 西班牙 | 1.93 | 3.13 | 越南 | 3.97 | 3.23 |
| 印度尼西亚 | 0.04 | 0.33 | 西班牙 | 0.62 | 1.83 | 意大利 | 1.28 | 2.07 | 孟加拉国 | 3.82 | 3.12 |

续表

| 1986 | | | 1996 | | | 2006 | | | 2016 | | |
|---|---|---|---|---|---|---|---|---|---|---|---|
| 国家（地区） | 数值 | 占比 | 国家（地区） | 数值 | 占比 | 国家（地区） | 数值 | 占比 | 国家（地区） | 数值 | 占比 |
| 西班牙 | 0.04 | 0.33 | 埃及 | 0.59 | 1.72 | 中国台湾 | 1.12 | 1.82 | 西班牙 | 3.40 | 2.77 |
| 以色列 | 0.02 | 0.19 | 中国香港 | 0.41 | 1.20 | 澳大利亚 | 0.88 | 1.43 | 印度 | 2.68 | 2.18 |
| **合计** | **12.66** | **98.97** | **合计** | **31.93** | **93.56** | **合计** | **55.57** | **90.03** | **合计** | **108.02** | **87.99** |
| **世界** | **12.79** | **100.00** | **世界** | **34.13** | **100.00** | **世界** | **61.73** | **100.00** | **世界** | **122.77** | **100.00** |

注：向 FAO 报告 1986 年、1996 年、2006 年和 2016 年海水鱼养殖产值的国家（地区）分别有 34 个、44 个、60 个和 65 个。

## 四、海水鱼单位养殖产值排名前十国（地区）及中国的位次

为进一步探究世界养殖海水鱼的经济价值，表 4－5 给出了海水鱼单位养殖产值排名前十国（地区）情况。对照表 4－3、表 4－4，可以发现，绝大多数海水鱼养殖产量大国和养殖产值大国（地区）并未出现在表 4－5 中，除了 1986 年的西班牙、日本、中国香港，1996 年、2006 年的韩国，屈指可数，这说明养殖产量大国（地区）和养殖产值大国（地区）并非在单位养殖产值方面也占优势。其次，单位养殖产值靠前的国家（地区）变动较大，海水鱼单位养殖产值总体趋势逐年递增，例如 1986 年排名第一的土耳其的单位养殖产值为 1.31 万美元/吨，1996 年澳大利亚海水鱼单位养殖产值为 1.57 万美元/吨，2006 年澳大利亚蝉联第一，单位养殖产值较 1996 年有所下降，为 1.46 万美元/吨，但是下降幅度不大，2016 年排名第一的英国海水鱼单位养殖产值则为 1.73 万美元/吨。

从中国的海水鱼单位养殖产值情况来看，比较选定年份的世界海水鱼养殖产值数据，可以发现中国的海水鱼单位养殖产值非常低，这从中国海水鱼养殖产值与产量的差距可以看出来。在选定的四个年份里 1986 年、1996 年、2006 年和 2016 年中国海水鱼单位养殖产值分别为 0.08 万美元/吨、0.07 万美元/吨、0.18 万美元/吨、0.35 万美元/吨，与排名前十国（地区）单位养殖产值差距很大，这可以从表 4－5 中明显的看出来。从排名来看，选定年份 1986 年、1996 年、2006 年和 2016 年中国海水鱼单位养殖产值世界排名分别为第 31 位、第 43 位、第 56 位、第 57 位，但是我们并不能肯定中国的排名是持续下降的。

**表 4-5　选定年份世界海水鱼单位养殖产值排名前十国（地区）**

单位：万美元/吨

| 1986 | | | 1996 | | | 2006 | | | 2016 | | |
|---|---|---|---|---|---|---|---|---|---|---|---|
| 国家（地区） | 数值 | 位次 | 国家（地区） | 数值 | 位次 | 国家（地区） | 数值 | 位次 | 国家（地区） | 数值 | 位次 |
| 土耳其 | 1.31 | 1 | 澳大利亚 | 1.57 | 1 | 澳大利亚 | 1.46 | 1 | 英国 | 1.73 | 1 |
| 南斯拉夫 | 1.23 | 2 | 韩国 | 1.32 | 2 | 斯洛文尼亚 | 1.19 | 2 | 缅甸 | 1.56 | 2 |
| 科威特 | 1.20 | 3 | 菲律宾 | 1.13 | 3 | 智利 | 1.08 | 3 | 法属波利尼西亚 | 1.36 | 3 |
| 塞浦路斯 | 1.06 | 4 | 马提尼克岛 | 1.08 | 4 | 荷兰 | 1.00 | 4 | 巴林 | 1.15 | 4 |
| 西班牙 | 0.97 | 5 | 法国 | 1.02 | 5 | 马耳他 | 1.00 | 5 | 巴拿马 | 1.14 | 5 |
| 希腊 | 0.79 | 6 | 智利 | 1.00 | 6 | 法国 | 0.94 | 6 | 马耳他 | 1.10 | 6 |
| 新加坡 | 0.78 | 7 | 荷兰 | 0.98 | 7 | 韩国 | 0.93 | 7 | 澳大利亚 | 1.07 | 7 |
| 法国 | 0.64 | 8 | 克罗地亚 | 0.97 | 8 | 墨西哥 | 0.91 | 8 | 挪威 | 1.06 | 8 |
| 日本 | 0.63 | 9 | 葡萄牙 | 0.93 | 9 | 波斯尼亚和黑塞哥维那 | 0.87 | 9 | 巴勒斯坦 | 1.06 | 9 |
| 中国香港 | 0.59 | 10 | 塞浦路斯 | 0.93 | 10 | 意大利 | 0.83 | 10 | 留尼汪 | 1.00 | 10 |
| **中国** | **0.08** | **31** | **中国** | **0.07** | **43** | **中国** | **0.18** | **56** | **中国** | **0.35** | **57** |

注：向 FAO 报告 1986 年、1996 年、2006 年和 2016 年海水鱼养殖产量、产值的国家（地区）分别有 34 个、44 个、60 个和 65 个。

## 第三节　世界与中国海水鱼产业贸易概况

本节旨在从贸易的角度考察世界和中国海水鱼进（出）口量、进（出）口额和进（出）口均价的变动情况，理清四个选定年份在上述指标的排名中位居前十的国家（地区）及中国的具体位次。

在 FAO 数据库 FishStatJ 中，上述时间序列数据的跨度不完全一致。其中，世界海水鱼进（出）口量（额）和进（出）口均价的时间跨度为 1976—2016 年，而中国海水鱼进（出）口量、进（出）口额和进（出）口均价的时间跨度为 1984—2016 年。

## 一、世界与中国海水鱼进口贸易变动趋势

### （一）世界与中国海水鱼进口量、进口额变动趋势

观察图 4－7，可以看出，世界海水鱼进口量增速较快，虽然期间有所波动，但是年增长幅度在 15%以内，总体呈上升趋势，但是近些年世界进口量比较稳定，2006—2016 年进口量维持在 2 170 万吨左右。2016 年世界海水鱼进口量为 2 218.98 万吨，较 1976 年增加了 1 571.29 万吨，年均增加 39.28 万吨，1976—2016 年年均增长率为 3.13%。

中国海水鱼进口量增长速度相对平缓，1984—2016 年年均增长率为 9.7%，虽然高于世界，但这与基数较小的原因有关，年均增加量为 8.6 万吨。从近几年增长数据来看，中国海水鱼进口量有保持稳定的趋势，2006—2016 年中国海水鱼进口量维持在 301 万吨左右，虽有波动，但是幅度不大，年增长率在 6%以内。

从进口额情况来看，世界海水鱼进口额变动大体可以分为两个阶段：（1）总量上升阶段（1976—2008 年），这段时期内世界海水鱼进口额增加比较明显，2008 年实现进口额 550.17 亿美元，是这段时期内的最高值，较 1976 年增加 502.04 亿美元，年均增加 15.69 亿美元，年均增长率为 7.91%。（2）总量波动阶段（2009—2016 年），这段时期内世界海水鱼进口额波动较大，经历了快速增加—缓慢下降—上升过程，历史最高点出现在 2011 年，为 623.36 亿美元，2016 年下降至 572.34 亿美元。

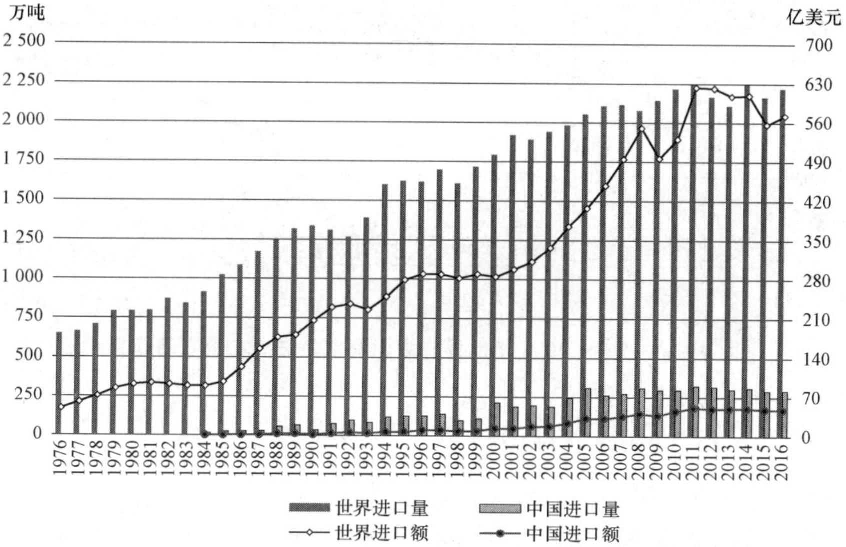


图 4－7　1976—2016 年世界与中国海水鱼进口量、进口额变动趋势

中国的海水鱼进口额变动趋势与进口量变动趋势轨迹相似，相对平缓，总体保持了增长的趋势，但是近些年进口额变动幅度不大，2012—2016 年保持在 49 亿美元左右。2016 年中国海水鱼进口额总量为 47.32 亿美元，1984—2016 年年均增长率为 14.64%，年均增加 1.46 亿美元。

（二）世界与中国海水鱼进口均价变动趋势

比较世界与中国的进口均价趋势，如图 4－8 所显示。可以发现，两者的变动趋势相似，从整体上看，两者都呈逐渐上涨的趋势，但仔细观察还是有所差别。世界海水鱼进口均价的波动幅度比较大，经历了几次较为明显波动，最近的一次出现在 2008—2016 年，呈现出波浪式的变动，经历了“下降—上升—下降”轨迹。2016 年世界海水鱼进口均价为 0.26 万美元/吨，较 1976 年上涨了 0.18 万美元/吨。中国则波动幅度要平缓的多，2016 年中国海水鱼进口均价为 0.16 万美元/吨，较 1984 年上涨了 0.12 万美元/吨。从二者的趋势图线可以看出，一是中国海水鱼进口均价要比世界进口均价要低很多；二是近几年中国海水鱼进口均价与世界进口均价的差距始终维持在 0.09 万美元/吨以上，但是不超过 0.13 万美元/吨。

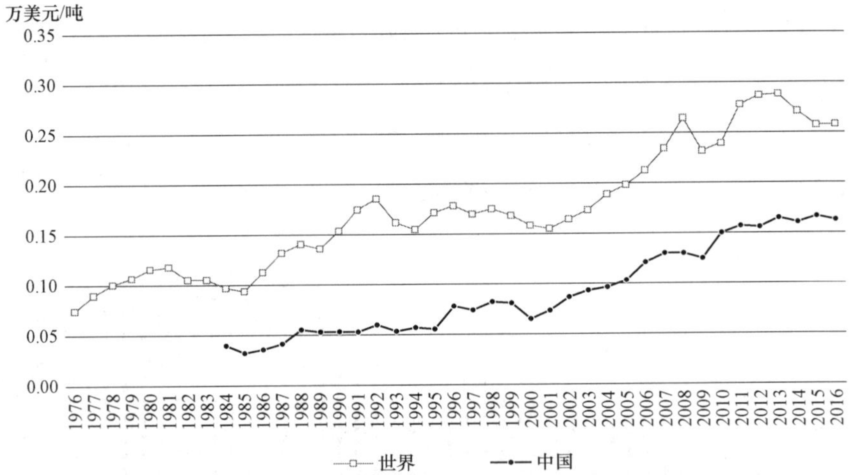


**图 4－8　1976—2016 年世界与中国海水鱼进口均价变动趋势**

## 二、世界与中国海水鱼出口贸易变动趋势

（一）世界与中国海水鱼出口量、出口额变动趋势

世界与中国海水鱼出口贸易情况如图 4－9 所示。从世界海水鱼出口量来看，世界海水鱼进口量方面变化趋势基本和出口量相似，呈现出递增的趋势，但是近几年增长速度有所放缓，近 5 年出口量平均值为 2 215.6 万吨，增长率波动幅

度在 5%以内。2016 年世界海水鱼出口总量为 2 186.13 万吨，较 1976 年增加 1 521.71 万吨，1976—2016 年年均增加 38.04 万吨，年均增长率为 3.02%。

中国海水鱼出口量也保持了持续增长态势，但是 2012—2016 年海水鱼出口量基本维持稳定，在 224.63 万吨左右，年增长率波动幅度在 6%以内。2016 年中国海水鱼出口总量为 236.55 万吨，占世界的 10.82%，较 1976 年增加 232.55 万吨，1976—2016 年年均增加 5.81 万吨，年均增长率为 10.74%。

从海水鱼出口额方面来看，对比图 4-7，可以发现，世界海水鱼出口额变动趋势几乎和进口额趋势同步，所以类似的，将世界海水鱼出口额变动分为两个阶段：（1）总量上升阶段（1976—2008 年），这段时期内世界海水鱼出口额增加比较明显，2008 年实现进口额 480.73 亿美元，是这段时期内的最高值，较 1976 年增加 433.49 亿美元，年均增加 13.55 亿美元，年均增长率为 7.52%。（2）总量波动阶段（2009—2016 年），这段时期内世界海水鱼出口额波动较大，经历了“稳定上升—基本持平—短暂下降—短暂上升”过程，这与世界海水鱼进口额稍微有所区别，2016 年世界海水鱼出口额为 524 亿美元。此外，对比图 4-7，可以发现，同期世界海水鱼出口额总量始终低于进口额总量。

由图 4-9 可知，中国的出口额保持了持续增加的态势，但是 2012—2016 年进口额基本维持稳定，变动幅度不大，保持在 80 亿美元左右。2016 年中国海水鱼进口额为 82.54 亿美元，较 1976 年增加了 81.96 亿美元，1976—2016 年年均增加 2.05 亿美元，年均增长率为 13.22%。从中国海水鱼出口额和世界海水鱼出口额曲线位置来看，中国海水鱼出口额与世界差距越来越大。

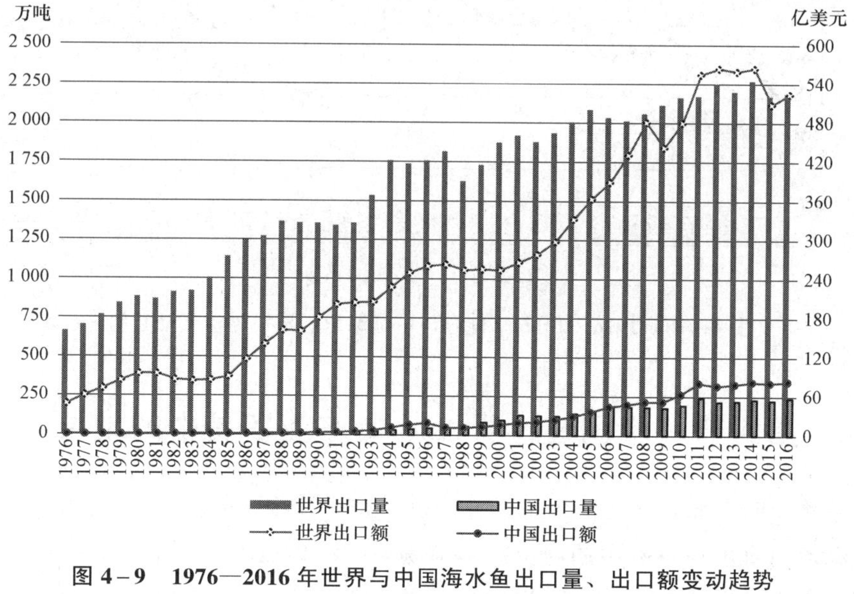


**图 4-9　1976—2016 年世界与中国海水鱼出口量、出口额变动趋势**

（二）世界与中国海水鱼出口均价变动趋势

图 4－10 给出了世界与中国海水鱼出口均价变动情况。先看世界海水鱼出口均价情况，世界的海水鱼均价总体表现出缓慢增长的态势，由 1976 年的 0.07 万美元/吨增长到 2016 年的 0.24 万美元/吨，1976—2016 年年均增长率为 3.08%，近 5 年来变化幅度不大，世界海水鱼出口均价平均值为 0.25 万美元/吨。

中国海水鱼出口均价的变动幅度要大得多，1976—2016 年大体经历了“上升—下降—上升”过程。具体来看，1976—1995 年中国海水鱼出口均价增幅较大，尤其在 1991—1995 年这 5 年增速非常快，由 0.25 万美元/吨上升到 0.43 万美元/吨。此后 1996—2000 年则下降明显，由 0.43 万美元/吨下降到 0.17 万美元/吨。2001—2016 年中国海水鱼出口均价则保持了持续增加，但是 2012—2016 年似乎已经达到峰值，维持在 0.36 万美元/吨左右。

综合来看，中国海水鱼出口均价高于世界，最大差距为 0.29 万美元/吨，这与海水鱼进口均价情况截然相反，但是在进入 21 世纪之前差距骤然减少。2001 年以后中国海水鱼出口均价与世界的差距又逐渐拉开，2016 年中国海水鱼出口均价比世界高 0.11 万美元/吨。

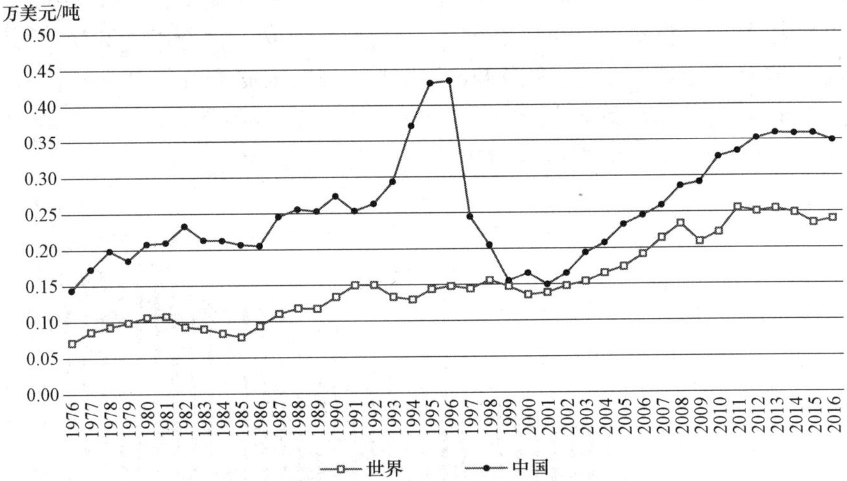


**图 4－10 1976—2016 年世界与中国海水鱼出口均价变动趋势**

## 第四节 中国在世界海水鱼产业贸易中的地位

本节主要目的是掌握世界上主要的海水鱼贸易国（地区），进而确定中国在世界海水鱼进出口贸易中的地位。本节所说的世界数据包括中国数据在内，选取的四个年份也是 1986 年、1996 年、2006 年和 2016 年，选用的指标有 6 个，分别为海水鱼进口量、出口量、进口额、出口额、进口均价和出口均价。

## 一、海水鱼进口贸易排名前十国（地区）及中国的位次

根据 FAO 报告数据，世界海水鱼进口量逐年递增，1986 年世界海水鱼进口总量为 1 111.53 万吨，2016 年增加到 2 509.72 万吨，31 年间增加了 1 398.19 万吨，年均增长率为 2.75%。从排名前十的国家（地区）海水鱼进口量全球占比数据来看，选定四个年份 1986 年、1996 年、2006 年、2016 年分别占比为 56.26%、52.4%、53.84%、48.22%，同时观察表 4－6，选定年份排名第一的国家的海水鱼进口量是逐年递增的，从过程来看，世界海水鱼进口量呈分散趋势，这表明除了前十以外的国家（地区）海水鱼进口量增加速度非常快。从表 4－6 我们可以看出，中国、日本、泰国、丹麦、西班牙、美国、德国这几个国家是世界上主要的海水鱼进口大国，它们多次出现在不同时期的榜单中。

中国海水鱼进口量增速非常快，从 1986 年的 27.14 万吨增长到 2016 年的 290.71 万吨，年均增加 8.79 万吨。2006—2016 年，即使仅仅增加了 29.49 万吨，但 2006 年和 2016 年持续排名世界第一，占比分别为 11.03%和 11.58%，这两个年份中国海水鱼进口量分别与同期排名第二的日本和泰国相差 64.8 万吨和 139.53 万吨，由此可见中国在海水鱼进口量方面占据绝对优势。德国和日本是两个传统海水鱼进口量大国，两个国家分别在 1986 年和 1996 年海水鱼进口量居全球第一，当时中国在世界排名分别为第 11 位和第 2 位。日本从 1996 年之后，海水鱼进口量开始逐年下降，2016 年日本已经被泰国超越，居全球第 3 位。德国则从 1986 年之后，海水鱼进口量开始逐年下降，2016 年全球排名第 8 位，较 2006 年上升一位。相比之下，美国的海水鱼进口量相对变化不大，在选定的四个年份里进口量一直在 90 万吨至 110 万吨之间徘徊。

**表 4－6　　选定年份世界海水鱼进口量排名前十国（地区）**

单位：万吨，%

| 1986 | | | 1996 | | | 2006 | | | 2016 | | |
|---|---|---|---|---|---|---|---|---|---|---|---|
| 国家（地区） | 数值 | 占比 | 国家（地区） | 数值 | 占比 | 国家（地区） | 数值 | 占比 | 国家（地区） | 数值 | 占比 |
| 德国 | 110.69 | 9.96 | 日本 | 209.73 | 12.00 | **中国** | **261.25** | **11.03** | **中国** | **290.74** | **11.58** |
| 美国 | 109.95 | 9.89 | **中国** | **127.22** | **7.28** | 日本 | 196.45 | 8.30 | 泰国 | 151.21 | 6.03 |
| 日本 | 93.69 | 8.43 | 德国 | 92.46 | 5.29 | 尼日利亚 | 133.55 | 5.64 | 日本 | 137.03 | 5.46 |
| 英国 | 58.10 | 5.23 | 美国 | 91.64 | 5.24 | 泰国 | 128.11 | 5.41 | 丹麦 | 119.59 | 4.77 |
| 苏联 | 53.74 | 4.84 | 丹麦 | 72.36 | 4.14 | 丹麦 | 103.88 | 4.39 | 西班牙 | 99.98 | 3.98 |

续表

| 1986 | | | 1996 | | | 2006 | | | 2016 | | |
|---|---|---|---|---|---|---|---|---|---|---|---|
| 国家（地区） | 数值 | 占比 | 国家（地区） | 数值 | 占比 | 国家（地区） | 数值 | 占比 | 国家（地区） | 数值 | 占比 |
| 丹麦 | 42.21 | 3.80 | 英国 | 71.82 | 4.11 | 韩国 | 99.07 | 4.18 | 韩国 | 95.71 | 3.81 |
| 法国 | 41.35 | 3.72 | 泰国 | 67.75 | 3.88 | 美国 | 98.02 | 4.14 | 美国 | 95.22 | 3.79 |
| 荷兰 | 41.07 | 3.70 | 西班牙 | 67.74 | 3.87 | 西班牙 | 92.26 | 3.90 | 德国 | 87.15 | 3.47 |
| 意大利 | 39.99 | 3.60 | 法国 | 61.37 | 3.51 | 德国 | 88.62 | 3.74 | 荷兰 | 67.18 | 2.68 |
| 中国台湾 | 34.61 | 3.11 | 挪威 | 53.96 | 3.09 | 俄罗斯 | 73.79 | 3.12 | 法国 | 66.35 | 2.64 |
| **合计** | **625.40** | **56.26** | 合计 | **916.06** | **52.40** | 合计 | **1 274.99** | **53.84** | 合计 | **1 210.17** | **48.22** |
| **中国** | **27.14** | **2.44** | | | | | | | | | |
| **世界** | **1 111.53** | **100.00** | 世界 | **1 748.35** | **100.00** | 世界 | **2 367.96** | **100.00** | 世界 | **2 509.72** | **100.00** |

注：向 FAO 报告 1986 年、1996 年、2006 年和 2016 年海水鱼进口量的国家（地区）分别有 161 个、196 个、205 个和 206 个。1986 年中国排名第 11 位。

再来看海水鱼进口额。世界方面，海水鱼进口额从 1986 年的 123.32 亿美元持续增加到 619.66 亿美元，年均增加 16.54 亿美元，年均增长率为 5.53%，增长速度要快于同期世界海水鱼进口量。从排名前十国家（地区）进口额占比情况来看，集中程度高于同期世界海水鱼进口量，集中程度也逐渐趋于分散，但是集中下降程度要高于同期世界海水鱼进口量，31 年下降了 11.95 个百分点。中国、日本、意大利、德国、美国、德国、西班牙、法国、英国、丹麦这几个国家是世界海水鱼进口额主要大国。显然，对比表 4－6 可以发现，其中绝大多数国家也同时是世界海水鱼进口量主要大国。

对比表 4－6 和表 4－7，虽然中国的海水鱼进口额在选定年份里逐年递增，相比较于中国在海水鱼进口量的世界地位，进口额排名与大国地位不相符。具体来看，1986 年，中国海水鱼进口额仅 0.97 亿美元，世界排名第 22 位，与排名第一的美国相差 21.38 亿美元。1996 年，中国海水鱼进口额为 9.94 亿美元，选定年份里，首次进入前十，世界排名第 8 位，与排名第一的日本相差 60.83 亿美元。2006 年，中国海水鱼进口额上升到世界第 3 位，当年中国海水鱼进口额为 31.64 亿美元，仅次于日本和美国。2016 年，中国同样排名世界第三，中国海水鱼进口额为 47.32 亿美元，前两位无变化。

日本和美国在选定年份里长期占据前两位，1986 年，美国海水鱼进口额排名世界第一，日本紧随其后，1996 年之后日本超越美国，一直到 2016 年日本持续世界第一，同期美国排第二（见表 4－7）。不过从历年排名第一国家（地区）

的占比数据来看，从 1996 年开始已经逐渐下降，1996 年为 23.67%（日本），2006 年为 14.41%（日本），2016 年为 9.87%（日本），进口产量上也具有同样的趋势。而紧随日本之后的美国、中国、西班牙、意大利等国家产量在逐年递增，与日本的差距逐年缩小，日本的地位受到挑战。

**表 4－7　　选定年份世界海水鱼进口额排名前十国（地区）**

单位：亿美元，%

| 1986 | | | 1996 | | | 2006 | | | 2016 | | |
|---|---|---|---|---|---|---|---|---|---|---|---|
| 国家（地区） | 数值 | 占比 | 国家（地区） | 数值 | 占比 | 国家（地区） | 数值 | 占比 | 国家（地区） | 数值 | 占比 |
| 美国 | 21.49 | 17.43 | 日本 | 70.77 | 23.67 | 日本 | 69.06 | 14.41 | 日本 | 61.15 | 9.87 |
| 日本 | 20.19 | 16.37 | 美国 | 26.13 | 8.74 | 美国 | 39.18 | 8.17 | 美国 | 51.72 | 8.35 |
| 意大利 | 8.14 | 6.60 | 法国 | 15.99 | 5.35 | **中国** | **31.64** | **6.60** | **中国** | **47.32** | **7.64** |
| 德国 | 7.75 | 6.28 | 西班牙 | 15.73 | 5.26 | 西班牙 | 30.15 | 6.29 | 西班牙 | 32.17 | 5.19 |
| 法国 | 7.19 | 5.83 | 意大利 | 15.27 | 5.11 | 意大利 | 25.50 | 5.32 | 意大利 | 30.40 | 4.91 |
| 英国 | 7.04 | 5.71 | 德国 | 14.93 | 4.99 | 英国 | 24.40 | 5.09 | 法国 | 28.01 | 4.52 |
| 西班牙 | 3.22 | 2.61 | 英国 | 12.66 | 4.24 | 法国 | 23.26 | 4.85 | 德国 | 25.03 | 4.04 |
| 丹麦 | 2.90 | 2.36 | **中国** | **9.94** | **3.32** | 德国 | 20.81 | 4.34 | 韩国 | 23.10 | 3.73 |
| 泰国 | 2.67 | 2.17 | 中国香港 | 8.84 | 2.96 | 韩国 | 16.63 | 3.47 | 英国 | 22.58 | 3.64 |
| 荷兰 | 2.39 | 1.94 | 丹麦 | 7.76 | 2.60 | 丹麦 | 14.54 | 3.03 | 泰国 | 21.51 | 3.47 |
| **合计** | **83.00** | **67.30** | **合计** | **198.03** | **66.24** | **合计** | **295.16** | **61.58** | **合计** | **343.00** | **55.35** |
| **中国** | **0.97** | **0.79** | | | | | | | | | |
| **世界** | **123.32** | **100.00** | **世界** | **298.95** | **100.00** | **世界** | **479.28** | **100.00** | **世界** | **619.66** | **100.00** |

注：向 FAO 报告 1986 年、1996 年、2006 年和 2016 年海水鱼进口额的国家（地区）分别有 161 个、196 个、205 个和 206 个。1986 年中国排名第 22 位。

海水鱼进口均价方面，从表 4－8 来看，1986 年、1996 年、2006 年、2016 年世界排名第一的国家（地区）海水鱼进口均价分别为 0.6 万美元/吨（布隆迪），0.55 万美元/吨（安道尔）、0.89 万美元/吨（卢森堡）、0.85 万美元/吨（卢森堡）。对比表 4－6、表 4－7 可以发现，绝大多数海水鱼进口量大国和进口额大国并未出现在表 4－8 中，表 4－8 中出现的国家（地区）大多是一些不发达国家（地区）。中国在选定的四个年份 1986 年、1996 年、2006 年、2016 年里进口均价分别为 0.04 万美元/吨，0.08 万美元/吨、0.12 万美元/吨、0.16 万美元/吨，对比上述排名第一的国家的海水鱼进口均价，差距非常大。从排名来看，中国 1986 年和 1996 年都排名 156 位，2006 年排名第 139 位，2016 年排名第 144 位，这说明中国的海水鱼进口均价非常低廉，远低于世界水平。

表 4－8　　选定年份世界海水鱼进口均价排名前十国（地区）

单位：万美元/吨

| 1986 | | | 1996 | | | 2006 | | | 2016 | | |
|---|---|---|---|---|---|---|---|---|---|---|---|
| 国家（地区） | 数值 | 位次 | 国家（地区） | 数值 | 位次 | 国家（地区） | 数值 | 位次 | 国家（地区） | 数值 | 位次 |
| 布隆迪 | 0.60 | 1 | 安道尔 | 0.55 | 1 | 卢森堡 | 0.89 | 1 | 卢森堡 | 0.85 | 1 |
| 塞舌尔 | 0.60 | 2 | 瑞士 | 0.51 | 2 | 马尔代夫 | 0.89 | 2 | 中国香港 | 0.82 | 2 |
| 突尼斯 | 0.45 | 3 | 百慕大群岛 | 0.49 | 3 | 安道尔 | 0.75 | 3 | 瑞士 | 0.81 | 3 |
| 百慕大群岛 | 0.44 | 4 | 中国香港 | 0.49 | 4 | 福克兰群岛 | 0.68 | 4 | 安道尔 | 0.77 | 4 |
| 委内瑞拉 | 0.42 | 5 | 叙利亚 | 0.48 | 5 | 瑞士 | 0.67 | 5 | 福克兰群岛 | 0.63 | 5 |
| 苏里南 | 0.41 | 6 | 开曼群岛 | 0.44 | 6 | 阿鲁巴 | 0.60 | 6 | 圣多美和普林西比 | 0.62 | 6 |
| 开曼群岛 | 0.38 | 7 | 阿鲁巴 | 0.41 | 7 | 格陵兰岛 | 0.53 | 7 | 格陵兰岛 | 0.61 | 7 |
| 佛得角 | 0.35 | 8 | 缅甸 | 0.41 | 8 | 蒙塞拉特岛 | 0.52 | 8 | 蒙塞拉特岛 | 0.60 | 8 |
| 冰岛 | 0.35 | 9 | 苏里南 | 0.39 | 9 | 百慕大群岛 | 0.49 | 9 | 圣赫勒拿岛 | 0.60 | 9 |
| 萨尔瓦多 | 0.34 | 10 | 埃塞俄比亚 | 0.38 | 10 | 开曼群岛 | 0.48 | 10 | 中国澳门 | 0.58 | 10 |
| **中国** | **0.04** | **156** | **中国** | **0.08** | **156** | **中国** | **0.12** | **139** | **中国** | **0.16** | **144** |

注：向 FAO 报告 1986 年、1996 年、2006 年和 2016 年海水鱼进口量和进口额的国家（地区）分别有 161 个、196 个、205 个和 206 个。

## 二、海水鱼出口贸易排名前十国（地区）及中国的位次

对比表 4－6 和表 4－9，可以发现，世界海水鱼进、出口量从总量上基本相仿，差距不大，所以在变动趋势上表现出了一致性，2016 年世界海水鱼总出口量为 2 509.72 万吨，略高于进口量，从 1986 年以来年均增加 38.95 万吨，年均增长率为 2.22%。从排名前十国（地区）占比数据来看，由 1986 年的 63.83%下降到 2016 年的 49.32%，其间没有出现任何反弹，说明世界海水鱼出口量在地域上也呈现出分散的趋势，这和世界海水鱼进口量的结论是一致的。世界海水鱼出口量方面，主要集中在中国、挪威、秘鲁、美国、俄罗斯、丹麦、泰国这几个国家，这和世界海水鱼进口量主要国家还是有所区别，尤其在排名方面。

中国在海水鱼出口量上同样保持了较快的增长速度，出口量从 1986 年的 9.25 万吨增长到 2016 年的 236.55 万吨，排名也从世界第 24 位上升到第 1 位。选定年份里，中国在 2006 年开始进入前十，排名第一，并且与排名第二的国家差距逐渐拉大，2006 年和 2016 年中国海水鱼进口量分别领先于当期排名第二的秘鲁和俄罗斯 6.15 万吨和 62.95 万吨。相比在海水鱼进口量方面出色的美国和日本在出口量方面却优势不明显，选定年份里，日本从 1996 年以后没有进入过出口量前十排名，美国除了 1986 年排名世界第一外，排名最高的是 2016 年的第 4 位，同期落后于中国、俄罗斯和挪威。海水鱼出口量上，挪威和俄罗斯两个国家增加较快，进口量产量持续上升，而秘鲁海水鱼出口量则持续下降。

**表 4-9　　选定年份世界海水鱼出口量排名前十国**

单位：万吨，%

| 1986 | | | 1996 | | | 2006 | | | 2016 | | |
|---|---|---|---|---|---|---|---|---|---|---|---|
| 国家 | 数值 | 占比 | 国家 | 数值 | 占比 | 国家 | 数值 | 占比 | 国家 | 数值 | 占比 |
| 美国 | 155.02 | 12.36 | 秘鲁 | 194.12 | 10.79 | **中国** | **179.44** | **8.11** | **中国** | **236.55** | **9.76** |
| 智利 | 127.39 | 10.16 | 挪威 | 150.90 | 8.39 | 秘鲁 | 173.29 | 7.84 | 俄罗斯 | 173.60 | 7.17 |
| 秘鲁 | 77.58 | 6.19 | 智利 | 132.25 | 7.35 | 挪威 | 128.55 | 5.81 | 挪威 | 136.00 | 5.61 |
| 苏联 | 77.46 | 6.18 | 俄罗斯 | 119.15 | 6.63 | 俄罗斯 | 125.75 | 5.69 | 美国 | 115.25 | 4.76 |
| 日本 | 72.76 | 5.80 | 丹麦 | 95.64 | 5.32 | 泰国 | 118.29 | 5.35 | 泰国 | 114.29 | 4.72 |
| 冰岛 | 68.89 | 5.49 | 美国 | 80.43 | 4.47 | 美国 | 117.51 | 5.31 | 荷兰 | 96.17 | 3.97 |
| 丹麦 | 67.60 | 5.39 | 冰岛 | 73.79 | 4.10 | 智利 | 87.68 | 3.96 | 秘鲁 | 81.62 | 3.37 |
| 荷兰 | 56.09 | 4.47 | 泰国 | 63.88 | 3.55 | 丹麦 | 80.39 | 3.63 | 丹麦 | 81.61 | 3.37 |
| 挪威 | 55.77 | 4.45 | 荷兰 | 57.62 | 3.20 | 荷兰 | 77.60 | 3.51 | 西班牙 | 81.09 | 3.35 |
| 加拿大 | 42.06 | 3.35 | 德国 | 53.54 | 2.98 | 西班牙 | 70.36 | 3.18 | 德国 | 78.74 | 3.25 |
| **合计** | **800.62** | **63.83** | **合计** | **1 021.32** | **56.79** | **合计** | **1 158.86** | **52.40** | **合计** | **1 194.92** | **49.32** |
| **中国** | **9.25** | **0.74** | **中国** | **42.59** | **2.37** | | | | | | |
| **世界** | **1 254.33** | **100.00** | **世界** | **1 798.27** | **100.00** | **世界** | **2 211.64** | **100.00** | **世界** | **2 422.68** | **100.00** |

注：向 FAO 报告 1986 年、1996 年、2006 年和 2016 年海水鱼出口量的国家（地区）分别有 141 个、176 个、186 个和 190 个。1986 年中国排名第 24 位，1996 年排名第 13 位。

世界海水鱼出口额增长速度要快于出口量增长速度，保持了持续增加的态势。2016 年世界海水鱼实现出口总额 606.54 亿美元，较 1986 年增加 487.96 亿美元，年均增加 16.27 亿美元，年均增长率为 5.59%。与世界海水鱼出口量类似的是，世界海水鱼出口额国家同样集中度下降。

尽管如此，中国的海水鱼出口占比是逐年递增的，出口额总量同样如此。从选定年份中国的数据来看，1986 年，中国海水鱼出口额为 1.9 亿美元，排名世界第 20 位，不过当年世界整体出口额并不高，即使如排名第一的加拿大，也仅有 9.49 亿美元。1996 年，中国海水鱼进口额增长到 18.47 亿美元，占比 6.65%，仅次于挪威。2006 年，中国海水鱼进口额为 44.04 亿美元，排名世界第一。2016 年，则增加了 38.5 亿美元，中国海水鱼出口额达到 82.54 亿美元，占比 13.61%，蝉联第一。

2016 年，其他国家（地区）占比则持续下降，除了中国以外的大多数排名靠前的国家（地区）占比数据在选定年份里是逐年下降的（除了世界排名第 8 位是上升的，见表 4－10），这也反映出中国在海水鱼出口额的世界地位的持续上升，国家层面上，也是如此，但是也不乏个别国家（地区）在这种形势下同样保持了增长，例如泰国。不过从整体观察来看，大多数国家（地区）的海水鱼出口额总量上保持了持续增加，例如美国、泰国、挪威、俄罗斯等国家。

**表 4－10　　选定年份世界海水鱼出口额排名前十国（地区）**

单位：亿美元，%

| 1986 | | | 1996 | | | 2006 | | | 2016 | | |
|---|---|---|---|---|---|---|---|---|---|---|---|
| 国家（地区） | 数值 | 占比 | 国家（地区） | 数值 | 占比 | 国家（地区） | 数值 | 占比 | 国家（地区） | 数值 | 占比 |
| 加拿大 | 9.49 | 8.01 | 挪威 | 21.16 | 7.61 | **中国** | **44.04** | **10.17** | **中国** | **82.54** | **13.61** |
| 丹麦 | 8.99 | 7.58 | **中国** | **18.47** | **6.65** | 美国 | 25.56 | 5.90 | 泰国 | 31.36 | 5.17 |
| 挪威 | 7.57 | 6.38 | 美国 | 16.43 | 5.91 | 挪威 | 24.93 | 5.76 | 美国 | 29.01 | 4.78 |
| 冰岛 | 7.27 | 6.13 | 丹麦 | 15.55 | 5.59 | 泰国 | 21.90 | 5.06 | 挪威 | 28.54 | 4.70 |
| 韩国 | 7.03 | 5.92 | 中国台湾 | 12.90 | 4.64 | 丹麦 | 20.99 | 4.84 | 俄罗斯 | 26.77 | 4.41 |
| 日本 | 6.95 | 5.86 | 泰国 | 11.84 | 4.26 | 西班牙 | 20.10 | 4.64 | 西班牙 | 26.09 | 4.30 |
| 荷兰 | 5.81 | 4.90 | 俄罗斯 | 11.71 | 4.21 | 冰岛 | 16.68 | 3.85 | 荷兰 | 24.96 | 4.11 |
| 中国台湾 | 5.29 | 4.46 | 冰岛 | 11.45 | 4.12 | 俄罗斯 | 16.48 | 3.80 | 丹麦 | 22.41 | 3.69 |

续表

| 1986 | | | 1996 | | | 2006 | | | 2016 | | |
|---|---|---|---|---|---|---|---|---|---|---|---|
| 国家（地区） | 数值 | 占比 | 国家（地区） | 数值 | 占比 | 国家（地区） | 数值 | 占比 | 国家（地区） | 数值 | 占比 |
| 美国 | 4.89 | 4.13 | 秘鲁 | 10.40 | 3.74 | 荷兰 | 15.97 | 3.69 | 德国 | 18.37 | 3.03 |
| 苏联 | 4.51 | 3.81 | 智利 | 9.96 | 3.58 | 秘鲁 | 14.93 | 3.45 | 冰岛 | 18.32 | 3.02 |
| **合计** | **67.81** | **57.18** | 合计 | **139.86** | **50.31** | 合计 | **221.58** | **51.14** | 合计 | **308.36** | **50.84** |
| **中国** | **1.90** | **1.60** | | | | | | | | | |
| **世界** | **118.58** | **100.00** | 世界 | **277.98** | **100.00** | 世界 | **433.24** | **100.00** | 世界 | **606.54** | **100.00** |

说明：向 FAO 报告其 1986 年、1996 年、2006 年和 2016 年海水鱼出口额的国家（地区）分别有 141 个、182 个、192 个和 193 个。1986 年中国排名第 20 位。

出口均价方面，观察表 4-11，对比表 4-9 和表 4-10，可以发现选定年份里绝大多数都是一些不发达国家（地区），而且很少有海水鱼出口量大国和出口额大国出现。对比表 4-8，可以发现，世界海水鱼排名前十的国家（地区）出口均价一般要高于同期的进口均价。同时，世界海水鱼出口均价排名第一的国家与紧随其后的国家（地区）的进口均价的差距正在逐渐减小。

从中国海水鱼出口均价情况来看，中国海水鱼出口均价相比排名前十的国家（地区）要低得多，而且变动幅度较大，但是基本和世界海水鱼出口均价同向变动。具体来看，中国海水鱼出口均价 1986 年为 0.21 万美元/吨，世界排名第 47 位；1996 年上升到 0.43 万美元/吨，世界排名第 40 位；2006 年为 0.25 万美元/吨，世界排名第 78 位；2016 年为 0.35 万美元/吨，世界排名第 62 位。中国海水鱼出口均价处在世界中上游水平。

**表 4-11　　选定年份世界海水鱼出口均价排名前十国（地区）**

单位：万美元/吨

| 1986 | | | 1996 | | | 2006 | | | 2016 | | |
|---|---|---|---|---|---|---|---|---|---|---|---|
| 国家（地区） | 数值 | 位次 | 国家（地区） | 数值 | 位次 | 国家（地区） | 数值 | 位次 | 国家（地区） | 数值 | 位次 |
| 布隆迪 | 20.10 | 1 | 布隆迪 | 12.20 | 1 | 刚果（布） | 2.44 | 1 | 多哥 | 5.77 | 1 |
| 尼加拉瓜 | 0.90 | 2 | 刚果（布） | 8.01 | 2 | 以色列 | 2.36 | 2 | 布隆迪 | 2.70 | 2 |
| 荷兰 | 0.84 | 3 | 百慕大群岛 | 6.48 | 3 | 布隆迪 | 1.65 | 3 | 阿鲁巴 | 1.75 | 3 |
| 斯里兰卡 | 0.80 | 4 | 以色列 | 6.32 | 4 | 马耳他 | 1.47 | 4 | 圣赫勒拿岛 | 1.61 | 4 |

续表

| 1986 | | | 1996 | | | 2006 | | | 2016 | | |
|---|---|---|---|---|---|---|---|---|---|---|---|
| 国家（地区） | 数值 | 位次 | 国家（地区） | 数值 | 位次 | 国家（地区） | 数值 | 位次 | 国家（地区） | 数值 | 位次 |
| 突尼斯 | 0.73 | 5 | 刚果（金） | 1.83 | 5 | 蒙古国 | 1.47 | 5 | 乌干达 | 1.44 | 5 |
| 埃及 | 0.65 | 6 | 多哥 | 1.68 | 6 | 卢森堡 | 1.32 | 6 | 刚果（金） | 1.30 | 6 |
| 马提尼克 | 0.60 | 7 | 圣皮埃尔和密特隆岛 | 1.22 | 7 | 亚美尼亚 | 1.17 | 7 | 马耳他 | 1.22 | 7 |
| 瑞士 | 0.58 | 8 | 厄立特里亚 | 1.17 | 8 | 塞浦路斯 | 0.92 | 8 | 利比亚 | 1.19 | 8 |
| 坦桑尼亚 | 0.56 | 9 | 瑞士 | 1.17 | 9 | 法属波利尼西亚 | 0.82 | 9 | 瑞士 | 1.16 | 9 |
| 瓜德罗普 | 0.45 | 10 | 突尼斯 | 0.96 | 10 | 瑞士 | 0.80 | 10 | 黑山 | 1.15 | 10 |
| **中国** | **0.21** | **47** | **中国** | **0.43** | **40** | **中国** | **0.25** | **78** | **中国** | **0.35** | **62** |

注：向 FAO 报告 1986 年、1996 年、2006 年和 2016 年海水鱼出口量和出口额的国家（地区）分别有 141 个、175 个、185 个和 190 个。

## 第五节　中国在世界海水鱼产业出口产量比中的地位

中国是一个海水鱼生产大国，也是一个出口大国，但是中国的海水鱼出口量在产量中的占比在世界中究竟怎样？本节来具体分析。

表 4－12 给出了选定年份世界海水鱼出口量在总产量中占比排名前十国（地区）情况，对比表 4－1 和表 4－9，结合表 4－12，可以发现，世界海水鱼出口量和产量大国（地区）基本没有出现在表 4－12 中，除了 2016 年的西班牙。观察表 4－12，海水鱼出口均价前十的国家（地区）占比非常高，选定年份里四个排名第一的国家爱尔兰、克罗地亚、肯尼亚、洪都拉斯分别高达 80.7%、96.84%、96.01%、91.16%，说明这些国家的海水鱼基本全部用于出口。

中国的海水鱼出口量占比虽然较排名前十的国家（地区）较低，说明中国的海水鱼国内市场需求比较旺盛，但是考虑中国海水鱼的国际地位，出口量占比并不高。但是 2006 年以后中国的海水鱼出口量占总产量比重有所提升，1986 年占比 3.18%（世界排名第 90 位），1996 年占比 4.6%（世界排名第 98 位），2006 年占比 20.24%（世界排名第 75 位），2016 年占比 19.35%（世界排名第 72 位）。中国的海水鱼出口量占比排名有所提升。

**表 4－12　选定年份世界海水鱼出口量在总产量中占比排名前十国（地区）**

单位：%

| 1986 | | | 1996 | | | 2006 | | | 2016 | | |
|---|---|---|---|---|---|---|---|---|---|---|---|
| 国家（地区） | 占比 | 位次 | 国家（地区） | 占比 | 位次 | 国家（地区） | 占比 | 位次 | 国家（地区） | 占比 | 位次 |
| 爱尔兰 | 80.70 | 1 | 克罗地亚 | 96.84 | 1 | 肯尼亚 | 96.01 | 1 | 洪都拉斯 | 91.16 | 1 |
| 比利时 | 76.17 | 2 | 科特迪 | 95.50 | 2 | 英国 | 95.02 | 2 | 西班牙 | 90.20 | 2 |
| 中国澳门 | 74.16 | 3 | 爱沙尼亚 | 93.30 | 3 | 佛得角 | 91.67 | 3 | 立陶宛 | 89.60 | 3 |
| 所罗门群岛 | 73.22 | 4 | 阿尔巴尼亚 | 88.60 | 4 | 几内亚比绍 | 90.65 | 4 | 乌拉圭 | 88.32 | 4 |
| 瓦努阿图 | 72.45 | 5 | 法罗群岛 | 88.57 | 5 | 拉脱维亚 | 85.73 | 5 | 拉脱维亚 | 87.57 | 5 |
| 洪都拉斯 | 68.35 | 6 | 圣皮埃尔和密特隆岛 | 84.97 | 6 | 纳米比亚 | 85.20 | 6 | 爱尔兰 | 80.19 | 6 |
| 新西兰 | 63.00 | 7 | 爱尔兰 | 83.34 | 7 | 科特迪瓦 | 78.74 | 7 | 纳米比亚 | 80.02 | 7 |
| 英国 | 53.73 | 8 | 危地马拉 | 78.37 | 8 | 西班牙 | 76.58 | 8 | 中国台湾 | 78.89 | 8 |
| 乌拉圭 | 52.87 | 9 | 瓦努阿图 | 77.90 | 9 | 圣赫勒拿岛 | 74.45 | 9 | 格鲁吉亚 | 78.18 | 9 |
| 中国台湾 | 49.58 | 10 | 乌拉圭 | 76.17 | 10 | 厄瓜多尔 | 70.34 | 10 | 马绍尔群岛 | 77.21 | 10 |
| **中国** | **3.18** | **90** | **中国** | **4.60** | **98** | **中国** | **20.24** | **75** | **中国** | **19.35** | **72** |

注：向 FAO 报告 1986 年、1996 年、2006 年和 2016 年海水鱼出口量和总产量的国家（地区）分别有 129 个、155 个、161 个和 161 个。虽然这些国家（地区）都提供了其出口量和总产量数据，但其中有一些国家（地区）所报告的海水鱼出口量大于其总产量，也就是说，两者之比超过 100%，此类数据我们称为无效数据，因为这不符合我们设计出口量与产量之比的初衷，即比较不同的水生动植物生产国（地区）所生产的水生动植物有多少用于出口。凡是所提供数据被视为无效的国家（地区）均不在出口量在其产量中占比排名的考虑中。1986 年、1996 年、2006 年和 2016 年报告数据被视为有效的国家（地区）分别有 126 个、141 个、143 个和 133 个，也就是说，上述四个年份其报告数据被视为无效的国家（地区）分别有 3 个、14 个、18 个和 28 个。

## 本章小结

本章主要论述了中国在世界海水鱼产业中的地位。从表 4－13 可以清楚地看到中国在世界海水鱼产业中的排名情况，本章主要内容如下。

生产方面。世界（不含中国）海水鱼以鲱鱼、沙丁鱼、凤尾鱼为主要品种，总产量经历了先快速增长后缓慢下降的过程；而中国的海水鱼产量呈缓慢持续上升趋势。世界（不含中国）与中国海水鱼几乎全部来自捕捞，但是海水鱼捕捞产量近些年有下滑趋势。相比之下，海水鱼养殖产量总量规模要小很多。此外，中国的海水鱼单位养殖产值非常低。

贸易方面。世界（不含中国）与中国的海水鱼贸易量和贸易额都呈现出递增的趋势。海水鱼进出口均价方面，世界海水鱼排名前十的国家（地区）出口均价一般要高于同期排名国家（地区）的进口均价，中国海水鱼进口均价要比世界进口均价低很多，但是中国的海水鱼出口均价高于世界（不含中国）。此外，中国的海水鱼国内市场需求比较旺盛，考虑到中国在海水鱼的国际地位，出口量占比并不高。

**表 4－13　选定年份中国在世界海水鱼产业中排名情况一览表**

单位：个

| 指标 | 1986 | | 1996 | | 2006 | | 2016 | |
|---|---|---|---|---|---|---|---|---|
| | 位次 | 报告国（地区）数量 | 位次 | 报告国（地区）数量 | 位次 | 报告国（地区）数量 | 位次 | 报告国（地区）数量 |
| 总产量 | 6 | 179 | 2 | 191 | 1 | 195 | 1 | 198 |
| 捕捞产量 | 6 | 179 | 2 | 191 | 1 | 195 | 1 | 198 |
| 养殖产量 | 2 | 34 | 2 | 44 | 1 | 60 | 1 | 65 |
| 养殖产值 | 3 | 34 | 4 | 44 | 2 | 60 | 1 | 65 |
| 单位养殖产值 | 31 | 34 | 43 | 44 | 56 | 60 | 57 | 65 |
| 进口量 | 11 | 161 | 2 | 196 | 1 | 205 | 1 | 206 |
| 进口额 | 22 | 161 | 8 | 196 | 3 | 205 | 3 | 206 |
| 进口均价 | 156 | 161 | 156 | 196 | 139 | 205 | 144 | 206 |
| 出口量 | 24 | 141 | 13 | 176 | 1 | 186 | 1 | 190 |
| 出口额 | 20 | 141 | 2 | 182 | 1 | 192 | 1 | 193 |
| 出口均价 | 47 | 141 | 40 | 175 | 78 | 185 | 62 | 190 |
| 出口量/产量 | 90 | 126 | 98 | 141 | 75 | 143 | 72 | 133 |

# 第五章　中国在世界淡水鱼产业中的地位

本章将考察中国在世界淡水鱼产业中的地位。本章首先从生产的角度，采用第四章的方法和相关指标，回顾世界和中国淡水鱼产业在过去一段时间内的动态演变，考察中国在世界淡水鱼生产中的地位。其次，从贸易的角度，分析世界和中国淡水鱼进出口贸易的发展过程，考察中国在世界淡水鱼产业中的地位。最后，通过淡水鱼出口量在其总产量中占比这一指标，考察中国淡水鱼产业对外部市场的依赖状况。

## 第一节　世界与中国淡水鱼产业发展概况

本部分将考察世界与中国的淡水鱼生产情况，包括其总产量、捕捞产量、养殖产量、养殖产值和单位养殖产值的变动情形。其中：世界淡水鱼总产量和捕捞产量数据的时间跨度为 1950—2016 年，而养殖产值数据的时间跨度为 1984—2016 年。

### 一、世界与中国淡水鱼总产量变动趋势

淡水鱼是内陆的重要肉类补给来源，主要生活在池塘、川流湖泊等地，世界对淡水鱼的需求越来越大。图 5－1 给出了世界与中国淡水鱼历年的总产量变动情况。可以看出，世界淡水鱼产量总体保持了持续增长的态势，尤其进入 21 世纪后增长速度加快。从数据反映来看，1950—1999 年年均增长率为 3.68%，2000—2016 年年均增长率为 5.95%，增长明显。2016 年世界淡水鱼总产量为 2 728.24 万吨，较 1950 年增加 14.45 倍，年均增加 38.66 万吨。

中国的淡水鱼总产量增长十分明显。根据图 5－1 反映出的变化路径，我们大体将中国淡水鱼总产量增长分成三个时期：（1）起步期（1950—1979 年）。这段时期内中国淡水鱼产量处于起步阶段，所以增长缓慢，1950 年淡水鱼产量全国仅有 23 万吨。在很长的一段时间内淡水鱼产量没有变化，例如 1957—1964 年产量维持 70 万吨左右，1965—1969 年产量维持在 80 万吨左右。（2）成长期（1980—1994 年）。这段时期内中国的淡水鱼终于开始持续增加，年均增长率保持在 15.31% 左右，年均增加 52.73 万吨。（3）成熟期（1995—2016 年）。这个阶段对于中国

淡水鱼发展来说是一个具有历史意义的时期，因为这个时期不仅全面超过世界淡水鱼产量，而且淡水鱼产量 1995 年突破 1 000 万吨，2009 年突破 2 000 万吨。2016 年全国淡水鱼产量达到 2 944.83 万吨，已经逼近 3 000 万吨，年均增长率为 5.21%，此时期年均增加 140.23 万吨。

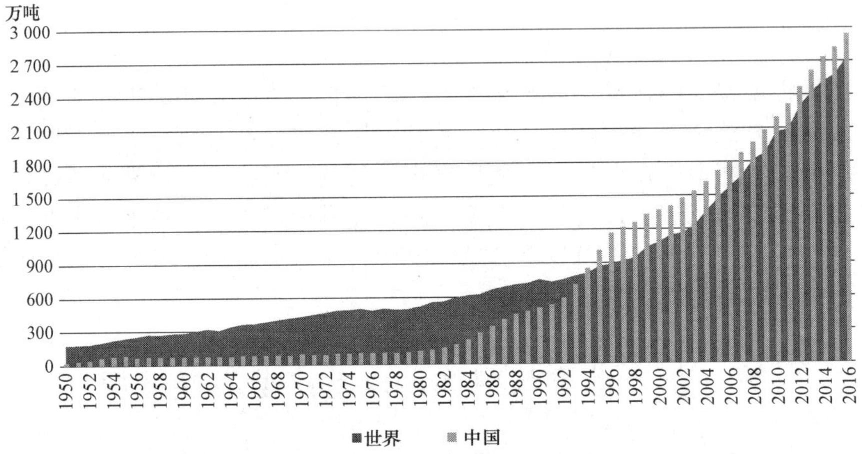


**图 5－1　1950—2016 年世界与中国淡水鱼总产量变动趋势**

下面具体分析淡水鱼各物种组历年产量变动趋势。世界淡水鱼物种组的变动趋势如图 5－2（a）所示，可以明显地看到，世界淡水鱼产量以各种淡水鱼为主，但是各种淡水鱼产量占总产量比重在逐年下降，由 1950 年的 75.14%持续下降到 2016 年的 46.08%，即使这样，优势依旧明显。鲤鱼、鲃、其他鲤科鱼次之，罗非鱼和其他丽鱼科鱼数量最少。世界淡水鱼各物种组总量都呈现出逐年递增的趋势，走势稳健，进入 21 世纪后增长速度加快。数量上来看，2016 年世界各种淡水鱼总产量为 1 257.06 万吨，鲤鱼、鲃、其他鲤科鱼产量为 989.2 万吨、罗非鱼和其他丽鱼科鱼产量为 481.99 万吨，各种淡水鱼产量占了总量的 46.08%。

中国淡水鱼各物种组结构特征有所区别。从图 5－2（b）中可以看出，中国淡水鱼组成以鲤鱼、鲃、其他鲤科鱼为主，而且从 1978 年以后所占比重超过世界各种淡水鱼组所占比重，近些年鲤鱼、鲃、其他鲤科鱼在中国所有淡水鱼组成中比例维持在 73%～76%，基本保持趋于稳定状态，中国的鲤鱼、鲃、其他鲤科鱼产量增长速度极快，1991 年之后数量超越世界，2016 年超过世界 967.64 万吨。中国各种淡水鱼紧随其后，罗非鱼和其他丽鱼科鱼数量最少。数据反映来看，以 2016 年为例，中国鲤鱼、鲃、其他鲤科鱼总产量 2 224.69 万吨，各种淡水鱼 533.5 万吨，罗非鱼和其他丽鱼科鱼总产量 186.64 万吨，鲤鱼、鲃、其他鲤科鱼总产量比后两者之和的 3 倍还多。

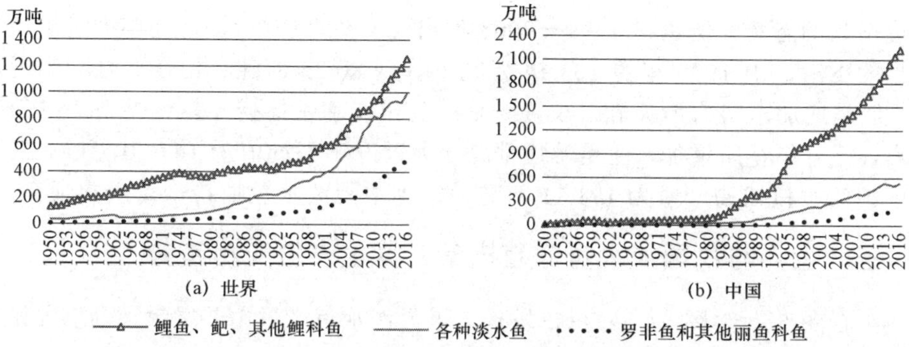


图 5－2　1950—2016 年世界与中国淡水鱼各物种组总产量变动趋势

## 二、世界与中国淡水鱼捕捞产量变动趋势

世界淡水鱼捕捞产量保持了增长之势。1997 年世界淡水鱼捕捞产量首次超过 500 万吨，在此之后增长速度开始加快，前半段时期年均增长率 2.49%，后半段时期年均增长率达到 3.02%（以 1997 年为界点，见图 5－3）。综合来看，世界淡水鱼产量稳定增长，年增长率波动在 12%以内。2016 年世界淡水鱼捕捞量为 863.17 万吨，1950—2016 年年均增长率达到 2.61%，年均增加 10.68 万吨。

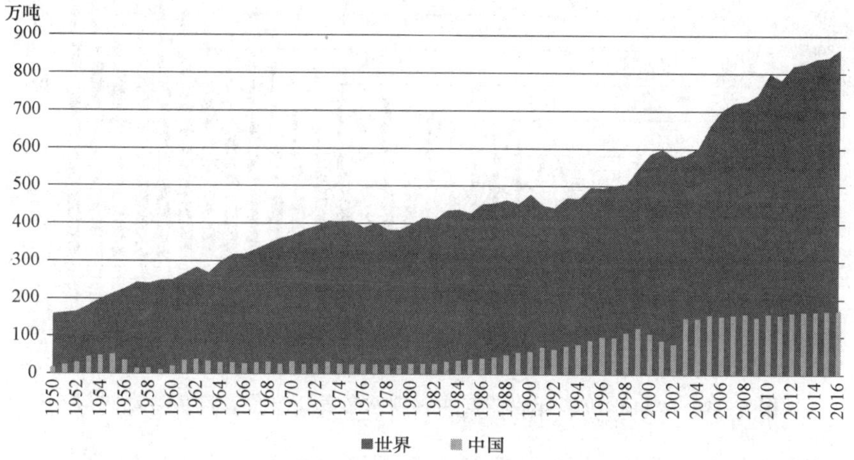


图 5－3　1950—2016 年世界与中国淡水鱼捕捞产量变动趋势

观察图 5－1，考虑到中国的淡水鱼产量，再来看图 5－3，可以发现，中国的淡水鱼捕捞产量不高，2016 年捕捞产量占总产量比重（简称捕捞量占比）捕捞产量占比为 5.81%，最高占比在 1950 年，捕捞产量占比为 71.32%，这说明 20 世纪 50 年代中国淡水鱼以捕捞为主。总体来看，中国淡水鱼捕捞产量呈

缓慢增长的态势，但也在1999—2003年出现一个“缺口”，这几年产量出现了明显的下滑，由1999年的123.14万吨下降到80.25万吨。但在此之后出现反弹，但是增加态势有所疲软，在接下来的几年淡水鱼捕捞产量维持在155万吨左右，近五年有所增加，但是幅度非常小，近五年平均值为167.30万吨，2016年中国淡水鱼捕捞产量为171.11万吨，达到中国淡水鱼捕捞产量历史最高。

## 三、世界与中国淡水鱼养殖产量、养殖产值变动趋势

结合图5-1、图5-3，可以发现，世界淡水鱼产量主要贡献逐渐以养殖产量为主，1984年世界淡水鱼养殖产量占总产量比重（简称养殖量占比）为29.01%，逐渐增长到2016年的68.36%，中国淡水鱼养殖量占比要比世界高得多，所以反映在图5-4之中养殖产量要低于中国。从总量来看，世界淡水鱼养殖产量增幅明显，保持了持续增加的态势。2016年世界淡水鱼养殖产量为1 865.07万吨，较1984年增加945.94%，1984—2016年年均增加52.71万吨，年均增长率为7.61%。

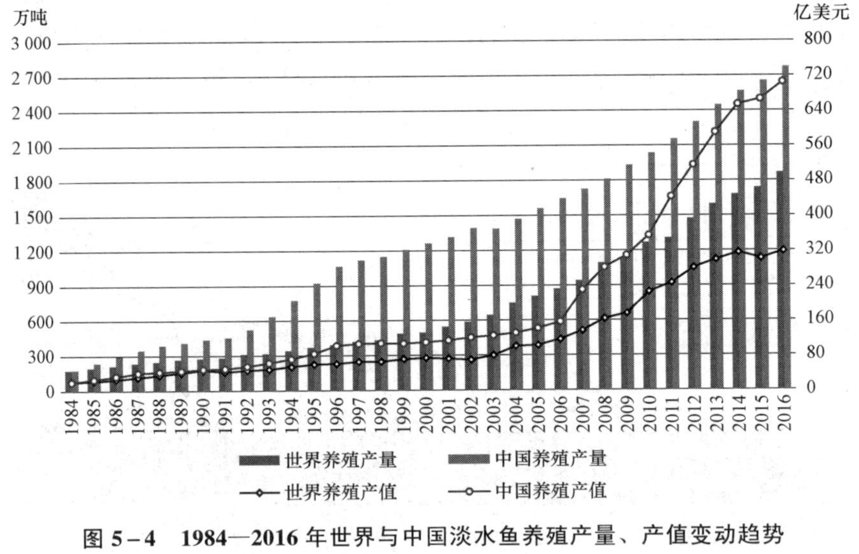


图5-4 1984—2016年世界与中国淡水鱼养殖产量、产值变动趋势

相比之下，中国淡水鱼养殖产量占全国淡水鱼总产量比例非常高，产量也远高于世界，中国淡水鱼1984年养殖产量占比83.54%，之后占比逐年递增，2016年已经达到94.19%，可见中国淡水鱼主要以养殖为主、捕捞为辅。从产量来看，中国淡水鱼养殖延续了持续增加的态势，尤其在21世纪90年代的最初5年，增速较之前加快不少。2016年中国淡水鱼养殖产量为2 773.72万吨，较1984年增加14.32倍，年均增加81.02万吨，年均增长率为8.9%，快于世

界水平。中国与世界淡水鱼养殖产量差距逐渐被拉大，从 1984 年的 2.79 万吨到 2016 年的 908.64 万吨，2016 年已经接近世界淡水鱼总产量的一半（见图 5－4）。

再来看淡水鱼养殖产值情况。总体而言，世界淡水鱼养殖产值延续了增长的趋势，但是在 21 世纪前增速缓慢，中国同样如此，但是要快于世界增长速度，1984—2000 年世界年均增长率为 8.23%，中国同期要快 2.91 个百分点。进入 21 世纪后，中国与世界之间的淡水鱼养殖产值差距越来越大，增长速度也要快于世界。2016 年中国淡水鱼养殖产值为 704.85 亿美元，同期世界为 318.08 亿美元，差距为 386.77 亿美元，显然，差距比 2016 年世界全年淡水鱼产值还要高，从已有数据反映来看，这种差距还会不断扩大。

## 四、世界与中国淡水鱼单位养殖产值变动趋势

由以上分析我们知道，中国淡水鱼养殖产量和养殖产值都非常高，都领先于世界水平，考虑中国在淡水鱼养殖方面的产量规模和产值规模，2011 年以前淡水鱼单位养殖产值并不高，低于世界水平，2011 年以后才超过世界水平，并逐渐拉开差距。

世界与中国淡水鱼单位养殖产值变动趋势如图 5－5 所示，可以看到，2008 年之前世界淡水鱼单位养殖产值是高于中国的，差距最大出现在 1995 年，达到 0.07 万美元/吨。不过世界淡水鱼养殖产值自 1984 年经历了短暂的增长期后，在 1990 年之后开始持续下降，虽然在 2002 年之后有所上涨，但是幅度已经非常小，近几年又有持续下降的趋势。2005 年以前中国的淡水鱼单位养殖产值总体持

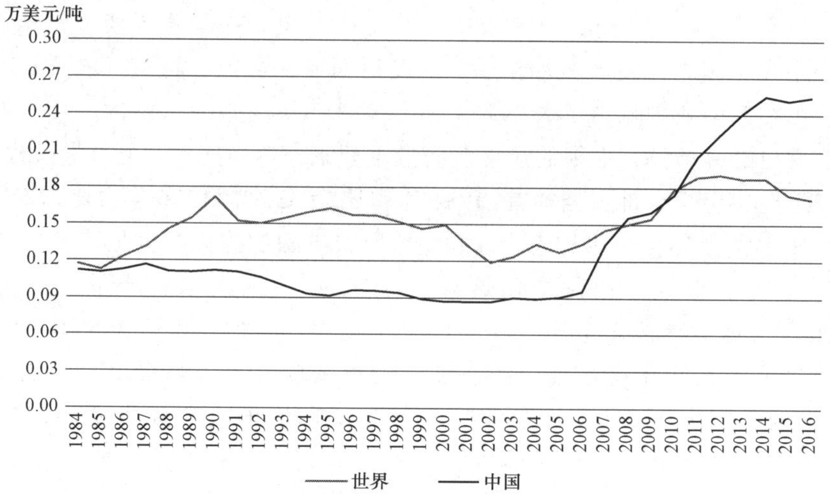


**图 5－5　1984—2016 年世界与中国淡水鱼单位养殖产值变动趋势**

续下跌，具体来看，由 1984 年的 0.11 万美元/吨下降到 1998 年的 0.09 万美元/吨，1998—2005 年一直保持在 0.09 万美元/吨左右，直到 2006 年以后才开始持续上涨。2008 年之后中国淡水鱼单位养殖产值开始超越世界，但是 2010 年是个例外。中国淡水鱼单位养殖产值与世界淡水鱼单位养殖产值近些年有拉开的趋势，2016 年中国淡水鱼单位养殖产值为 0.25 万美元/吨，世界淡水鱼单位养殖产值为 0.17 万美元/吨，两者相差 0.08 万美元/吨，达到历史最大差值。

## 第二节　中国在世界淡水鱼产业生产中的地位

为掌握世界上主要的淡水鱼生产国（地区），特别是中国，在世界淡水鱼产业生产中的地位，选择了四个年份，即 1986 年、1996 年、2006 年和 2016 年，分别确定在这些年份的总产量、捕捞产量、养殖产量、养殖产值和单位养殖产值排名中位居前十的国家（地区）。如果中国不在前十以内，将进一步确定中国的具体位次。与第一节不同的是，本节所说的世界包括中国。

### 一、淡水鱼总产量排名前十国及中国的位次

世界淡水鱼保持了持续高速增长的态势，2016 年全球淡水鱼总产量为 5 673.07 万吨，较 1986 年增加了 4 671.90 万吨，年均增加 155.73 万吨，年均增长率为 5.95%。世界淡水鱼产量呈现出高度集中的地理特征，从前十国家占比数据来看，集中度越来越高：1986 年、1996 年、2006 年、2016 年排名前十国淡水鱼产量占比分别为 71.85%、83.89%、86.01%、89.03%。世界淡水鱼养殖产量主要集中在中国、印度、孟加拉国、印度尼西亚、泰国、越南、埃及等国家，可以看出，东南亚国家占了大多数。

前文已经分析到，中国的淡水鱼产量主要来自养殖产量，且总量规模很大。中国在选定年份里全部占据榜首，1986 年占比为 33.6%，1996 年占比为 56.79%，在接下来的两个年份里占比有所下降，这反映出除中国以外其他国家的淡水鱼养殖规模增长很快，但是即使这样，2016 年中国淡水鱼产量占比仍然有 51.91%，占据世界淡水鱼产量一半以上（见表 5－1）。中国淡水鱼产量增加量依然很大，与历年排名第二的印度差距越来越大，1986 年为 215.85 万吨，2016 年为 2 299.22 万吨，比当年排名第二的印度的全年淡水鱼产量的 3 倍还多。

表 5-1　　选定年份世界淡水鱼总产量排名前十国

单位：万吨，%

| 1986 | | | 1996 | | | 2006 | | | 2016 | | |
|---|---|---|---|---|---|---|---|---|---|---|---|
| 国家 | 数值 | 占比 | 国家 | 数值 | 占比 | 国家 | 数值 | 占比 | 国家 | 数值 | 占比 |
| 中国 | 336.35 | 33.60 | 中国 | 1 165.33 | 56.79 | 中国 | 1 798.00 | 53.33 | 中国 | 2 944.83 | 51.91 |
| 印度 | 120.51 | 12.04 | 印度 | 222.91 | 10.86 | 印度 | 372.77 | 11.06 | 印度 | 645.61 | 11.38 |
| 苏联 | 61.00 | 6.09 | 孟加拉国 | 75.61 | 3.68 | 孟加拉国 | 164.25 | 4.87 | 印度尼西亚 | 392.38 | 6.92 |
| 孟加拉国 | 46.87 | 4.68 | 印度尼西亚 | 69.40 | 3.38 | 越南 | 135.03 | 4.01 | 孟加拉国 | 279.85 | 4.93 |
| 印度尼西亚 | 44.11 | 4.41 | 泰国 | 42.56 | 2.07 | 缅甸 | 115.55 | 3.43 | 越南 | 262.32 | 4.62 |
| 坦桑尼亚 | 26.58 | 2.65 | 越南 | 40.28 | 1.96 | 印度尼西亚 | 98.85 | 2.93 | 缅甸 | 183.30 | 3.23 |
| 越南 | 22.08 | 2.21 | 埃及 | 28.94 | 1.41 | 泰国 | 70.68 | 2.10 | 埃及 | 133.64 | 2.36 |
| 巴西 | 21.36 | 2.13 | 坦桑尼亚 | 26.25 | 1.28 | 埃及 | 56.01 | 1.66 | 巴西 | 72.44 | 1.28 |
| 美国 | 20.74 | 2.07 | 巴西 | 25.78 | 1.26 | 柬埔寨 | 45.42 | 1.35 | 尼日利亚 | 68.44 | 1.21 |
| 乌干达 | 19.76 | 1.97 | 美国 | 24.24 | 1.18 | 巴西 | 43.33 | 1.29 | 柬埔寨 | 67.77 | 1.19 |
| 合计 | **719.36** | **71.85** | 合计 | **1 721.29** | **83.89** | 合计 | **2 899.89** | **86.01** | 合计 | **5 050.57** | **89.03** |
| 世界 | **1 001.17** | **100.00** | 世界 | **2 051.95** | **100.00** | 世界 | **3 371.58** | **100.00** | 世界 | **5 673.07** | **100.00** |

注：向 FAO 报告 1986 年、1996 年、2006 年和 2016 年淡水鱼总产量的国家（地区）分别有 132 个、160 个、175 个和 180 个。

即使这样，我们依然要留意近些年东南亚国家的崛起。例如印度尼西亚、越南、缅甸、柬埔寨这些国家，尤其 2016 年印度尼西亚、越南产量较 2006 年都翻了一番以上，排名在前五之内，同期缅甸、柬埔寨同样增加量明显，都排在前十之内。

## 二、淡水鱼捕捞产量排名前十国及中国的位次

世界淡水鱼捕捞产量保持了持续增加的态势，2016 年捕捞产量在 1 000 万吨以上，总产量为 1 034.28 万吨，较 1986 年增加 110.08%，1986—2016 年年均增加 18.06 万吨。与世界淡水鱼总产量贡献类似的是，淡水鱼捕捞产量地理集聚

程度同样越来越高，但是集中程度低于总产量集聚程度，这可以从排名前十或者前五的国家捕捞产量占比中看出。世界淡水鱼捕捞主要集中在中国、东南亚地区、南亚地区，还有一些国家来自非洲地区，例如乌干达、尼日利亚、坦桑尼亚、刚果（金）。

从中国淡水鱼总量规模来看，中国的淡水鱼捕捞产量并不高，并且有逐年减少趋势，从选定年份数据来看，1986 年、1996 年、2006 年、2016 年捕捞占总产量比例分别为 12.25%、8.54%、8.58%、5.81%。尽管如此，中国的捕捞产量仍然在选定年份里排名世界第一，除了 1986 年排名第二，排在印度之后。2016 年中国淡水鱼总捕捞产量为 171.11 万吨，较 1986 年增加 129.91 万吨，占世界总捕捞产量的 16.54%。此外，观察表 5－2，可以发现，印度和孟加拉国这两个南亚国家捕捞产量也非常高，在选定的几个年份里几乎每期都紧靠中国。此外，缅甸、柬埔寨、印度尼西亚这几个东南亚国家同样表现亮眼。非洲国家乌干达、尼日利亚、坦桑尼亚、刚果（金）淡水鱼产量也有一定量的增加，在排名前十榜单中出现次数很多。我们注意到淡水鱼捕捞主要集中在一些发展中国家（地区）。

**表 5－2　　选定年份世界淡水鱼捕捞产量排名前十国**

单位：万吨，%

| 1986 | | | 1996 | | | 2006 | | | 2016 | | |
|---|---|---|---|---|---|---|---|---|---|---|---|
| 国家 | 数值 | 占比 | 国家 | 数值 | 占比 | 国家 | 数值 | 占比 | 国家 | 数值 | 占比 |
| 印度 | 53.31 | 10.83 | **中国** | **99.50** | **16.75** | **中国** | **154.27** | **18.01** | **中国** | **171.11** | **16.54** |
| **中国** | **41.20** | **8.37** | 印度 | 54.09 | 9.11 | 孟加拉国 | 87.84 | 10.25 | 印度 | 139.03 | 13.44 |
| 孟加拉国 | 34.39 | 6.99 | 孟加拉国 | 44.54 | 7.50 | 印度 | 81.20 | 9.48 | 缅甸 | 88.68 | 8.57 |
| 苏联 | 29.85 | 6.06 | 印度尼西亚 | 31.06 | 5.23 | 缅甸 | 63.11 | 7.37 | 孟加拉国 | 85.38 | 8.26 |
| 坦桑尼亚 | 26.57 | 5.40 | 坦桑尼亚 | 26.23 | 4.42 | 柬埔寨 | 42.14 | 4.92 | 柬埔寨 | 50.88 | 4.92 |
| 印度尼西亚 | 25.83 | 5.25 | 埃及 | 22.07 | 3.72 | 乌干达 | 36.71 | 4.29 | 印度尼西亚 | 40.34 | 3.90 |
| 巴西 | 20.36 | 4.13 | 泰国 | 20.43 | 3.44 | 坦桑尼亚 | 29.25 | 3.41 | 乌干达 | 38.92 | 3.76 |
| 乌干达 | 19.76 | 4.01 | 乌干达 | 19.51 | 3.28 | 印度尼西亚 | 27.31 | 3.19 | 尼日利亚 | 37.76 | 3.65 |
| 刚果（金） | 15.38 | 3.12 | 巴西 | 19.06 | 3.21 | 巴西 | 24.61 | 2.87 | 坦桑尼亚 | 31.20 | 3.02 |

续表

| 1986 | | | 1996 | | | 2006 | | | 2016 | | |
|---|---|---|---|---|---|---|---|---|---|---|---|
| 国家 | 数值 | 占比 | 国家 | 数值 | 占比 | 国家 | 数值 | 占比 | 国家 | 数值 | 占比 |
| 缅甸 | 14.56 | 2.96 | 肯尼亚 | 17.47 | 2.94 | 刚果（金） | 23.06 | 2.69 | 刚果（金） | 22.93 | 2.22 |
| 合计 | **281.21** | **57.12** | 合计 | **353.95** | **59.60** | 合计 | **569.50** | **66.48** | 合计 | **706.25** | **68.28** |
| 世界 | **492.33** | **100.00** | 世界 | **593.88** | **100.00** | 世界 | **856.60** | **100.00** | 世界 | **1 034.28** | **100.00** |

注：向 FAO 报告 1986 年、1996 年、2006 年和 2016 年淡水鱼捕捞产量的国家（地区）分别有 123 个、145 个、147 个和 148 个。

## 三、淡水鱼养殖产量、养殖产值排名前十国（地区）及中国的位次

世界淡水鱼养殖产量增加非常快，在选定几个年份里表现非常突出。具体来看，较上个选定年份而言，1996 年增加 949.23 万吨，2006 年增加 1 056.9 万吨，2016 年增加 2 123.82 万吨。2016 年世界淡水鱼养殖产量突破 4 500 万吨，产量达到 4 638.79 万吨，从 1986 年以来，年均增长率达到 7.65%。此外，从表 5－3 中可以发现，世界淡水鱼养殖产量集中程度非常高，淡水鱼养殖产量排名前十的国家（地区）占据了绝大部分世界淡水鱼的养殖产量份额，选定年份 1986 年、1996 年、2006 年、2016 年世界淡水鱼养殖排名前十的国家（地区）占比分别达到了 93.25%、95.74%、94.93%、95.06%。从表 5－3 反映来看，世界淡水鱼养殖主要分布在中国、印度、印度尼西亚、越南、孟加拉国、泰国、美国这几个国家。对比表 5－2，世界淡水鱼捕捞主要分布国家差异比较明显。

相比于淡水鱼捕捞产量，中国的淡水鱼养殖产量非常高。中国在四个选定年份里养殖产量均居世界第一，与历年均居世界第二的印度差距越来越大，差距由 1986 年的 227.95 万吨扩大到 2016 年的 2267.14 万吨，比印度在 2016 年全年淡水鱼养殖产量的 3 倍还多。中国 2016 年淡水鱼养殖总产量为 2773.72 万吨，较 1986 年增加 839.77%，年均增加 82.62 万吨，1986 年以来，年均增长率为 7.75%，略快于世界。从中国养殖产量占比世界的数据来看，1986 年、1996 年、2006 年、2016 年四个选定年份里占比分别为 58%、73.1%、65.36%、59.79%，这说明世界淡水鱼养殖产量增长贡献来自中国（见表 5－3）。即使中国的淡水鱼养殖产量增加量非常明显，不过我们回头再看中国在选定年份里的占比情况，发现从 1996 年以后中国的占比是逐年下降的，这说明其他国家（地区）的淡水鱼养殖发展迅速，例如印度、印度尼西亚、孟加拉国、埃及这几个国家，2016 年淡水鱼养殖产量均在 100 万吨以上，而印度淡水鱼养殖产量已经突破 500 万吨。

表 5-3　　选定年份世界淡水鱼养殖产量排名前十国（地区）

单位：万吨，%

| 1986 | | | 1996 | | | 2006 | | | 2016 | | |
|---|---|---|---|---|---|---|---|---|---|---|---|
| 国家（地区） | 数值 | 占比 | 国家（地区） | 数值 | 占比 | 国家（地区） | 数值 | 占比 | 国家（地区） | 数值 | 占比 |
| **中国** | **295.15** | **58.00** | **中国** | **1 065.83** | **73.10** | **中国** | **1 643.73** | **65.36** | **中国** | **2 773.72** | **59.79** |
| 印度 | 67.20 | 13.21 | 印度 | 168.82 | 11.58 | 印度 | 291.56 | 11.59 | 印度 | 506.58 | 10.92 |
| 苏联 | 31.15 | 6.12 | 印度尼西亚 | 38.34 | 2.63 | 越南 | 115.70 | 4.60 | 印度尼西亚 | 352.04 | 7.59 |
| 印度尼西亚 | 18.28 | 3.59 | 孟加拉国 | 31.07 | 2.13 | 孟加拉国 | 76.41 | 3.04 | 越南 | 252.31 | 5.44 |
| 美国 | 16.48 | 3.24 | 越南 | 23.89 | 1.64 | 印度尼西亚 | 71.55 | 2.84 | 孟加拉国 | 194.46 | 4.19 |
| 孟加拉国 | 12.48 | 2.45 | 美国 | 23.44 | 1.61 | 缅甸 | 52.44 | 2.09 | 埃及 | 114.88 | 2.48 |
| 越南 | 10.17 | 2.00 | 泰国 | 22.13 | 1.52 | 泰国 | 49.84 | 1.98 | 缅甸 | 94.62 | 2.04 |
| 中国台湾 | 8.82 | 1.73 | 菲律宾 | 8.53 | 0.58 | 埃及 | 36.23 | 1.44 | 巴西 | 50.54 | 1.09 |
| 泰国 | 8.57 | 1.68 | 缅甸 | 6.97 | 0.48 | 美国 | 27.76 | 1.10 | 泰国 | 39.86 | 0.86 |
| 菲律宾 | 6.18 | 1.22 | 中国台湾 | 6.93 | 0.48 | 菲律宾 | 22.23 | 0.88 | 尼日利亚 | 30.67 | 0.66 |
| 合计 | **474.48** | **93.25** | 合计 | **1 395.96** | **95.74** | 合计 | **2 387.45** | **94.93** | 合计 | **4 409.69** | **95.06** |
| 世界 | **508.84** | **100.00** | 世界 | **1 458.07** | **100.00** | 世界 | **2 514.98** | **100.00** | 世界 | **4 638.79** | **100.00** |

注：向 FAO 报告 1986 年、1996 年、2006 年和 2016 年淡水鱼养殖产量的国家（地区）分别有 101 个、140 个、161 个和 169 个。

再看世界淡水鱼养殖产值情况，表 5-4 给出了选定年份世界淡水鱼养殖产值排名前十国（地区）情况。世界淡水鱼养殖产值同样非常集中，选定年份 1986 年、1996 年、2006 年、2016 年世界淡水鱼养殖产值排名前十的国家（地区）占比分别达到了 53.51%、91.83%、90.89%、95.02%，主要贡献国家为中国、印度、印度尼西亚、越南、孟加拉国、缅甸、埃及、泰国这几个国家，它们多次在表 5-4 中出现，综合来看，这与世界淡水鱼产量分布情况类似。这种高集中的态势使得世界淡水鱼养殖情况基本延续了排名前十的国家（地区）特征，2016 年世界淡水鱼养殖实现产值 1 022.93 亿美元，较 1986 年增加 16.18 倍。

中国淡水鱼养殖产值基本实现一枝独秀，选定年份里均保持世界第一。中国淡水鱼养殖产值增加量极为明显，尤其在2016年，较2006年增加548.51亿美元。与此同时，与排名第二的印度差距越来越大，2016年领先排名第二的印度625.7亿美元。得益于此，2016年中国淡水鱼养殖产值占比为68.91%，占绝对优势。其他国家（地区）则增加量较小，即使如历年排名第二的印度，2016年淡水鱼养殖产值仅有79.15亿美元。同时，大多数国家（地区）的占比情况并不稳定，波动起伏较大，例如印度尼西亚相比较于除了中国以外的其他国家（地区）增幅已经十分明显，虽然1996年和2016年均居世界第三位，即使这样，两个年份占比却由5.43%下降到5.25%。同样的例子还有印度、缅甸、埃及等多个国家，这与中国的淡水鱼养殖产值规模庞大有很大关系。

**表5-4　　选定年份世界淡水鱼养殖产值排名前十国（地区）**

单位：亿美元，%

| 1986 | | | 1996 | | | 2006 | | | 2016 | | |
|---|---|---|---|---|---|---|---|---|---|---|---|
| 国家（地区） | 数值 | 占比 | 国家（地区） | 数值 | 占比 | 国家（地区） | 数值 | 占比 | 国家（地区） | 数值 | 占比 |
| **中国** | **33.24** | **55.83** | **中国** | **102.52** | **62.45** | **中国** | **156.35** | **57.26** | **中国** | **704.85** | **68.91** |
| 印度 | 5.79 | 9.73 | 印度 | 14.27 | 8.70 | 印度 | 31.89 | 11.68 | 印度 | 79.15 | 7.74 |
| 苏联 | 3.78 | 6.35 | 印度尼西亚 | 8.91 | 5.43 | 越南 | 17.36 | 6.36 | 印度尼西亚 | 53.69 | 5.25 |
| 美国 | 3.04 | 5.10 | 缅甸 | 7.22 | 4.40 | 孟加拉国 | 9.24 | 3.38 | 越南 | 42.43 | 4.15 |
| 印度尼西亚 | 2.62 | 4.40 | 美国 | 4.79 | 2.92 | 缅甸 | 9.13 | 3.34 | 孟加拉国 | 41.62 | 4.07 |
| 孟加拉国 | 1.24 | 2.07 | 孟加拉国 | 4.55 | 2.77 | 印度尼西亚 | 6.40 | 2.34 | 缅甸 | 13.42 | 1.31 |
| 罗马尼亚 | 1.18 | 1.98 | 越南 | 3.82 | 2.33 | 美国 | 5.48 | 2.01 | 埃及 | 12.68 | 1.24 |
| 越南 | 1.02 | 1.71 | 泰国 | 2.03 | 1.24 | 埃及 | 4.79 | 1.75 | 巴西 | 9.29 | 0.91 |
| 中国台湾 | 0.88 | 1.48 | 菲律宾 | 1.50 | 0.91 | 泰国 | 4.37 | 1.60 | 尼日利亚 | 8.76 | 0.86 |
| 菲律宾 | 0.72 | 1.20 | 俄罗斯 | 1.15 | 0.70 | 巴西 | 3.18 | 1.17 | 泰国 | 6.03 | 0.59 |
| **合计** | **53.51** | **89.85** | **合计** | **150.75** | **91.83** | **合计** | **248.19** | **90.89** | **合计** | **971.94** | **95.02** |
| **世界** | **59.55** | **100.00** | **世界** | **164.17** | **100.00** | **世界** | **273.07** | **100.00** | **世界** | **1 022.93** | **100.00** |

注：向FAO报告1986年、1996年、2006年和2016年淡水鱼养殖产值的国家（地区）分别有101个、140个、161个和169个。

## 四、淡水鱼单位养殖产值排名前十国（地区）及中国的位次

从选定年份世界淡水鱼单位养殖产值排名情况来看（见表 5-5），中国的淡水鱼单位养殖产值并不高。不仅仅是中国，对比表 5-3、表 5-4，可以发现，世界上绝大多数淡水鱼养殖产量大国（地区）、养殖产值大国（地区）并未在世界淡水鱼单位养殖产值排名榜单里。选定年份 1986 年、1996 年、2006 年、2016 年排名第一的国家分别为莫桑比克（1.16 万美元/吨）、缅甸（1.04 万美元/吨）、日本（1.27 万美元/吨）、阿尔巴尼亚（2.73 万美元/吨）。结合排名第一的国家和整体排名前十国（地区），我们可以发现：一是世界上排名前十的淡水鱼单位养殖产值国家（地区）变动很大；二是世界淡水鱼单位养殖产值整体在提高。

**表 5-5　　选定年份世界淡水鱼单位养殖产值排名前十国（地区）**

单位：万美元/吨

| 1986 | | | 1996 | | | 2006 | | | 2016 | | |
|---|---|---|---|---|---|---|---|---|---|---|---|
| 国家（地区） | 数值 | 位次 | 国家（地区） | 数值 | 位次 | 国家（地区） | 数值 | 位次 | 国家（地区） | 数值 | 位次 |
| 莫桑比克 | 1.16 | 1 | 缅甸 | 1.04 | 1 | 日本 | 1.27 | 1 | 阿尔巴尼亚 | 2.73 | 1 |
| 塞浦路斯 | 0.68 | 2 | 瑞士 | 0.97 | 2 | 圣基茨和尼维斯 | 1.11 | 2 | 日本 | 2.71 | 2 |
| 约旦 | 0.51 | 3 | 澳大利亚 | 0.86 | 3 | 马提尼克 | 1.03 | 3 | 英国 | 2.07 | 3 |
| 朝鲜 | 0.49 | 4 | 马提尼克 | 0.78 | 4 | 巴巴多斯 | 1.00 | 4 | 圣基茨和尼维斯 | 1.15 | 4 |
| 美属维尔京群岛 | 0.44 | 5 | 巴布亚新几内亚 | 0.75 | 5 | 法属圭亚那 | 0.96 | 5 | 比利时 | 1.11 | 5 |
| 布隆迪 | 0.44 | 6 | 阿根廷 | 0.65 | 6 | 澳大利亚 | 0.87 | 6 | 安提瓜和巴布达 | 1.10 | 6 |
| 比利时 | 0.40 | 7 | 西班牙 | 0.63 | 7 | 留尼汪 | 0.75 | 7 | 约旦 | 1.06 | 7 |
| 沙特阿拉伯 | 0.39 | 8 | 英国 | 0.54 | 8 | 丹麦 | 0.70 | 8 | 西班牙 | 1.00 | 8 |
| 韩国 | 0.37 | 9 | 朝鲜 | 0.52 | 9 | 美属维尔京群岛 | 0.70 | 9 | 巴巴多斯 | 1.00 | 9 |
| 巴西 | 0.37 | 10 | 美属萨摩亚 | 0.50 | 10 | 关岛 | 0.70 | 10 | 澳大利亚 | 0.94 | 10 |
| **中国** | **0.11** | **76** | **中国** | **0.10** | **130** | **中国** | **0.10** | **156** | **中国** | **0.25** | **98** |

注：向 FAO 报告 1986 年、1996 年、2006 年和 2016 年淡水鱼养殖产量、产值的国家（地区）分别有 101 个、140 个、161 个和 169 个。

中国的淡水鱼单位养殖产值情况。中国的淡水鱼单位养殖产值变动幅度不大，近些年有所提高，但是和世界排名前十国家（地区）差距很大，单位养殖产值非常低。从数据反映来看，选定年份 1986 年、1996 年、2006 年、2016 年分别为 0.11 万美元/吨（世界排名第 76 位）、0.1 万美元/吨（世界排名第 130 位）、0.1 万美元/吨（世界排名第 156 位）、0.25 万美元/吨（世界排名第 98 位），同时考虑向 FAO 报告其 1986 年、1996 年、2006 年和 2016 年淡水鱼养殖产量、产值的国家（地区）分别有 101 个、140 个、161 个和 169 个，中国的淡水鱼单位养殖产值排名十分靠后。

## 第三节　世界与中国淡水鱼产业贸易概况

本节旨在从贸易的角度，考察世界和中国淡水鱼进（出）口量、进（出）口额和进（出）口均价的变动情况，理清四个选定年份在上述指标的排名中位居前十的国家（地区）及中国的具体位次。

在 FAO 数据库 FishStatJ 中，上述时间序列数据的跨度不完全一致。其中，世界淡水鱼进（出）口量（额）和进（出）口均价的时间跨度为 1976—2016 年，而中国淡水鱼进（出）口量、进（出）口额和进（出）口均价的时间跨度为 1987—2016 年。

### 一、世界与中国淡水鱼进口贸易变动趋势

#### （一）世界与中国淡水鱼进口量、进口额变动趋势

世界淡水鱼进口量保持持续增长的态势（见图 5－6），进入 21 世纪后增长较之前明显加快，但是需要指出的是，在 2008—2011 年经历了短暂的停滞期，淡水鱼进口量基本维持在 93.61 万吨上下。2016 年世界淡水鱼进口量为 150.74 万吨，较 1976 年增加 143.75 万吨，年均增加 3.59 万吨，年均增长率为 7.98%。而中国淡水鱼进口量则要少得多，虽然每年进口量在持续增加，但是总量规模极小，2016 年淡水鱼进口量仅 3.69 万吨，说明中国的淡水鱼基本能实现自给自足。

世界淡水鱼进口额变化趋势基本和进口量相似，总体保持了持续增加的态势。需要指出的是，除了 2009 年世界淡水鱼进口额有所下滑外，2014 年达到历史最高进口额 50.86 亿美元后，之后又开始经历进口额下滑的趋势，2016 年下降到 44.66 亿美元。总体而言，1976 年以来，世界淡水鱼进口额年均增加 1.08 亿美元，年均增长率保持在 9.28%，略快于进口量增长速度。中国的淡水鱼进口额与进口量类似，虽然在逐年增加，但是规模很小，2016 年中国淡水鱼进口额仅 0.79 亿美元。

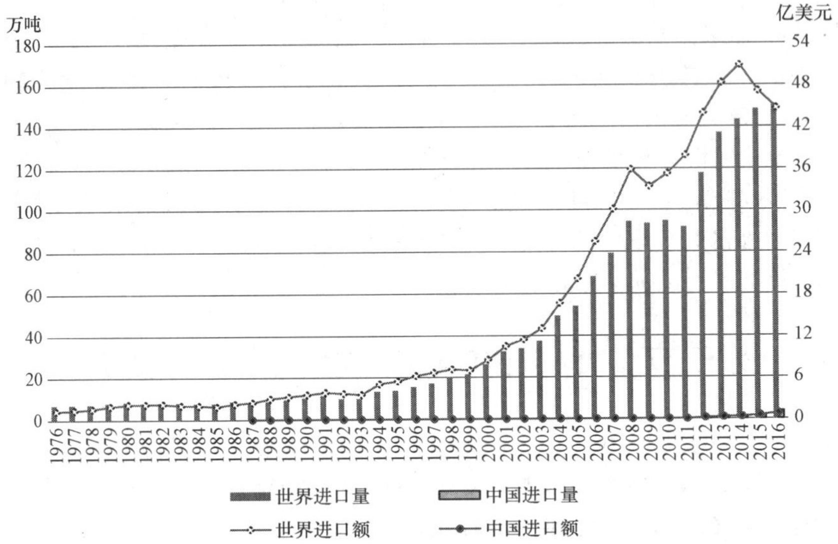


**图 5-6　1976—2016 年世界与中国淡水鱼进口量、进口额变动趋势**[①]

## （二）世界与中国淡水鱼进口均价变动趋势

世界淡水鱼进口均价变动幅度较大，不过跨期较长。从图 5-7 反映轨迹来看，大体可以分为三个阶段。第一阶段（1976—1996 年），这个阶段基本保持了持续增加的趋势，虽然有所波动，但是幅度不大，最高增长 18.64%，最高下降 10.53%，世界淡水鱼进口均价由 1976 年的 0.18 万美元/吨增加到 1996 年的 0.41 美元/吨。第二阶段（1997—2011 年），这个阶段经历了先下降后增长的近似倒“U”型轨迹，最低点在 2000 年和 2001 年的 0.32 万美元/吨，之后小幅度在 0.37 万美元/吨至 0.38 万美元/吨之间起伏，在 2011 年出现反弹，进口均价为 0.41 美元/吨。第三阶段（2012—2016 年），这个阶段世界淡水鱼进口均价是持续下降的，由 2012 年的 0.37 万美元/吨一路下跌到 2016 年的 0.3 美元/吨。

中国的淡水鱼进口均价虽然在个别年份缺失，但从已有数据来看，中国的淡水鱼进口均价变动幅度较大，大部分年份低于世界水平。2010—2016 年进口均价下滑趋势明显，由 2010 年的 0.54 美元/吨下降到 2016 年的 0.21 美元/吨。

① 中国淡水鱼进口量数据缺失年份为1989年、1991年、1992年、1994年、1997年、1999年、2000年、2001年和2004年；中国淡水鱼进口额数据缺失年份为1989年、1991年、1992年、1994年、1999年和2000年。

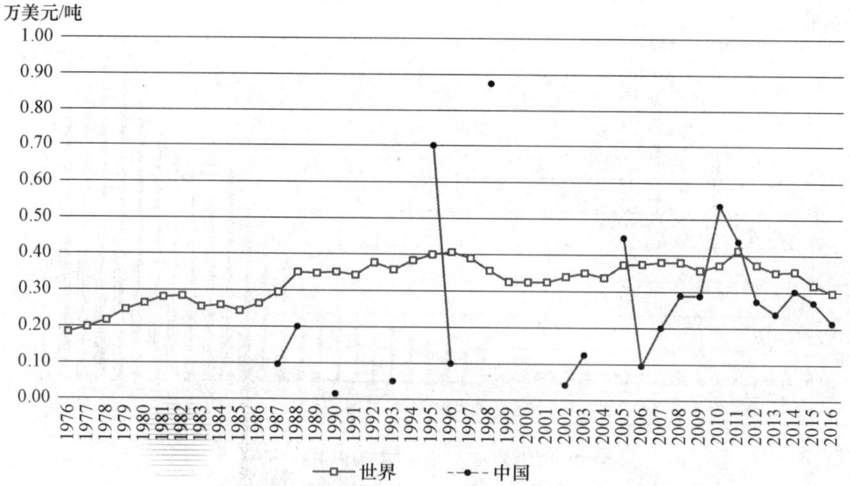


图 5－7　1976—2016 年世界与中国淡水鱼进口均价变动趋势[①]

## 二、世界与中国淡水鱼出口贸易变动趋势

### （一）世界与中国淡水鱼出口量、出口额变动趋势

对比图 5－6 和图 5－8 可以发现，世界淡水鱼出口量少于同期进口量，但是二者的变化趋势几乎趋于同步，进入 21 世纪后淡水鱼出口量增加明显增快，1976—1999 年年均增长率为 8.65%，2000—2016 年为 11.3%。2016 年世界淡水鱼出口量为 117.85 万吨，较 1976 年增加 115.05 万吨，年均增加 2.88 万吨，年均增长率为 9.8%。相比进口量，中国的淡水鱼出口量要可观的多。进入 21 世纪后，中国的淡水鱼出口量增加明显，但是近几年稍有下滑，2016 年中国的淡水鱼出口量为 46.31 万吨。2000—2016 年，中国淡水鱼出口量年均增加 2.88 万吨，年均增长率为 37.35%，增长速度非常快。

对比图 5－6，世界的淡水鱼出口额同样低于同期进口额，二者的变化趋势同样类似。世界淡水鱼出口额基本保持了持续增加的态势，但是幅度小于进口额，近几年世界淡水鱼出口额增速放缓，有下降趋势，2012—2016 年世界淡水鱼出口额均值为 37.22 亿美元。2016 年世界淡水鱼出口额为 44.66 亿美元，较 1976 年增加 34.9 亿美元，年均增长率为 10.64%，略快于世界进口额增长速度。中国的淡水鱼出口额增长速度很快，虽然近几年有下滑的趋势，即使这样，2016 年中国淡水鱼出口额实现 15.33 亿美元，占世界水鱼总出口额 43%，中国淡水鱼出口额历史最高在 2014 年，为 18.07 亿美元。

① 中国淡水鱼进口均价数据缺失年份为1989年、1991年、1992年、1994年、1997年、1999—2001年和2004年。

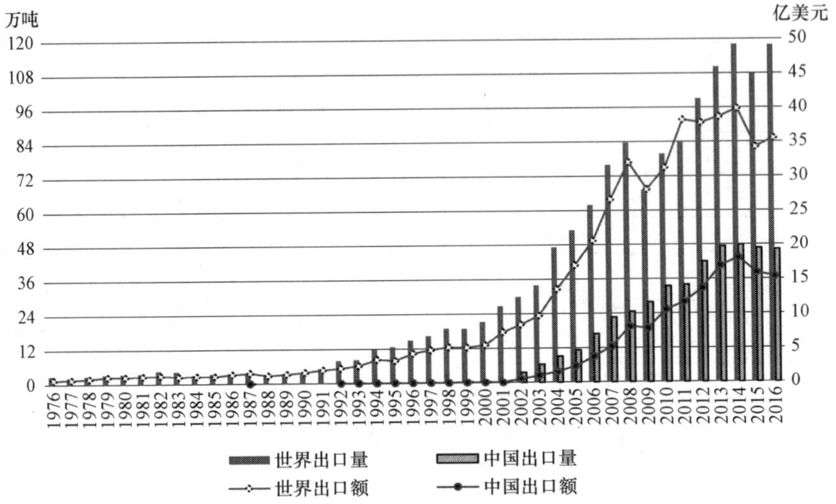


**图 5-8　1976—2016 年世界与中国淡水鱼出口量、出口额变动趋势**

## （二）世界与中国淡水鱼出口均价变动趋势

世界淡水鱼出口均价变动幅度比较大，从图 5-9 中可以看到，世界淡水鱼出口均价变动经历了几个波动期，增幅较为突出的波动期在 21 世纪 80 年代，1988 年达到本期世界淡水鱼出口均价最高的 0.45 万美元/吨。最近的一次发生在 21 世纪，出口均价最高的是 2011 年的 0.46 万美元/吨，这也是世界淡水鱼出

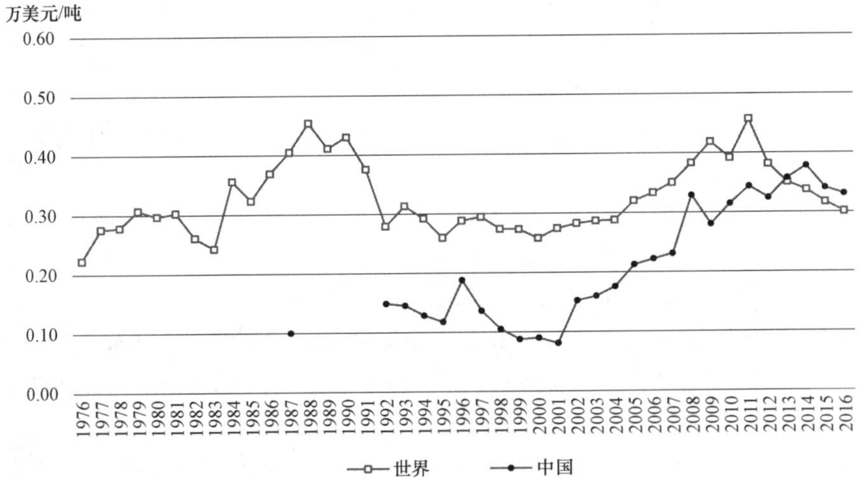


**图 5-9　1976—2016 年世界与中国淡水鱼出口均价变动趋势**[①]

① 中国淡水鱼出口均价数据缺失年份为1988—1991年。

口均价历史最高值，2016 年降到 0.3 万美元/吨。而中国的淡水鱼出口均价在进入 21 世纪后基本保持了持续增长的态势，在 2013 年之后中国淡水鱼出口均价首次超过世界出口均价，近几年虽然同世界淡水鱼出口均价一样有下滑的趋势，但是中国的淡水鱼出口均价依然高于世界，2016 年中国淡水鱼出口均价为 0.33 万美元/吨。

## 第四节　中国在世界淡水鱼产业贸易中的地位

本节主要目的是掌握世界上主要的淡水鱼贸易国（地区），进而确定中国在世界淡水鱼进出口贸易中的地位。本部分所说的世界数据包括中国数据，选取的四个年份是 1986 年①、1996 年、2006 年和 2016 年，选用的指标有 6 个，分别为淡水鱼进（出）口量、进（出）口额和进（出）口均价。

### 一、淡水鱼进口贸易排名前十国（地区）及中国的位次

世界淡水鱼进口量增长十分明显。世界淡水鱼进口量在选定年份 1986 年、1996 年、2006 年、2016 年分别为 8.63 万吨、15.36 万吨、68.06 万吨、154.43 万吨（见表 5－6）。此外，世界淡水鱼进口量集中程度急剧下降，呈分散发展趋势，从数据来看，1986 年、1996 年、2006 年、2016 年前十国（地区）占比分别为 94.9%、85.12%、79.67%、55.45%，这说明排名前十以外的国家（地区）淡水鱼进口量增加速度很快。从表 5－6 我们可以发现，美国、中国香港、荷兰、德国、意大利、法国等是世界淡水鱼进口大国（地区）。2016 年墨西哥、沙特阿拉伯、科特迪瓦、巴西淡水鱼进口量增加明显，首次出现在世界淡水鱼进口量排名前十国（地区）榜单中。美国优势比较明显，1996 年之后在几个选定年份里均居世界第一，2016 年美国淡水鱼进口量为 35.88 万吨，较 2006 年增加 13.59 万吨；2016 年占比为 23.23%，较 2006 年下降 9.51 个百分点。

**表 5－6　　选定年份世界淡水鱼进口量排名前十国（地区）**

单位：万吨，%

| 1986 | | | 1996 | | | 2006 | | | 2016 | | |
|---|---|---|---|---|---|---|---|---|---|---|---|
| 国家（地区） | 数值 | 占比 | 国家（地区） | 数值 | 占比 | 国家（地区） | 数值 | 占比 | 国家（地区） | 数值 | 占比 |
| 中国香港 | 4.52 | 52.44 | 美国 | 3.53 | 22.96 | 美国 | 22.28 | 32.74 | 美国 | 35.88 | 23.23 |

① 中国淡水鱼进出口贸易数据起始年份是1987年，因此本节1986年所有指标没有中国数据。

续表

| 1986 | | | 1996 | | | 2006 | | | 2016 | | |
|---|---|---|---|---|---|---|---|---|---|---|---|
| 国家（地区） | 数值 | 占比 | 国家（地区） | 数值 | 占比 | 国家（地区） | 数值 | 占比 | 国家（地区） | 数值 | 占比 |
| 美国 | 1.56 | 18.10 | 中国香港 | 2.53 | 16.47 | 荷兰 | 4.38 | 6.44 | 墨西哥 | 12.35 | 8.00 |
| 德国 | 0.56 | 6.49 | 荷兰 | 1.50 | 9.76 | 俄罗斯 | 4.04 | 5.93 | 沙特阿拉伯 | 7.64 | 4.95 |
| 法国 | 0.43 | 4.99 | 德国 | 1.28 | 8.31 | 德国 | 4.03 | 5.93 | 中国香港 | 6.81 | 4.41 |
| 瑞士 | 0.24 | 2.75 | 西班牙 | 0.90 | 5.89 | 法国 | 3.80 | 5.58 | 科特迪瓦 | 4.58 | 2.96 |
| 英国 | 0.22 | 2.54 | 英国 | 0.88 | 5.70 | 西班牙 | 3.73 | 5.48 | 巴西 | 3.78 | 2.45 |
| 加拿大 | 0.21 | 2.43 | 法国 | 0.83 | 5.37 | 中国香港 | 3.30 | 4.85 | **中国** | **3.69** | **2.39** |
| 比利时 | 0.17 | 1.99 | 比利时 | 0.60 | 3.92 | 波兰 | 3.01 | 4.42 | 荷兰 | 3.64 | 2.36 |
| 意大利 | 0.17 | 1.94 | 意大利 | 0.55 | 3.61 | 比利时 | 2.99 | 4.39 | 德国 | 3.64 | 2.36 |
| 马来西亚 | 0.11 | 1.23 | 瑞士 | 0.48 | 3.13 | 意大利 | 2.65 | 3.90 | 哥伦比亚 | 3.62 | 2.35 |
| **合计** | **8.19** | **94.90** | **合计** | **13.07** | **85.12** | **合计** | **54.23** | **79.67** | **合计** | **85.63** | **55.45** |
| **中国** | — | — | **中国** | **0.000 1** | **0.001** | **中国** | **0.007** | **0.01** | | | |
| **世界** | **8.63** | **100.00** | **世界** | **15.36** | **100.00** | **世界** | **68.06** | **100.00** | **世界** | **154.43** | **100.00** |

注：向 FAO 报告 1986 年、1996 年、2006 年和 2016 年淡水鱼进口量的国家（地区）分别有 29 个、47 个、84 个和 178 个。1996 年、2006 年中国分别排名第 47 位、第 57 位。

相比较之下，前面我们已经具体分析过，中国的淡水鱼进口量较少，2016 年淡水鱼进口量为 3.69 万吨，占比 2.39%，世界排名第 7 位，首次进入世界前十位，同期落后于美国、墨西哥、沙特阿拉伯、中国香港、科特迪瓦、巴西。

世界淡水鱼进口额同样增加明显，几个选定年份 1986 年、1996 年、2006 年、2016 年世界淡水鱼进口额分别为 2.27 亿美元、6.23 亿美元、25.5 亿美元、45.45 亿美元（见表 5-7）。与进口量相似的是，世界淡水鱼进口额分散趋势明显，前十国家（地区）占比由 1986 年的 94.61%下降到 2016 年的 62.8%。对比表 5-6，可以发现，进口量大国在进口额方面有着同样的表现，世界进口额国家主要集中在美国、中国香港、德国、法国、荷兰、意大利、比利时、英国、西班牙，变动幅度不大。中国的淡水鱼进口额相比世界前十国（地区）非常小，

2016 年中国进口额仅 0.79 亿美元，世界排名第 12 位，与同期排名第一的美国相差了 13.75 亿美元。

**表 5－7　　选定年份世界淡水鱼进口额排名前十国（地区）**

单位：亿美元，%

| 1986 | | | 1996 | | | 2006 | | | 2016 | | |
|---|---|---|---|---|---|---|---|---|---|---|---|
| 国家（地区） | 数值 | 占比 | 国家（地区） | 数值 | 占比 | 国家（地区） | 数值 | 占比 | 国家（地区） | 数值 | 占比 |
| 中国香港 | 0.68 | 30.11 | 美国 | 1.31 | 21.00 | 美国 | 8.25 | 32.36 | 美国 | 14.54 | 31.99 |
| 美国 | 0.64 | 28.39 | 德国 | 0.73 | 11.72 | 法国 | 2.13 | 8.35 | 墨西哥 | 2.50 | 5.49 |
| 德国 | 0.24 | 10.49 | 荷兰 | 0.66 | 10.63 | 德国 | 2.03 | 7.97 | 中国香港 | 2.20 | 4.84 |
| 法国 | 0.19 | 8.33 | 法国 | 0.52 | 8.33 | 荷兰 | 1.82 | 7.15 | 德国 | 1.92 | 4.22 |
| 瑞士 | 0.13 | 5.69 | 西班牙 | 0.45 | 7.18 | 西班牙 | 1.58 | 6.20 | 荷兰 | 1.46 | 3.22 |
| 英国 | 0.07 | 3.27 | 瑞士 | 0.43 | 6.89 | 意大利 | 1.29 | 5.05 | 沙特阿拉伯 | 1.25 | 2.75 |
| 新加坡 | 0.05 | 2.27 | 中国香港 | 0.42 | 6.81 | 比利时 | 1.28 | 5.01 | 意大利 | 1.23 | 2.71 |
| 比利时 | 0.05 | 2.16 | 英国 | 0.39 | 6.27 | 英国 | 1.04 | 4.07 | 英国 | 1.22 | 2.69 |
| 意大利 | 0.05 | 2.07 | 比利时 | 0.32 | 5.06 | 波兰 | 0.85 | 3.32 | 西班牙 | 1.13 | 2.48 |
| 加拿大 | 0.04 | 1.83 | 意大利 | 0.30 | 4.86 | 瑞士 | 0.80 | 3.16 | 比利时 | 1.10 | 2.41 |
| **合计** | **2.15** | **94.61** | **合计** | **5.53** | **88.75** | **合计** | **21.07** | **82.62** | **合计** | **28.54** | **62.80** |
| **中国** | — | — | **中国** | **0.000 01** | **0.000 2** | **中国** | **0.000 7** | **0.003** | **中国** | **0.79** | **1.74** |
| **世界** | **2.27** | **100.00** | **世界** | **6.23** | **100.00** | **世界** | **25.50** | **100.00** | **世界** | **45.45** | **100.00** |

注：向 FAO 报告 1986 年、1996 年、2006 年和 2016 年世界淡水鱼进口额的国家（地区）分别有 36 个、61 个、91 个和 184 个。1996 年、2006 年、2016 年中国分别排名第 58 位、第 70 位、第 12 位。

淡水鱼进口均价方面，中国淡水鱼进口均价相比较于排名靠前的国家（地区）非常低，差距非常大。从表 5－8 中的数据来看，1986 年、1996 年、2006 年、2016 年进口均价排名第一的国家分别是新加坡（2.55 万美元/吨）、日本（8 万美元/吨）、南非（6.8 万美元/吨）、阿根廷（4.33 万美元/吨）。相比之下，中国要低得多，中国淡水鱼进口均价 1996 年为 0.1 万美元/吨（第 41 位）、2006 年为 0.1 万美元/吨（第 75 位）、2016 年为 0.21 万美元/吨（第 106 位），中国淡水鱼进口均价排名十分靠后。

表 5-8　　选定年份世界淡水鱼进口均价排名前十国（地区）

单位：万美元/吨

| 1986 | | | 1996 | | | 2006 | | | 2016 | | |
|---|---|---|---|---|---|---|---|---|---|---|---|
| 国家（地区） | 数值 | 位次 | 国家（地区） | 数值 | 位次 | 国家（地区） | 数值 | 位次 | 国家（地区） | 数值 | 位次 |
| 新加坡 | 2.55 | 1 | 日本 | 8.00 | 1 | 南非 | 6.80 | 1 | 阿根廷 | 4.33 | 1 |
| 西班牙 | 2.39 | 2 | 南非 | 4.20 | 2 | 黑山 | 3.90 | 2 | 法罗群岛 | 3.20 | 2 |
| 科特迪瓦 | 1.07 | 3 | 塞浦路斯 | 2.48 | 3 | 摩洛哥 | 1.58 | 3 | 亚美尼亚 | 2.20 | 3 |
| 挪威 | 0.70 | 4 | 瑞士 | 0.89 | 4 | 百慕大群岛 | 1.12 | 4 | 冰岛 | 2.03 | 4 |
| 喀麦隆 | 0.66 | 5 | 保加利亚 | 0.86 | 5 | 克罗地亚 | 1.10 | 5 | 格林纳达 | 1.50 | 5 |
| 瑞士 | 0.54 | 6 | 芬兰 | 0.80 | 6 | 卢森堡 | 0.93 | 6 | 马拉维 | 1.48 | 6 |
| 爱尔兰 | 0.50 | 7 | 中国台湾 | 0.73 | 7 | 瑞士 | 0.86 | 7 | 格陵兰岛 | 1.20 | 7 |
| 丹麦 | 0.47 | 8 | 瑞典 | 0.71 | 8 | 伊朗 | 0.75 | 8 | 挪威 | 0.94 | 8 |
| 法国 | 0.44 | 9 | 法国 | 0.63 | 9 | 芬兰 | 0.71 | 9 | 瑞士 | 0.87 | 9 |
| 德国 | 0.43 | 10 | 爱尔兰 | 0.58 | 10 | 科威特 | 0.70 | 10 | 中非 | 0.82 | 10 |
| **中国** | — | — | **中国** | **0.10** | **41** | **中国** | **0.10** | **75** | **中国** | **0.21** | **106** |

注：向 FAO 报告 1986 年、1996 年、2006 年和 2016 年淡水鱼进口量和进口额的国家（地区）分别有 29 个、47 个、83 个和 177 个。

## 二、淡水鱼出口贸易排名前十国（地区）及中国的位次

世界淡水鱼同期出口量与进口量相差不大，出口量略多于进口量，二者变化趋势相似，都呈持续增加的态势。2016 年世界淡水鱼出口量达到 164.16 万吨，较 1986 年增加 160.41 万吨。与进口量有所区别的是，世界淡水鱼出口量集中程度要高于进口量，也没有迹象表明有下降趋势，但是根据已有数据，我们也不能判断出是否有加剧趋势，排名前十国（地区）占比在选定年份里保持在 80% 以上。淡水鱼出口量大国（地区）主要有越南、中国、印度尼西亚、中国台湾、乌干达，2016 年缅甸和泰国淡水鱼出口量增加明显，排名上升幅度很大。从表 5-9 反映来看，东南亚国家淡水鱼出口量增加趋势明显。

中国淡水鱼出口量在 2006 年首次进入世界出口量排名前十国（地区），当年中国淡水鱼出口量为 16.95 万吨，占世界淡水鱼总出口量的 21.49%，排名世界第二，仅落后于越南，与越南差距 6.05 万吨。2016 年中国淡水鱼出口量增加到 46.31 万吨，占比增加至 28.21%，依然排名世界第二，但是与排第一的越南差距有所拉大，差距为 17.12 万吨，2016 年越南淡水鱼出口量占世界淡水鱼总

出口量的38.64%。

表5－9　　　　选定年份世界淡水鱼出口量排名前十国（地区）

单位：万吨，%

| 1986 | | | 1996 | | | 2006 | | | 2016 | | |
|---|---|---|---|---|---|---|---|---|---|---|---|
| 国家（地区） | 数值 | 占比 | 国家（地区） | 数值 | 占比 | 国家（地区） | 数值 | 占比 | 国家（地区） | 数值 | 占比 |
| 加拿大 | 1.13 | 30.18 | 坦桑尼亚 | 2.03 | 13.53 | 越南 | 23.00 | 29.16 | 越南 | 63.44 | 38.64 |
| 匈牙利 | 0.79 | 20.89 | 中国台湾 | 1.84 | 12.23 | **中国** | **16.95** | **21.49** | **中国** | **46.31** | **28.21** |
| 巴西 | 0.39 | 10.36 | 乌干达 | 1.64 | 10.92 | 荷兰 | 3.97 | 5.03 | 缅甸 | 7.74 | 4.72 |
| 南斯拉夫 | 0.28 | 7.40 | 肯尼亚 | 1.41 | 9.42 | 中国台湾 | 3.81 | 4.83 | 印度尼西亚 | 6.86 | 4.18 |
| 荷兰 | 0.17 | 4.55 | 印度尼西亚 | 1.11 | 7.36 | 乌干达 | 3.53 | 4.47 | 泰国 | 2.72 | 1.66 |
| 瑞典 | 0.14 | 3.59 | 加拿大 | 1.06 | 7.04 | 坦桑尼亚 | 3.35 | 4.24 | 毛里塔尼亚 | 2.64 | 1.61 |
| 法国 | 0.13 | 3.55 | 荷兰 | 0.89 | 5.92 | 阿根廷 | 2.63 | 3.33 | 荷兰 | 2.56 | 1.56 |
| 德国 | 0.13 | 3.36 | 捷克 | 0.89 | 5.90 | 比利时 | 2.62 | 3.32 | 中国台湾 | 2.19 | 1.33 |
| 马里 | 0.11 | 2.93 | 柬埔寨 | 0.84 | 5.62 | 泰国 | 2.10 | 2.66 | 阿根廷 | 1.83 | 1.12 |
| 丹麦 | 0.07 | 1.76 | 哈萨克斯坦 | 0.51 | 3.40 | 印度尼西亚 | 1.53 | 1.94 | 乌干达 | 1.63 | 0.99 |
| **合计** | **3.33** | **88.57** | **合计** | **12.21** | **81.35** | **合计** | **63.48** | **80.48** | **合计** | **137.92** | **84.02** |
| **中国** | **—** | **—** | **中国** | **0.005** | **0.03** | | | | | | |
| **世界** | **3.76** | **100.00** | **世界** | **15.01** | **100.00** | **世界** | **78.87** | **100.00** | **世界** | **164.16** | **100.00** |

说明：向FAO报告其1986年、1996年、2006年和2016年淡水鱼出口量的国家（地区）分别有34个、54个、73个和118个。1996年中国排名第43位。

世界淡水鱼出口额与进口额差距不大。选定年份进口额一般略多于出口额，但是2016年世界淡水鱼出口额首次超过进口额。世界淡水鱼出口额总量增加非常明显（见表5－10），2016年世界淡水鱼出口额达到50.85亿美元，较2006年增加26.45亿美元。世界排名前十国（地区）贡献了世界淡水鱼进口额的绝大多数份额，在四个选定年份里占比均在 78%以上。越南、中国、加拿大、荷兰、乌干达、比利时这几个国家淡水鱼进口额数量较大，这与世界淡水鱼进口量大国（地区）稍有区别，东南亚国家在进口额表现不突出。

选定年份里，中国淡水鱼出口额同样在2006年进入前十，当年实现淡水鱼出口额3.76亿美元，出口额占世界淡水鱼出口总额的15.41%，排名世界第二，落后于越南。但是与出口量不同的是，中国淡水鱼出口额增长速度很快，虽然2016年同样居世界第二，但是与排名第一的越南差距越来越小，2016年中国实现淡水鱼出口额15.33亿美元，占世界淡水鱼出口总额的30.15%，同期排名第一的越南淡水鱼出口额17.13亿美元，出口额占世界的33.69%，这说明中国的淡水鱼出口均价是高于越南的。

**表5－10　　选定年份世界淡水鱼出口额排名前十国（地区）**

单位：亿美元，%

| 1986 | | | 1996 | | | 2006 | | | 2016 | | |
|---|---|---|---|---|---|---|---|---|---|---|---|
| 国家（地区） | 数值 | 占比 | 国家（地区） | 数值 | 占比 | 国家（地区） | 数值 | 占比 | 国家（地区） | 数值 | 占比 |
| 加拿大 | 0.52 | 37.46 | 加拿大 | 0.65 | 15.12 | 越南 | 6.39 | 26.19 | 越南 | 17.13 | 33.69 |
| 新加坡 | 0.22 | 15.57 | 荷兰 | 0.52 | 12.12 | **中国** | **3.76** | **15.41** | **中国** | **15.33** | **30.15** |
| 中国香港 | 0.08 | 6.09 | 肯尼亚 | 0.44 | 10.14 | 荷兰 | 2.17 | 8.88 | 印度尼西亚 | 1.80 | 3.53 |
| 荷兰 | 0.08 | 5.45 | 乌干达 | 0.40 | 9.19 | 乌干达 | 1.39 | 5.71 | 荷兰 | 1.63 | 3.20 |
| 德国 | 0.07 | 5.10 | 坦桑尼亚 | 0.33 | 7.68 | 坦桑尼亚 | 1.18 | 4.85 | 乌干达 | 0.82 | 1.62 |
| 匈牙利 | 0.06 | 4.66 | 中国台湾 | 0.33 | 7.53 | 比利时 | 1.13 | 4.62 | 德国 | 0.82 | 1.61 |
| 巴西 | 0.05 | 3.87 | 捷克 | 0.25 | 5.80 | 丹麦 | 0.97 | 3.99 | 加拿大 | 0.80 | 1.57 |
| 瑞典 | 0.04 | 2.98 | 比利时 | 0.21 | 4.79 | 加拿大 | 0.78 | 3.18 | 缅甸 | 0.80 | 1.57 |
| 法国 | 0.03 | 2.45 | 丹麦 | 0.18 | 4.13 | 法国 | 0.72 | 2.94 | 比利时 | 0.62 | 1.23 |
| 南斯拉夫 | 0.03 | 2.36 | 印度尼西亚 | 0.15 | 3.37 | 俄罗斯 | 0.68 | 2.79 | 洪都拉斯 | 0.58 | 1.14 |
| **合计** | **1.19** | **85.98** | **合计** | **3.46** | **79.87** | **合计** | **19.17** | **78.56** | **合计** | **40.33** | **79.31** |
| **中国** | — | — | **中国** | **0.000 9** | **0.02** | | | | | | |
| **世界** | **1.39** | **100.00** | **世界** | **4.33** | **100.00** | **世界** | **24.40** | **100.00** | **世界** | **50.85** | **100.00** |

注：向FAO报告1986年、1996年、2006年和2016年淡水鱼出口额的国家（地区）分别有36个、57个、80个和134个。1996年中国排名第45位。

下面我们来看选定年份世界淡水鱼出口均价排名前十国（地区）情况，如表 5－11 所示。观察表 5－9、表 5－10，对比表 5－11，可以发现，大多数世界淡水鱼出口量大国（地区）和出口额大国（地区）在出口均价方面排名不突出。即使上榜的国家（地区）排名表现也一般，上榜的国家主要集中在一些小国（地区），不过发达体居多。选定年份里排名第一的国家（地区）的淡水鱼出口均价很高，且出口均价有升高的趋势。从数据来看，1986 年、1996 年、2006 年、2016 年出口均价分别为中国香港（24.81 万美元/吨）、日本（9.62 万美元/吨）、菲律宾（11.21 万美元/吨）、以色列（22.56 万美元/吨）。中国淡水鱼出口均价相比较排名前十国（地区）并不高，即使出口均价在持续提升，但是差距仍然很大，2016 年淡水鱼出口均价为 0.33 万美元/吨，世界排名第 59 位，中国的排名在持续下降，不过中国的淡水鱼出口均价与世界前十的国家（地区）差距越来越大是明显的事实。

**表 5－11　　选定年份世界淡水鱼出口均价排名前十国（地区）**

单位：万美元/吨

| 1986 | | | 1996 | | | 2006 | | | 2016 | | |
|---|---|---|---|---|---|---|---|---|---|---|---|
| 国家（地区） | 数值 | 位次 | 国家（地区） | 数值 | 位次 | 国家（地区） | 数值 | 位次 | 国家（地区） | 数值 | 位次 |
| 中国香港 | 24.81 | 1 | 日本 | 9.62 | 1 | 菲律宾 | 11.21 | 1 | 以色列 | 22.56 | 1 |
| 日本 | 8.60 | 2 | 新西兰 | 3.50 | 2 | 日本 | 2.68 | 2 | 日本 | 11.35 | 2 |
| 新加坡 | 7.49 | 3 | 德国 | 1.21 | 3 | 澳大利亚 | 1.40 | 3 | 几内亚 | 6.70 | 3 |
| 韩国 | 1.24 | 4 | 葡萄牙 | 1.20 | 4 | 斯洛伐克 | 1.20 | 4 | 瑞士 | 3.10 | 4 |
| 意大利 | 0.78 | 5 | 瑞士 | 1.15 | 5 | 奥地利 | 0.96 | 5 | 海地 | 2.28 | 5 |
| 津巴布韦 | 0.78 | 6 | 法国 | 0.89 | 6 | 卢森堡 | 0.92 | 6 | 澳大利亚 | 1.75 | 6 |
| 英国 | 0.62 | 7 | 美国 | 0.85 | 7 | 爱沙尼亚 | 0.88 | 7 | 斯里兰卡 | 1.54 | 7 |
| 德国 | 0.56 | 8 | 英国 | 0.65 | 8 | 瑞典 | 0.86 | 8 | 韩国 | 1.53 | 8 |
| 瑞士 | 0.49 | 9 | 意大利 | 0.65 | 9 | 波兰 | 0.82 | 9 | 新加坡 | 1.51 | 9 |
| 加拿大 | 0.46 | 10 | 韩国 | 0.64 | 10 | 斯里兰卡 | 0.79 | 10 | 黑山 | 1.40 | 10 |
| **中国** | — | — | **中国** | **0.19** | **36** | **中国** | **0.22** | **56** | **中国** | **0.33** | **59** |

注：向 FAO 报告 1986 年、1996 年、2006 年和 2016 年淡水鱼出口量和出口额的国家（地区）分别有 34 个、54 个、73 个和 118 个。

# 第五节　中国在世界淡水鱼产业出口产量比中的地位

世界淡水鱼产量大国和出口量大国在出口产量占比方面表现并不突出，对比表5-1、表5-9，可以发现，鲜少有国家出现在表5-12中。观察表5-12，可以看出世界淡水鱼出口产量排名靠前的国家（地区）占比非常高，说明这些国家（地区）的淡水鱼主要用于出口，国内市场消费很少。数据反映来看，例如在选定年份1986年、1996年、2006年、2016年排名第一的国家（地区）为荷兰（93.7%）、蒙古国（88.24%）、爱沙尼亚（98.7%）、法属波利尼西亚（100%）。再来看中国的淡水鱼出口产量占比，1996年0.000 4%，2006年0.94%，2016年1.57%，说明中国的淡水鱼出口量占总产量的比重极少，几乎全部用于国内市场消费。

**表5-12　选定年份世界淡水鱼出口量在总产量中占比排名前十国（地区）**

单位：%

| 1986 | | | 1996 | | | 2006 | | | 2016 | | |
|---|---|---|---|---|---|---|---|---|---|---|---|
| 国家（地区） | 占比 | 位次 | 国家（地区） | 占比 | 位次 | 国家（地区） | 占比 | 位次 | 国家（地区） | 占比 | 位次 |
| 荷兰 | 93.70 | 1 | 蒙古国 | 88.24 | 1 | 爱沙尼亚 | 98.70 | 1 | 法属波利尼西亚 | 100.00 | 1 |
| 瑞典 | 74.59 | 2 | 加拿大 | 48.11 | 2 | 立陶宛 | 97.86 | 2 | 阿根廷 | 86.81 | 2 |
| 加拿大 | 47.00 | 3 | 捷克 | 42.61 | 3 | 斯洛文尼亚 | 95.90 | 3 | 蒙古国 | 73.33 | 3 |
| 匈牙利 | 21.94 | 4 | 克罗地亚 | 39.44 | 4 | 瑞典 | 81.55 | 4 | 索马里 | 71.50 | 4 |
| 乌拉圭 | 21.60 | 5 | 西班牙 | 26.35 | 5 | 阿根廷 | 76.70 | 5 | 纳米比亚 | 69.45 | 5 |
| 法国 | 13.52 | 6 | 中国台湾 | 26.32 | 6 | 蒙古国 | 76.07 | 6 | 克罗地亚 | 55.61 | 6 |
| 奥地利 | 13.17 | 7 | 尼加拉瓜 | 21.36 | 7 | 西班牙 | 71.82 | 7 | 土耳其 | 55.20 | 7 |
| 南斯拉夫 | 10.66 | 8 | 阿塞拜疆 | 21.32 | 8 | 中国台湾 | 45.64 | 8 | 拉脱维亚 | 53.08 | 8 |
| 瑞士 | 10.32 | 9 | 马来西亚 | 17.60 | 9 | 乌拉圭 | 44.43 | 9 | 捷克 | 51.48 | 9 |

续表

| 1986 | | | 1996 | | | 2006 | | | 2016 | | |
|---|---|---|---|---|---|---|---|---|---|---|---|
| 国家（地区） | 占比 | 位次 | 国家（地区） | 占比 | 位次 | 国家（地区） | 占比 | 位次 | 国家（地区） | 占比 | 位次 |
| 德国 | 4.27 | 10 | 哈萨克斯坦 | 14.04 | 10 | 捷克 | 40.75 | 10 | 加拿大 | 48.15 | 10 |
| **中国** | **—** | **—** | **中国** | **0.000 4** | **47** | **中国** | **0.94** | **45** | **中国** | **1.57** | **62** |

注：向 FAO 报告 1986 年、1996 年、2006 年和 2016 年淡水鱼出口量和总产量的国家（地区）分别有 31 个、53 个、70 个和 113 个。虽然这些国家（地区）都提供了其出口量和总产量数据，但其中有一些国家地区所报告的淡水鱼出口量大于其总产量，也就是说，两者之比超过 100%，此类数据我们称为无效数据，因为这不符合我们设计出口量与产量之比的初衷，即比较不同的水生动植物生产国（地区）所生产的水生动植物有多少用于出口。凡是所提供数据被视作无效的国家（地区）均不在出口量在其产量中占比排名的考虑中。1986 年、1996 年、2006 年和 2016 年报告数据被视作有效的国家（地区）分别有 27 个、47 个、62 个和 95 个，也就是说，上述四个年份其报告数据被视作无效的国家（地区）分别有 4 个、6 个、8 个和 18 个。

## 本章小结

本章主要论述了中国在世界淡水鱼产业中的地位，从表 5－13 可以清楚地看到中国在生产和贸易方面的世界排名情况。主要内容如下。

生产方面。世界（不含中国）与中国淡水鱼历年的产量总体保持了持续增长的态势，东南亚国家的崛起很快。世界（不含中国）淡水鱼产量以各种淡水鱼为主，而中国淡水鱼组成以鲤鱼、鲃、其他鲤科鱼为主。世界（不含中国）的淡水鱼捕捞和养殖地理集聚特征非常明显，世界（不含中国）与中国的淡水鱼捕捞保持了增长之势，但是中国的捕捞产量非常少，以养殖为主。中国淡水鱼养殖产值快于世界增长速度，养殖产值也要高于世界（不含中国）。期初，中国的单位养殖产值非常低，但是近些年增长明显，2008 年之后中国淡水鱼单位养殖产值开始全面超越世界（不含中国），并且已经拉开差距。

贸易方面。世界（不含中国）的淡水鱼进出口量和进出口贸易增长十分明显，相比较之下，中国的淡水鱼进口量和进口额较少。中国淡水鱼出口量和出口额在 2006 年之后增加明显，均排名世界第二，落后于越南，但是中国的淡水鱼出口均价高于越南。此外，中国的进出口均价相比排名靠前的国家而言并不高，中国的淡水鱼出口量占总产量的比重极少，几乎全部用于国内市场消费。

**表 5-13　选定年份中国在世界淡水鱼产业中排名情况一览表**

单位：个

| 指标 | 1986 | | 1996 | | 2006 | | 2016 | |
|---|---|---|---|---|---|---|---|---|
| | 位次 | 报告国（地区）数量 | 位次 | 报告国（地区）数量 | 位次 | 报告国（地区）数量 | 位次 | 报告国（地区）数量 |
| 总产量 | 1 | 132 | 1 | 160 | 1 | 175 | 1 | 180 |
| 捕捞产量 | 2 | 123 | 1 | 145 | 1 | 147 | 1 | 148 |
| 养殖产量 | 1 | 101 | 1 | 140 | 1 | 161 | 1 | 169 |
| 养殖产值 | 1 | 101 | 1 | 140 | 1 | 161 | 1 | 169 |
| 单位养殖产值 | 76 | 101 | 130 | 140 | 156 | 161 | 98 | 169 |
| 进口量 | — | 29 | 47 | 47 | 57 | 84 | 7 | 178 |
| 进口额 | — | 36 | 58 | 61 | 70 | 91 | 12 | 184 |
| 进口均价 | — | 29 | 41 | 47 | 75 | 83 | 106 | 177 |
| 出口量 | — | 34 | 43 | 54 | 2 | 73 | 2 | 118 |
| 出口额 | — | 36 | 45 | 57 | 2 | 80 | 2 | 134 |
| 出口均价 | — | 34 | 36 | 54 | 56 | 73 | 59 | 118 |
| 出口量/产量 | — | 27 | 47 | 47 | 45 | 62 | 62 | 95 |

# 第六章　中国在世界水生植物产业中的地位

本章将考察中国在世界水生植物产业中的地位。本章首先从生产的角度，采用前几章的方法和相关指标，回顾世界和中国水生植物产业在过去一段时间内的动态演变，考察中国在世界水生植物生产中的地位。其次，从贸易的角度，分析世界和中国水生植物进、出口贸易的发展过程，考察中国在世界水生植物产业中的地位。最后，通过水生植物出口量在其总产量中占比这一指标，考察中国水生植物产业对外部市场的依赖状况。

## 第一节　世界与中国水生植物产业发展概况

本部分将考察世界与中国的水生植物生产情况，包括总产量、捕捞产量、养殖产量、养殖产值和单位养殖产值的变动情形。其中，世界水生植物总产量和捕捞产量数据的时间跨度为 1950—2016 年，而养殖产值数据的时间跨度为 1984—2016 年。

### 一、世界与中国水生植物总产量变动趋势

以海藻为主的世界水生植物总量在 21 世纪之前增长缓慢（见图 6－1）。1950—1999 年年均增加 5.85 万吨，年均增长率为 3.78%。进入 21 世纪后增速突然加快，数据反映来看，2000—2016 年年均增加 81.98 万吨，年均增长率为 10.39%。2016 年世界水生植物总产量达到 1 651.16 万吨，较 1950 年增加 28.74 倍，1950—2016 年年均增加 24.18 万吨，年均增长率为 5.27%。由以上分析可知，水生植物的主要贡献时期为 21 世纪。

中国水生植物产量在 20 世纪 90 年代后开始快速发展。1993 年之后中国水生植物产量首次超过世界，并保持了稳定的增长，2016 年中国水生植物总产量为 1471.91 万吨。1990—2016 年，中国年均增加 50.73 万吨，年均增长率为 9.1%，可以发现是慢于进入 21 世纪后的世界水生植物产量增加速度的，2013 年以后世界水生植物产量再次超越中国。

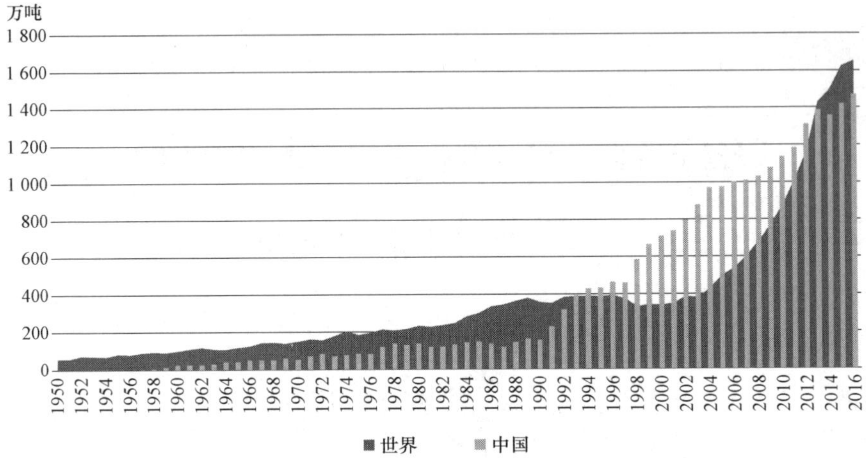


**图 6-1 1950—2016 年世界与中国水生植物总产量变动趋势**[①]

世界水生植物各物种组总产量变动情况如图 6-2 所示。几种藻类变化起伏较大，红藻延续了持续增长的趋势，尤其在进入 21 世纪后，产量直线上升，2000—2016 年年均增加 78.08 万吨，年均增长率为 13.74%，2013 年世界红藻产量突破 1 200 万吨，2016 年红藻总产量为 1 431.88 万吨，红藻已经成为世界第一大水生植物物种。其次是褐藻，褐藻在中华人民共和国成立初期是世界水生植物产量主要贡献来源，褐藻增长速度慢于红藻，呈波浪式缓慢上下浮动，2016 年褐藻总产量为 207.87 万吨，从 1950 年以来年均增加 2.54 万吨，年均增长率为 2.53%。而绿藻和各种水生植物经历了过山车式的增长过程，近些年产量已经非常稀少，2016 年世界绿藻和各种水生植物产量分别为 2.78 万吨和 8.62 万吨。

中国水生植物各物种组总产量变动趋势如图 6-3 所示。与世界不同的是，中国水生植物以褐藻为主，中国的褐藻产量总体呈波浪式上升。2016 年中国褐藻产量达到 902.09 万吨，较 2015 年下降 14.96 万吨，1952 年以来年均增加 14.09 万吨，年均增长率为 17.32%，增加量主要贡献来自 20 世纪 90 年代之后，1990 年之后年均增加 30 万吨。其次是红藻，红藻也基本延续了持续增长的态势，2016 年中国红藻产量为 433.55 万吨，达到历史最高，主要贡献同样来自 20 世纪 90 年代之后，数据反映 1990 年之后年均增加 16.47 万吨。各种水生植物产量变化起伏较大，历史最高产量出现在 2002 年，为 369.79 万吨，2016 年下降为 135.88 万吨。中国的绿藻产量很低，2016 年仅有 0.39 万吨。

① 中国水生植物总产量数据起始年份为1952年。

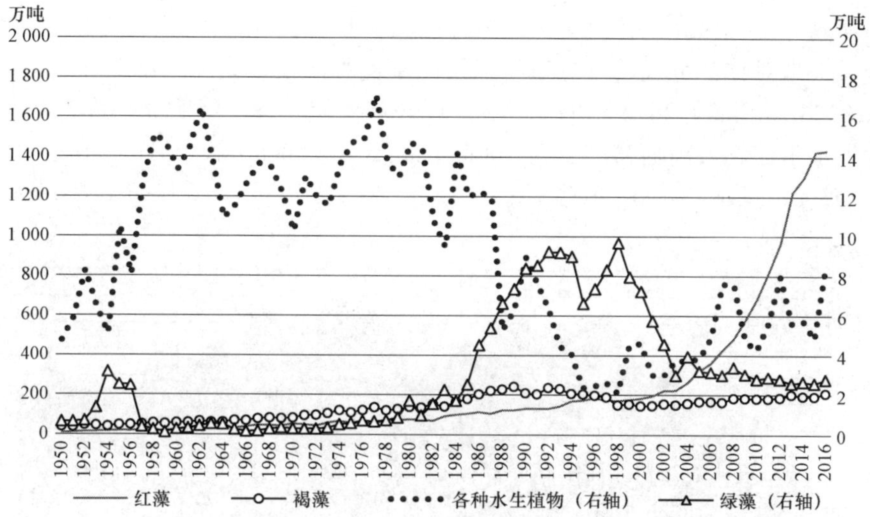


图 6-2　1950—2016 年世界水生植物各物种组总产量变动趋势

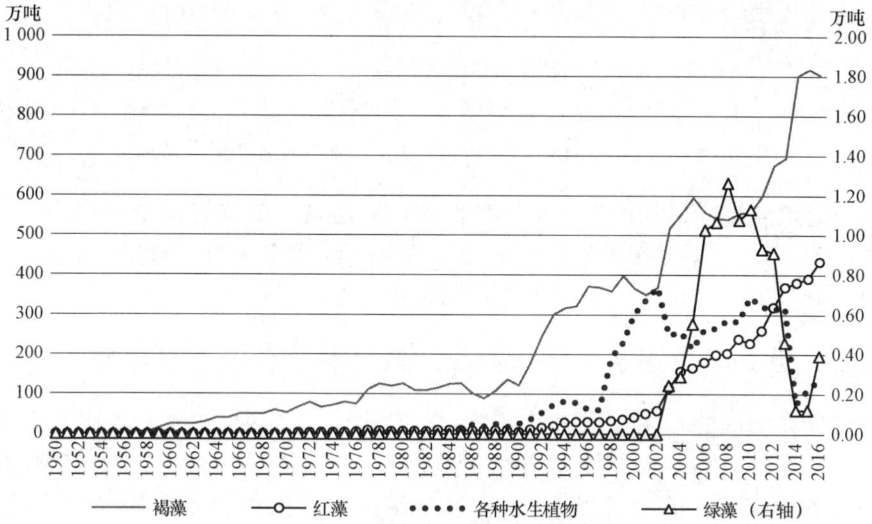


图 6-3　1950—2016 年中国水生植物各物种组总产量变动趋势①

## 二、世界与中国水生植物捕捞产量变动趋势

图 6-4 给出了世界与中国水生植物捕捞产量变动趋势。观察图 6-4 可以发现，世界水生植物捕捞产量波动幅度较大，表现出了周期性的变化趋势：以 1982

① 中国褐藻总产量数据起始年份为1952年，红藻总产量数据起始年份为1971年，各种水生植物总产量数据起始年份为1978年，绿藻总产量数据起始年份为2003年。

年为期限界点，1950—1981 年和 1983—2016 年基本呈倒“U”型变化，两个期间产量基本对称。世界的水生植物捕捞产量占总产量占比在逐年下降，由 1950 年的 93.76%下降到 2016 年的 5.14%，近些年捕捞产量下降明显。进入 21 世纪后世界水生植物最高捕捞产量在 2000 年，为 102.66 万吨，2016 年捕捞产量为 84.82 万吨，基本和 1958 年持平。

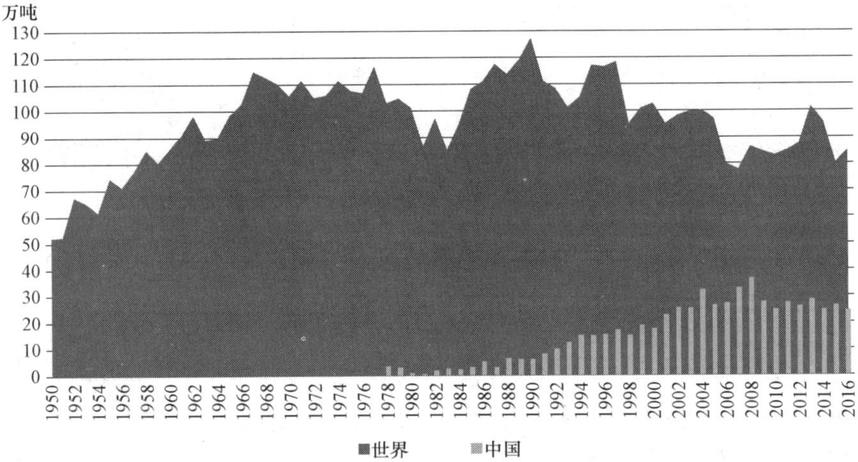


图 6-4　1950—2016 年世界与中国水生植物捕捞产量变动趋势①

中国水生植物捕捞产量占总产量比例同样极低，历年占比在 5%以下。虽然在 20 世纪 80 年之后缓慢增长，但是近些年已经后程乏力，捕捞产量基本趋于稳定，近五年中国水生植物捕捞产量平均值为 25.82 万吨。

## 三、世界与中国水生植物养殖产量、养殖产值变动趋势

世界和中国的水生植物养殖产量占总产量比重（简称养殖量占比）非常高。从图 6-5 可知，1984 年以来，世界水生植物养殖量占比由 66.17%上升到 94.86%，而中国水生植物一直以养殖为主，1984 年中国水生植物养殖量占比已经高达 98.37%，2016 年养殖量占比 98.35%，因此世界与中国的养殖产量变动趋势与总产量变动趋势极为相似，这里不再重复。2016 年世界水生植物养殖产量为 1 566.34 万吨，从 1984 年以来年均增加 43.15 万吨，年均增长率为 6.89%。2016 年中国水生植物养殖产量为 1 447.59 万吨，从 1984 年以来年均增加 40.89 万吨，年均增长率为 7.6%。

再来看水生植物养殖情况。世界水生植物养殖产值增加不明显，从 1984 年的 11.37 亿美元增加到 1994 年的 25.27 亿美元，之后开始了长时间的缓慢回落，

① 中国水生植物捕捞产量数据起始年份为1978年。

2003 年之后开始有所反弹，2012 年达到历史最高产值（34.79 亿美元），之后几年有所下降，2016 年世界水生植物养殖产值为 30.29 亿美元。整体来看，世界水生植物养殖产值从 1984 年以来增加不明显，年均增加仅 0.59 亿美元。中国的水生植物养殖产值增加明显，从 1984 年以来基本延续了持续增加的态势，1998 年之后超越世界。近几年增速有所放缓，2016 年中国水生植物实现养殖产值 86.45 亿美元，与世界差距达到 56.15 亿美元。1984—2016 年，中国水生植物养殖产值年均增加 2.58 亿美元，年均增长率为 10.19%。

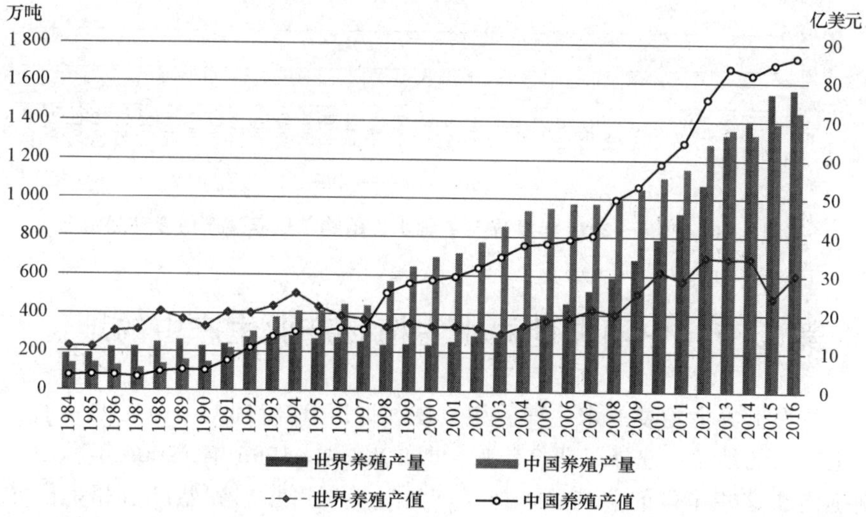


**图 6－5　1984—2016 年世界与中国水生植物养殖产量、产值变动趋势①**

## 四、世界与中国水生植物单位养殖产值变动趋势

单位养殖产值可以衡量养殖水生植物的经济价值，图 6－6 给出了世界与中国水生植物单位养殖产值变动情况。世界的水生植物单位养殖产值经历了短暂的波浪式增长期后，1994 年达到历史最高 0.09 万美元/吨之后开始持续下跌，2015—2016 年基本稳定在 0.02 万美元/吨。中国的水生植物单位养殖产值虽然在起步时较低，仅有 0.03 美元/吨，但是保持了持续的增长，即使速度较慢，1984—2016 年年均增长速度仅有 2.41%，但中国的水生植物单位养殖产值在 2008 年全面超越世界，2016 年为 0.06 万美元/吨，同期与世界的差距为 0.04 万美元/吨，说明中国养殖水生植物的经济价值要高于世界水平。

① 中国水生植物养殖产量数据起始年份为1952年。

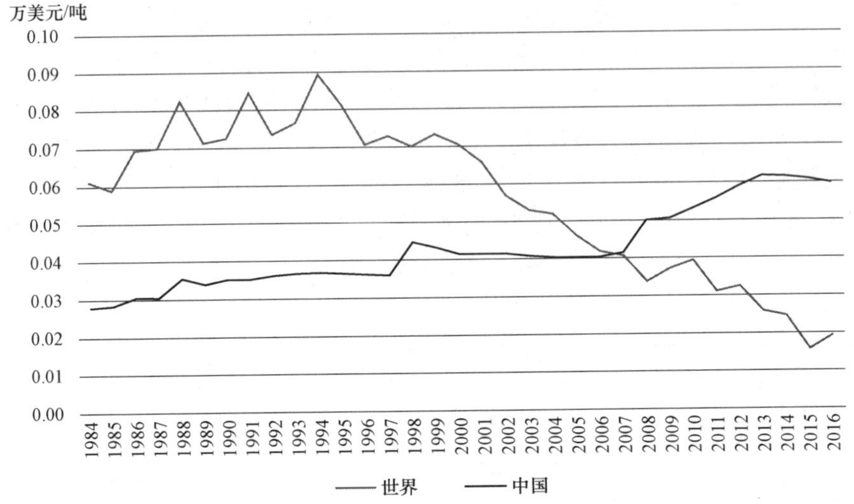


**图 6-6　1984—2016 年世界与中国水生植物单位养殖产值变动趋势**

# 第二节　中国在世界水生植物产业生产中的地位

为掌握世界上主要的水生植物生产国（地区），特别是中国在世界水生植物产业生产中的地位，选择了四个年份，即 1986 年、1996 年、2006 年和 2016 年，分别确定在这些年份的总产量、捕捞产量、养殖产量、养殖产值和单位养殖产值排名中位居前十的国家（地区）。如果中国不在前十以内，将进一步确定中国的具体位次。与第一节不同的是，本节所说的世界包括中国数据。

## 一、水生植物总产量排名前十国（地区）及中国的位次

世界水生植物增加量明显。从四个选定年份看，1986 年、1996 年、2006 年、2016 年世界水生植物总产量分别为 466.73 万吨、856.55 万吨、1537.93 万吨、3 123.07 万吨，可见其增加幅度非常大。同时，从表 6-1 可以看出，世界水生植物生产地理集聚特征非常明显，且有进一步加剧趋势。世界水生植物总产量排名前十国（地区）1986 年、1996 年、2006 年、2016 年占比分别达到了 92.74%、96.04%、98.23%、99.09%，这说明世界水生植物的产量几乎全部集中在排名前十的几个国家（地区）。中国、印度尼西亚、菲律宾、韩国、朝鲜、日本、智利、挪威、马来西亚、桑给巴尔是世界主要的水生植物生产大国（地区）。

中国水生植物产量在世界上一直处于领先位置，选定几个年份里一直排名世界第一，但是我们看到随后的几个东南亚国家紧逼中国。从数据来看，2006

年中国水生植物产量为 1 001.46 万吨，占比高达 65.12%；2016 年虽然产量增加 470.44 万吨，但是占比却下降了近 18 个百分点。主要原因就是印度尼西亚的水生植物产量突然剧增，2006 年印度尼西亚全年水生植物产量为 117.5 万吨，占比 7.64%，但是到了 2016 年印度尼西亚水生植物产量达到 1 167.22 万吨，较 2006 年增加 1 049.72 万吨，仅比中国少 304.69 万吨，占比提升到 37.37%（见表 6－1）。其他国家（地区）的产量则和排名情况则相对变动幅度不大。

**表 6－1　　选定年份世界水生植物总产量排名前十国（地区）**

单位：万吨，%

| 1986 | | | 1996 | | | 2006 | | | 2016 | | |
|---|---|---|---|---|---|---|---|---|---|---|---|
| 国家（地区） | 数值 | 占比 | 国家（地区） | 数值 | 占比 | 国家（地区） | 数值 | 占比 | 国家（地区） | 数值 | 占比 |
| **中国** | **133.69** | **28.64** | **中国** | **464.56** | **54.24** | **中国** | **1 001.46** | **65.12** | **中国** | **1 471.91** | **47.13** |
| 朝鲜 | 82.10 | 17.59 | 朝鲜 | 70.16 | 8.19 | 菲律宾 | 146.92 | 9.55 | 印度尼西亚 | 1 167.22 | 37.37 |
| 日本 | 78.02 | 16.72 | 日本 | 67.41 | 7.87 | 印度尼西亚 | 117.50 | 7.64 | 菲律宾 | 140.48 | 4.50 |
| 韩国 | 55.72 | 11.94 | 菲律宾 | 65.90 | 7.69 | 韩国 | 77.93 | 5.07 | 韩国 | 136.08 | 4.36 |
| 菲律宾 | 17.05 | 3.65 | 韩国 | 56.19 | 6.56 | 日本 | 60.37 | 3.93 | 朝鲜 | 48.90 | 1.57 |
| 挪威 | 15.93 | 3.41 | 智利 | 32.20 | 3.76 | 朝鲜 | 44.43 | 2.89 | 日本 | 47.09 | 1.51 |
| 苏联 | 15.49 | 3.32 | 印度尼西亚 | 30.95 | 3.61 | 智利 | 33.93 | 2.21 | 智利 | 34.46 | 1.10 |
| 印度尼西亚 | 15.03 | 3.22 | 挪威 | 17.32 | 2.02 | 挪威 | 14.54 | 0.95 | 马来西亚 | 20.60 | 0.66 |
| 智利 | 12.39 | 2.65 | 印度 | 9.50 | 1.11 | 桑给巴尔 | 7.68 | 0.50 | 挪威 | 16.95 | 0.54 |
| 法国 | 7.44 | 1.59 | 法国 | 8.44 | 0.99 | 马来西亚 | 6.00 | 0.39 | 桑给巴尔 | 11.11 | 0.36 |
| 合计 | **432.86** | **92.74** | 合计 | **822.63** | **96.04** | 合计 | **1 510.77** | **98.23** | 合计 | **3 094.79** | **99.09** |
| 世界 | **466.73** | **100.00** | 世界 | **856.55** | **100.00** | 世界 | **1 537.93** | **100.00** | 世界 | **3 123.07** | **100.00** |

注：向 FAO 报告 1986 年、1996 年、2006 年和 2016 年水生植物总产量的国家（地区）分别有 37 个、40 个、41 个和 54 个。

## 二、水生植物捕捞产量排名前十国及中国的位次

前文中我们分析到，世界和中国的水生植物捕捞产量并不高。世界水生植物捕捞产量基本无增加趋势，基本是小幅度变动。从数据来看，世界水生植物捕捞产量在 1986 年、1996 年、2006 年、2016 年分别为 116.06 万吨、131.66 万吨、106.76 万吨、109.13 万吨，数量极少。世界水生植物捕捞产量基本集中在日本、智利、中国、挪威、印度、印度尼西亚、法国、爱尔兰这几个国家。智利水生植物捕捞产量占全球水生植物捕捞产量比重最高，即使这样，2016 年也仅有 32.97 万吨。中国水生植物捕捞产量增幅比较显著，2016 年水生植物捕捞产量为 24.31 万吨，占比世界总产量 22.28%，同 2006 年一样，排名世界第二。

**表 6-2　　　选定年份世界水生植物捕捞产量排名前十国**

单位：万吨，%

| 1986 | | | 1996 | | | 2006 | | | 2016 | | |
|---|---|---|---|---|---|---|---|---|---|---|---|
| 国家 | 数值 | 占比 | 国家 | 数值 | 占比 | 国家 | 数值 | 占比 | 国家 | 数值 | 占比 |
| 日本 | 18.10 | 15.60 | 智利 | 21.68 | 16.47 | 智利 | 30.11 | 28.21 | 智利 | 32.97 | 30.21 |
| 挪威 | 15.93 | 13.73 | 挪威 | 17.32 | 13.15 | **中国** | **27.04** | **25.33** | **中国** | **24.31** | **22.28** |
| 苏联 | 15.13 | 13.03 | 印度尼西亚 | 16.15 | 12.27 | 挪威 | 14.54 | 13.62 | 挪威 | 16.94 | 15.52 |
| 智利 | 11.86 | 10.22 | 日本 | 15.41 | 11.70 | 日本 | 11.37 | 10.65 | 日本 | 7.97 | 7.30 |
| 法国 | 7.44 | 6.41 | **中国** | **15.16** | **11.52** | 加拿大 | 4.32 | 4.05 | 法国 | 5.50 | 5.04 |
| 印度尼西亚 | 7.28 | 6.27 | 印度 | 9.50 | 7.22 | 印度 | 3.25 | 3.04 | 印度尼西亚 | 4.12 | 3.77 |
| 印度 | 7.00 | 6.03 | 法国 | 8.44 | 6.41 | 爱尔兰 | 2.95 | 2.76 | 爱尔兰 | 2.95 | 2.70 |
| 美国 | 5.55 | 4.78 | 美国 | 5.93 | 4.50 | 冰岛 | 2.10 | 1.96 | 印度 | 2.06 | 1.89 |
| **中国** | **5.10** | **4.40** | 墨西哥 | 3.46 | 2.63 | 法国 | 1.92 | 1.79 | 冰岛 | 1.80 | 1.65 |
| 墨西哥 | 4.92 | 4.24 | 爱尔兰 | 3.34 | 2.53 | 澳大利亚 | 1.55 | 1.45 | 秘鲁 | 1.48 | 1.36 |
| **合计** | **98.31** | **84.71** | **合计** | **116.39** | **88.40** | **合计** | **99.14** | **92.87** | **合计** | **100.10** | **91.73** |
| **世界** | **116.06** | **100.00** | **世界** | **131.66** | **100.00** | **世界** | **106.76** | **100.00** | **世界** | **109.13** | **100.00** |

注：向 FAO 报告 1986 年、1996 年、2006 年和 2016 年水生植物捕捞产量的国家（地区）分别有 32 个、34 个、30 个和 29 个。

## 三、水生植物养殖产量、养殖产值排名前十国（地区）及中国的位次

相比捕捞产量，世界水生植物养殖产量规模显然大得多，且增加量十分明

显。2016 年世界水生植物养殖产量达到 3 009.23 万吨，较 1986 年增加 759.47%，1986 年以来年均增加 88.78 万吨，年均增长率为 7.43%。世界水生植物养殖地理集聚特征极其明显，数据反映来看，1986 年、1996 年、2006 年、2016 年排名前十的国家（地区）养殖产量占比分别为 99.91%、99.78%、99.73%、99.84%，进一步的，我们计算出上述四个年份里排名前五的国家（地区）养殖产量占比分别为 96.93%、95.36%、95.3%、97.39%，这说明世界水生植物养殖产量主要来自排名前十的国家（地区），更具体的，排名前五的国家（地区）占绝对份额。从表 6－3 反映来看，世界水生植物养殖产量主要贡献来自中国、印度尼西亚、菲律宾、韩国、朝鲜这几个亚洲国家。

基于世界水生世界水生植物捕捞产量非常低，所以对比表 6－1 和表 6－3，排名前五国家几乎完全一致，虽然前五以外的几个国家（地区）略有区别，但是它们的产量很低，所以世界养殖产量特征和总产量基本一致，这里不再重复。中国的养殖产量排名优势一直比较明显，1986 年、1996 年、2006 年、2016 年数据特征分别为 128.59 万吨（36.67%）、449.39 万吨（62%）、974.42 万吨（68.09%）、1 447.59 万吨（48.03%），排名均居世界第一。

**表 6－3　　选定年份世界水生植物养殖产量排名前十国（地区）**

单位：万吨，%

| 1986 | | | 1996 | | | 2006 | | | 2016 | | |
|---|---|---|---|---|---|---|---|---|---|---|---|
| 国家（地区） | 数值 | 占比 | 国家（地区） | 数值 | 占比 | 国家（地区） | 数值 | 占比 | 国家（地区） | 数值 | 占比 |
| **中国** | **128.59** | **36.67** | **中国** | **449.39** | **62.00** | **中国** | **974.42** | **68.09** | **中国** | **1 447.59** | **48.03** |
| 朝鲜 | 82.10 | 23.41 | 朝鲜 | 70.16 | 9.68 | 菲律宾 | 146.89 | 10.26 | 印度尼西亚 | 1 163.10 | 38.59 |
| 日本 | 59.91 | 17.09 | 菲律宾 | 65.81 | 9.08 | 印度尼西亚 | 117.00 | 8.18 | 菲律宾 | 140.45 | 4.66 |
| 韩国 | 52.42 | 14.95 | 韩国 | 53.90 | 7.44 | 韩国 | 76.56 | 5.35 | 韩国 | 135.13 | 4.48 |
| 菲律宾 | 16.89 | 4.82 | 日本 | 52.01 | 7.17 | 日本 | 49.01 | 3.42 | 朝鲜 | 48.90 | 1.62 |
| 印度尼西亚 | 7.75 | 2.21 | 印度尼西亚 | 14.80 | 2.04 | 朝鲜 | 44.43 | 3.10 | 日本 | 39.12 | 1.30 |
| 中国台湾 | 0.93 | 0.27 | 智利 | 10.52 | 1.45 | 桑给巴尔 | 7.68 | 0.54 | 马来西亚 | 20.60 | 0.68 |
| 斐济 | 0.87 | 0.25 | 桑给巴尔 | 4.77 | 0.66 | 马来西亚 | 6.00 | 0.42 | 桑给巴尔 | 11.11 | 0.37 |
| 智利 | 0.53 | 0.15 | 中国台湾 | 0.99 | 0.14 | 智利 | 3.82 | 0.27 | 马达加斯加 | 1.74 | 0.06 |

续表

| 1986 | | | 1996 | | | 2006 | | | 2016 | | |
|---|---|---|---|---|---|---|---|---|---|---|---|
| 国家（地区） | 数值 | 占比 | 国家（地区） | 数值 | 占比 | 国家（地区） | 数值 | 占比 | 国家（地区） | 数值 | 占比 |
| 苏联 | 0.36 | 0.10 | 基里巴斯 | 0.95 | 0.13 | 越南 | 1.50 | 0.10 | 智利 | 1.49 | 0.05 |
| **合计** | **350.34** | **99.91** | **合计** | **723.30** | **99.78** | **合计** | **1 427.31** | **99.73** | **合计** | **3 009.23** | **99.84** |
| **世界** | **350.67** | **100.00** | **世界** | **724.88** | **100.00** | **世界** | **1 431.18** | **100.00** | **世界** | **3 013.94** | **100.00** |

注：向 FAO 报告 1986 年、1996 年、2006 年和 2016 年水生植物养殖产量的国家（地区）分别有 14 个、20 个、26 个和 45 个。

世界水生植物养殖产值保持了持续增加的趋势。2016 年世界水生植物实现养殖产值 116.74 亿美元，较 1986 年增加 97.38 亿美元，较 2006 年增加 58.27 亿美元。由以上分析可知，世界水生植物养殖产量集中程度极高，从表 6－4 中可以发现 1986 年、1996 年、2006 年、2016 年排名前十的国家（地区）养殖产值占比分别为 99.95%、99.93%、99.9%、99.94%，这说明，世界水生植物基本全部集中在排名前十的国家（地区）。当然，我们进一步计算排名前五的国家（地区）占比，发现世界水生植物养殖主要还是来自排名前五国家（地区），选定年份占据了 95%以上的占比，这和养殖产量结论基本一致。与养殖产量对应的是，中国、日本、印度尼西亚、韩国、菲律宾这几个国家贡献了世界水生植物养殖产值的主要来源，不过对比表 6－3，可以发现，日本的养殖产值非常高。中国水生植物养殖产值在 1996 年之后一直保持世界第一；2006 年中国实现水生植物养殖产值 39.35 亿美元，占比 67.3%；2016 年水生植物养殖产值增加到 86.45 亿美元，占比为 74.05%。再来看在总产量和养殖产量表现出色的印度尼西亚，印度尼西亚的养殖产值非常低，2016 年养殖产值仅 13.11 亿美元，落后于中国 73.34 亿美元。

**表 6－4　选定年份世界水生植物养殖产值排名前十国（地区）**

单位：亿美元，%

| 1986 | | | 1996 | | | 2006 | | | 2016 | | |
|---|---|---|---|---|---|---|---|---|---|---|---|
| 国家（地区） | 数值 | 占比 | 国家（地区） | 数值 | 占比 | 国家（地区） | 数值 | 占比 | 国家（地区） | 数值 | 占比 |
| 日本 | 9.91 | 51.18 | **中国** | **16.29** | **45.56** | **中国** | **39.35** | **67.30** | **中国** | **86.45** | **74.05** |
| **中国** | **3.93** | **20.29** | 日本 | 11.23 | 31.41 | 日本 | 9.39 | 16.07 | 印度尼西亚 | 13.11 | 11.23 |

续表

| 1986 | | | 1996 | | | 2006 | | | 2016 | | |
|---|---|---|---|---|---|---|---|---|---|---|---|
| 国家（地区） | 数值 | 占比 | 国家（地区） | 数值 | 占比 | 国家（地区） | 数值 | 占比 | 国家（地区） | 数值 | 占比 |
| 朝鲜 | 3.28 | 16.96 | 朝鲜 | 3.82 | 10.70 | 韩国 | 2.70 | 4.61 | 日本 | 8.88 | 7.61 |
| 韩国 | 1.72 | 8.90 | 韩国 | 2.96 | 8.28 | 朝鲜 | 2.44 | 4.18 | 韩国 | 5.58 | 4.78 |
| 菲律宾 | 0.28 | 1.44 | 菲律宾 | 0.67 | 1.88 | 印度尼西亚 | 2.11 | 3.60 | 菲律宾 | 1.29 | 1.10 |
| 中国台湾 | 0.10 | 0.53 | 智利 | 0.42 | 1.18 | 菲律宾 | 1.74 | 2.98 | 朝鲜 | 0.73 | 0.63 |
| 苏联 | 0.07 | 0.37 | 印度尼西亚 | 0.15 | 0.41 | 智利 | 0.62 | 1.05 | 智利 | 0.34 | 0.29 |
| 印度尼西亚 | 0.02 | 0.12 | 意大利 | 0.10 | 0.27 | 马来西亚 | 0.02 | 0.04 | 马来西亚 | 0.25 | 0.21 |
| 智利 | 0.02 | 0.11 | 越南 | 0.05 | 0.13 | 越南 | 0.02 | 0.04 | 马达加斯加 | 0.03 | 0.02 |
| 越南 | 0.01 | 0.04 | 中国台湾 | 0.04 | 0.12 | 柬埔寨 | 0.02 | 0.03 | 桑给巴尔 | 0.02 | 0.02 |
| 合计 | **19.35** | **99.95** | 合计 | **35.73** | **99.93** | 合计 | **58.41** | **99.90** | 合计 | **116.67** | **99.94** |
| 世界 | **19.36** | **100.00** | 世界 | **35.76** | **100.00** | 世界 | **58.47** | **100.00** | 世界 | **116.74** | **100.00** |

注：向 FAO 报告 1986 年、1996 年、2006 年和 2016 年水生植物养殖产值的国家（地区）分别有 14 个、20 个、26 个和 45 个。

## 四、水生植物单位养殖产值排名前十国（地区）及中国的位次

选定年份世界水生植物单位养殖产值排名情况如表 6－5 所示。日本、韩国、朝鲜、越南、中国台湾的水生植物单位养殖产值比较高，处于世界前列，但是养殖产值排名相对靠后，日本的单位养殖产值在上述几个国家和地区里最高。西班牙在 2006 年和 2016 年表现突出，两个年份里水生植物单位养殖产值均排世界第一，分别为 56.5 万美元/吨、43.01 万美元/吨，遥遥领先同期排名第二的布基纳法索和葡萄牙。世界水生植物单位养殖产值大幅提高发生在 2016 年，当年排名前十的国家（地区）较上期同位次排名国家（地区）整体提高。

选定年份里，中国上榜是在 1986 年，当年水生植物单位养殖产值为 0.03 万美元/吨，随后稍微有所增加，但是都排名前十以外。2016 年中国水生植物单位养殖产值增加到 0.06 万美元/吨，排名世界第 20 位，与排名第 10 位的日本相差 0.17 万美元/吨。

**表 6-5　选定年份世界水生植物单位养殖产值排名前十国（地区）**

单位：万美元/吨

| 1986 | | | 1996 | | | 2006 | | | 2016 | | |
|---|---|---|---|---|---|---|---|---|---|---|---|
| 国家（地区） | 数值 | 位次 | 国家（地区） | 数值 | 位次 | 国家（地区） | 数值 | 位次 | 国家（地区） | 数值 | 位次 |
| 苏联 | 0.20 | 1 | 南非 | 0.40 | 1 | 西班牙 | 56.50 | 1 | 西班牙 | 43.01 | 1 |
| 日本 | 0.17 | 2 | 俄罗斯 | 0.25 | 2 | 布基纳法索 | 0.44 | 2 | 葡萄牙 | 5.14 | 2 |
| 中国台湾 | 0.11 | 3 | 日本 | 0.22 | 3 | 日本 | 0.19 | 3 | 塞内加尔 | 1.01 | 3 |
| 智利 | 0.04 | 4 | 意大利 | 0.19 | 4 | 智利 | 0.16 | 4 | 乌拉圭 | 0.92 | 4 |
| 朝鲜 | 0.04 | 5 | 秘鲁 | 0.08 | 5 | 圣卢西亚 | 0.13 | 5 | 圣卢西亚 | 0.56 | 5 |
| 越南 | 0.04 | 6 | 韩国 | 0.05 | 6 | 俄罗斯 | 0.12 | 6 | 突尼斯 | 0.52 | 6 |
| 密克罗尼西亚 | 0.04 | 7 | 朝鲜 | 0.05 | 7 | 纳米比亚 | 0.09 | 7 | 库克群岛 | 0.50 | 7 |
| 韩国 | 0.03 | 8 | 越南 | 0.05 | 8 | 朝鲜 | 0.06 | 8 | 希腊 | 0.44 | 8 |
| **中国** | **0.03** | **9** | 中国台湾 | 0.04 | 9 | 法国 | 0.05 | 9 | 布基纳法索 | 0.40 | 9 |
| 圣卢西亚 | 0.03 | 10 | 智利 | 0.04 | 10 | 南非 | 0.04 | 10 | 日本 | 0.23 | 10 |
| | | | **中国** | **0.04** | **12** | **中国** | **0.04** | **11** | **中国** | **0.06** | **20** |

注：向 FAO 报告 1986 年、1996 年、2006 年和 2016 年水生植物养殖产量、产值的国家（地区）分别有 14 个、20 个、26 个和 45 个。

## 第三节　世界与中国水生植物产业贸易概况

本节旨在从贸易的角度，考察世界和中国水生植物进（出）口量、进（出）口额和进（出）口均价的变动情况，理清四个选定年份在上述指标的排名中位居前十的国家（地区）及中国的具体位次。

在 FAO 数据库 FishStatJ 中，上述时间序列数据的跨度不完全一致。其中，世界水生植物进（出）口量（额）和进（出）口均价的时间跨度为 1976—2016 年，而中国水生植物进（出）口量、进（出）口额和进（出）口均价的时间跨度为 1994—2016 年。

## 一、世界与中国水生植物进口贸易变动趋势

### （一）世界与中国水生植物进口量、进口额变动趋势

世界水生植物进口量变动幅度比较大。具体来看，在1976—1993年增长缓慢，由1976年的5.05万吨增加到1993年的9.27万吨。世界水生植物进口量在1994年突然增加到22.67万吨，但是随后增长速度又开始放缓，一直增加到2004年的29.02万吨后开始下降，近些年有所反弹，2016年世界水生植物进口量为28.05万吨（见图6－7）。中国水生植物进口量持续增加明显，不过从2013年以后有所下降，2016年中国水生植物进口量为24.97万吨，已经和世界进口量基本接近。2000—2016年，中国水生植物进口量年均增加1.35万吨，年均增长率为13.36%。

21世纪之前，世界水生植物进口额变动幅度非常大，1989年达到历史最高（10.61亿美元）。21世纪之后，世界水生植物进口额开始持续增加，由2000年的4.7亿美元增加到2016年的9.98亿美元，年均增加0.33亿美元。中国的水生植物进口额增长比较稳定，但是增加十分缓慢，2014年之后有所下降，2016年全年中国水生植物进口额实现2.33亿美元。作为对比，2000—2016年水生植物进口额中国年均增加0.14亿美元，低于世界水平。

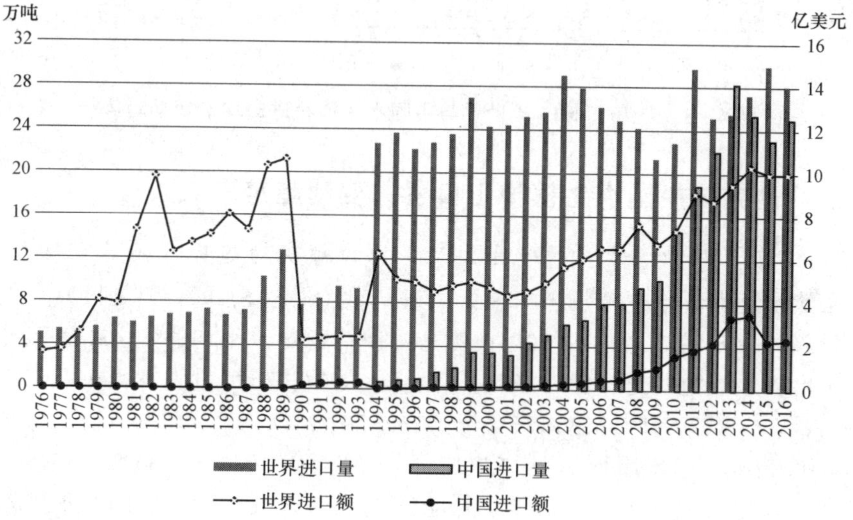


图6－7　1976—2016年世界与中国水生植物进口量、进口额变动趋势①

### （二）世界与中国水生植物进口均价变动趋势

世界水生植物进口均价高于中国，20世纪90年代中后期差距有所减少，但

① 中国水生植物进口量数据起始年份为1994年，中国水生植物进口额数据起始年份为1990年。

大部分年份差距一直维持在 0.2 万美元/吨水平以上。世界水生植物在 20 世纪 70 年代到 80 年代进口均价起伏较大，经历了先剧烈上涨后跳跃下降的过程，1982 年世界水生植物进口均价达到历史最高（1.5 万美元/吨），2012—2016 年变动幅度不大，平均价格为 0.36 万美元/吨（见图 6-8）。中国的水生植物进口均价一直不高，变动幅度不明显，2014 年中国水生植物进口均价达到历史最高 0.14 万美元/吨，随后 2016 年下滑到 0.09 万美元/吨，同年与世界相差 0.26 万美元/吨，差距是 2016 年中国水生植物进口均价的 3 倍之多。

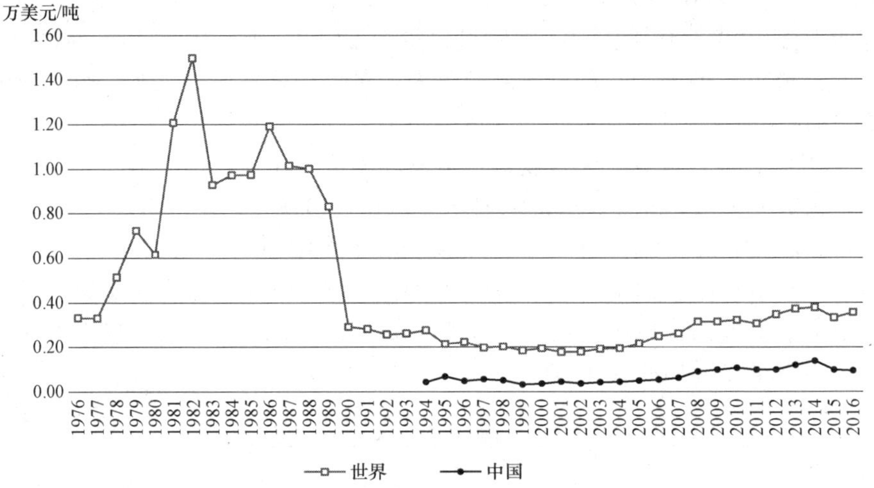


**图 6-8　1976—2016 年世界与中国水生植物进口均价变动趋势**①

## 二、世界与中国水生植物出口贸易变动趋势

### （一）世界与中国水生植物出口量、出口额变动趋势

虽然初期世界水生植物出口量低于进口量（见图 6-9），但是世界水生植物出口量总体上升明显，2012—2016 年基本保持稳定，平均值为 43.69 万吨，已经高于世界水生植物进口量。2016 年世界水生植物出口量为 43.56 万吨，比同期进口量多 15.51 万吨。总体来看，1976—2016 年，世界水生植物出口量年均增加 1.08 万吨，年均增长率为 11.78%。中国的水生植物出口量要少得多，远低于同期世界出口量水平，近些年也低于同期的中国进口量。中国的水生植物出口量经历了先上升后下降的过程，历史最高值发生在 2002 年，仅有 6.49 万吨，2016 年中国水生植物出口量为 2.2 万吨。

世界水生植物出口额基本延续了出口量的变动趋势，除了变化比较大的

① 中国水生植物进口均价数据起始年份为1994年。

1989 年的 6.27 亿美元。对比图 6－7，可以发现世界出口额规模和进口额差距不大，总量略少于进口额。2016 年世界水生植物出口额实现 8.2 亿美元，1976—2016 年，世界水生植物出口额年均增加 0.19 亿美元，年均增增长率为 6.53%。中国的水生植物出口额远低于同期世界水平，近些年同样低于同期进口额水平，有下滑趋势，2016 年中国水生植物出口额实现 1.44 亿美元。从进入 21 世纪后对比世界和中国的出口量差距与出口额差距来看，可以发现，中国的单位出口均价是高于世界水平的。

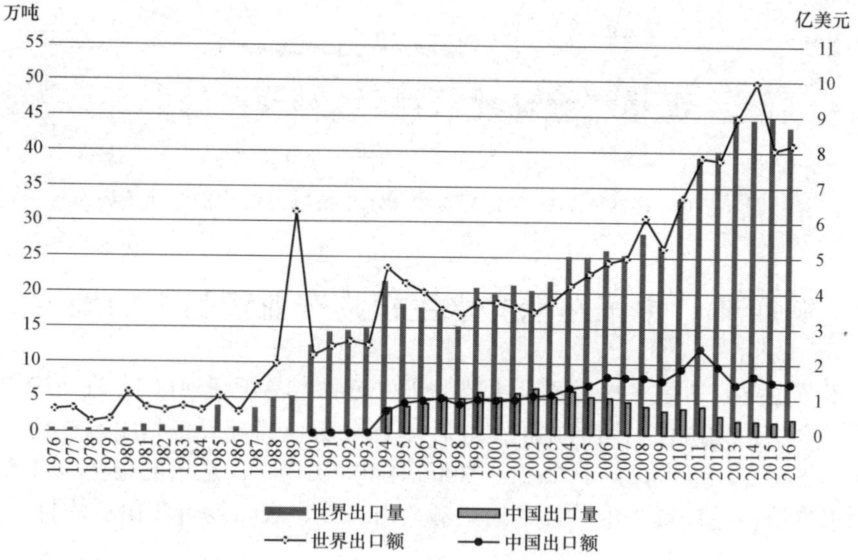


**图 6－9　1976—2016 年世界与中国水生植物出口量、出口额变动趋势**[①]

## （二）世界与中国水生植物出口均价变动趋势

为了验证上述结论，我们计算出世界和中国的水生植物出口均价，如图 6－10 所示。观察其变动趋势，可以发现，世界水生植物出口均价在 20 世纪 70 年代到 90 年代是非常高的，但是跳跃幅度很大，表现极不稳定，但是总体来看，世界水生植物出口均价是呈现下降趋势的。1980 年世界水生植物出口均价达到历史最高（1.98 万美元/吨），但是随后在 1981 年就下降到 0.7 万美元/吨。90 年代之后，世界水生植物出口均价趋于稳定，变动幅度不大，在 0.17 万美元/吨至 0.23 万美元/吨之间浮动。中国的水生植物出口均价在 21 世纪初虽然较低，但是保持了持续的增加，与世界的差距逐渐拉大，最大差距发生在 2015 年，当年中国高于世界水平 0.63 万美元/吨，2016 年中国水生植物出口均价下降到 0.65 万美元/吨，比同期世界高 0.47 万美元/吨。

① 中国水生植物出口量数据起始年份为1994年，中国水生植物出口额数据起始年份为1990年。

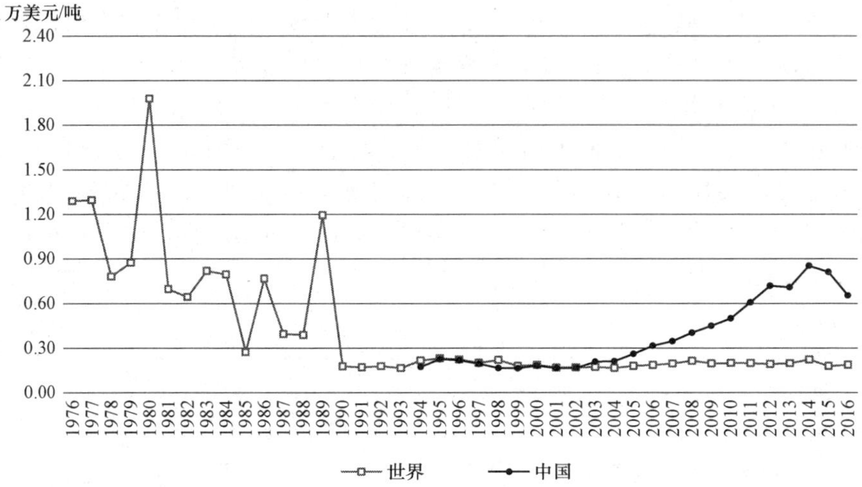


**图 6－10　1976—2016 年世界与中国水生植物出口均价变动趋势**[①]

## 第四节　中国在世界水生植物产业贸易中的地位

本节主要目的是掌握世界上主要的水生植物贸易国（地区），进而确定中国在世界水生植物进出口贸易中的地位。本部分所说的世界包括中国在内，选取的四个年份是 1986 年[②]、1996 年、2006 年和 2016 年，选用的指标有 6 个，分别为水生植物进口量、出口量、进口额、出口额、进口均价和出口均价。

### 一、水生植物进口贸易排名前十国（地区）及中国的位次

世界水生植物进口量增加量明显。从数据来看，1986 年、1996 年、2006 年、2016 年世界水生植物进口量分别为 6.77 万吨、23.1 万吨、34.01 万吨、53.02 万吨，可以发现增加量较为显著。世界水生植物进口量基本都集中在排名前十的国家（地区）里，虽然 20 世纪 90 年代后集聚程度有所下降，但是依旧很高。数据可以直观地反映出这个特征：1986 年、1996 年、2006 年、2016 年排名前十国（地区）水生植物出口量占世界水生植物总进口量比例分别为 99.9%、88.36%、83.52%、86.56%，这说明世界水生植物进口量集中程度是非常高的。中国、日本、美国、法国、韩国、丹麦、中国台湾是世界的主要水生植物进口量国（地区）。2016 年爱尔兰水生植物进口量增加明显，达到 4.57 万吨，占比 8.62%，同期仅落后于中国和日本，而日本水生植物进口量虽然较 2006 年有所

① 中国水生植物出口均价数据起始年份为1994年。

② 中国水生植物进出口贸易数据起始年份是1994年，因此本节1986年所有指标没有中国数据。

下降，但是仍然排名世界第二，美国水生植物进口量变动幅度不大，排名世界第四。

选定几个年份里，中国在1996年首次进入世界水生植物进口量排名前十国（地区）榜单，当年进口量达到0.96万吨，排名世界第8位，与排名第一的日本相差5.43万吨。中国在2006年实现反超，水生植物进口量达到7.92万吨，不过领先排名第二的日本仅0.35万吨。2016年中国则与排名第二的日本的差距为20.16万吨，当年中国水生植物进口量达到24.97万吨，占比已经达到47.09%，比排名后九位的总和还多（见表6-6）。

**表6-6　　选定年份世界水生植物进口量排名前十国（地区）**

单位：万吨，%

| 1986 | | | 1996 | | | 2006 | | | 2016 | | |
|---|---|---|---|---|---|---|---|---|---|---|---|
| 国家（地区） | 数值 | 占比 | 国家（地区） | 数值 | 占比 | 国家（地区） | 数值 | 占比 | 国家（地区） | 数值 | 占比 |
| 日本 | 5.40 | 79.75 | 日本 | 6.38 | 27.63 | **中国** | **7.92** | **23.30** | **中国** | **24.97** | **47.09** |
| 法国 | 0.79 | 11.72 | 美国 | 4.53 | 19.62 | 日本 | 7.57 | 22.26 | 日本 | 4.81 | 9.07 |
| 中国台湾 | 0.34 | 5.08 | 丹麦 | 1.76 | 7.61 | 美国 | 3.14 | 9.24 | 爱尔兰 | 4.57 | 8.62 |
| 韩国 | 0.13 | 1.85 | 中国台湾 | 1.49 | 6.44 | 英国 | 2.34 | 6.89 | 美国 | 3.10 | 5.86 |
| 英国 | 0.05 | 0.76 | 法国 | 1.37 | 5.91 | 韩国 | 1.58 | 4.65 | 法国 | 2.14 | 4.03 |
| 德国 | 0.03 | 0.37 | 中国香港 | 1.26 | 5.43 | 法国 | 1.48 | 4.34 | 中国台湾 | 1.71 | 3.22 |
| 意大利 | 0.01 | 0.18 | 英国 | 1.03 | 4.48 | 中国台湾 | 1.44 | 4.22 | 韩国 | 1.34 | 2.53 |
| 西班牙 | 0.01 | 0.10 | **中国** | **0.96** | **4.14** | 菲律宾 | 1.15 | 3.38 | 西班牙 | 1.16 | 2.18 |
| 丹麦 | 0.004 | 0.06 | 西班牙 | 0.93 | 4.04 | 中国香港 | 0.99 | 2.92 | 澳大利亚 | 1.12 | 2.12 |
| 比利时 | 0.004 | 0.05 | 韩国 | 0.71 | 3.06 | 西班牙 | 0.79 | 2.32 | 英国 | 0.98 | 1.86 |
| **合计** | **6.77** | **99.90** | **合计** | **20.41** | **88.36** | **合计** | **28.40** | **83.52** | **合计** | **45.89** | **86.56** |
| **中国** | — | — | | | | | | | | | |
| **世界** | **6.77** | **100.00** | **世界** | **23.10** | **100.00** | **世界** | **34.01** | **100.00** | **世界** | **53.02** | **100.00** |

注：向FAO报告1986年、1996年、2006年和2016年水生植物进口量的国家（地区）分别有14个、70个、137个和157个。

世界水生植物进口额经历了先下降后反弹的趋势。从数据来看，1986年、1996年、2006年、2016年世界水生植物进口额分别为8.06亿美元、4.98亿美元、6.93亿美元、12.31亿美元。世界水生植物进口额呈现出分散的趋势，1986

年世界排名前十的国家（地区）进口额占比为 99.92%，到 2016 年已经下降为 75.19%，低于同期进口量集中程度。从地理特征来看，对比表 6－6，可以发现多半数国家（地区）虽然进口额排名与进口量排名不相一致，但是国家（地区）变动幅度不大，基本集中在中国、日本、美国、中国台湾、法国、西班牙、泰国、德国等这几个国家（地区），这里基本半数国家（地区）是和表 6－6 中的国家（地区）是一致的。

虽然中国水生植物进口量在 2006 年以后排名世界第一，但是在进口额方面却并不高，全面落后于日本，日本除了 1986 年水生植物进口额落后于中国台湾，在接下来的 1996 年、2006 年、2016 年持续排名世界第一，从对比表 6－6 和表 6－7 排名情况来看，中国的水生植物进口均价是低于日本的。2006 年中国水生植物进口额为 0.42 亿美元，落后于美国和日本，与两者差距较大。2016 年中国水生植物进口额为 2.33 亿美元，超越美国，排名世界第 2 位，中国水生植物进口额非常接近世界排名第一的日本，差距仅 0.49 亿美元。

**表 6－7　　选定年份世界水生植物进口额排名前十国（地区）**

单位：亿美元，%

| 1986 | | | 1996 | | | 2006 | | | 2016 | | |
|---|---|---|---|---|---|---|---|---|---|---|---|
| 国家（地区） | 数值 | 占比 | 国家（地区） | 数值 | 占比 | 国家（地区） | 数值 | 占比 | 国家（地区） | 数值 | 占比 |
| 中国台湾 | 6.95 | 86.17 | 日本 | 1.90 | 38.13 | 日本 | 2.34 | 33.73 | 日本 | 2.82 | 22.90 |
| 日本 | 0.89 | 10.98 | 美国 | 0.61 | 12.15 | 美国 | 0.93 | 13.47 | **中国** | **2.33** | **18.91** |
| 法国 | 0.09 | 1.16 | 中国台湾 | 0.39 | 7.79 | **中国** | **0.42** | **6.08** | 美国 | 1.35 | 10.93 |
| 英国 | 0.04 | 0.53 | 泰国 | 0.22 | 4.48 | 中国台湾 | 0.32 | 4.69 | 泰国 | 0.68 | 5.54 |
| 德国 | 0.04 | 0.49 | 丹麦 | 0.19 | 3.86 | 英国 | 0.27 | 3.89 | 中国台湾 | 0.47 | 3.81 |
| 意大利 | 0.02 | 0.22 | 中国香港 | 0.19 | 3.77 | 德国 | 0.25 | 3.64 | 法国 | 0.40 | 3.25 |
| 韩国 | 0.01 | 0.12 | 法国 | 0.15 | 3.08 | 韩国 | 0.23 | 3.25 | 西班牙 | 0.38 | 3.06 |
| 西班牙 | 0.01 | 0.11 | 新加坡 | 0.15 | 3.08 | 法国 | 0.20 | 2.93 | 俄罗斯 | 0.29 | 2.40 |
| 丹麦 | 0.01 | 0.09 | 西班牙 | 0.12 | 2.40 | 泰国 | 0.16 | 2.28 | 意大利 | 0.27 | 2.22 |
| 荷兰 | 0.005 | 0.06 | 波兰 | 0.11 | 2.30 | 西班牙 | 0.14 | 1.99 | 德国 | 0.27 | 2.18 |
| **合计** | **8.06** | **99.92** | **合计** | **4.04** | **81.05** | **合计** | **5.26** | **75.96** | **合计** | **9.25** | **75.19** |
| **中国** | — | — | **中国** | **0.05** | **1.00** | | | | | | |
| **世界** | **8.06** | **100.00** | **世界** | **4.98** | **100.00** | **世界** | **6.93** | **100.00** | **世界** | **12.31** | **100.00** |

注：向 FAO 报告 1986 年、1996 年、2006 年和 2016 年水生植物进口额的国家（地区）分别有 14 个、80 个、157 个和 179 个。1996 年中国排名第 17 位。

表 6－8 是选定年份世界水生植物进口均价排名前十国（地区）情况。世界的水生植物进口量大国（地区）和进口额大国（地区）的进口均价并不高，表 6－6 和表 6－7 中的绝大多数国家（地区）没有出现在表 6－8 中。相反，出现在水生植物进口均价排名靠前的国家地区基本都是一些小的发展中经济体。相比较于中国，这些国家（地区）的进口均价非常高。来看选定的四个年份里排名第一的几个国家（地区）水生植物进口均价情况，1986 年、1996 年、2006 年、2016 年分别是中国台湾（20.22 万美元/吨）、摩尔多瓦（5.40 万美元/吨）、卢森堡（5.70 万美元/吨）、萨尔瓦多（21.40 万美元/吨）。

再来看中国的水生植物进口均价。1996 年和 2006 年均为 0.05 万美元/吨，分别排名世界第 70 位、133 位，2016 年为 0.09 万美元/吨，世界排名第 146 位。中国的水生植物进口均价排名十分靠后，与排名水生植物进口均价前十的国家（地区）相比，中国的水生植物进口均价与它们差距极大，这也反映出中国的水生植物进口均价十分低廉。

**表 6－8　选定年份世界水生植物进口均价排名前十国（地区）**

单位：万美元/吨

| 1986 | | | 1996 | | | 2006 | | | 2016 | | |
|---|---|---|---|---|---|---|---|---|---|---|---|
| 国家（地区） | 数值 | 位次 | 国家（地区） | 数值 | 位次 | 国家（地区） | 数值 | 位次 | 国家（地区） | 数值 | 位次 |
| 中国台湾 | 20.22 | 1 | 摩尔多瓦 | 5.40 | 1 | 卢森堡 | 5.70 | 1 | 萨尔瓦多 | 21.40 | 1 |
| 荷兰 | 2.07 | 2 | 哥伦比亚 | 4.00 | 2 | 马其顿 | 3.86 | 2 | 格陵兰岛 | 4.00 | 2 |
| 丹麦 | 1.92 | 3 | 斯洛文尼亚 | 3.73 | 3 | 克罗地亚 | 3.05 | 3 | 阿尔巴尼亚 | 3.00 | 3 |
| 德国 | 1.57 | 4 | 希腊 | 2.30 | 4 | 古巴 | 2.70 | 4 | 克罗地亚 | 2.69 | 4 |
| 意大利 | 1.47 | 5 | 斯里兰卡 | 2.15 | 5 | 黎巴嫩 | 2.43 | 5 | 埃塞俄比亚 | 2.60 | 5 |
| 西班牙 | 1.30 | 6 | 缅甸 | 2.13 | 6 | 瑞士 | 2.32 | 6 | 马达加斯加 | 2.60 | 6 |
| 葡萄牙 | 1.25 | 7 | 印度 | 2.10 | 7 | 哈萨克斯坦 | 1.99 | 7 | 马其顿 | 2.54 | 7 |
| 比利时 | 1.01 | 8 | 立陶宛 | 1.98 | 8 | 危地马拉 | 1.91 | 8 | 朝鲜 | 2.42 | 8 |
| 希腊 | 0.92 | 9 | 冰岛 | 1.97 | 9 | 塞尔维亚 | 1.88 | 9 | 瑞士 | 2.22 | 9 |
| 英国 | 0.83 | 10 | 乌拉圭 | 1.89 | 10 | 格鲁吉亚 | 1.75 | 10 | 刚果（金） | 2.20 | 10 |
| **中国** | — | — | **中国** | **0.05** | **70** | **中国** | **0.05** | **133** | **中国** | **0.09** | **146** |

注：向 FAO 报告 1986 年、1996 年、2006 年和 2016 年水生植物进口量和进口额的国家（地区）分别有 14 个、70 个、137 个和 155 个。

## 二、水生植物出口贸易排名前十国（地区）及中国的位次

世界水生植物出口量略少于进口量，与进口量变化相似的是，世界水生植物出口量呈现持续增加的态势(见表 6－9)。2016 年世界水生植物出口量为 45.76 万吨，比同期进口量少 7.25 万吨，较 1986 年增加 44.98 万吨，1986—2016 年年均增长率为 14.53%。世界水生植物出口量地理集聚特征要高于同期的进口量，选定年份看，1986 年、1996 年、2006 年、2016 年排名前十国（地区）出口量占世界总出口量比例分别为 99.71%、93.11%、88.63%、90.67%，可见世界水生植物出口量基本都集中在排名前十国（地区）。世界水生植物出口大国主要集中在印度尼西亚、中国、智利、爱尔兰、韩国、菲律宾这几个国家，少数国家（地区）出口量和进口量规模一致，但是排名情况差异很大。除中国外，印度尼西亚、智利、韩国这几个国家规模同样比较大。

中国的水生植物出口量少于同期进口量，在 2006 年和 2016 年比同期进口量排名也要靠后。1996 年中国水生植物出口量为 4.28 万吨，占比 19.32%，2006 年出口量有所增加，为 5.15 万吨，占比却下降为 16.5%，被印度尼西亚超越，排名世界第二，2016 年中国水生植物出口量下降明显，仅为 2.2 万吨，占比下降为 4.82%，落后于印度尼西亚、智利、爱尔兰、韩国，排名世界第五，与排名第一的印度尼西亚相差 16.13 万吨。

**表 6－9　　选定年份世界水生植物出口量排名前十国（地区）**

单位：万吨，%

| 1986 | | | 1996 | | | 2006 | | | 2016 | | |
|---|---|---|---|---|---|---|---|---|---|---|---|
| 国家（地区） | 数值 | 占比 | 国家（地区） | 数值 | 占比 | 国家（地区） | 数值 | 占比 | 国家（地区） | 数值 | 占比 |
| 日本 | 0.37 | 47.18 | **中国** | **4.28** | **19.32** | 印度尼西亚 | 9.98 | 31.98 | 印度尼西亚 | 18.33 | 40.06 |
| 韩国 | 0.25 | 32.32 | 智利 | 4.14 | 18.67 | **中国** | **5.15** | **16.50** | 智利 | 7.75 | 16.93 |
| 西班牙 | 0.06 | 7.13 | 墨西哥 | 3.50 | 15.79 | 智利 | 4.38 | 14.04 | 爱尔兰 | 4.51 | 9.87 |
| 法国 | 0.04 | 5.65 | 菲律宾 | 2.68 | 12.08 | 韩国 | 2.06 | 6.62 | 韩国 | 3.23 | 7.05 |
| 葡萄牙 | 0.03 | 4.24 | 印度尼西亚 | 2.33 | 10.51 | 菲律宾 | 1.89 | 6.07 | **中国** | **2.20** | **4.82** |
| 德国 | 0.01 | 0.83 | 韩国 | 2.13 | 9.59 | 爱尔兰 | 1.26 | 4.03 | 秘鲁 | 2.17 | 4.75 |
| 爱尔兰 | 0.01 | 0.79 | 法国 | 0.63 | 2.85 | 摩洛哥 | 0.81 | 2.59 | 菲律宾 | 1.11 | 2.42 |
| 英国 | 0.01 | 0.77 | 挪威 | 0.36 | 1.63 | 坦桑尼亚 | 0.75 | 2.40 | 坦桑尼亚 | 1.03 | 2.25 |

续表

| 1986 | | | 1996 | | | 2006 | | | 2016 | | |
|---|---|---|---|---|---|---|---|---|---|---|---|
| 国家（地区） | 数值 | 占比 | 国家（地区） | 数值 | 占比 | 国家（地区） | 数值 | 占比 | 国家（地区） | 数值 | 占比 |
| 意大利 | 0.00 | 0.58 | 澳大利亚 | 0.31 | 1.41 | 冰岛 | 0.72 | 2.32 | 加拿大 | 0.61 | 1.33 |
| 中国台湾 | 0.00 | 0.22 | 摩洛哥 | 0.28 | 1.26 | 秘鲁 | 0.65 | 2.08 | 法国 | 0.56 | 1.22 |
| **合计** | **0.78** | **99.71** | **合计** | **20.64** | **93.11** | **合计** | **27.65** | **88.63** | **合计** | **41.49** | **90.67** |
| **中国** | — | — | | | | | | | | | |
| **世界** | **0.78** | **100.00** | **世界** | **22.17** | **100.00** | **世界** | **31.20** | **100.00** | **世界** | **45.76** | **100.00** |

说明：向 FAO 报告 1986 年、1996 年、2006 年和 2016 年水生植物出口量的国家（地区）分别有 13 个、46 个、68 个和 80 个。

选定几个年份里，世界水生植物出口额少于同期进口额，近些年差距有逐渐拉大的趋势，但是世界水生植物出口额保持了持续增加的态势。2016 年世界水生植物实现出口额 9.64 亿美元，较 1986 年增加 9.05 亿美元，增幅明显。世界水生植物出口额集中程度高于同期进口额程度，韩国、中国、智利、印度尼西亚、摩洛哥、日本、西班牙是世界主要的水生植物出口额大国，这与进口额国家有很大区别。韩国在水生植物出口额排名上非常突出，对比表 6－9 可以推断，韩国的水生植物出口均价在上述几个国家中相对较高。

中国的水生植物出口额处于世界领先位置，但是出口额规模有所起伏。从数据来看，1996 年水生植物出口额为 0.94 亿美元（18.92%），排名世界第二，仅落后于韩国，2006 年中国水生植物出口额超过韩国，水生植物出口额达到 1.63 亿美元（25.08%），排名世界第一，2016 年下降到 1.44 亿美元（14.94%），排名世界第三，落后于韩国和智利，与同期排名第一的韩国水生植物出口总额相差 0.57 亿美元（见表 6－10）。

**表 6－10　选定年份世界水生植物出口额排名前十国（地区）**

单位：亿美元，%

| 1986 | | | 1996 | | | 2006 | | | 2016 | | |
|---|---|---|---|---|---|---|---|---|---|---|---|
| 国家（地区） | 数值 | 占比 | 国家（地区） | 数值 | 占比 | 国家（地区） | 数值 | 占比 | 国家（地区） | 数值 | 占比 |
| 日本 | 0.23 | 39.13 | 韩国 | 1.10 | 22.21 | **中国** | **1.63** | **25.08** | 韩国 | 2.01 | 20.82 |
| 韩国 | 0.12 | 19.62 | **中国** | **0.94** | **18.92** | 韩国 | 1.07 | 16.48 | 智利 | 1.47 | 15.23 |

续表

| 1986 | | | 1996 | | | 2006 | | | 2016 | | |
|---|---|---|---|---|---|---|---|---|---|---|---|
| 国家（地区） | 数值 | 占比 | 国家（地区） | 数值 | 占比 | 国家（地区） | 数值 | 占比 | 国家（地区） | 数值 | 占比 |
| 西班牙 | 0.09 | 15.81 | 智利 | 0.70 | 14.11 | 智利 | 0.80 | 12.28 | **中国** | **1.44** | **14.94** |
| 葡萄牙 | 0.05 | 8.15 | 菲律宾 | 0.42 | 8.49 | 印度尼西亚 | 0.59 | 9.14 | 印度尼西亚 | 1.33 | 13.78 |
| 中国台湾 | 0.04 | 6.82 | 印度尼西亚 | 0.24 | 4.84 | 摩洛哥 | 0.41 | 6.38 | 西班牙 | 0.46 | 4.73 |
| 法国 | 0.02 | 3.53 | 摩洛哥 | 0.22 | 4.50 | 菲律宾 | 0.25 | 3.90 | 摩洛哥 | 0.37 | 3.84 |
| 德国 | 0.01 | 2.35 | 日本 | 0.20 | 4.03 | 日本 | 0.20 | 3.13 | 爱尔兰 | 0.25 | 2.58 |
| 丹麦 | 0.01 | 2.02 | 美国 | 0.20 | 4.03 | 西班牙 | 0.18 | 2.71 | 日本 | 0.21 | 2.13 |
| 英国 | 0.00 | 0.83 | 西班牙 | 0.20 | 4.02 | 德国 | 0.14 | 2.21 | 德国 | 0.19 | 1.95 |
| 意大利 | 0.00 | 0.75 | 中国台湾 | 0.16 | 3.28 | 法国 | 0.13 | 1.98 | 加拿大 | 0.17 | 1.80 |
| **合计** | **0.59** | **99.01** | **合计** | **4.37** | **88.43** | **合计** | **5.41** | **83.29** | **合计** | **7.89** | **81.81** |
| **中国** | — | — | | | | | | | | | |
| **世界** | **0.60** | **100.00** | **世界** | **4.95** | **100.00** | **世界** | **6.49** | **100.00** | **世界** | **9.64** | **100.00** |

注：向 FAO 报告 1986 年、1996 年、2006 年和 2016 年水生植物出口额的国家（地区）分别有 13 个、50 个、75 个和 96 个。

表 6－11 是选定年份世界水生植物出口均价排名前十国（地区）情况，对比表 6－9 和表 6－10，可以发现，世界水生植物出口量大国（地区）和出口额大国（地区）很少出现在表 6－11 中，这说明水生植物出口量大国（地区）或者出口额大国（地区）的出口均价并非也高。选定年份里排名第一的国家（地区）出口均价非常高，1986 年、1996 年、2006 年、2016 年排名第一的分别是中国台湾（24.02 万美元/吨）、瑞士（4.3 万美元/吨）、瑞典（6.65 万美元/吨）、文莱（5.8 万美元/吨）。同时可以发现，瑞士、希腊、瑞典这三个国家的出口均价比较高，排位也比较稳定，它们多次出现在表 6－11 中。

从中国的水生植物出口均价情况来看，中国的水生植物出口均价虽然较普通出口大国较高，但是相对于世界排名前十的国家（地区）来看，显得非常低，但是增加幅度较大。1996 年、2006 年、2016 年中国水生植物出口均价分别为 0.22 万美元/吨（第 30 位）、0.32 万美元/吨（第 36 位），0.65 万美元/吨（第 35

位），中国的水生植物出口均价还是比较可观的，排名处于世界中上游水平。

**表 6－11　　选定年份世界水生植物出口均价排名前十国（地区）**

单位：万美元/吨

| 1986 | | | 1996 | | | 2006 | | | 2016 | | |
|---|---|---|---|---|---|---|---|---|---|---|---|
| 国家（地区） | 数值 | 位次 | 国家（地区） | 数值 | 位次 | 国家（地区） | 数值 | 位次 | 国家（地区） | 数值 | 位次 |
| 中国台湾 | 24.02 | 1 | 瑞士 | 4.30 | 1 | 瑞典 | 6.65 | 1 | 文莱 | 5.80 | 1 |
| 丹麦 | 15.14 | 2 | 奥地利 | 3.73 | 2 | 瑞士 | 2.85 | 2 | 瑞士 | 5.71 | 2 |
| 德国 | 2.16 | 3 | 瑞典 | 2.73 | 3 | 希腊 | 2.77 | 3 | 希腊 | 2.93 | 3 |
| 西班牙 | 1.70 | 4 | 新西兰 | 2.00 | 4 | 拉脱维亚 | 2.40 | 4 | 斯洛文尼亚 | 2.88 | 4 |
| 葡萄牙 | 1.47 | 5 | 意大利 | 1.96 | 5 | 古巴 | 2.30 | 5 | 厄瓜多尔 | 2.77 | 5 |
| 荷兰 | 1.37 | 6 | 丹麦 | 1.78 | 6 | 芬兰 | 2.30 | 6 | 爱沙尼亚 | 2.45 | 6 |
| 比利时 | 1.16 | 7 | 中国台湾 | 1.70 | 7 | 葡萄牙 | 1.98 | 7 | 哥斯达黎加 | 2.20 | 7 |
| 意大利 | 1.00 | 8 | 西班牙 | 1.67 | 8 | 厄瓜多尔 | 1.91 | 8 | 印度 | 1.87 | 8 |
| 英国 | 0.83 | 9 | 泰国 | 1.64 | 9 | 德国 | 1.83 | 9 | 开曼群岛 | 1.78 | 9 |
| 爱尔兰 | 0.66 | 10 | 拉脱维亚 | 1.60 | 10 | 新西兰 | 1.81 | 10 | 塞尔维亚 | 1.70 | 10 |
| **中国** | — | — | **中国** | **0.22** | **30** | **中国** | **0.32** | **36** | **中国** | **0.65** | **35** |

注：向 FAO 报告 1986 年、1996 年、2006 年和 2016 年水生植物出口量和出口额的国家（地区）分别有 13 个、46 个、68 个和 80 个。

## 第五节　中国在世界水生植物产业出口产量比中的地位

世界水生植物出口量占比靠前的国家（地区）在 1996 年之后表现比较明显，但是排名间相差巨大，近些年差距有所减少，例如 1996 年世界排名第一的马达加斯加出口量占比达到 99.87%，而排名第二的葡萄牙占比仅 38.81%，而到了 2016 年，世界排名第一的保加利亚出口量占比达到 98.28%，而同期排名第二的意大利占比为 92.17%，排名第三的西班牙占比也有 77.35%。排名越靠前的国家（地区）说明其生产的水生植物大部分用于出口。

从中国的水生植物出口量占比情况来看，前面我们已经分析到，中国的水生植物出口量非常少，从表6-12反映来看，占比还在逐年下降。通过整理FAO数据发现，1996年中国水生植物出口量占比为0.92%（第20位），2006年中国水生植物出口量占比为0.51%（第28位），2016年中国水生植物出口量占比为0.15%（第33位），中国的水生植物出口量占总产量比例排名十分靠后了。

**表6-12　选定年份世界水生植物出口量在总产量中占比排名前十国（地区）**

单位：%

| 1986 国家（地区） | 1986 占比 | 1986 位次 | 1996 国家（地区） | 1996 占比 | 1996 位次 | 2006 国家（地区） | 2006 占比 | 2006 位次 | 2016 国家（地区） | 2016 占比 | 2016 位次 |
|---|---|---|---|---|---|---|---|---|---|---|---|
| 西班牙 | 9.26 | 1 | 马达加斯加 | 99.87 | 1 | 汤加 | 83.71 | 1 | 保加利亚 | 98.28 | 1 |
| 葡萄牙 | 5.56 | 2 | 葡萄牙 | 38.81 | 2 | 摩洛哥 | 54.26 | 2 | 意大利 | 92.17 | 2 |
| 意大利 | 1.43 | 3 | 摩洛哥 | 36.71 | 3 | 葡萄牙 | 45.10 | 3 | 西班牙 | 77.35 | 3 |
| 法国 | 0.59 | 4 | 澳大利亚 | 16.86 | 4 | 意大利 | 44.86 | 4 | 葡萄牙 | 73.52 | 4 |
| 英国 | 0.55 | 5 | 智利 | 12.85 | 5 | 爱尔兰 | 42.60 | 5 | 摩洛哥 | 48.62 | 5 |
| 日本 | 0.47 | 6 | 基里巴斯 | 11.80 | 6 | 爱沙尼亚 | 36.04 | 6 | 加拿大 | 47.69 | 6 |
| 韩国 | 0.45 | 7 | 中国台湾 | 9.50 | 7 | 澳大利亚 | 35.31 | 7 | 澳大利亚 | 45.50 | 7 |
| 爱尔兰 | 0.20 | 8 | 阿根廷 | 9.44 | 8 | 冰岛 | 34.55 | 8 | 斯里兰卡 | 45.23 | 8 |
| 中国台湾 | 0.15 | 9 | 西班牙 | 8.02 | 9 | 法国 | 17.78 | 9 | 汤加 | 36.17 | 9 |
| | | | 印度尼西亚 | 7.52 | 10 | 马达加斯加 | 15.97 | 10 | 冰岛 | 27.59 | 10 |
| **中国** | — | — | **中国** | **0.92** | **20** | **中国** | **0.51** | **28** | **中国** | **0.15** | **33** |

注：向FAO报告1986年、1996年、2006年和2016年水生植物出口量和总产量的国家（地区）分别有9个、24个、36个和42个。虽然这些国家（地区）都提供了其出口量和总产量数据，但其中有一些国家（地区）所报告的水生植物出口量大于其总产量，也就是说，两者之比超过100%，此类数据我们称为无效数据，因为这不符合我们设计出口量与产量之比的初衷，即比较不同的水生动植物生产国（地区）所生产的水生动植物有多少用于出口。凡是所提供数据被视作无效的国家（地区）均不在出口量在其产量中占比排名的考虑中。1986年、1996年、2006年和2016年其报告数据被视作有效的国家（地区）分别有9个、22个、32个和33个，也就是说，上述四个年份其报告数据被视作无效的国家（地区）分别有0个、2个、4个和9个。

# 本章小结

本章主要论述了中国在世界水生植物产业中的地位。从表 6–13 可以清楚地看到中国在水生植物生产和贸易方面的世界排名情况，主要内容如下。

生产方面。红藻是当前世界（不含中国）第一大水生植物物种，而中国的水生植物以褐藻为主。中国在水生植物产量方面在世界上一直处于领先位置。世界（不含中国）与中国水生植物捕捞产量均较低，主要以养殖为主。世界（不含中国）和中国的养殖产量增加明显，世界水生植物养殖地理集聚特征极其明显。中国的水生植物养殖产值增幅很大，进入 21 世纪后与世界（不含中国）差距越来越大，且近些年中国养殖水生植物的经济价值要高于世界水平，但是和排名靠前的国家（地区）相比，差距很大。

贸易方面。世界的水生植物进出口总量和贸易额增加都比较明显，且地理集聚特征同样极其明显，基本集中在排名前十国（地区）。中国的水生植物主要以进口为主，选定年份里，进口量从 2006 年之后均居世界第一，但是中国的水生植物进口额方面却并不高，全面落后于日本。进口均价方面，中国的水生植物进口均价十分低廉，但是出口均价还比较可观，处于世界中上游水平。中国的水生植物出口量占总产量比例排名十分靠后，占比非常低，水生植物主要用于国内市场消费。

**表 6–13 选定年份中国在世界水生植物产业中排名情况一览表**

单位：个

| 指标 | 1986 | | 1996 | | 2006 | | 2016 | |
|---|---|---|---|---|---|---|---|---|
| | 位次 | 报告国（地区）数量 | 位次 | 报告国（地区）数量 | 位次 | 报告国（地区）数量 | 位次 | 报告国（地区）数量 |
| 总产量 | 1 | 37 | 1 | 40 | 1 | 41 | 1 | 54 |
| 捕捞产量 | 9 | 32 | 5 | 34 | 2 | 30 | 2 | 29 |
| 养殖产量 | 1 | 14 | 1 | 20 | 1 | 26 | 1 | 45 |
| 养殖产值 | 2 | 14 | 1 | 20 | 1 | 26 | 1 | 45 |
| 单位养殖产值 | 9 | 14 | 12 | 20 | 11 | 26 | 20 | 45 |
| 进口量 | — | 14 | 8 | 70 | 1 | 137 | 1 | 157 |
| 进口额 | — | 14 | 17 | 80 | 3 | 157 | 2 | 179 |
| 进口均价 | — | 14 | 70 | 70 | 133 | 137 | 146 | 155 |

续表

| 指标 | 1986 | | 1996 | | 2006 | | 2016 | |
|---|---|---|---|---|---|---|---|---|
| | 位次 | 报告国（地区）数量 | 位次 | 报告国（地区）数量 | 位次 | 报告国（地区）数量 | 位次 | 报告国（地区）数量 |
| 出口量 | — | 13 | 1 | 46 | 2 | 68 | 5 | 80 |
| 出口额 | — | 13 | 2 | 50 | 1 | 75 | 3 | 96 |
| 出口均价 | — | 13 | 30 | 46 | 36 | 68 | 35 | 80 |
| 出口量/产量 | — | 9 | 20 | 22 | 28 | 32 | 33 | 33 |

# 第七章　中国在世界甲壳类产业中的地位

本章将考察中国在世界甲壳类产业中的地位。本章首先从生产的角度，采用前几章的方法和相关指标，回顾世界和中国甲壳类产业在过去一段时间内的动态演变，考察中国在世界甲壳类生产中的地位。其次，从贸易的角度分析世界和中国甲壳类进出口贸易的发展过程，考察中国在世界甲壳类产业中的地位。最后，通过甲壳类出口量在其总产量中占比这一指标，考察中国甲壳类产业对外部市场的依赖状况。

## 第一节　世界与中国甲壳类产业发展概况

本部分将考察世界与中国的甲壳类生产情况，包括其总产量、捕捞产量、养殖产量、养殖产值和单位养殖产值的变动情形。其中，世界甲壳类总产量和捕捞产量数据的时间跨度为 1950—2016 年，而养殖产值数据的时间跨度为 1984—2016 年。

### 一、世界与中国甲壳类总产量变动趋势

世界甲壳类总产量从 20 世纪 50 年代起就延续了持续稳定增长的趋势。2004 年世界甲壳类总产量突破 500 万吨，2016 年增加到 738.56 万吨，1950—2016 年年均增加 10.25 万吨，年均增长率为 3.83%，67 年年增长率平均值为 3.89%，与年均增长率基本接近，可见其变动态势十分稳定。中国则有所区别，20 世纪 50 年代到 80 年代之前，中国的甲壳类产量增长十分有限，但是在 20 世纪 80 年代以后中国甲壳类产量开始迅速增加，与同期世界的甲壳类产量逐年缩小，2016 年中国甲壳类总产量为 718.71 万吨，同期与世界产量差距仅 19.85 万吨（见图 7－1）。总体来看，1950—2016 年中国甲壳类年均增加 10.75 万吨，年均增长率为 6.77%。

世界甲壳类各物种组总产量变动趋势如图 7－2 所示。可以发现，世界甲壳类产量组成以对虾、明虾为主，20 世纪 50 年代至 2016 年，对虾、明虾

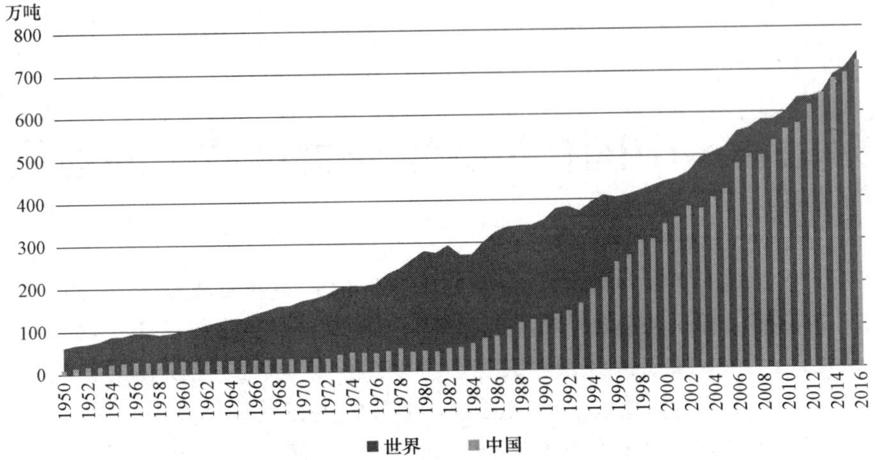


图 7－1　1950—2016 年世界与中国甲壳类总产量变动趋势

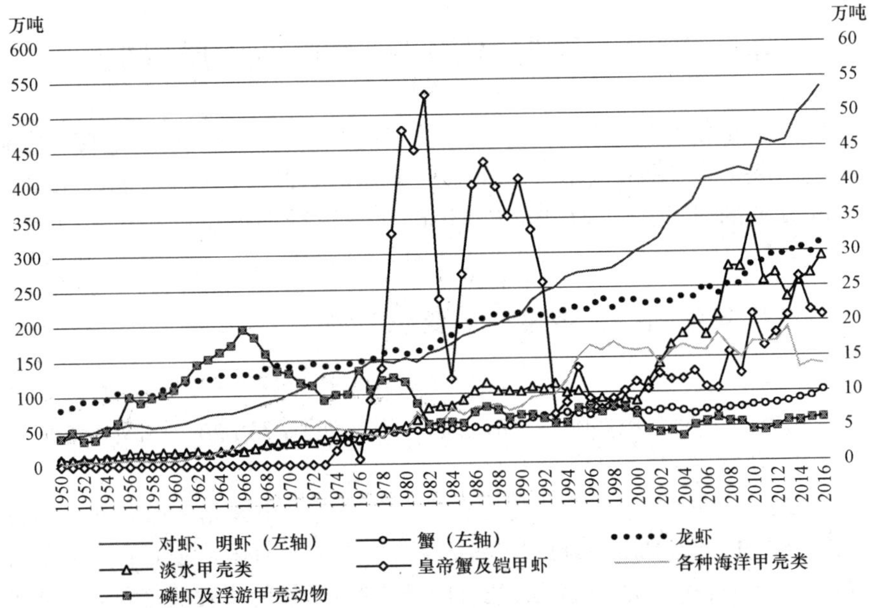


图 7－2　1950—2016 年世界甲壳类各物种组总产量变动趋势①

保持了持续的增长，2016 年产量已经增长到 535.57 万吨，年均增加 7.53 万吨，年均增长率为 4.06%。其次是蟹。蟹同样保持了持续稳定的增长，但是增加量和增长速度均慢于对虾、明虾，2016 年蟹的产量为 101.15 万吨，与对虾、明虾差距比较明显，1950—2016 年，年均增加 1.38 万吨，年均增长率为 3.6%。龙虾的

① 世界皇帝蟹及铠甲虾总产量数据起始年份为 1973 年。

增长与对虾、明虾和蟹增加趋势类似，都比较平稳，2016 年产量为 31.64 万吨。而淡水甲壳类在进入 21 世纪后增长速度很快，但是近几年产量波动幅度很大，2016 年龙虾的产量与蟹基本接近，为 29.34 万吨。皇帝蟹及铠甲虾在 20 世纪 70 年代中后期变动幅度非常大，总体呈下降趋势，但是在 20 世纪 90 年代后产量有所回升，2016 年总量规模与各种海洋甲壳类和磷虾及浮游甲壳动物二者总和相近，产量为 20.87 万吨，而 2016 年各种海洋甲壳类和磷虾及浮游甲壳动物世界总产量分别为 13.81 万吨、6.17 万吨。

中国甲壳类各物种组总产量变动趋势如图 7－3 所示。进入 21 世纪以来，中国甲壳类各物种组变化起伏较大。对虾、明虾同样也是中国甲壳类的主要构成，20 世纪 50 年代以来，基本保持了持续增长，进入 21 世纪后大幅度增加，2016 年对虾、明虾全年产量为 331.57 万吨，1950—2016 年年均增加 4.98 万吨，年均增长速度为 7.55%，快于世界水平。与世界不同的是，淡水甲壳类在中国是仅次于对虾、明虾的甲壳类物种，虽然从 20 世纪 70 年代后才有产量，但是增长速度很快，1972—2016 年年均增加 5.33 万吨，年均增长率达到 11.35%，无论是增加量还是增长速度，均快于对虾、明虾，可以看出淡水甲壳类在中国的发展潜力非常大。蟹类的增长比起对虾、明虾和淡水甲壳类速度要平缓的多，2016 年产量为 110.17 万吨。各种海洋甲壳类起伏较大，在 21 世纪前保持了较快的增

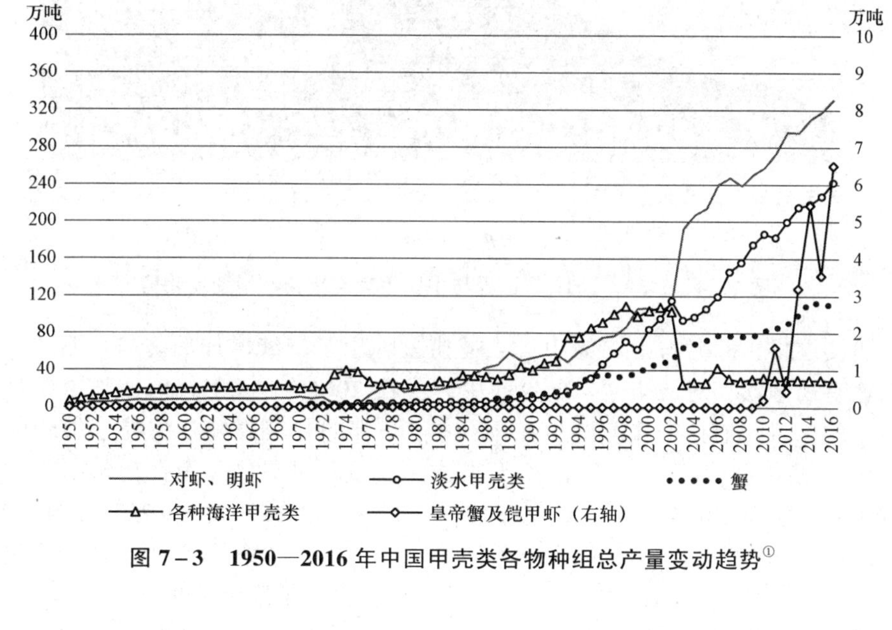


**图 7－3　1950—2016 年中国甲壳类各物种组总产量变动趋势**[①]

① 中国淡水甲壳类总产量数据起始年份为 1971 年，蟹总产量数据起始年份为 1987 年，皇帝蟹及铠甲虾总产量数据起始年份为 2010 年。

长率，产量明显占优，是中国的主要甲壳类物种，但是进入 21 世纪后产量急剧下降，近十年产量基本维持在 29 万吨上下，2016 年产量为 28.35 万吨。而皇帝蟹及铠甲虾虽然从 2010 年以后增加明显，但总量不大，2016 年产量仅有 6.5 万吨。

## 二、世界与中国甲壳类捕捞产量变动趋势

图 7－4 给出了世界与中国的甲壳类捕捞产量变动趋势。结合图 7－1，我们通过计算 FAO 的报告数据可以发现，无论是世界还是中国，甲壳类在传统上以捕捞为主，尤其 20 世纪 50 年代到 80 年代中后期，世界与中国捕捞占有量均在 90%以上，不过随着时间的推移，虽然捕捞量占比在逐年下降，世界的甲壳类捕捞量占比依然很高，即使在 2016 年，世界甲壳类捕捞量占比依然在 50%以上，而中国的甲壳类捕捞量占比已经下降到 40%以下，我们可以推断，世界和中国的甲壳类捕捞产量占比会进一步下降。

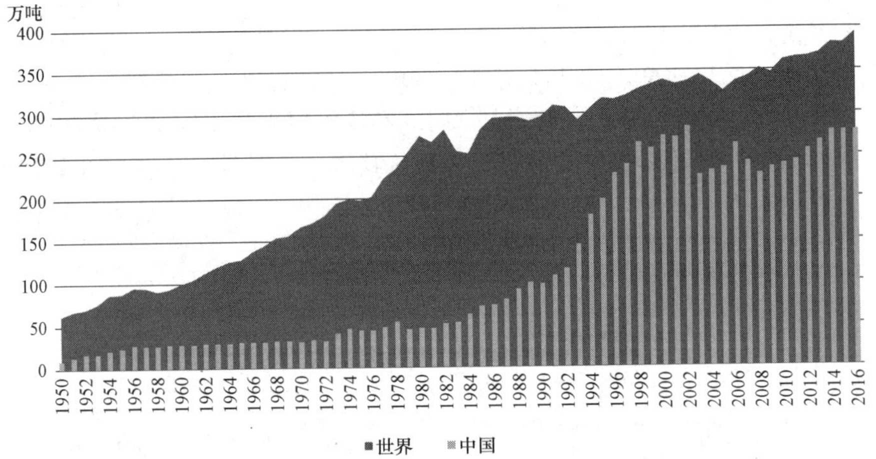


**图 7－4　1950—2016 年世界与中国甲壳类捕捞产量变动趋势**

即使这样，世界与中国的甲壳类捕捞呈现出了持续增加的态势，不过近些年增速有所放缓，对比来看，世界的甲壳类在 20 世纪 80 年代前增长速度是快于中国的，因此捕捞产量差距也在不断扩大。不过中国在随后保持了很快的增长速度，图 7－4 显示，中国的甲壳类捕捞产量与世界的差距在逐年缩小。从数据来看，世界 2016 年甲壳类全年捕捞产量为 393.24 万吨，1950—2016 年，年均增加 5.02 万吨，年均增长速度为 2.84%。中国 2016 年甲壳类捕捞产量为 277.83 万吨。1950—2016 年，年均增加 4.07 万吨，年均增长速度为 5.24%，产量增加主要贡献来自 20 世纪 80 年代之后。

## 三、世界与中国甲壳类养殖产量、养殖产值变动趋势

前文我们已经分析到，甲壳类捕捞贡献的产量比例在逐年下降，那么，相应的，甲壳类养殖产量比例在逐年提升，下面具体分析世界与中国甲壳类养殖产量情况（见图 7–5）。世界甲壳类养殖产量依然低于同期捕捞产量，不过差距已经越来越小，2016 年世界养殖产量为 345.32 万吨，与捕捞产量差距仅为 47.92 万吨，最大差距是 1986 年的 264.68 万吨。世界甲壳类养殖产量虽然从 1984 年以来持续保持增加，年均增加量达到 10.18 万吨，年均增长率为 9.41%，即使这样，仍然慢于中国的增长速度。中国甲壳类养殖产量虽然在起步阶段增长较慢，但是在从 20 世纪 90 年代以后增加速度很快，与世界的差距逐年减少，2007 年以后超过世界，2016 年中国甲壳类养殖总量达到 440.88 万吨，超过世界 95.56 万吨，1984—2016 年中国甲壳类养殖产量年均增加 13.72 万吨，年均增长率为 18.50%。

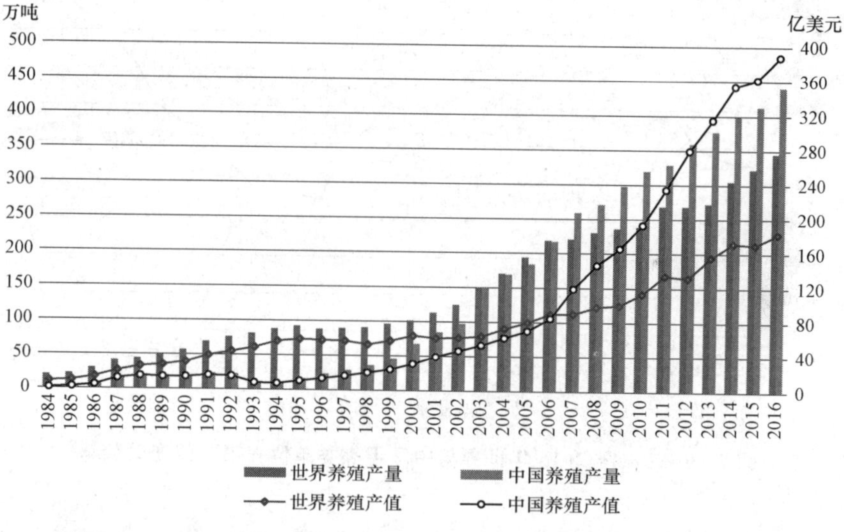


图 7–5　1984—2016 年世界与中国甲壳类养殖产量、产值变动趋势

甲壳类养殖产值情况。世界甲壳类养殖产值增长十分平缓，基本与其同期养殖产量趋于同步。2016 年世界甲壳类实现养殖产值 182.63 亿美元，年均增加 5.43 亿美元，1984—2016 年年均增长率为 9.96%。中国显然要快得多，尤其在 2007 年之后，甲壳类养殖产值历史首次超过世界，且差距越拉越大。2016 年中国甲壳类实现养殖产值 388.16 亿美元，同期超过世界 205.53 亿美元，年均增加 12.1 亿美元，1984—2016 年年均增长率为 20.32%，快于世界水平。

## 四、世界与中国甲壳类单位养殖产值变动趋势

世界与中国的甲壳类单位养殖产值趋势基本趋于同步，但是中国显然变化幅度更大。从图 7－6 可以看出，世界甲壳类单位养殖产值在 20 世纪 90 年代中期到 21 世纪初经历过一段下降期，世界甲壳类单位养殖产值在这段时期是高于中国的，但是也在这段时期 2005—2007 年甲壳类单位养殖产值掉到历史最低值（0.41 万美元/吨）。中国甲壳类单位养殖产值同样如此，历史最低值发生在 2003 年（0.35 万美元/吨），2003 年以后中国甲壳类单位养殖产值不断提升，但是中国的甲壳类单位养殖产值一直高于世界水平，2007 年以后，差距越来越大。2016 年世界甲壳类单位养殖产值为 0.53 万美元/吨，而同期中国为 0.88 万美元/吨，差距显而易见。

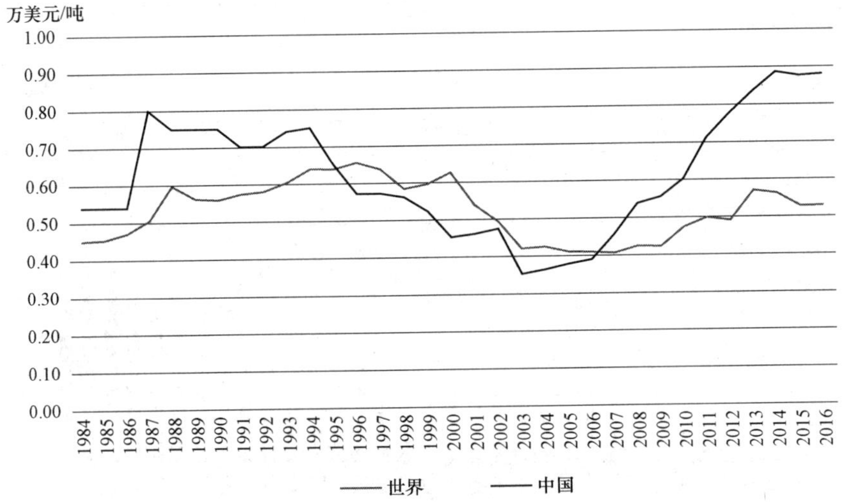


图 7－6　1984—2016 年世界与中国甲壳类单位养殖产值变动趋势

# 第二节　中国在世界甲壳类产业生产中的地位

为掌握世界上主要的甲壳类生产国（地区），特别是中国在世界甲壳类产业生产中的地位，选择了四个年份，即 1986 年、1996 年、2006 年和 2016 年，分别确定在这些年份的总产量、捕捞产量、养殖产量、养殖产值和单位养殖产值排名中位居前十的国家（地区）。如果中国不在前十以内，将进一步确定中国的具体位次。与第一节不同的是，本节世界数据包括中国数据。

## 一、甲壳类总产量排名前十国（地区）及中国的位次

世界甲壳类总产量增加比较明显。从数据来看，1996 年、2006 年、2016 年分别较其上一选定年份分别增加 248.64 万吨、379.85 万吨、422.9 万吨。同时，世界甲壳类总产量贡献集中趋势越来越明显，排名前十国（地区）占比在逐年增加，1986 年、1996 年、2006 年、2016 年排名前十国（地区）甲壳类总产量占世界比例分别为 69.69%、75.68%、81.39%、84.57%，可以看出其集中程度越来越高。中国、印度尼西亚、泰国、印度、美国、越南、加拿大是世界甲壳类的主要产量贡献大国。

中国的甲壳类产量对世界的贡献越来越明显。从产量来看，中国甲壳类产量增加非常明显，1986 年仅为 81.44 万吨，2016 年为 718.71 万吨。中国与同期排名世界第二的美国、泰国、印度尼西亚差距越来越大，即使印度尼西亚和印度的甲壳类产量产量增加也比较明显（见表 7－1）。从中国甲壳类占比数据来看，选定几个年份占比均居世界第一，增加十分明显，1986 年、1996 年、2006 年、2016 年占比分别为 20.07%、38.28%、46.33%、49.32%，1996 年以后中国的占比份额比其他九个国家（地区）的总和还要多，2016 年中国甲壳类总产量已接近世界一半。而除了中国和 1986 年的美国，其他排名前十国（地区）选定年份的占比均在 10%以下。

**表 7－1　　选定年份世界甲壳类总产量排名前十国（地区）**

单位：万吨，%

| 1986 | | | 1996 | | | 2006 | | | 2016 | | |
|---|---|---|---|---|---|---|---|---|---|---|---|
| 国家（地区） | 数值 | 占比 | 国家（地区） | 数值 | 占比 | 国家（地区） | 数值 | 占比 | 国家（地区） | 数值 | 占比 |
| **中国** | **81.44** | **20.07** | **中国** | **250.58** | **38.28** | **中国** | **479.24** | **46.33** | **中国** | **718.71** | **49.32** |
| 美国 | 42.01 | 10.35 | 泰国 | 43.74 | 6.68 | 泰国 | 64.85 | 6.27 | 印度尼西亚 | 110.48 | 7.58 |
| 苏联 | 38.23 | 9.42 | 印度 | 42.14 | 6.44 | 印度尼西亚 | 63.97 | 6.18 | 印度 | 102.67 | 7.05 |
| 印度 | 24.77 | 6.10 | 美国 | 38.61 | 5.90 | 印度 | 59.85 | 5.79 | 越南 | 91.62 | 6.29 |
| 日本 | 21.32 | 5.25 | 印度尼西亚 | 37.71 | 5.76 | 越南 | 49.76 | 4.81 | 厄瓜多尔 | 42.62 | 2.92 |
| 泰国 | 18.53 | 4.56 | 日本 | 20.58 | 3.14 | 美国 | 38.68 | 3.74 | 泰国 | 42.36 | 2.91 |
| 印度尼西亚 | 18.13 | 4.47 | 加拿大 | 18.18 | 2.78 | 加拿大 | 33.87 | 3.27 | 美国 | 41.65 | 2.86 |
| 中国台湾 | 14.97 | 3.69 | 越南 | 16.52 | 2.52 | 墨西哥 | 21.25 | 2.05 | 加拿大 | 29.14 | 2.00 |

续表

| 1986 | | | 1996 | | | 2006 | | | 2016 | | |
|---|---|---|---|---|---|---|---|---|---|---|---|
| 国家（地区） | 数值 | 占比 | 国家（地区） | 数值 | 占比 | 国家（地区） | 数值 | 占比 | 国家（地区） | 数值 | 占比 |
| 马来西亚 | 12.30 | 3.03 | 菲律宾 | 15.44 | 2.36 | 格陵兰岛 | 15.20 | 1.47 | 墨西哥 | 28.50 | 1.96 |
| 菲律宾 | 11.16 | 2.75 | 韩国 | 11.85 | 1.81 | 厄瓜多尔 | 15.19 | 1.47 | 孟加拉国 | 24.69 | 1.69 |
| **合计** | **282.86** | **69.69** | **合计** | **495.34** | **75.68** | **合计** | **841.86** | **81.39** | **合计** | **1 232.43** | **84.57** |
| **世界** | **405.89** | **100.00** | **世界** | **654.52** | **100.00** | **世界** | **1 034.37** | **100.00** | **世界** | **1 457.27** | **100.00** |

注：向 FAO 报告 1986 年、1996 年、2006 年和 2016 年甲壳类总产量的国家（地区）分别有 150 个、163 个、172 个和 168 个。

## 二、甲壳类捕捞产量排名前十国（地区）及中国的位次

世界甲壳类捕捞产量保持了持续增加，但是捕捞产量总占比在持续下降，由 1986 年的 90.6%下降到 2016 年的 46.05%，说明甲壳类捕捞潜力在不断下降。表 7-2 显示出在几个选定年份里世界甲壳类捕捞产量增加量已经十分有限，1996 年、2006 年、2016 年捕捞产量分别较其前期增加 175.78 万吨、55.8 万吨、71.76 万吨。由于中国在甲壳类捕捞产量的持续增加使得世界捕捞产量量显得十分集中。排名前十国（地区）的捕捞产量占比数据由 1986 年的 69.44%上升到 2016 年的 78.06%，除中国外，我们看选定年份其他九国（地区）的甲壳类捕捞产量增加数据十分有限。世界甲壳类捕捞产量主要分布在中国、印度、美国、印度尼西亚、加拿大、日本、泰国。

**表 7-2　　选定年份世界甲壳类捕捞产量排名前十国（地区）**

单位：万吨，%

| 1986 | | | 1996 | | | 2006 | | | 2016 | | |
|---|---|---|---|---|---|---|---|---|---|---|---|
| 国家（地区） | 数值 | 占比 | 国家（地区） | 数值 | 占比 | 国家（地区） | 数值 | 占比 | 国家（地区） | 数值 | 占比 |
| **中国** | **73.16** | **19.90** | **中国** | **227.67** | **41.89** | **中国** | **262.52** | **43.80** | **中国** | **277.83** | **41.40** |
| 苏联 | 38.23 | 10.40 | 美国 | 36.36 | 6.69 | 印度 | 42.00 | 7.01 | 印度 | 49.52 | 7.38 |
| 美国 | 37.50 | 10.20 | 印度 | 35.08 | 6.45 | 美国 | 34.50 | 5.76 | 印度尼西亚 | 45.45 | 6.77 |
| 印度 | 23.37 | 6.36 | 印度尼西亚 | 22.34 | 4.11 | 加拿大 | 33.87 | 5.65 | 美国 | 34.72 | 5.17 |

续表

| 1986 | | | 1996 | | | 2006 | | | 2016 | | |
|---|---|---|---|---|---|---|---|---|---|---|---|
| 国家（地区） | 数值 | 占比 | 国家（地区） | 数值 | 占比 | 国家（地区） | 数值 | 占比 | 国家（地区） | 数值 | 占比 |
| 日本 | 21.07 | 5.73 | 日本 | 20.39 | 3.75 | 印度尼西亚 | 29.32 | 4.89 | 加拿大 | 29.14 | 4.34 |
| 泰国 | 16.27 | 4.42 | 泰国 | 18.90 | 3.48 | 格陵兰岛 | 15.20 | 2.54 | 越南 | 21.34 | 3.18 |
| 印度尼西亚 | 13.87 | 3.77 | 加拿大 | 18.18 | 3.34 | 越南 | 14.31 | 2.39 | 挪威 | 19.36 | 2.88 |
| 马来西亚 | 12.26 | 3.33 | 韩国 | 11.81 | 2.17 | 日本 | 13.18 | 2.20 | 阿根廷 | 18.11 | 2.70 |
| 加拿大 | 9.90 | 2.69 | 越南 | 11.55 | 2.12 | 泰国 | 12.87 | 2.15 | 墨西哥 | 15.72 | 2.34 |
| 中国台湾 | 9.73 | 2.65 | 马来西亚 | 11.01 | 2.02 | 韩国 | 11.69 | 1.95 | 马来西亚 | 12.64 | 1.88 |
| **合计** | **255.36** | **69.44** | **合计** | **413.28** | **76.04** | **合计** | **469.47** | **78.34** | **合计** | **523.82** | **78.06** |
| **世界** | **367.72** | **100.00** | **世界** | **543.51** | **100.00** | **世界** | **599.31** | **100.00** | **世界** | **671.07** | **100.00** |

注：向 FAO 报告 1986 年、1996 年、2006 年和 2016 年甲壳类捕捞产量的国家（地区）分别有 148 个、159 个、166 个和 163 个。

中国甲壳类捕捞产量优势十分明显。选定四个年份里，中国捕捞产量均居世界第一，从占比数据看，中国的甲壳类捕捞产量占比已经由 1986 年的 19.9% 上升到 2016 年的 41.4%。从四个选定年份里与第二位的差距更能体现出中国在世界甲壳类捕捞产量中的地位，1986 年、1996 年、2006 年、2016 年中国甲壳类捕捞产量分别领先同期的苏联、美国、印度 34.93 万吨、191.31 万吨、220.52 万吨、228.3 万吨。不过从领先差距上，我们也能从侧面看出中国的甲壳类捕捞产量增加同样十分有限，这从占比数据和产量两个维度均能体现出来，这反映出世界甲壳类捕捞产量已经逐渐趋于瓶颈。

## 三、甲壳类养殖产量、养殖产值排名前十国（地区）及中国的位次

世界甲壳类养殖产量增加量十分显著。从数据反映来看，选定年份里 1996 年、2006 年、2016 年养殖产量分别较其前期增加 72.85 万吨、324.04 万吨、351.14 万吨。1986 年世界甲壳类养殖产量仅为 38.16 万吨，2016 年世界甲壳类养殖产量为 786.2 万吨，四个选定年份里首次超过捕捞产量，同期差距为 115.13 万吨。世界甲壳类养殖量呈现出了极为明显的地理集聚特征，表 7－3 反映的世界排名前十的国家（地区）占比数据，1986 年、1996 年、2006 年、2016 年分别为 96.84%、

92.82%、92.63%、95.15%，均保持在92%以上，远高于同期的世界捕捞量占比数据。世界甲壳类养殖主要集中在中国、泰国、越南、印度尼西亚、印度、厄瓜多尔、孟加拉国这几个国家。从2016年排名来看，东南亚国家比较集中，越南、印度尼西亚、泰国、菲律宾、缅甸均位列其中，占据一半数量。

**表7-3　　选定年份世界甲壳类养殖产量排名前十国（地区）**

单位：万吨，%

| 1986 | | | 1996 | | | 2006 | | | 2016 | | |
|---|---|---|---|---|---|---|---|---|---|---|---|
| 国家（地区） | 数值 | 占比 | 国家（地区） | 数值 | 占比 | 国家（地区） | 数值 | 占比 | 国家（地区） | 数值 | 占比 |
| **中国** | **8.28** | **21.70** | 泰国 | 24.85 | 22.38 | **中国** | **216.73** | **49.82** | **中国** | **440.88** | **56.08** |
| 中国台湾 | 5.24 | 13.74 | **中国** | **22.90** | **20.63** | 泰国 | 51.98 | 11.95 | 越南 | 70.28 | 8.94 |
| 美国 | 4.50 | 11.79 | 印度尼西亚 | 15.37 | 13.85 | 越南 | 35.45 | 8.15 | 印度尼西亚 | 65.03 | 8.27 |
| 厄瓜多尔 | 4.43 | 11.62 | 厄瓜多尔 | 10.79 | 9.72 | 印度尼西亚 | 34.65 | 7.97 | 印度 | 53.14 | 6.76 |
| 印度尼西亚 | 4.26 | 11.16 | 菲律宾 | 8.05 | 7.25 | 印度 | 17.85 | 4.10 | 厄瓜多尔 | 42.20 | 5.37 |
| 菲律宾 | 3.21 | 8.41 | 印度 | 7.06 | 6.36 | 厄瓜多尔 | 14.92 | 3.43 | 泰国 | 34.25 | 4.36 |
| 泰国 | 2.26 | 5.93 | 越南 | 4.97 | 4.48 | 墨西哥 | 11.27 | 2.59 | 孟加拉国 | 14.57 | 1.85 |
| 越南 | 1.90 | 4.98 | 孟加拉国 | 4.62 | 4.16 | 孟加拉国 | 8.55 | 1.97 | 墨西哥 | 12.78 | 1.63 |
| 孟加拉国 | 1.47 | 3.84 | 美国 | 2.24 | 2.02 | 巴西 | 6.54 | 1.50 | 菲律宾 | 7.86 | 1.00 |
| 印度 | 1.40 | 3.67 | 中国台湾 | 2.18 | 1.96 | 缅甸 | 5.06 | 1.16 | 缅甸 | 7.09 | 0.90 |
| 合计 | **36.96** | **96.84** | 合计 | **103.05** | **92.82** | 合计 | **402.99** | **92.63** | 合计 | **748.08** | **95.15** |
| 世界 | **38.16** | **100.00** | 世界 | **111.02** | **100.00** | 世界 | **435.06** | **100.00** | 世界 | **786.20** | **100.00** |

注：向FAO报告1986年、1996年、2006年和2016年甲壳类养殖产量的国家（地区）分别有49个、68个、80个和75个。

中国甲壳类养殖产量后半程增长速度是十分明显的。1986年虽然世界排名第一，但是中国甲壳类养殖产量仅有8.28万吨，占比21.7%，而1996年甲壳类养殖产量较1986年增幅不大，全年养殖产量24.85万吨，占比22.85%，被泰国反超，居世界第二，2006 年中国甲壳类养殖产量突破 200 万吨，占比 49.82%，与同期排名世界第二的泰国的差距为 164.75 万吨，2016 年中国蝉联世界第一，养殖产量突破 400 万吨，逼近 450 万吨，全年中国甲壳类养殖产量为 440.88 万吨，占比 56.08%，超过世界一半份额，领先同期排名世界第二的越南 370.6 万吨，比世界其他所有国家（地区）养殖产量之和还多（见表 7－3）。

世界甲壳类养殖产值情况如表 7－4 所示。世界甲壳类养殖产值增加十分明显，不过我们从表 7－4 知道，后半程主要是来自中国的贡献。从数据来看，2006 年世界甲壳类养殖产值为 174.1 亿美元，2016 年为 570.79 亿美元，较 2006 年增加 396.69 亿美元。再看中国的同期数据，2006 年中国甲壳类养殖产值为 84.56 亿美元，2016 年为 388.16 亿美元，较 2006 年增加 303.6 亿美元，中国贡献率达 76.53%。世界的养殖产值贡献同样十分集中，四个选定年份里前十国（地区）均保持在 90%以上。主要贡献国家有中国、越南、印度尼西亚、印度、泰国、菲律宾、孟加拉国、厄瓜多尔，从国家（地区）构成来看，东南亚国家依然占据相当数量，这与世界养殖产量特征类似。

**表 7－4　　选定年份世界甲壳类养殖产值排名前十国（地区）**

单位：亿美元，%

| 1986 | | | 1996 | | | 2006 | | | 2016 | | |
|---|---|---|---|---|---|---|---|---|---|---|---|
| 国家（地区） | 数值 | 占比 | 国家（地区） | 数值 | 占比 | 国家（地区） | 数值 | 占比 | 国家（地区） | 数值 | 占比 |
| **中国** | **4.47** | **24.09** | 泰国 | 16.26 | 22.94 | **中国** | **84.56** | **48.57** | **中国** | **388.16** | **68.00** |
| 中国台湾 | 3.19 | 17.19 | **中国** | **13.11** | **18.50** | 越南 | 14.34 | 8.24 | 越南 | 44.47 | 7.79 |
| 厄瓜多尔 | 3.08 | 16.56 | 印度尼西亚 | 9.13 | 12.88 | 泰国 | 14.26 | 8.19 | 印度尼西亚 | 25.18 | 4.41 |
| 菲律宾 | 1.77 | 9.52 | 菲律宾 | 7.11 | 10.04 | 印度尼西亚 | 14.05 | 8.07 | 印度 | 24.38 | 4.27 |
| 印度尼西亚 | 1.39 | 7.50 | 厄瓜多尔 | 6.48 | 9.14 | 印度 | 9.07 | 5.21 | 厄瓜多尔 | 21.94 | 3.84 |
| 越南 | 1.00 | 5.39 | 印度 | 4.45 | 6.28 | 厄瓜多尔 | 7.16 | 4.12 | 泰国 | 16.49 | 2.89 |
| 印度 | 0.84 | 4.52 | 孟加拉国 | 2.90 | 4.09 | 墨西哥 | 4.40 | 2.53 | 孟加拉国 | 10.76 | 1.89 |
| 泰国 | 0.83 | 4.46 | 越南 | 2.49 | 3.51 | 孟加拉国 | 3.86 | 2.22 | 缅甸 | 6.46 | 1.13 |
| 孟加拉国 | 0.53 | 2.87 | 中国台湾 | 2.34 | 3.30 | 菲律宾 | 3.26 | 1.87 | 菲律宾 | 6.33 | 1.11 |

续表

| 1986 | | | 1996 | | | 2006 | | | 2016 | | |
|---|---|---|---|---|---|---|---|---|---|---|---|
| 国家（地区） | 数值 | 占比 | 国家（地区） | 数值 | 占比 | 国家（地区） | 数值 | 占比 | 国家（地区） | 数值 | 占比 |
| 美国 | 0.53 | 2.85 | 马来西亚 | 0.70 | 0.99 | 缅甸 | 2.05 | 1.18 | 墨西哥 | 5.77 | 1.01 |
| **合计** | **17.63** | **94.96** | **合计** | **64.96** | **91.66** | **合计** | **157.03** | **90.19** | **合计** | **549.96** | **96.35** |
| **世界** | **18.57** | **100.00** | **世界** | **70.87** | **100.00** | **世界** | **174.10** | **100.00** | **世界** | **570.79** | **100.00** |

注：向 FAO 报告 1986 年、1996 年、2006 年和 2016 年甲壳类养殖产值的国家（地区）分别有 49 个、68 个、80 个和 75 个。

中国在初期甲壳类养殖产值较少，但是进入 21 世纪后剧增，居世界第一。来看数据，1986 年中国实现甲壳类产值 4.47 亿美元，占比 24.09%。而 1996 年产量增加到 13.11 亿美元，占比下降到 18.50%，落后于泰国，这与同期养殖产量特征相同。中国在 2006 年和 2016 年重新回到世界第一，并与同期排名世界第二的越南拉开差距，且越拉越大，2006 年和 2016 年分别超过越南 70.22 亿美元、343.69 亿美元，中国的甲壳类养殖产值在同期的占比已经达到 48.57%、68%。

## 四、甲壳类单位养殖产值排名前十国（地区）及中国的位次

对比表 7－3 和表 7－4，从表 7－5 反映的世界甲壳类养殖产值排名国家（地区）来看，世界绝大多数甲壳类养殖大国（地区）并未进入该榜单，如中国、泰国、越南、印度尼西亚、印度等。瑞典、爱沙尼亚、日本这三个国家单位养殖产值表现比较稳定，多次出现在世界甲壳类养殖产值排名前列。世界排名靠前的国家（地区）甲壳类单位养殖产值非常高，来看选定年份里世界排名第一的数据，1986 年、1996 年、2006 年、2016 年分别是 2.50 万美元/吨（瑞典）、2.82 万美元/吨（瑞典）、6.16 万美元/吨（爱沙尼亚）、4.69 万美元/吨（日本）。

**表 7－5　选定年份世界甲壳类单位养殖产值排名前十国（地区）**

单位：万美元/吨

| 1986 | | | 1996 | | | 2006 | | | 2016 | | |
|---|---|---|---|---|---|---|---|---|---|---|---|
| 国家（地区） | 数值 | 位次 | 国家（地区） | 数值 | 位次 | 国家（地区） | 数值 | 位次 | 国家（地区） | 数值 | 位次 |
| 瑞典 | 2.50 | 1 | 瑞典 | 2.82 | 1 | 爱沙尼亚 | 6.16 | 1 | 日本 | 4.69 | 1 |
| 瓜德罗普 | 2.40 | 2 | 日本 | 2.49 | 2 | 日本 | 4.37 | 2 | 爱沙尼亚 | 4.31 | 2 |

续表

| 1986 | | | 1996 | | | 2006 | | | 2016 | | |
|---|---|---|---|---|---|---|---|---|---|---|---|
| 国家（地区） | 数值 | 位次 | 国家（地区） | 数值 | 位次 | 国家（地区） | 数值 | 位次 | 国家（地区） | 数值 | 位次 |
| 马提尼克 | 1.74 | 3 | 马提尼克 | 2.44 | 3 | 法国 | 3.14 | 3 | 挪威 | 3.86 | 3 |
| 留尼汪 | 1.74 | 4 | 瓜德罗普 | 2.35 | 4 | 挪威 | 3.11 | 4 | 瑞典 | 3.25 | 4 |
| 阿尔及利亚 | 1.45 | 5 | 土耳其 | 2.30 | 5 | 意大利 | 2.91 | 5 | 拉脱维亚 | 2.73 | 5 |
| 萨尔瓦多 | 1.40 | 6 | 法国 | 2.12 | 6 | 瑞典 | 2.83 | 6 | 波多黎各 | 2.34 | 6 |
| 津巴布韦 | 1.32 | 7 | 留尼汪 | 1.85 | 7 | 马提尼克 | 2.51 | 7 | 新加坡 | 2.32 | 7 |
| 法属圭亚那 | 1.30 | 8 | 韩国 | 1.85 | 8 | 阿根廷 | 2.30 | 8 | 巴哈马 | 2.30 | 8 |
| 牙买加 | 1.20 | **9** | 塞浦路斯 | 1.82 | 9 | 瓜德罗普 | 2.30 | 9 | 法国 | 2.21 | 9 |
| 新喀里多尼亚 | 1.20 | 10 | 意大利 | 1.75 | 10 | 南非 | 2.13 | **10** | 马提尼克 | 2.21 | 10 |
| **中国** | **0.54** | **37** | **中国** | **0.57** | **56** | **中国** | **0.39** | **68** | **中国** | **0.88** | **31** |

注：向 FAO 报告 1986 年、1996 年、2006 年和 2016 年甲壳类养殖产量、产值的国家（地区）分别有 49 个、68 个、80 个和 75 个。

中国同期甲壳类养殖产值仅为 0.54 万美元/吨（第 37 位）、0.57 万美元/吨（第 56 位）、0.39 万美元/吨（第 68 位）、0.88 万美元/吨（第 31 位），同时考虑到向 FAO 报告其 1986 年、1996 年、2006 年和 2016 年甲壳类养殖产量、产值的国家（地区）分别有 49 个、68 个、80 个和 75 个。可以看出，中国的甲壳类养殖产值在不断提升，2016 年已经处于世界中上游水平。

## 第三节 世界与中国甲壳类产业贸易概况

本节旨在从贸易的角度，考察世界和中国甲壳类进（出）口量、进（出）口额和进（出）口均价的变动情况，理清四个选定年份在上述指标的排名中位居前十的国家（地区）及中国的具体位次。

在 FAO 数据库 FishStatJ 中，上述时间序列数据的跨度不完全一致。其中，世界甲壳类进（出）口量（额）和进（出）口均价的时间跨度为 1976—2016 年，而中国甲壳类进（出）口量、进（出）口额和进（出）口均价的时间跨度为 1984—2016 年。

## 一、世界与中国甲壳类进口贸易变动趋势

### （一）世界与中国甲壳类进口量、进口额变动趋势

世界甲壳类进口量保持了持续的增长（见图 7–7），1976—2005 年年均增长 7.46 万吨，年均增长率为 5.66%，但是从 2006—2016 年进口量有趋于稳定的趋势，基本维持在 289 万吨左右。2016 年世界甲壳类进口量达到 292.62 万吨，1976—2016 年年均增加 5.94 万吨，年均增长率为 4.27%。中国甲壳类进口量很少，增长速度十分缓慢，尤其在 2002—2009 年一直停滞不前，起起伏伏，在 9 万吨至 11 万吨之间徘徊。近些年有所缓解，2016 年中国甲壳类进口量为 20.29 万吨，1984—2016 年甲壳类进口量年均增加 0.63 万吨，低于世界水平。

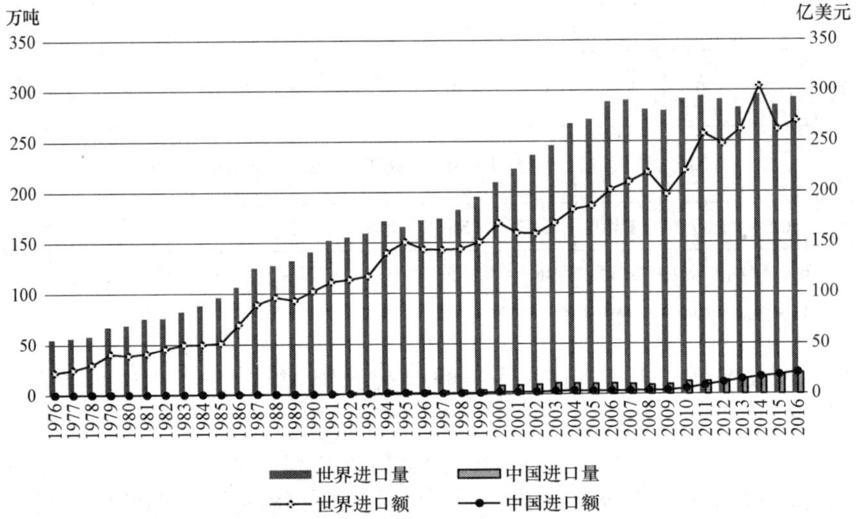


**图 7–7　1976—2016 年世界与中国甲壳类进口量、进口额变动趋势**[①]

世界甲壳类进口额延续了进口量的增长趋势，不同的是，世界甲壳类进口额在 1976—2016 年总体保持了持续增加。2014 年世界甲壳类进口额历史首次突破 300 亿美元，随后有所下滑，2016 年世界甲壳类进口额为 270.32 亿美元，1976—2016 年，世界甲壳类进口额年均增加 6.21 亿美元，年均增长率为 6.46%。中国甲壳类进口额增长趋势基本和进口量相似，保持了持续增加的态势，但是

① 中国甲壳类进口量、进口额数据起始年份为 1984 年。

总额较少，2016 年中国甲壳类进口额为 21.22 亿美元，1984—2016 年中国甲壳类进口额年均增加 0.66 亿美元。

（二）世界与中国甲壳类进口均价变动趋势

从图 7－8 可以看出，世界甲壳类进口均价在大部分年份里是高于中国的，但是中国甲壳类进口均价在进入 21 世纪后从持续增加，而世界甲壳类进口均价增加较为平缓，中国甲壳类进口均价与同期世界进口均价水平差距越来越小。2012 年后中国甲壳类进口均价超越世界水平，2014 年突破 1 万美元/吨，成为历史最高进口均价（1.07 万美元/吨），2016 年中国甲壳类进口均价为 1.05 万美元/吨，超过世界水平，较 1984 年增加 178.14%。2016 年世界甲壳类进口均价为 0.92 万美元/吨，较 1984 年增加 64.01%，历史最高进口均价同样出现在 2014 年，为 1.03 万美元/吨，可以发现，均低于中国增长速度。

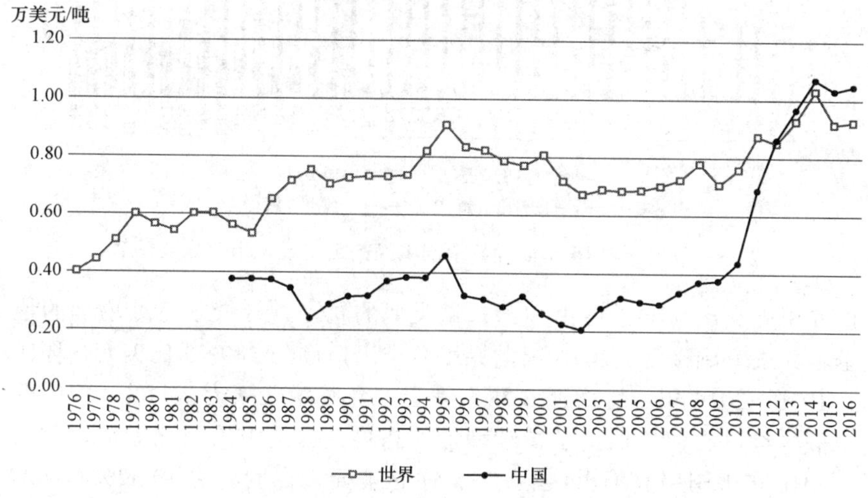


**图 7－8　1976—2016 年世界与中国甲壳类进口均价变动趋势**[①]

## 二、世界与中国甲壳类出口贸易变动趋势

（一）世界与中国甲壳类出口量、出口额变动趋势

世界甲壳类出口量和进口量基本相当，近些年出口量反超进口量，但是领先数量不多。总体来看，世界甲壳类出口量增加趋势明显，增长相对平滑，2016 年世界甲壳类出口量为 336.61 万吨，较 1976 年增加 573.11%，从 1976 年以来，年均增加 7.16 万吨，年均增长率为 4.88%。中国甲壳类出口量多于进口量，但是总量规模仍然不大，增长有所起伏（见图 7－9）。2016 年中国

① 中国甲壳类进口均价数据起始年份为 1984 年。

甲壳类出口量为30.87万吨，较1976年增加864.78%，1976年以来年均增加0.69万吨。

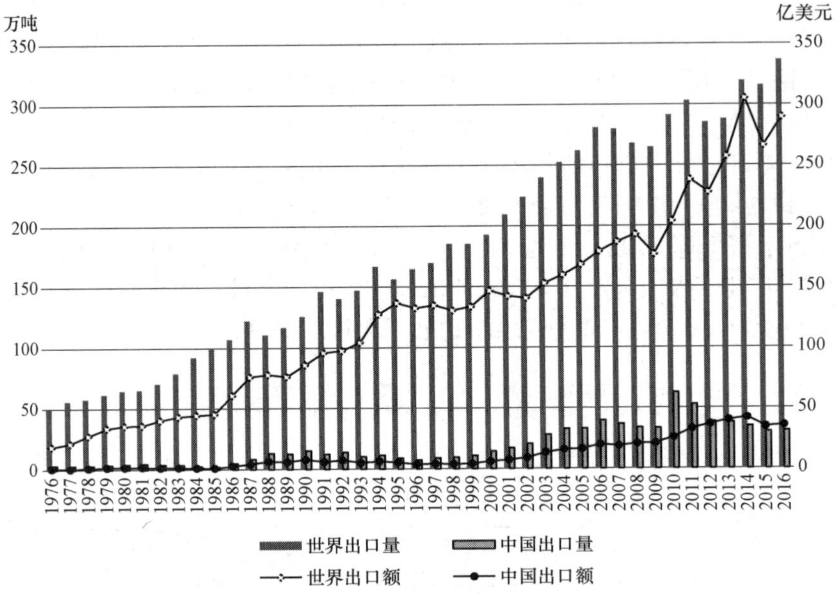


**图7-9　1976—2016年世界与中国甲壳类出口量、出口额变动趋势**

世界甲壳类出口额表现出和出口量类似的轨迹，延续了持续增加的趋势，数量基本和进口额接近。2016年世界甲壳类出口额为289.75亿美元，环比增长8.9%，1976—2016年年均增加6.78亿美元，年均增长率为7.11%。中国的甲壳类出口额与世界类似，保持了持续增加的态势，但是中国甲壳类出口额高于进口额，2016年中国甲壳类出口额为35.41亿美元，占世界的10.52%，年均增加0.87亿美元，从1976年以来年均增长率为10.35%，高于世界水平，这与初期基数较小有关。

### （二）世界与中国甲壳类出口均价变动趋势

甲壳类出口均价方面，世界与中国的变动趋势基本趋于同步，世界甲壳类出口均价低于同期的进口均价，但是中国却表现出了不同的趋势，出口均价偏高。从图7-10可以看出，世界甲壳类出口均价在绝大多数年份里领先于中国，从20世纪80年代末期起，世界甲壳类出口均价一直保持在0.6万美元/吨以上，2014年世界甲壳类出口均价突破0.9万美元/吨，达到历史最高的0.96万美元/吨。中国甲壳类出口均价在2008年以前一直在0.6万美元/吨以下，仅有1995年达到了0.62万美元/吨。2008年后经历了短暂的徘徊期后开始奋起直追，2012年中国甲壳类出口均价首次超过世界，2013年突破1万美元/吨，2016年直逼

1.15 万美元/吨，同期世界甲壳类出口均价 0.86 万美元/吨，与中国的差距为 0.29 万美元/吨。

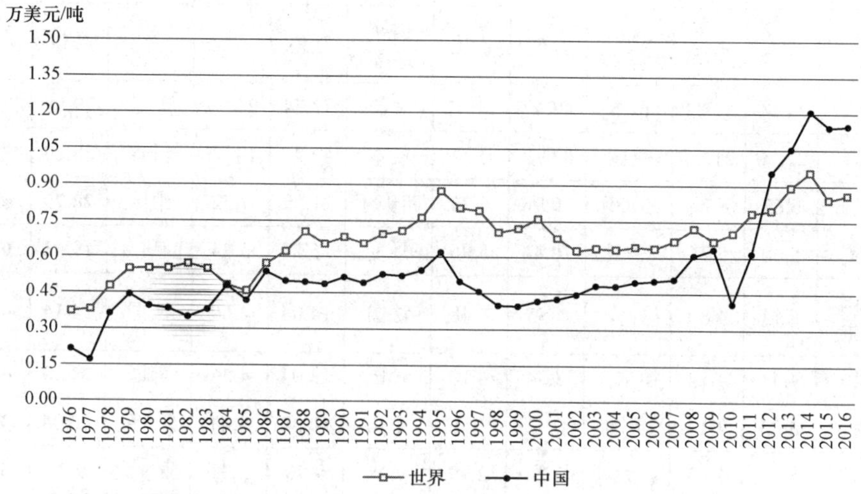


**图 7－10　1976—2016 年世界与中国甲壳类出口均价变动趋势**

## 第四节　中国在世界甲壳类产业贸易中的地位

本节主要目的是掌握世界上主要的甲壳类贸易国（地区），进而确定中国在世界甲壳类进出口贸易中的地位。本节世界数据包括中国数据，选取的四个年份是 1986 年、1996 年、2006 年和 2016 年，选用的指标有 6 个，分别为甲壳类进口量、出口量、进口额、出口额、进口均价和出口均价。

### 一、甲壳类进口贸易排名前十国（地区）及中国的位次

世界甲壳类进口量虽然总体保持了持续增加，但是增加量已经开始放缓，从数据可以看出，1996 年、2006 年、2016 年世界甲壳类进口量较上期分别增加 68.41 万吨、123.83 万吨、13.77 万吨。世界甲壳类进口量已经呈现出分散的趋势，从进口量排名前十国（地区）占比数据来看，1986 年、1996 年、2006 年、2016 年分别为 84.54%、78.97%、74.87%、68.16%。这一方面与世界甲壳类进口量增加速度放缓有关，另一方面也与排名前十以外的国家（地区）进口量逐年快速增加有关。美国、日本、西班牙、中国、法国、丹麦、韩国、意大利、英国是世界主要的甲壳类进口大国（见表 7－6）。

表 7-6　　选定年份世界甲壳类进口量排名前十国（地区）

单位：万吨，%

| 1986 | | | 1996 | | | 2006 | | | 2016 | | |
|---|---|---|---|---|---|---|---|---|---|---|---|
| 国家（地区） | 数值 | 占比 | 国家（地区） | 数值 | 占比 | 国家（地区） | 数值 | 占比 | 国家（地区） | 数值 | 占比 |
| 日本 | 34.56 | 32.32 | 日本 | 47.47 | 27.07 | 美国 | 77.74 | 25.99 | 美国 | 79.58 | 25.43 |
| 美国 | 22.70 | 21.24 | 美国 | 33.12 | 18.89 | 日本 | 42.91 | 14.35 | 日本 | 28.20 | 9.01 |
| 法国 | 6.63 | 6.21 | 西班牙 | 10.98 | 6.26 | 西班牙 | 21.59 | 7.22 | **中国** | **20.29** | **6.48** |
| 丹麦 | 5.60 | 5.24 | 法国 | 10.46 | 5.96 | 丹麦 | 16.28 | 5.44 | 西班牙 | 19.43 | 6.21 |
| 中国香港 | 5.13 | 4.80 | 丹麦 | 7.85 | 4.48 | 法国 | 14.04 | 4.69 | 法国 | 14.14 | 4.52 |
| 英国 | 4.43 | 4.14 | 加拿大 | 7.34 | 4.18 | 韩国 | 13.04 | 4.36 | 韩国 | 13.39 | 4.28 |
| 加拿大 | 3.35 | 3.14 | 英国 | 6.42 | 3.66 | **中国** | **10.39** | **3.47** | 意大利 | 10.04 | 3.21 |
| 西班牙 | 3.03 | 2.83 | 意大利 | 5.24 | 2.99 | 英国 | 9.90 | 3.31 | 加拿大 | 9.78 | 3.13 |
| 意大利 | 2.62 | 2.45 | 中国香港 | 5.16 | 2.94 | 意大利 | 9.79 | 3.27 | 荷兰 | 9.30 | 2.97 |
| 马来西亚 | 2.32 | 2.17 | 泰国 | 4.41 | 2.52 | 加拿大 | 8.29 | 2.77 | 英国 | 9.13 | 2.92 |
| **合计** | **90.37** | **84.54** | **合计** | **138.44** | **78.97** | **合计** | **223.98** | **74.87** | **合计** | **213.28** | **68.16** |
| **中国** | **0.35** | **0.33** | **中国** | **3.34** | **1.91** | | | | | | |
| **世界** | **106.91** | **100.00** | **世界** | **175.31** | **100.00** | **世界** | **299.14** | **100.00** | **世界** | **312.91** | **100.00** |

注：向 FAO 报告 1986 年、1996 年、2006 年和 2016 年甲壳类进口量的国家（地区）分别有 120 个、156 个、186 个和 197 个。1986 年、1996 年中国排名分别为第 23 位、第 13 位。

相比于美国、日本，中国的甲壳类进口量并不多，但是数量在持续增加，排名也不断靠前。1986 年、1996 年、2006 年、2016 年中国甲壳类进口量分别为 0.35 万吨（第 23 位）、3.34 万吨（第 13 位）、10.39 万吨（第 7 位）、20.29 万吨（第 3 位）。作为对比，我们来看 1986 年、1996 年和 2006 年、2016 年分别排名第一的日本和美国的进口量分别为 34.56 万吨（日本）、47.47 万吨（日本）、77.74 万吨（美国）、79.58 万吨（美国），可以发现中国与日、美的差距比较大。观察表 7-6，还可以发现，选定几个年份里，世界甲壳类的进口量排名前十的国家（地区）变化不大，仅有马来西亚、泰国、荷兰出现过一次，其他国家（地区）都出现都在两次以上。

世界甲壳类进口额同样保持了持续的增加，与进口量不同的是，世界甲壳类进口额增加量相对均衡的多。1996 年、2006 年、2016 年世界甲壳类进口额较上期分别增加 74.94 亿美元、60.83 亿美元、86.15 亿美元。世界甲壳类进口额同样呈现出了分散的趋势，但是集中程度高于进口量。从数据来看，世界甲壳类进口额排名前十国(地区)1986 年、1996 年、2006 年、2016 年占比分别为 90.55%、86.44%、81.86%、74.47%。世界范围内，日本、美国、西班牙、中国、法国、英国、加拿大、意大利是主要的甲壳类进口额贡献国家，从表 7－7 可以发现，出口量大国基本都是甲壳类进口额大国，变动不大。

**表 7－7　　选定年份世界甲壳类进口额排名前十国（地区）**

单位：亿美元，%

| 1986 | | | 1996 | | | 2006 | | | 2016 | | |
|---|---|---|---|---|---|---|---|---|---|---|---|
| 国家（地区） | 数值 | 占比 | 国家（地区） | 数值 | 占比 | 国家（地区） | 数值 | 占比 | 国家（地区） | 数值 | 占比 |
| 日本 | 24.41 | 35.07 | 日本 | 50.56 | 34.98 | 美国 | 66.98 | 32.61 | 美国 | 89.86 | 30.82 |
| 美国 | 20.22 | 29.05 | 美国 | 33.35 | 23.07 | 日本 | 35.02 | 17.05 | 日本 | 33.13 | 11.36 |
| 法国 | 4.08 | 5.87 | 西班牙 | 7.78 | 5.39 | 西班牙 | 16.28 | 7.93 | **中国** | **21.22** | **7.28** |
| 英国 | 2.82 | 4.05 | 法国 | 7.78 | 5.38 | 法国 | 10.92 | 5.32 | 西班牙 | 14.75 | 5.06 |
| 丹麦 | 2.50 | 3.59 | 英国 | 5.01 | 3.46 | 意大利 | 8.40 | 4.09 | 法国 | 13.03 | 4.47 |
| 中国香港 | 2.29 | 3.28 | 中国香港 | 4.55 | 3.15 | 英国 | 6.99 | 3.40 | 韩国 | 9.85 | 3.38 |
| 加拿大 | 2.12 | 3.04 | 加拿大 | 4.36 | 3.02 | 比利时 | 6.77 | 3.30 | 英国 | 9.71 | 3.33 |
| 意大利 | 1.90 | 2.73 | 意大利 | 4.22 | 2.92 | 加拿大 | 6.27 | 3.05 | 加拿大 | 9.58 | 3.28 |
| 西班牙 | 1.62 | 2.33 | 丹麦 | 4.05 | 2.80 | 丹麦 | 5.38 | 2.62 | 意大利 | 8.76 | 3.00 |
| 德国 | 1.07 | 1.54 | 比利时 | 3.28 | 2.27 | 韩国 | 5.12 | 2.49 | 中国香港 | 7.22 | 2.48 |
| **合计** | **63.04** | **90.55** | **合计** | **124.95** | **86.44** | **合计** | **168.13** | **81.86** | **合计** | **217.10** | **74.47** |
| **中国** | **0.13** | **0.19** | **中国** | **1.08** | **0.75** | **中国** | **3.06** | **1.49** | | | |
| **世界** | **69.62** | **100.00** | **世界** | **144.56** | **100.00** | **世界** | **205.38** | **100.00** | **世界** | **291.54** | **100.00** |

注：向 FAO 报告 1986 年、1996 年、2006 年和 2016 年甲壳类进口额的国家（地区）分别有 125 个、169 个、196 个和 203 个。1986 年、1996 年和 2006 年中国分别排名第 20 位、第 17 位和第 14 位。

相比之下，中国甲壳类进口额并不高，但是2016年增加幅度比较大，全年甲壳类进口额达到21.22亿美元，较2006年增加18.16亿美元，排名也由2006年的世界第14位上升到世界第3位，仅落后于美国和日本。日本、美国进口额比较大，1986年和1996年日本世界排名第一，全球占比均在35%左右，而美国紧随其后，2006年和2016年美国超过日本，两个年份里均居世界第一，占比分别为32.61%和30.82%。除此之外，法国、西班牙同样进口额数量同样比较大，1996年之后排名均在世界前五之内。

表7－8给出了甲壳类进口均价方面的世界排名情况。对比表7－6和表7－7，我们可以发现，世界甲壳类进口大国（地区）几乎没有一个国家（地区）在进口均价方面占优，仅有1986年的美国上榜，排名也十分落后。世界排名靠前的大部分是一些不发达的国家（地区），它们的甲壳类进口均价非常高。来看选定年份里世界排名第一的国家（地区）甲壳类进口均价情况，1986年、1996年、2006年、2016年分别为1.47万美元/吨（安提瓜和巴布达）、4.33万美元/吨（苏里南）、2.40万美元/吨（布基纳法索）、3.50万美元/吨（密克罗尼西亚）。中国的进口均价虽然在前三个选定年份里是逐年下降的，1986年、1996年、2006年进口均价分别为0.37万美元/吨（世界排名第77位）、0.32万美元/吨（世界排名第122位）、0.29万美元/吨（世界排名第143位），但是在2016年增加到1.05美元/吨，世界排名第45位。2016年中国甲壳类进口均价上升是十分明显的。

**表7－8　　选定年份世界甲壳类进口均价排名前十国（地区）**

单位：万美元/吨

| 1986 | | | 1996 | | | 2006 | | | 2016 | | |
|---|---|---|---|---|---|---|---|---|---|---|---|
| 国家（地区） | 数值 | 位次 | 国家（地区） | 数值 | 位次 | 国家（地区） | 数值 | 位次 | 国家（地区） | 数值 | 位次 |
| 安提瓜和巴布达 | 1.47 | 1 | 苏里南 | 4.33 | 1 | 布基纳法索 | 2.40 | 1 | 密克罗尼西亚 | 3.50 | 1 |
| 约旦 | 1.27 | 2 | 圣基茨和尼维斯 | 1.91 | 2 | 蒙塞拉特 | 1.60 | 2 | 卢旺达 | 1.90 | 2 |
| 圣卢西亚 | 1.21 | 3 | 叙利亚 | 1.82 | 3 | 圣基茨和尼维斯 | 1.54 | 3 | 蒙古国 | 1.65 | 3 |
| 圣基茨和尼维斯 | 1.10 | 4 | 卢旺达 | 1.75 | 4 | 圣皮埃尔和密克隆岛 | 1.40 | 4 | 索马里 | 1.65 | 4 |

续表

| 1986 | | | 1996 | | | 2006 | | | 2016 | | |
|---|---|---|---|---|---|---|---|---|---|---|---|
| 国家（地区） | 数值 | 位次 | 国家（地区） | 数值 | 位次 | 国家（地区） | 数值 | 位次 | 国家（地区） | 数值 | 位次 |
| 法罗群岛 | 1.08 | 5 | 马约特 | 1.70 | 5 | 卢森堡 | 1.38 | 5 | 圣皮埃尔和密克隆岛 | 1.65 | 5 |
| 塞舌尔 | 1.02 | 6 | 阿塞拜疆 | 1.60 | 6 | 库克群岛 | 1.30 | 6 | 库克群岛 | 1.64 | 6 |
| 美国 | 0.89 | 7 | 帕劳 | 1.55 | 7 | 利比亚 | 1.30 | 7 | 格林纳达 | 1.63 | 7 |
| 瑞士 | 0.85 | 8 | 尼泊尔 | 1.50 | 8 | 伊拉克 | 1.20 | 8 | 伊朗 | 1.62 | 8 |
| 瓦努阿图 | 0.83 | 9 | 斐济 | 1.42 | 9 | 约旦 | 1.10 | 9 | 开曼群岛 | 1.61 | 9 |
| 百慕大群岛 | 0.80 | 10 | 奥地利 | 1.32 | 10 | 百慕大群岛 | 1.09 | 10 | 埃塞俄比亚 | 1.60 | 10 |
| **中国** | **0.37** | **77** | **中国** | **0.32** | **122** | **中国** | **0.29** | **143** | **中国** | **1.05** | **45** |

注：同时向 FAO 报告 1986 年、1996 年、2006 年和 2016 年甲壳类进口量和进口额的国家（地区）分别有 119 个、156 个、186 个和 197 个。

## 二、甲壳类出口贸易排名前十国（地区）及中国的位次

世界甲壳类出口量基本和进口量相当，近些年出口量略多，保持了持续增加的态势，2016 年世界甲壳类出口量为 367.48 万吨，较 1986 年增加 228.69%，1986—2016 年年均增加 8.52 万吨，年均增长率为 4.05%。从表 7－9 数据反映来看，世界出口量集中程度程度一般，但是程度在不断加剧，1986 年、1996 年、2006 年、2016 年甲壳类出口量排名前十国（地区）占比数据分别为 59.4%、56.48%、65.78%、69.78%，这说明排名前十国（地区）贡献了世界绝大部分的甲壳类进口量来源。而世界上甲壳类出口量大国主要集中在泰国、厄瓜多尔、印度、中国、越南、印度尼西亚、丹麦、加拿大，它们在表 7－9 中所示的排名中出现次数较多。相对甲壳类进口量大国来说，出口量集中程度较弱，无一国家明显独大。从数据来看，1986 年、1996 年、2006 年、2016 年甲壳类出口量排名第一的国家占比分别为 12.63%（泰国）、14.39%（泰国）、12.28%（中国）、12.34%（印度），它们与紧靠名次的国家（地区）占比差距越来越小（见表 7－9）。

表 7-9　　选定年份世界甲壳类出口量排名前十国（地区）

单位：万吨，%

| 1986 | | | 1996 | | | 2006 | | | 2016 | | |
|---|---|---|---|---|---|---|---|---|---|---|---|
| 国家（地区） | 数值 | 占比 | 国家（地区） | 数值 | 占比 | 国家（地区） | 数值 | 占比 | 国家（地区） | 数值 | 占比 |
| 泰国 | 14.12 | 12.63 | 泰国 | 24.74 | 14.39 | **中国** | **39.38** | **12.28** | 印度 | 45.35 | 12.34 |
| 中国台湾 | 6.10 | 5.46 | 印度 | 11.75 | 6.84 | 泰国 | 36.74 | 11.46 | 厄瓜多尔 | 44.29 | 12.05 |
| 丹麦 | 5.62 | 5.03 | 印度尼西亚 | 10.62 | 6.18 | 越南 | 25.13 | 7.84 | 越南 | 34.99 | 9.52 |
| 马来西亚 | 5.38 | 4.81 | 加拿大 | 10.23 | 5.95 | 加拿大 | 22.31 | 6.96 | **中国** | **30.87** | **8.40** |
| 印度 | 5.37 | 4.80 | 厄瓜多尔 | 8.67 | 5.04 | 印度 | 20.05 | 6.26 | 印度尼西亚 | 22.79 | 6.20 |
| 韩国 | 5.14 | 4.60 | 丹麦 | 7.49 | 4.35 | 印度尼西亚 | 18.52 | 5.78 | 泰国 | 22.47 | 6.12 |
| **中国** | **4.78** | **4.28** | **中国** | **7.27** | **4.23** | 丹麦 | 17.84 | 5.57 | 加拿大 | 21.60 | 5.88 |
| 苏联 | 4.46 | 3.99 | 美国 | 6.34 | 3.69 | 厄瓜多尔 | 12.66 | 3.95 | 阿根廷 | 16.17 | 4.40 |
| 加拿大 | 4.30 | 3.85 | 英国 | 5.22 | 3.04 | 缅甸 | 9.80 | 3.06 | 丹麦 | 8.97 | 2.44 |
| 格陵兰岛 | 4.13 | 3.70 | 格陵兰岛 | 4.80 | 2.79 | 荷兰 | 8.41 | 2.62 | 美国 | 8.94 | 2.43 |
| **合计** | **59.40** | **53.13** | **合计** | **97.12** | **56.48** | **合计** | **210.84** | **65.78** | **合计** | **256.44** | **69.78** |
| **世界** | **111.80** | **100.00** | **世界** | **171.94** | **100.00** | **世界** | **320.53** | **100.00** | **世界** | **367.48** | **100.00** |

注：向 FAO 报告 1986 年、1996 年、2006 年和 2016 年甲壳类出口量的国家（地区）分别有 115 个、137 个、141 个和 139 个。

中国甲壳类出口量明显要多于进口量，但是依然在出口量国家（地区）中并不占优，1986—2016 年年均增加 0.87 万吨，年均增长率为 6.42%。1986 年、1996 年、2006 年、2016 年中国甲壳类出口量分别为 4.78 万吨（第 7 位）、7.27 万吨（第 7 位）、39.38 万吨（第 1 位）、30.87 万吨（第 4 位）。相比之下，印度、厄瓜多尔、越南的增加比较明显，2016 年分别占据前三位，而同期泰国的出口量下降明显。

世界甲壳类出口额增加十分明显，和进口额相差不大。选定年份里 2016 年出口额首次略超过进口额，实现出口额 325.17 亿美元，较 1986 年增加 410.99%，1986—2016 年年均增加 8.72 亿美元，年均增长率为 5.59%，快于出口量增长水平，也快于同期进口额增长水平。世界甲壳类的进口额也呈现出了较强的地理集聚特征，1986 年、1996 年、2006 年、2016 年甲壳类出口额排名前十国（地区）占比分别为 50.19%、60.74%、63.97%、71.26%，集聚度在不断加强，这与排名前十国（地区）进口额整体增加幅度较大有关。泰国、中国、印度、印度尼西亚、越南、厄瓜多尔、丹麦在进口额方面比较突出，基本和进口量大国（地区）重叠，变动幅度不大。

选定年份里，中国在 2006 年增加比较明显，实现出口额 19.77 亿美元（第 2 位），1986 年和 1996 年表现一般，进口额仅 2.57 亿美元（第 9 位）和 3.62 亿美元（第 11 位），2016 年实现出口额 35.41 亿美元，仅落后于印度，排名世界第二。泰国在 1996 年和 2006 年分别居世界第一，但是出口额有所下降，2016 年下降到世界第 7 位。相比之下，印度增加明显，2016 年实现甲壳类出口额 38.46 亿美元，世界占比 11.83%，超越泰国成为世界第一。甲壳类出口额增加明显的国家还有越南、加拿大和厄瓜多尔，2016 年它们和印度、中国一起占据了世界甲壳类出口额排名前五位。

**表 7－10　　选定年份世界甲壳类出口额排名前十国（地区）**

单位：亿美元，%

| 1986 | | | 1996 | | | 2006 | | | 2016 | | |
|---|---|---|---|---|---|---|---|---|---|---|---|
| 国家（地区） | 数值 | 占比 | 国家（地区） | 数值 | 占比 | 国家（地区） | 数值 | 占比 | 国家（地区） | 数值 | 占比 |
| 中国台湾 | 4.70 | 7.38 | 泰国 | 25.65 | 18.87 | 泰国 | 24.30 | 12.22 | 印度 | 38.46 | 11.83 |
| 墨西哥 | 3.67 | 5.76 | 印度尼西亚 | 10.42 | 7.66 | **中国** | **19.77** | **9.94** | **中国** | **35.41** | **10.89** |
| 泰国 | 3.39 | 5.33 | 加拿大 | 8.49 | 6.25 | 加拿大 | 17.66 | 8.88 | 越南 | 32.05 | 9.86 |
| 加拿大 | 3.35 | 5.26 | 印度 | 7.58 | 5.57 | 越南 | 16.13 | 8.11 | 加拿大 | 28.09 | 8.64 |
| 印度 | 3.14 | 4.94 | 厄瓜多尔 | 6.32 | 4.65 | 印度尼西亚 | 12.45 | 6.26 | 厄瓜多尔 | 26.11 | 8.03 |
| 丹麦 | 2.98 | 4.68 | 美国 | 5.42 | 3.99 | 印度 | 10.76 | 5.41 | 印度尼西亚 | 20.79 | 6.39 |
| 印度尼西亚 | 2.87 | 4.51 | 澳大利亚 | 5.22 | 3.84 | 丹麦 | 8.07 | 4.06 | 泰国 | 20.47 | 6.30 |
| 厄瓜多尔 | 2.86 | 4.50 | 丹麦 | 4.77 | 3.51 | 荷兰 | 6.10 | 3.06 | 美国 | 11.25 | 3.46 |
| **中国** | **2.57** | **4.04** | 墨西哥 | 4.52 | 3.32 | 厄瓜多尔 | 6.05 | 3.04 | 阿根廷 | 10.18 | 3.13 |

续表

| 1986 | | | 1996 | | | 2006 | | | 2016 | | |
|---|---|---|---|---|---|---|---|---|---|---|---|
| 国家（地区） | 数值 | 占比 | 国家（地区） | 数值 | 占比 | 国家（地区） | 数值 | 占比 | 国家（地区） | 数值 | 占比 |
| 澳大利亚 | 2.41 | 3.79 | 俄罗斯 | 4.20 | 3.09 | 美国 | 5.97 | 3.00 | 荷兰 | 8.89 | 2.74 |
| 合计 | **31.94** | **50.19** | 合计 | **82.59** | **60.74** | 合计 | **127.26** | **63.97** | 合计 | **231.72** | **71.26** |
| | | | 中国 | **3.62** | **2.66** | | | | | | |
| 世界 | **63.64** | **100.00** | 世界 | **135.97** | **100.00** | 世界 | **198.95** | **100.00** | 世界 | **325.17** | **100.00** |

注：向 FAO 报告 1986 年、1996 年、2006 年和 2016 年甲壳类出口额的国家（地区）分别有 117 个、141 个、151 个和 144 个。1996 年中国排名第 11 位。

表 7－11 给出了选定年份世界甲壳类出口均价排名前十国（地区）情况，我们对比表 7－9、表 7－10，可以发现，世界排名靠前的出口量和出口额大国（地区）无一上榜，这说明甲壳类出口大国在出口均价方面并不同样占优。相反，排名靠前的是一些小国（地区），并且出口均价很高。从数据来看，1986 年、1996 年、2006 年、2016 年甲壳类出口均价排名第一的国家（地区）出口均价分别为 1.95 万美元/吨（瓜德罗普）、3.55 万美元/吨（洪都拉斯）、4.64 万美元/吨（佛得角）、455 万美元/吨（乌干达）。相比之下，中国甲壳类出口均价并不高，但是在持续增加，1986 年、1996 年、2006 年、2016 年中国甲壳类出口均价分别为 0.54 万美元/吨（第 72 位）、0.50 万美元/吨（第 104 位）、0.50 万美元/吨（第 96 位）、1.15 万美元/吨（第 39 位），中国的出口均价排名还是比较靠前的。

**表 7－11　　选定年份世界甲壳类出口均价排名前十国（地区）**

单位：万美元/吨

| 1986 | | | 1996 | | | 2006 | | | 2016 | | |
|---|---|---|---|---|---|---|---|---|---|---|---|
| 国家（地区） | 数值 | 位次 | 国家（地区） | 数值 | 位次 | 国家（地区） | 数值 | 位次 | 国家（地区） | 数值 | 位次 |
| 瓜德罗普 | 1.95 | 1 | 洪都拉斯 | 3.55 | 1 | 佛得角 | 4.64 | 1 | 乌干达 | 455.00 | 1 |
| 伯利兹 | 1.78 | 2 | 牙买加 | 2.65 | 2 | 巴哈马 | 3.88 | 2 | 新西兰 | 6.72 | 2 |
| 委内瑞拉 | 1.76 | 3 | 新西兰 | 2.64 | 3 | 新西兰 | 3.02 | 3 | 乌克兰 | 6.59 | 3 |
| 新西兰 | 1.58 | 4 | 巴哈马 | 2.17 | 4 | 海地 | 2.40 | 4 | 阿联酋 | 4.35 | 4 |

续表

| 1986 | | | 1996 | | | 2006 | | | 2016 | | |
|---|---|---|---|---|---|---|---|---|---|---|---|
| 国家（地区） | 数值 | 位次 | 国家（地区） | 数值 | 位次 | 国家（地区） | 数值 | 位次 | 国家（地区） | 数值 | 位次 |
| 留尼汪 | 1.32 | 5 | 佛得角 | 2.13 | 5 | 澳大利亚 | 2.31 | 5 | 以色列 | 4.30 | 5 |
| 圣卢西亚 | 1.30 | 6 | 开曼群岛 | 2.00 | 6 | 基里巴斯 | 2.00 | 6 | 澳大利亚 | 4.01 | 6 |
| 洪都拉斯 | 1.29 | 7 | 芬兰 | 1.93 | 7 | 圣赫勒拿岛 | 1.98 | 7 | 格林纳达 | 3.32 | 7 |
| 特克斯和凯科斯群岛 | 1.28 | 8 | 圣赫勒拿岛 | 1.87 | 8 | 卢森堡 | 1.69 | 8 | 巴哈马 | 2.90 | 8 |
| 开曼群岛 | 1.28 | 9 | 特克斯和凯科斯群岛 | 1.61 | 9 | 荷属安的列斯群岛 | 1.60 | 9 | 阿鲁巴 | 2.80 | 9 |
| 澳大利亚 | 1.25 | 10 | 澳大利亚 | 1.55 | 10 | 新喀里多尼亚 | 1.54 | 10 | 马耳他 | 2.60 | 10 |
| **中国** | **0.54** | **72** | **中国** | **0.50** | **104** | **中国** | **0.50** | **96** | **中国** | **1.15** | **39** |

注：同时向 FAO 报告 1986 年、1996 年、2006 年和 2016 年甲壳类出口量和出口额的国家（地区）分别有 115 个、137 个、141 个和 139 个。

## 第五节 中国在世界甲壳类产业出口产量比中的地位

本节分析世界与中国的甲壳类出口产量占总产量比例情况（以下简称占比）。表 7－12 给出了选定年份世界甲壳类出口量在总产量中占比排名前十国（地区）情况。我们可以发现以下特征：一是世界甲壳类出口贸易大国和生产大国相比占比排名靠前的国家（地区）要低得多，很少有甲壳类出口贸易大国（地区）和生产大国（地区）上榜。二是排名靠前的国家出口量占比极高，例如 1986 年、1996 年、2006 年、2016 年甲壳类出口产量占比排名第一的国家（地区）占比分别为 100%（开曼群岛）、97.05%（哥斯达黎加）、96.01%（瑞典）、92.63%（法罗群岛），占比均在 92%以上，说明这些国家（地区）甲壳类产品基本全部用于出口。三是中国的甲壳类出口量占比并不高，国内市场消费较多，1986 年、1996 年、2006 年、2016 年中国的甲壳类产量仅有 5.87%、2.9%、8.22%、4.3%用于出口。

表 7-12　选定年份世界甲壳类出口量在总产量中占比排名前十国（地区）

单位：%

| 1986 | | | 1996 | | | 2006 | | | 2016 | | |
|---|---|---|---|---|---|---|---|---|---|---|---|
| 国家（地区） | 占比 | 位次 | 国家（地区） | 占比 | 位次 | 国家（地区） | 占比 | 位次 | 国家（地区） | 占比 | 位次 |
| 开曼群岛 | 100.00 | 1 | 哥斯达黎加 | 97.05 | 1 | 瑞典 | 96.01 | 1 | 法罗群岛 | 92.63 | 1 |
| 圣基茨和尼维斯 | 100.00 | 2 | 安提瓜和巴布达 | 96.00 | 2 | 伯利兹 | 92.77 | 2 | 萨尔瓦多 | 92.28 | 2 |
| 圣卢西亚 | 100.00 | 3 | 法国 | 94.57 | 3 | 洪都拉斯 | 91.83 | 3 | 哥伦比亚 | 90.36 | 3 |
| 汤加 | 100.00 | 4 | 哥伦比亚 | 93.90 | 4 | 英国 | 88.41 | 4 | 新西兰 | 89.31 | 4 |
| 塞内加尔 | 94.84 | 5 | 莫桑比克 | 93.83 | 5 | 新西兰 | 88.40 | 5 | 巴林 | 87.01 | 5 |
| 法罗群岛 | 92.21 | 6 | 科特迪瓦 | 90.87 | 6 | 阿根廷 | 86.47 | 6 | 塞拉利昂 | 84.88 | 6 |
| 塞拉利昂 | 90.54 | 7 | 南非 | 88.70 | 7 | 厄瓜多尔 | 83.33 | 7 | 牙买加 | 77.43 | 7 |
| 利比里亚 | 90.07 | 8 | 乌拉圭 | 87.80 | 8 | 圣皮埃尔和密克隆岛 | 82.91 | 8 | 纳米比亚 | 76.26 | 8 |
| 加蓬 | 88.41 | 9 | 格林纳达 | 86.96 | 9 | 塞舌尔 | 81.66 | 9 | 圣赫勒拿岛 | 76.26 | 9 |
| 圭亚那 | 84.64 | — | 法罗群岛 | 86.17 | 10 | 毛里塔尼亚 | 81.65 | 10 | 加拿大 | 74.10 | 10 |
| **中国** | **5.87** | **84 位** | **中国** | **2.90** | **90** | **中国** | **8.22** | **74** | **中国** | **4.30** | **81** |

注：向 FAO 报告 1986 年、1996 年、2006 年和 2016 年甲壳类出口量和总产量的国家（地区）分别有 110 个、123 个、131 个和 125 个。虽然这些国家（地区）都提供了其出口量和总产量数据，但其中有一些国家（地区）所报告的甲壳类出口量大于其总产量，也就是说，两者之比超过 100%，此类数据我们称为无效数据，因为这不符合我们设计出口量与产量之比的初衷，即比较不同的水生动植物生产国（地区）所生产的水生动植物有多少用于出口。凡是所提供数据被视作无效的国家（地区）均不在出口量在其产量中占比排名的考虑中。1986 年、1996 年、2006 年和 2016 年其报告数据被视作有效的国家（地区）分别有 96 个、98 个、100 个和 93 个，也就是说，上述四个年份其报告数据被视作无效的国家（地区）分别有 14 个、25 个、31 个和 32 个。

# 本章小结

本章主要论述了中国在世界甲壳类产业中的地位。从表 7－13 可以清楚地看到中国在甲壳类生产和贸易方面的世界排名情况，主要内容如下。

表 7－13 选定年份中国在世界甲壳类产业中排名情况一览表

单位：个

| 指标 | 1986 | | 1996 | | 2006 | | 2016 | |
|---|---|---|---|---|---|---|---|---|
| | 位次 | 报告国（地区）数量 | 位次 | 报告国（地区）数量 | 位次 | 报告国（地区）数量 | 位次 | 报告国（地区）数量 |
| 总产量 | 1 | 150 | 1 | 163 | 1 | 172 | 1 | 168 |
| 捕捞产量 | 1 | 148 | 1 | 159 | 1 | 166 | 1 | 163 |
| 养殖产量 | 1 | 49 | 2 | 68 | 1 | 80 | 1 | 75 |
| 养殖产值 | 1 | 49 | 2 | 68 | 1 | 80 | 1 | 75 |
| 单位养殖产值 | 37 | 49 | 56 | 68 | 68 | 80 | 31 | 75 |
| 进口量 | 23 | 120 | 13 | 156 | 7 | 186 | 3 | 197 |
| 进口额 | 20 | 125 | 17 | 169 | 14 | 196 | 3 | 203 |
| 进口均价 | 77 | 119 | 122 | 156 | 143 | 186 | 45 | 197 |
| 出口量 | 7 | 115 | 7 | 137 | 1 | 141 | 4 | 139 |
| 出口额 | 9 | 117 | 11 | 141 | 2 | 151 | 2 | 144 |
| 出口均价 | 72 | 115 | 104 | 137 | 96 | 141 | 39 | 139 |
| 出口量/产量 | 84 | 96 | 90 | 98 | 74 | 100 | 81 | 93 |

生产方面。世界（不含中国）与中国的甲壳类总产量保持了持续增加的态势，各物种组均以对虾、明虾为主。无论是世界（不含中国）还是中国，甲壳类在传统上以捕捞为主，不过随着时间的推移，捕捞量占比在逐年下降，养殖发展潜力巨大。世界（不含中国）甲壳类养殖产值增长十分平缓，而中国养殖产值规模和增长速度均高于世界（不含中国）水平，东南亚国家在养殖产值方面比较突出。单位养殖产值方面，2007 年以后中国甲壳类单位养殖产值一直高于世界（不含中国）。甲壳类捕捞呈现出明显的地理集聚特征，而养殖集聚程度更高，中国贡献非常明显。

贸易方面。世界（不含中国）与中国的甲壳类贸易量和贸易额均保持了持续增加的趋势。世界甲壳类进口量呈现出分散的趋势，而出口量集中程度在不断加剧。中国的甲壳类出口量占比并不高。中国甲壳类进口均价在进入21世纪后从持续增加，而世界（不含中国）进口均价则增加较为平缓，2012年后中国甲壳类进口均价超越世界水平（不含中国）。世界（不含中国）的甲壳类出口均价低于同期的进口均价，但是中国却表现出了不同的趋势，出口均价偏高，2012年中国甲壳类出口均价首次超过世界。

# 第八章　中国在世界软体类产业中的地位

本章将考察中国在世界软体类产业中的地位。本章首先从生产的角度，采用前几章的方法和相关指标，回顾世界和中国软体类产业在过去一段时间内的动态演变，考察中国在世界软体类生产中的地位。其次，从贸易的角度分析世界和中国软体类进出口贸易的发展过程，考察中国在世界软体类产业中的地位。最后，通过软体类出口量在其总产量中占比这一指标，考察中国软体类产业对外部市场的依赖状况。

## 第一节　世界与中国软体类产业发展概况

本部分将考察世界与中国的软体类生产情况，包括其总产量、捕捞产量、养殖产量、养殖产值和单位养殖产值的变动情形。其中，世界软体类总产量和捕捞产量数据的时间跨度为 1950—2016 年，而养殖产值数据的时间跨度为 1984—2016 年。

### 一、世界与中国软体类总产量变动趋势

世界软体类总产量的变动特征在不同时期表现出了差异性。根据产量变动趋势，可以分成以下两个阶段：（1）增长阶段（1950—2007 年），这个时期世界软体类产量总体保持了持续增长态势，20 世纪 90 年代以后增长速度有所放缓。2007 年世界软体类总产量达到历史最高产量的 830 万吨，较 1950 年增加 416.86%，年均增加 11.74 万吨，年均增长率为 2.52%，总体而言，这段时期是世界软体类发展的黄金增长期。（2）下降阶段（2008—2016 年），这段时期世界软体类总产量表现出了衰退迹象，即使有极个别年份有反弹，但是总产量表现出了持续下降趋势，由 2008 年的 800.89 万吨下降到 2016 年的 711.11 万吨，与 1995 年产量水平基本持平。

中国软体类总产量增长趋势极为明显，整体增加速度高于世界水平。从增长速度来看，可以简单划为两个阶段。（1）快速增长阶段（1950—1995 年），这段时期内中国软体类产量增加速度极快，年均增长率达到 10.25%，年均增加 17.83 万吨，1995 年中国软体类产量首次超过世界，产量为 812.5 万吨，超同期

世界产量为 100 万吨。（2）稳定增长阶段（1996—2016 年），这段时期中国软体类产量实现平稳增加的趋势，增长速度放缓，年增长率保持在 8%以内，最近 5 年在年增长率 5%以内，年均增长率下降到 3.69%，中国软体类产量进一步增加，与世界产量差距越来越明显（见图 8－1）。2016 年中国软体类产量为 1 635.4 万吨，同年超过世界 924.28 万吨，比世界全年产量的 2 倍还多，近些年中国软体类产量总体保持稳定。可以看出，从全球范围内来说，世界软体动物总产量在过去 60 多年间能够实现显著且稳定的增长，中国贡献功不可没。

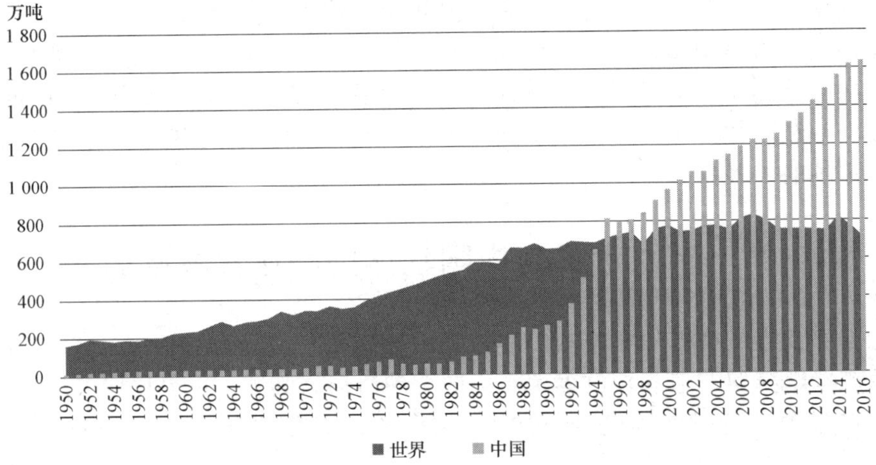


**图 8－1　1950—2016 年世界与中国软体类总产量变动趋势**

世界软体类各物种组总产量变动趋势如图 8－2 所示。世界软体动物主要物种组产量包括淡水、海水种类的养殖、捕捞产量，除个别年份外基本保持了稳定增长的趋势。世界软体类各物种组产量以鱿鱼、墨鱼、章鱼为主并整体保持了持续增加的态势，但是从 1995 年以后产量变动起伏很大，1995—2016 年鱿鱼、墨鱼、章鱼平均产量为 295.18 万吨，历史最高产量发生在 2014 年，为 347.57 万吨，2016 年鱿鱼、墨鱼、章鱼产量为 256.6 万吨，低于上述时期的平均水平。按照近些年的产量大小顺序来分析：一是贻贝。世界贻贝产量保持了持续的增加，但是进入 21 世纪后产量增加不明显，产量一直在 110 万吨至 130 万吨之间徘徊，2016 年世界贻贝产量为 125.72 万吨。二是牡蛎。牡蛎的黄金发展期在 20 世纪 80 年代，产量很长一段时期保持在 100 万吨以上，随后产量有所下滑，但是幅度不大，近 10 年产量变化在 88 万吨至 105 万吨之间，2016 年世界贻贝产量为 89.57 万吨。三是扇贝和蛤类。其产量近些年相差不大，扇贝产量略高，2016 年扇贝产量为 81.71 万吨，蛤类为 79.8 万吨，二者产量均经历了先增长后下降的趋势，蛤类在 20 世纪 80 年代至 90 年代是仅次于鱿鱼、墨鱼、章鱼的品种。

四是各种海洋软体类。2016 年其产量为 49.43 万吨。五是鲍螺和淡水软体类。其产量较少，近些年产量基本维持稳定，增加趋势不明显，2016 年鲍螺和淡水软体类产量分别为 18.41 万吨和 9.89 万吨。

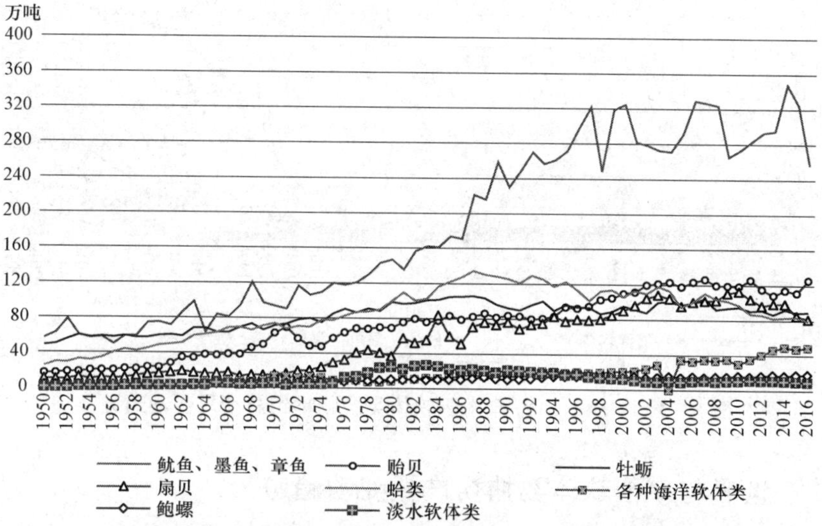


图 8-2　1950—2016 年世界软体类各物种组总产量变动趋势

中国软体类各物种组总产量变动趋势如图 8-3 所示。中国软体类各物种组总产量变动趋势与世界表现出了很大的差异性。中国的蛤类和牡蛎产量变动趋势基本类似。蛤类是目前中国软体类的第一大类，蛤类从 20 世纪 90 年代后保持了很高的增长率，1990—2016 年，蛤类年均增长率为 10.19%，年均增加 18.98 万吨。牡蛎仅次于蛤类，1990—2016 年，牡蛎年均增长率为 9.09%，年均增加 16.66 万吨，两项数据均落后于蛤类，但是牡蛎自 20 世纪 90 年代以来的大部分年份里产量是高于蛤类的。扇贝虽然起步于 20 世纪 80 年代，但是保持了持续的增长，2016 年扇贝产量为 187.91 万吨。各种海洋软体类经历了先增加后减少的态势，历史最高产量是 2000 年的 252.03 万吨，2012—2016 年总产量保持稳定，维持在 143 万吨左右。鱿鱼、墨鱼、章鱼产量在中国并不高，但产量波动较大，2016 年中国鱿鱼、墨鱼、章鱼产量为 105.99 万吨，较 2015 年下降 46.86 万吨，需要指出的是，152.85 万吨（2015 年）是中国鱿鱼、墨鱼、章鱼历史最高产量。贻贝、淡水软体类、鲍螺保持了持续的增长，其中，贻贝产量在三者中最高，2016 年产量为 87.88 万吨，同年淡水软体类和鲍螺分别为 52.53 万吨和 38.36 万吨，二者产量之和稍多于贻贝产量。

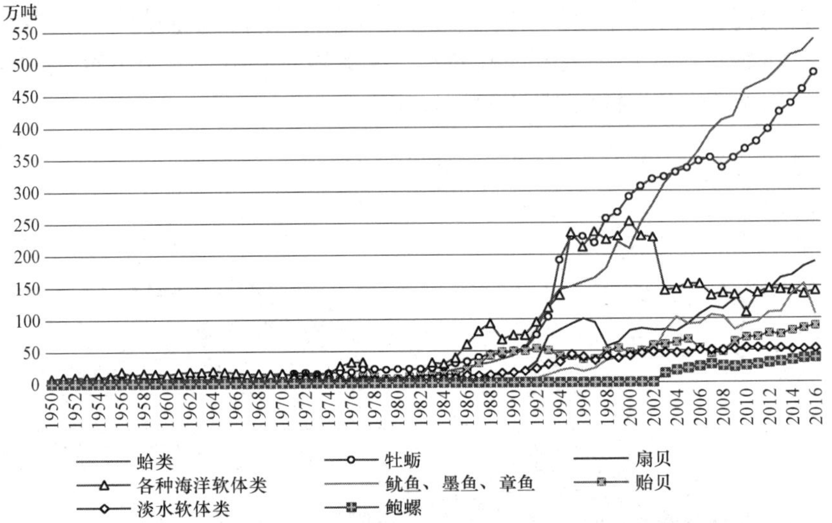


**图 8-3　1950—2016 年中国软体类各物种组总产量变动趋势**[①]

## 二、世界与中国软体类捕捞产量变动趋势

世界软体类传统上以捕捞为主，但是捕捞量占比在逐年下降，发展潜力持续下降。世界软体类捕捞量占比由 1950 年的 83.12%一路下降到 2016 年的 62.52%，可以看出，即使这样，世界软体类捕捞量占比仍然占据一半以上的份额。世界软体类在 20 世纪 90 年代前经历了高速增长期，总量增加明显（见图 8-4）。1950—1990 年，年均增长率为 3.22%，年均增加 8.52 万吨，1990 年世界全年软体类产量为 474.29 万吨。20 世纪 90 年代以后世界软体类产量增加不明显，上下起伏较大，历史最高产量出现在 2000 年，为 557.35 万吨，2014 年以后产量持续下降，2016 年下降为 444.56 万吨。

中华人民共和国成立初期，中国软体类产量同样以捕捞为主，但是产量增加不明显，捕捞产量从 20 世纪 80 年代后才开始有明显增加，经过 60 多年的发展，中国软体类捕捞量占比持续下降态势十分明显，幅度超过世界水平，1950 年捕捞量占比高达 90.05%，2016 年仅为 11.50%。与世界不同的是，中国软体类产量在 21 世纪之前保持了较高的增长率，比世界延迟了 10 年左右。1950—2000 年年均增长率为 6.46%，年均增加 3.96 万吨。从 21 世纪后，中国软体类产量增加不再持续，仅在 2009—2015 年期间出现了短暂的增长期，增加量为 56.49 万吨，2016 年产量有所下降，中国软体类全年产量为 188.03 万吨，同年与世界

① 中国扇贝总产量数据起始年份为 1979 年，淡水软体类总产量数据起始年份为 1971 年，鲍螺总产量数据起始年份为 2003 年，鱿鱼、墨鱼、章鱼 1973—1975 年总产量数据缺失。

差距为 256.53 万吨。

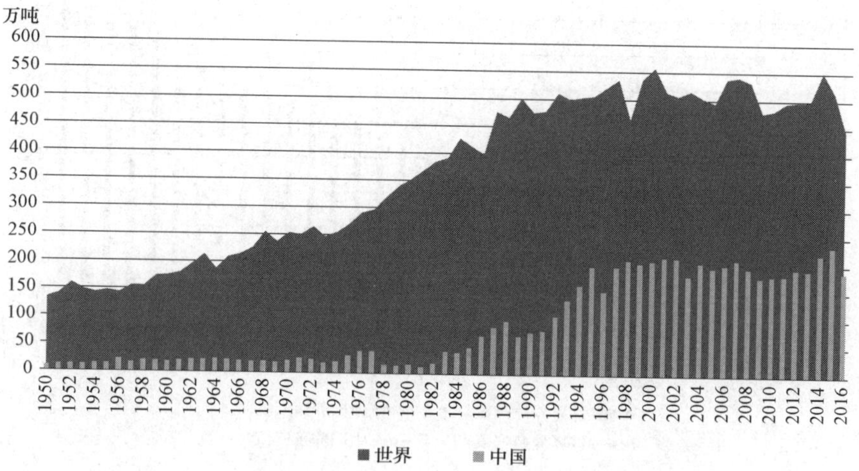


图 8－4　1950—2016 年世界与中国软体类捕捞产量变动趋势

## 三、世界与中国软体类养殖产量、养殖产值变动趋势

世界软体类养殖量占比虽然在逐年递增，但是目前仍然未超过捕捞。世界软体类养殖产量保持了持续的增加（见图 8–5），但是产量和增长速度并不高。2007 年达到历史最高产量，为 288.6 万吨；此后十多年，世界软体类养殖产量趋于稳定，产量基本在 265 万吨上下波动，年增长率在±7%以内；2016 年世界软体类养殖产量为 266.55 万吨。1984—2016 年，年均增长率为 1.57%，年均增加 3.27 万吨。中国软体类养殖产量保持了极为明显的增加，1994 年养殖产量超过世界水平，并且与世界软体类养殖产量差距越来越大。2007 年中国软体类养殖产量首次超过 1 000 万吨；2016 年中国软体类养殖产量逼近 1 500 万吨，实现产量 1 447.36 万吨。1984—2016 年，中国软体类养殖产量年均增长率为 10.47%，年均增加 43.36 万吨，均快于世界水平。

按照地域划分，亚洲软体类养殖产值优势极为明显，欧洲其次，接下来依次是美洲、大洋洲，非洲最少。总量上看，世界软体类养殖产值保持了持续缓慢的增长，但是远高于于同期的养殖产量增长速度，1984—2016 年年均增长率为 6.11%，2016 年世界软体类养殖产值实现 69.61 亿美元。中国软体类养殖产值在 2004 年之前增加速度并不高，1984—2004 年年均增长率为 10.79%，2005—2016 年增长速度比较明显，年均增长率为 11.67%，2016 年中国软体类养殖产值实现 222.41 亿美元。虽然中国软体类养殖产值远高于世界养殖产值，但是从增长率数据看，世界的单位养殖产值是高于中国的，我们接下来验证这个结论。

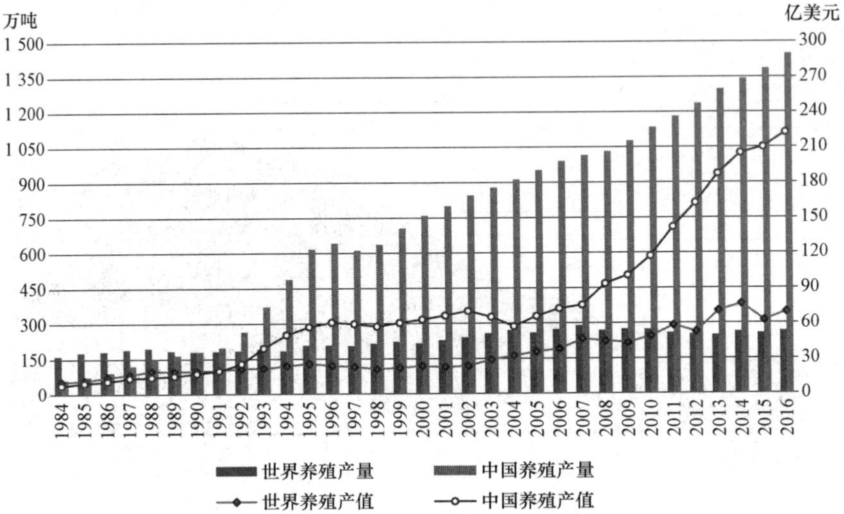


图 8-5 1984—2016 年世界与中国软体类养殖产量、产值变动趋势

## 四、世界与中国软体类单位养殖产值变动趋势

通过计算 1984—2016 年世界与中国的软体类单位养殖产值，如图 8-6 所示。可以看出，世界软体类单位养殖产值基本上保持了持续增加的态势，1994—2004 年期间出现过一段低谷，但是下降幅度并不大，多个年份里均保持在最低单位养殖产值为 0.1 万美元/吨（1998 年、2001 年、2002 年），而中国则

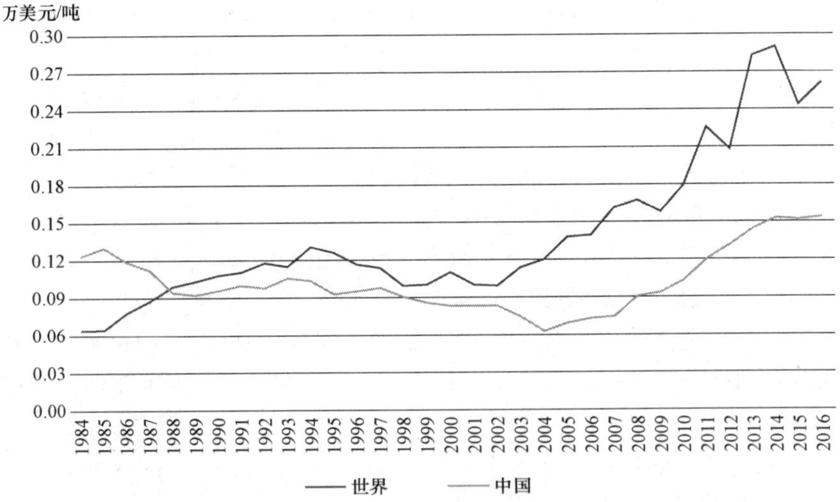


图 8-6 1984—2016 年世界与中国软体类单位养殖产值变动趋势

在2004年之前软体类单位养殖产值总体是呈下降趋势的。1988年以后，世界软体类单位养殖产值超过中国，在此之后世界软体类单位养殖产值一直在中国之上。世界软体类单位养殖产值历史最高值为2014年的0.29万美元/吨，2015年有所下降，2016年实现反弹，为0.26万美元/吨。中国软体类单位养殖产值在2004年之后保持了持续的增加，2014—2016年中国软体类单位养殖产值均保持在0.15万美元/吨，2016年与世界软体类单位养殖产值相差0.11万美元/吨。由以上分析我们知道，中国虽然在软体类养殖产量和产值方面占据绝对优势，但是单位养殖产值并不高，落后于世界水平很多。

## 第二节　中国在世界软体类产业生产中的地位

为掌握世界上主要的软体类生产国（地区），特别是中国在世界软体类产业生产中的地位，选择了四个年份，即1986年、1996年、2006年和2016年，分别确定在这些年份的总产量、捕捞产量、养殖产量、养殖产值和单位养殖产值排名中位居前十的国家（地区）。如果中国不在前十以内，将进一步确定中国的具体位次。与第一节不同的是，本节所说的世界数据包括中国数据。

### 一、软体类总产量排名前十国（地区）及中国的位次

世界软体类产量增长趋势明显，但是增加量有所放缓。由表8–1可知，1996年、2006年、2016年分别较其上一选定年份的增加量为781.14万吨、480.67万吨、345.26万吨，2016年世界软体类总产量为2 346.51万吨。世界软体类产量呈现出了很强的地理集聚特征，集中程度越来越强，来看世界排名前十的国家（地区）占比数据，1986年、1996年、2006年、2016年分别为81.21%、84.81%、86.22%、89.21%。其产量分布主要集中在中国、日本、韩国、美国、越南、秘鲁、泰国。

中国对世界软体类总产量贡献非常大。选定四个年份里中国软体类总产量均居世界第一，并且中国软体类产量占比在逐年提升，1986年、1996年、2006年、2016年分别为21.55%、52.07%、58.69%、69.69%，可以看出，从1996年起中国的软体类产量已经超过其他国家（地区）总和。虽然日本相比较于其他国家软体类总产量较多，即使从1996年后产量在持续下降，但选定四个年份里均持续保持世界第二，但是与中国的差距越来越大，2016年日本软体类总产量为79.63万吨，超过同期排名第三的美国7.78万吨，但是落后于同期中国1 555.77万吨。此外，观察表8－1，除中国、越南、智利外，2016年世界排名前十的大部分国家（地区）软体类总产量总体持续下降明显，如日本、美国、韩国、秘鲁、泰国等。

表 8－1　　选定年份世界软体类总产量排名前十国（地区）

单位：万吨，%

| 1986 | | | 1996 | | | 2006 | | | 2016 | | |
|---|---|---|---|---|---|---|---|---|---|---|---|
| 国家（地区） | 数值 | 占比 | 国家（地区） | 数值 | 占比 | 国家（地区） | 数值 | 占比 | 国家（地区） | 数值 | 占比 |
| **中国** | **159.38** | **21.55** | **中国** | **791.83** | **52.07** | **中国** | **1 189.69** | **59.45** | **中国** | **1 635.40** | **69.69** |
| 日本 | 127.53 | 17.25 | 日本 | 165.31 | 10.87 | 日本 | 113.85 | 5.69 | 日本 | 79.63 | 3.39 |
| 美国 | 84.38 | 11.41 | 韩国 | 84.84 | 5.58 | 韩国 | 87.16 | 4.36 | 美国 | 71.85 | 3.06 |
| 韩国 | 76.25 | 10.31 | 美国 | 77.58 | 5.10 | 美国 | 83.13 | 4.15 | 越南 | 62.68 | 2.67 |
| 西班牙 | 38.42 | 5.20 | 西班牙 | 32.89 | 2.16 | 秘鲁 | 49.38 | 2.47 | 韩国 | 58.90 | 2.51 |
| 泰国 | 29.56 | 4.00 | 泰国 | 32.65 | 2.15 | 泰国 | 48.97 | 2.45 | 智利 | 53.87 | 2.30 |
| 法国 | 24.64 | 3.33 | 阿根廷 | 31.96 | 2.10 | 智利 | 45.36 | 2.27 | 秘鲁 | 37.83 | 1.61 |
| 菲律宾 | 21.59 | 2.92 | 法国 | 26.78 | 1.76 | 越南 | 42.02 | 2.10 | 印度 | 33.61 | 1.43 |
| 中国台湾 | 21.22 | 2.87 | 中国台湾 | 23.58 | 1.55 | 阿根廷 | 37.29 | 1.86 | 泰国 | 32.89 | 1.40 |
| 意大利 | 17.55 | 2.37 | 菲律宾 | 22.18 | 1.46 | 西班牙 | 28.66 | 1.43 | 印度尼西亚 | 26.58 | 1.13 |
| **合计** | **600.51** | **81.21** | **合计** | **1 289.61** | **84.81** | **合计** | **1 725.51** | **86.22** | **合计** | **2 093.23** | **89.21** |
| **世界** | **739.44** | **100.00** | **世界** | **1 520.58** | **100.00** | **世界** | **2 001.25** | **100.00** | **世界** | **2 346.51** | **100.00** |

注：向 FAO 报告 1986 年、1996 年、2006 年和 2016 年世界软体类总产量的国家（地区）分别有 114 个、144 个、152 个和 148 个。

## 二、软体类捕捞产量排名前十国（地区）及中国的位次

世界软体类捕捞产量起伏较大，选定四个年份里，除了 1986 年总捕捞产量为 363.82 万吨外，其他三个年份里均在 630 万吨至 740 万吨之间，增加不明显。观察世界排名前十国（地区）软体类捕捞产量占世界软体类捕捞产量比重（以下简称捕捞量占比）情况，世界软体类捕捞产量呈现出分散的趋势，由 1986 年的 77.91%下降到 2016 年的 75.49%。对比表 8－1 和表 8－2，我们可以发现两个特征：一是世界软体类总产量主要国家（地区）和捕捞产量主要国家（地区）变动不大，但是排名先后有所区别。二是中国捕捞产量领先优势弱于总产量，来看捕捞量占比数据，中国软体类捕捞产量占世界总捕捞产量比重在 1986 年、1996 年、2006 年、2016 年分别为 14.72%、22.51%、27.04%、29.72%，捕捞量占比虽然在逐年提升，但是显然和总产量占比数据悬殊较大。

中国除了在1986年捕捞产量世界排名第三位外（同期落后于日本和美国），在1996年、2006年、2016年均排名世界第一，捕捞量占比数据也在逐年提升，虽然增加幅度有限。不过反观一直排名前三的日本和美国，捕捞量占比数据在持续下降，日本在四个选定年份里，1986年、1996年、2006年、2016年捕捞量占比数据分别为18.91%、17.32%、9.71%、6.68%，美国则分别为15.11%、10.09%、9.03%、8.61%。不过从产量来看，2016年中国软体类捕捞产量为188.03万吨，较2006年下降11.28万吨，同期产量下降的还有日本、秘鲁、智利、泰国等国，而美国、越南软体类捕捞产量是增加的（见表8-2）。

**表8-2　　选定年份世界软体类捕捞产量排名前十国（地区）**

单位：万吨，%

| 1986 | | | 1996 | | | 2006 | | | 2016 | | |
|---|---|---|---|---|---|---|---|---|---|---|---|
| 国家（地区） | 数值 | 占比 | 国家（地区） | 数值 | 占比 | 国家（地区） | 数值 | 占比 | 国家（地区） | 数值 | 占比 |
| 日本 | 88.32 | 18.91 | **中国** | **151.17** | **22.51** | **中国** | **199.32** | **27.04** | **中国** | **188.03** | **29.72** |
| 美国 | 70.58 | 15.11 | 日本 | 116.30 | 17.32 | 日本 | 71.61 | 9.71 | 美国 | 54.48 | 8.61 |
| **中国** | **68.74** | **14.72** | 美国 | 67.76 | 10.09 | 美国 | 66.59 | 9.03 | 日本 | 42.23 | 6.68 |
| 韩国 | 36.28 | 7.77 | 韩国 | 54.17 | 8.06 | 秘鲁 | 48.14 | 6.53 | 越南 | 39.14 | 6.19 |
| 泰国 | 27.11 | 5.80 | 阿根廷 | 31.96 | 4.76 | 韩国 | 47.83 | 6.49 | 秘鲁 | 35.73 | 5.65 |
| 菲律宾 | 18.73 | 4.01 | 泰国 | 24.63 | 3.67 | 阿根廷 | 37.28 | 5.06 | 印度 | 32.35 | 5.11 |
| 中国台湾 | 16.50 | 3.53 | 墨西哥 | 20.53 | 3.06 | 智利 | 30.71 | 4.17 | 印度尼西亚 | 26.58 | 4.20 |
| 苏联 | 13.90 | 2.98 | 菲律宾 | 18.89 | 2.81 | 越南 | 27.40 | 3.72 | 智利 | 23.12 | 3.66 |
| 西班牙 | 13.32 | 2.85 | 中国台湾 | 17.33 | 2.58 | 泰国 | 17.55 | 2.38 | 韩国 | 22.73 | 3.59 |
| 意大利 | 10.35 | 2.22 | 越南 | 13.60 | 2.02 | 墨西哥 | 17.39 | 2.36 | 泰国 | 13.17 | 2.08 |
| **合计** | **363.82** | **77.91** | **合计** | **516.35** | **76.87** | **合计** | **563.83** | **76.48** | **合计** | **477.57** | **75.49** |
| **世界** | **467.00** | **100.00** | **世界** | **671.68** | **100.00** | **世界** | **737.24** | **100.00** | **世界** | **632.60** | **100.00** |

注：向FAO报告1986年、1996年、2006年和2016年软体类捕捞产量的国家（地区）分别有109个、143个、150个和147个。

## 三、软体类养殖产量、养殖产值排名前十国（地区）及中国的位次

世界软体类养殖产量保持了持续增加的态势，主要贡献来自中国。2016年世界软体类养殖产量为1 713.91万吨，较1986年增加1 441.48万吨，增加量十

分显著。世界软体类养殖产量地理集中趋势极其明显，从世界软体类养殖产量占世界软体类养殖产量比重（以下简称养殖量占比）数据来看，1986 年、1996 年、2006 年、2016 年占比分别为 93.35%、95.32%、95.24%、96.67%。

中国软体类养殖尤其是贝类产业，在中国水生动植物海水养殖产量贡献方面极为重要，对中国的保障粮食安全、增加渔民收入（一些偏远地区贝类产业是主导产业）、丰富蛋白质种类、增加外汇等许多方面起着不可替代的作用。观察表 8－3，中国在其中起到了极其重要的作用，从养殖量占比数据看，上述对应年份中国软体类养殖量占比分别为 33.27%、75.47%、78.35%、84.45%，选定四个年份里产量均居世界第一，2016 年中国软体类养殖产量为 1 447.36 万吨，可见其中国的养殖产量在世界中的地位。

**表 8－3　　选定年份世界软体类养殖产量排名前十国（地区）**

单位：万吨，%

| 1986 | | | 1996 | | | 2006 | | | 2016 | | |
|---|---|---|---|---|---|---|---|---|---|---|---|
| 国家（地区） | 数值 | 占比 | 国家（地区） | 数值 | 占比 | 国家（地区） | 数值 | 占比 | 国家（地区） | 数值 | 占比 |
| **中国** | **90.64** | **33.27** | **中国** | **640.66** | **75.47** | **中国** | **990.37** | **78.35** | **中国** | **1 447.36** | **84.45** |
| 韩国 | 39.97 | 14.67 | 日本 | 49.01 | 5.77 | 日本 | 42.24 | 3.34 | 日本 | 37.40 | 2.18 |
| 日本 | 39.20 | 14.39 | 韩国 | 30.67 | 3.61 | 韩国 | 39.33 | 3.11 | 韩国 | 36.17 | 2.11 |
| 西班牙 | 25.10 | 9.21 | 法国 | 21.82 | 2.57 | 泰国 | 31.41 | 2.49 | 智利 | 30.74 | 1.79 |
| 法国 | 20.50 | 7.52 | 西班牙 | 19.83 | 2.34 | 西班牙 | 23.44 | 1.85 | 越南 | 23.54 | 1.37 |
| 美国 | 13.80 | 5.07 | 意大利 | 12.03 | 1.42 | 法国 | 18.87 | 1.49 | 西班牙 | 21.95 | 1.28 |
| 荷兰 | 8.59 | 3.15 | 美国 | 9.82 | 1.16 | 美国 | 16.54 | 1.31 | 泰国 | 19.72 | 1.15 |
| 意大利 | 7.20 | 2.64 | 荷兰 | 9.56 | 1.13 | 智利 | 14.65 | 1.16 | 美国 | 17.37 | 1.01 |
| 中国台湾 | 4.72 | 1.73 | 泰国 | 8.02 | 0.94 | 越南 | 14.62 | 1.16 | 法国 | 12.50 | 0.73 |
| 马来西亚 | 4.59 | 1.69 | 朝鲜 | 7.78 | 0.92 | 意大利 | 12.41 | 0.98 | 意大利 | 10.03 | 0.59 |
| **合计** | **254.31** | **93.35** | **合计** | **809.20** | **95.32** | **合计** | **1 203.89** | **95.24** | **合计** | **1 656.79** | **96.67** |
| **世界** | **272.43** | **100.00** | **世界** | **848.89** | **100.00** | **世界** | **1 264.01** | **100.00** | **世界** | **1 713.91** | **100.00** |

注：向 FAO 报告 1986 年、1996 年、2006 年和 2016 年软体类养殖产量的国家（地区）分别有 46 个、55 个、60 个和 61 个。

反观其他国家，韩国和日本是除了中国以外排名前三的国家，这两个国家的养殖产量变动幅度不大，产量基本在 40 万吨至 50 万吨之间浮动，近几年产量下降明显，2016 年与中国的养殖产量差距在 1 400 万吨以上。2016 年智利软体类养殖产量增加明显，与 2006 年相比产量基本实现翻一番，排名世界第四。同期产量增加的还有越南、美国，而西班牙、泰国、法国、意大利产量较 2006 年有所下降，多数国家名次有所下降，唯有意大利名次不变，2006 年、2016 年均排世界第十。

世界软体类养殖产值与产量特征基本类似，保持了持续的增加，主要贡献同样来自中国。与此同时，世界软体类养殖产值集中程度同样非常高，基本集中在排名前十国（地区）中。从数据来看，排名前十国（地区）养殖产值占比 1986 年、1996 年、2006 年、2016 年占比分别为 95.42%、96.45%、92.92%、96.40%。中国软体类产值增加十分明显，从 1986 年的 10.79 亿美元增加到 2016 年的 222.41 亿美元，同年世界软体类养殖产值分别为 24.97 亿美元、292.02 亿美元，养殖产值占比数据则从 1986 年的 43.22%上升到 2016 年的 76.16%，虽然养殖产值占比低于同期养殖产量占比，但是中国的贡献依旧十分明显。

对比表 8－3，可以发现，大多数软体类养殖产量大国同样多次出现在表 8－4 中，例如中国、日本、智利、韩国、法国、美国、意大利等国（地区），但是排名不尽相同，中国则在选定四个年份里和养殖产量排名一样，均居世界第一。但也存在一些国家（地区）虽然在养殖产量方面表现一般或者未上榜，但是在养殖产值方面表现突出，例如新西兰、中国台湾等。日本在 1986 年、1996 年、2006 年养殖产值均排名世界第二，2016 年被智利超越而居世界第三，但是养殖产值较 2006 年增加 2.05 亿美元。

**表 8－4　　选定年份世界软体类养殖产值排名前十国（地区）**

单位：亿美元，%

| 1986 | | | 1996 | | | 2006 | | | 2016 | | |
|---|---|---|---|---|---|---|---|---|---|---|---|
| 国家（地区） | 数值 | 占比 | 国家（地区） | 数值 | 占比 | 国家（地区） | 数值 | 占比 | 国家（地区） | 数值 | 占比 |
| **中国** | **10.79** | **43.22** | **中国** | **60.96** | **71.53** | **中国** | **72.42** | **65.48** | **中国** | **222.41** | **76.16** |
| 日本 | 3.78 | 15.13 | 日本 | 7.14 | 8.38 | 日本 | 6.26 | 5.66 | 智利 | 24.01 | 8.22 |
| 法国 | 3.21 | 12.84 | 法国 | 3.71 | 4.36 | 智利 | 5.16 | 4.66 | 日本 | 8.31 | 2.85 |
| 西班牙 | 1.82 | 7.27 | 韩国 | 3.71 | 4.35 | 法国 | 4.77 | 4.31 | 新西兰 | 6.29 | 2.15 |
| 韩国 | 1.00 | 4.01 | 中国台湾 | 1.82 | 2.14 | 韩国 | 3.67 | 3.31 | 韩国 | 5.37 | 1.84 |
| 中国台湾 | 0.96 | 3.86 | 意大利 | 1.56 | 1.83 | 意大利 | 3.56 | 3.22 | 法国 | 5.06 | 1.73 |

续表

| 1986 | | | 1996 | | | 2006 | | | 2016 | | |
|---|---|---|---|---|---|---|---|---|---|---|---|
| 国家（地区） | 数值 | 占比 | 国家（地区） | 数值 | 占比 | 国家（地区） | 数值 | 占比 | 国家（地区） | 数值 | 占比 |
| 意大利 | 0.69 | 2.77 | 西班牙 | 1.21 | 1.42 | 美国 | 2.11 | 1.91 | 美国 | 3.45 | 1.18 |
| 荷兰 | 0.56 | 2.24 | 美国 | 0.93 | 1.09 | 中国台湾 | 1.72 | 1.55 | 中国台湾 | 2.52 | 0.86 |
| 美国 | 0.55 | 2.19 | 智利 | 0.59 | 0.69 | 新西兰 | 1.64 | 1.48 | 越南 | 2.35 | 0.81 |
| 葡萄牙 | 0.47 | 1.89 | 荷兰 | 0.57 | 0.66 | 越南 | 1.46 | 1.32 | 意大利 | 1.73 | 0.59 |
| **合计** | **23.83** | **95.42** | **合计** | **82.20** | **96.45** | **合计** | **102.77** | **92.92** | **合计** | **281.50** | **96.40** |
| **世界** | **24.97** | **100.00** | **世界** | **85.22** | **100.00** | **世界** | **110.60** | **100.00** | **世界** | **292.02** | **100.00** |

注：向 FAO 报告 1986 年、1996 年、2006 年和 2016 年软体类养殖产值的国家（地区）分别有 46 个、55 个、60 个和 61 个。

## 四、软体类单位养殖产值排名前十国（地区）及中国的位次

世界软体类单位养殖产值排名情况如表 8－5 所示。对比表 8－3、表 8－4，可以发现，很少有养殖大国（地区）出现在表 8－5 中，除智利、新西兰、葡萄牙、中国台湾等少数几个国家（地区）外，但是它们的单位养殖产值排名十分靠后。观察表 8－5 中排名靠前的国家（地区），可以发现，基本都是一些小的国家（地区），发展中经济体居多，且软体类单位养殖产值较高，1986 年、1996 年、2006 年、2016 年排名第一的国家（地区）单位养殖产值分别为 0.8 万美元/吨（阿尔及利亚）、1.15 万美元/吨（秘鲁）、1.81 万美元/吨（南非）、1.5 万美元/吨（哥斯达黎加）。

作为对比，来看中国在上述四个年份里软体类的单位养殖产值数据。1986 年、1996 年、2006 年、2016 年中国软体类单位养殖产值分别为 0.12 万美元/吨（第 12 位）、0.1 万美元/吨（第 35 位）、0.07 万美元/吨（第 49 位）、0.15 万美元/吨（第 37 位）。可以发现，与世界软体类单位养殖产值排名国家（地区）相比，中国的软体类单位养殖产值并不高，中国软体类单位养殖产值与中国的软体类养殖大国地位不大相符，世界排名较为落后，国际市场上的竞争力明显偏低，主要原因在于国际社会特别是发达国家对我国海域质量和生产过程监管水平缺乏信心。所以中国提高软体类单位养殖产值，只有走出“环境危机”和“效益危机”才能获得“产量优势”，这需要政府和行业的共同努力。

**表 8－5　选定年份世界软体类单位养殖产值排名前十国（地区）**

单位：万美元/吨

| 1986 | | | 1996 | | | 2006 | | | 2016 | | |
|---|---|---|---|---|---|---|---|---|---|---|---|
| 国家（地区） | 数值 | 位次 | 国家（地区） | 数值 | 位次 | 国家（地区） | 数值 | 位次 | 国家（地区） | 数值 | 位次 |
| 阿尔及利亚 | 0.80 | 1 | 秘鲁 | 1.15 | 1 | 南非 | 1.81 | 1 | 哥斯达黎加 | 1.50 | 1 |
| 葡萄牙 | 0.59 | 2 | 新喀里多尼亚 | 0.98 | 2 | 斯里兰卡 | 1.05 | 2 | 南非 | 1.14 | 2 |
| 秘鲁 | 0.50 | 3 | 帕劳 | 0.95 | 3 | 新喀里多尼亚 | 0.98 | 3 | 汤加 | 1.05 | 3 |
| 苏联 | 0.30 | 4 | 波多黎各 | 0.77 | 4 | 特克斯和凯科斯群岛 | 0.90 | 4 | 毛里求斯 | 0.98 | 4 |
| 澳大利亚 | 0.29 | 5 | 葡萄牙 | 0.58 | 5 | 福克兰群岛 | 0.83 | 5 | 智利 | 0.78 | 5 |
| 南非 | 0.21 | 6 | 毛里求斯 | 0.45 | 6 | 葡萄牙 | 0.80 | 6 | 厄瓜多尔 | 0.71 | 6 |
| 中国台湾 | 0.20 | 7 | 阿尔及利亚 | 0.39 | 7 | 秘鲁 | 0.75 | 7 | 秘鲁 | 0.71 | 7 |
| 海峡群岛 | 0.20 | 8 | 危地马拉 | 0.38 | 8 | 汤加 | 0.50 | 8 | 新西兰 | 0.66 | 8 |
| 毛里求斯 | 0.18 | 9 | 澳大利亚 | 0.38 | 9 | 俄罗斯 | 0.49 | 9 | 葡萄牙 | 0.64 | 9 |
| 塞内加尔 | 0.17 | 10 | 智利 | 0.31 | 10 | 澳大利亚 | 0.49 | 10 | 澳大利亚 | 0.55 | 10 |
| **中国** | **0.12** | **12** | **中国** | **0.10** | **35** | **中国** | **0.07** | **49** | **中国** | **0.15** | **37** |

注：向 FAO 报告 1986 年、1996 年、2006 年和 2016 年软体类养殖产量、产值的国家（地区）分别有 46 个、55 个、60 个和 61 个。

## 第三节　世界与中国软体类产业贸易概况

本节旨在从贸易的角度，考察世界和中国软体类进（出）口量、进（出）口额和进（出）口均价的变动情况，厘清四个选定年份在上述指标的排名中位居前十国（地区）及中国的具体位次。

在 FAO 数据库 FishStatJ 中，上述时间序列数据的跨度不完全一致。其中，世界软体类进（出）口量（额）和进（出）口均价的时间跨度为 1976—2016 年，而中国软体类进（出）口量、进（出）口额和进（出）口均价的时间跨度为 1984—2016 年。

## 一、世界与中国软体类进口贸易变动趋势

### （一）世界与中国软体类进口量、进口额变动趋势

世界软体类进口量保持了稳定的增加，1976—2016 年年均增长率为 4.19%，同期年增长率平均值为 4.44%，两者数据相差不大，可见其进口量波动非常稳定（见图 8-7）。2016 年世界软体类进口量为 260.57 万吨，是历年来世界软体类历史最高进口量，较 1976 年增加 416.29%。由前面分析我们知道，中国是世界最大的软体类生产大国，总量优势十分明显，但是仍有一定的进口量，其原因可能是品种原因或是规格质量难以满足国内消费者，这也侧面反映出，我国是世界最大软体类消费国。中国软体类进口量总体保持了增加，但是过程十分曲折，变动起伏较大，进口量总规模不大，中国软体类历史最高进口量为 51.63 万吨（2015 年），2016 年中国软体类进口量下降到 36.26 万吨，与世界同期进口量相差较大，中国比世界软体类进口量少 224.32 万吨。

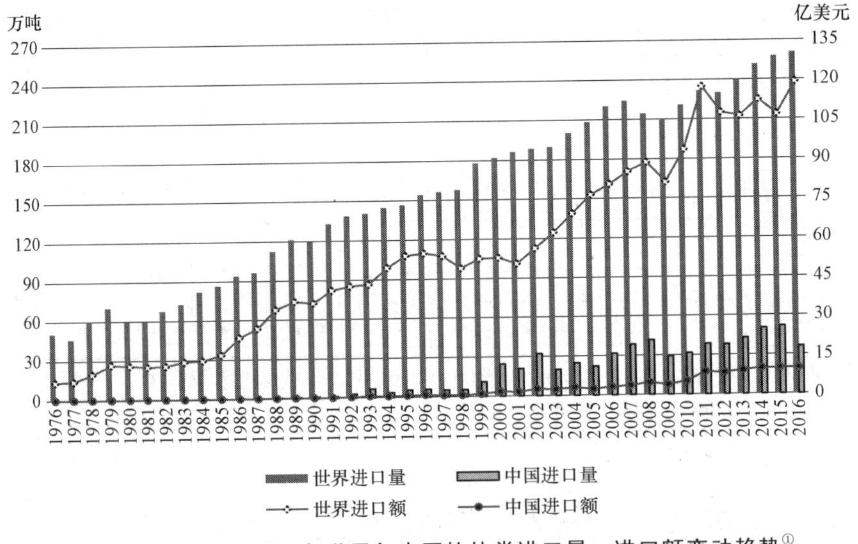


**图 8-7 1976—2016 年世界与中国软体类进口量、进口额变动趋势**[①]

① 中国软体类进口量、进口额数据起始年份为 1984 年。

同期世界软体类进口额基本延续了进口量持续增加的态势，但是在 2011 年以后世界软体类进口额出现了较小幅度的波动，2013 年达到这个阶段的最低进口额（106.29 亿美元），不过在 2016 年实现反弹，进口额为 119.18 亿美元，达到世界软体类进口额历史最高，略高于 2011 年水平。综合来看，1976—2016 年，世界软体类进口额年均增长率为 7.43%，年均增加 2.81 亿美元。中国软体类进口额总量规模不大，但是保持了持续增加，2016 年中国软体类进口额实现 9.87 亿美元，与同期世界相差 109.31 亿美元。

（二）世界与中国软体类进口均价变动趋势

世界软体类进口均价呈现出波浪式上升趋势，进口均价上涨一段时期后，总会经历短暂的下降期，之后再实现反弹，以此往复交替（见图 8-8）。总体来看，世界软体类进口均价由 1976 年的 0.13 万美元/吨上升到 2016 的 0.46 万美元/吨，世界软体类进口均价历史最高发生在 2011 年（0.51 万美元/吨）。历年世界软体类进口均价曲线在中国之上，这说明世界软体类进口均价总是高于同期中国，从 20 世纪 90 年代后世界与中国软体类进口均价差一般维持在 0.19 万美元/吨至 0.3 万美元/吨之间。中国软体类进口均价在 2010 年之前增加不明显，基本维持在 0.07 万美元/吨至 0.13 万美元/吨之间。2011 年以后中国软体类进口均价才有所真正增加，2016 年中国软体类进口均价为 0.27 万美元/吨，为中国软体类进口均价历史最高值，但仅相当于 20 世纪 80 年代末世界水平。

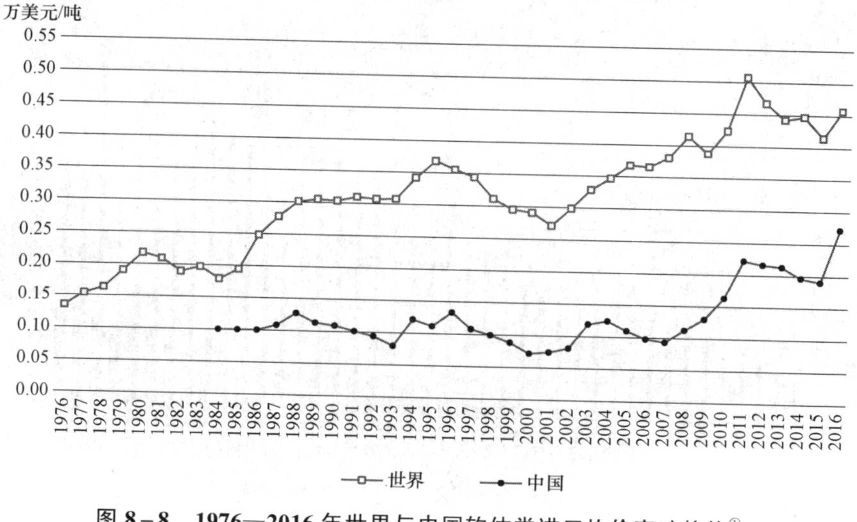


**图 8－8　1976—2016 年世界与中国软体类进口均价变动趋势**[①]

---

① 中国软体类进口均价数据起始年份为 1984 年。

## 二、世界与中国软体类出口贸易变动趋势

### （一）世界与中国软体类出口量、出口额变动趋势

世界软体类出口量增长态势总体显著，虽有极个别年份出口量出现下滑现象，但是幅度不大，整体保持了增加趋势，如图 8-9 所示。2016 年世界软体类出口量为 239.44 万吨，较 2015 年下降 22.56 万吨，下降幅度创历史之最，此前下降 20 万吨以上的年份还要追溯到 2009 年和 2003 年。1976—2016 年，世界软体类出口量年均增加 4.93 万吨，年均增长率为 4.44%。中国软体类出口量增加平稳得多，1984—2016 年，中国软体类出口量年均增加 2.58 万吨，年均增长率为 12.25%，这与初期基数较小有关。2016 年中国软体类出口量达到 84.5 万吨，同期比世界软体类出口量少 154.94 万吨。

世界软体类出口额保持了和出口量基本一致的增长路径，整体增加明显。2011—2016 年出现了小幅的波动，2016 年世界软体类实现出口额 103.05 亿美元，基本和 2011 年进口额总量持平，比 2011 年仅多 0.37 亿美元。总体来看，1976—2016 年，世界软体类出口额年均增加 2.45 亿美元，年均增长率为 7.73%。中国软体类出口额在 1984—2009 年增加不明显，年均增加仅 0.66 亿美元。2010—2016 年迎来高速增长，在此期间，年均增加 1.68 亿美元，比上个时期的 2.5 倍还多。整体上，1984—2016 年软体类出口额年均增加 1.6 亿美元，

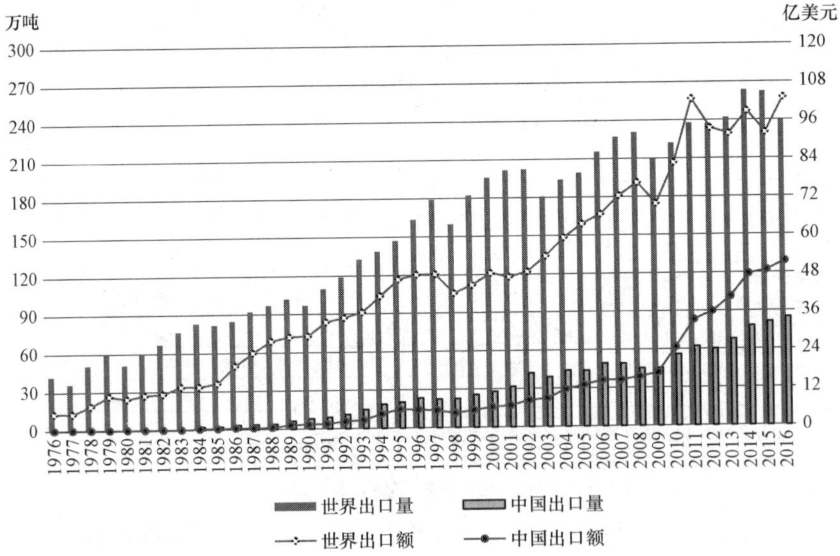


**图 8-9　1976—2016 年世界与中国软体类出口量、出口额变动趋势**[①]

① 中国软体类出口量、出口额数据起始年份为 1984 年。

2016年中国软体类出口额实现51.57亿美元，落后同期世界水平51.49美元。对比2016年中国与世界的软体类出口量和出口额差距，出口额差距比出口量差距占比情况要小得多，这侧面反映出2016年中国软体类出口均价显然是高于世界的，为整体说明情况，接下来我们分析历年世界与中国软体类出口均价情况。

（二）世界与中国软体类出口均价变动趋势

世界软体类出口均价受外界环境影响较大，例如汇率和外部经济形势等因素。世界软体类出口均价增长较为缓慢，增长路径同样呈波浪式上升。图8–10显示，1976—1985年，世界软体类出口均价基本在0.1万美元/吨至0.2万美元/吨之间；1986—2003年，大部分年份世界软体类出口均价在0.2万美元/吨至0.3万美元/吨之间，除了1995年达到了0.32万美元/吨；2004—2016年，大部分年份世界软体类出口均价在0.3万美元/吨至0.4万美元/吨之间，除了2011年和2016年，这两年世界软体类出口均价都为0.43万美元/吨，达到历史最高均价。中国软体类出口均价在2008年之前均保持在0.3万美元/吨以下。在此之后，中国软体类出口均价增加十分明显，2012—2016年均维持在0.6万美元/吨以上，2016年中国软体类出口均价为0.61万美元/吨，和2014年并列达到中国软体类出口均价历史最高。

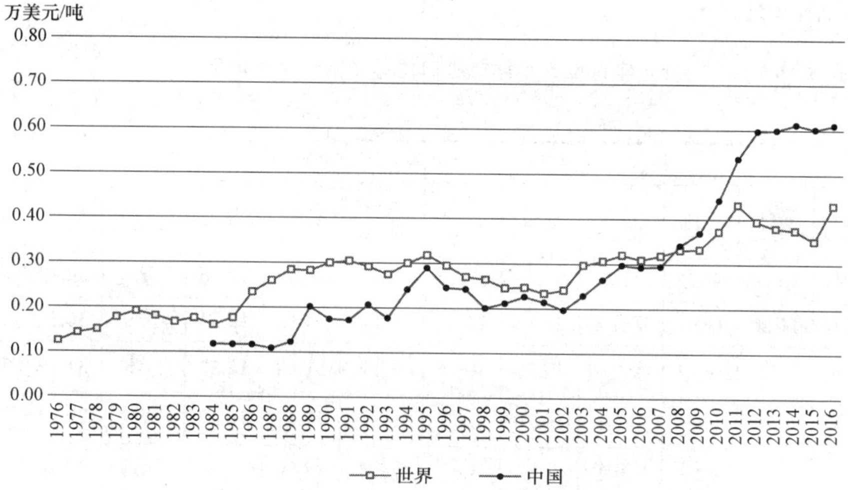


图8–10　1976—2016年世界与中国软体类出口均价变动趋势[①]

① 中国软体类出口均价数据起始年份为1984年。

# 第四节　中国在世界软体类产业贸易中的地位

本节主要目的是掌握世界上主要的软体类贸易国（地区），进而确定中国在世界软体类进出口贸易中的地位。本节世界数据包括中国数据，选取的四个年份是1986年、1996年、2006年和2016年，选用的指标有6个，分别为软体类进口量、出口量、进口额、出口额、进口均价和出口均价。

## 一、软体类进口贸易排名前十国（地区）及中国的位次

世界软体类进口量增加比较明显，由1986年的94.11万吨一路上升到2016年的296.83万吨。但是2006年以后增加量有下滑趋势，选定年份1996年、2006年、2016年分别较上期增加量为66.04万吨、91.82万吨、44.86万吨。从表8－6数据反映来看，世界软体类进口量分散发展态势明显，这可以从世界软体类进口量排名前十国（地区）占比反映出来，1986年、1996年、2006年、2016年占比分别为88%、83.28%、80.9%、76.5%，而世界软体类进口量在选定四个年份里是持续增加的，这说明排名前十以外的国家（地区）进口量增加幅度较大。日本、西班牙、意大利、中国、韩国、美国、法国、中国香港是世界主要的进口量大国（地区）。

**表8－6　　选定年份世界软体类进口量排名前十国（地区）**

单位：万吨，%

| 1986 | | | 1996 | | | 2006 | | | 2016 | | |
|---|---|---|---|---|---|---|---|---|---|---|---|
| 国家（地区） | 数值 | 占比 | 国家（地区） | 数值 | 占比 | 国家（地区） | 数值 | 占比 | 国家（地区） | 数值 | 占比 |
| 日本 | 30.79 | 32.72 | 日本 | 41.83 | 26.12 | 西班牙 | 42.97 | 17.06 | 西班牙 | 39.77 | 13.40 |
| 意大利 | 11.20 | 11.91 | 西班牙 | 22.83 | 14.26 | 日本 | 34.12 | 13.54 | **中国** | **36.26** | **12.21** |
| 西班牙 | 9.71 | 10.31 | 意大利 | 17.23 | 10.76 | **中国** | **31.68** | **12.57** | 日本 | 31.19 | 10.51 |
| 法国 | 8.56 | 9.09 | 美国 | 10.20 | 6.37 | 意大利 | 27.13 | 10.77 | 意大利 | 29.23 | 9.85 |
| 美国 | 7.14 | 7.59 | 韩国 | 9.37 | 5.85 | 韩国 | 18.90 | 7.50 | 韩国 | 27.20 | 9.16 |
| 荷兰 | 3.72 | 3.96 | 法国 | 9.17 | 5.73 | 美国 | 18.68 | 7.42 | 美国 | 19.84 | 6.68 |
| 德国 | 3.51 | 3.73 | 泰国 | 6.11 | 3.82 | 法国 | 13.28 | 5.27 | 泰国 | 16.44 | 5.54 |
| 比利时 | 3.27 | 3.47 | **中国** | **5.80** | **3.62** | 中国香港 | 6.65 | 2.64 | 法国 | 12.77 | 4.30 |
| 泰国 | 2.55 | 2.71 | 荷兰 | 5.52 | 3.45 | 泰国 | 5.85 | 2.32 | 葡萄牙 | 7.60 | 2.56 |

续表

| 1986 | | | 1996 | | | 2006 | | | 2016 | | |
|---|---|---|---|---|---|---|---|---|---|---|---|
| 国家（地区） | 数值 | 占比 | 国家（地区） | 数值 | 占比 | 国家（地区） | 数值 | 占比 | 国家（地区） | 数值 | 占比 |
| 中国香港 | 2.36 | 2.51 | 中国香港 | 5.30 | 3.31 | 葡萄牙 | 4.58 | 1.82 | 中国香港 | 6.76 | 2.28 |
| **合计** | **82.82** | **88.00** | 合计 | **133.36** | **83.28** | 合计 | **203.84** | **80.90** | 合计 | **227.06** | **76.50** |
| **中国** | **0.25** | **0.27** | | | | | | | | | |
| **世界** | **94.11** | **100.00** | 世界 | **160.14** | **100.00** | 世界 | **251.96** | **100.00** | 世界 | **296.83** | **100.00** |

注：向 FAO 报告 1986 年、1996 年、2006 年和 2016 年世界软体类进口量的国家（地区）分别有 56 个、137 个、185 个和 189 个。1986 年中国排名第 22 位。

中国软体类进口量从选定年份数据来看（见表 8－6），增长比较明显，2016 年全年软体类进口总量为 36.26 万吨，较 1986 年增加 36.01 万吨。从占比排名来看，中国的排名同样是持续上升的，中国软体类进口量 1986 年、1996 年、2006 年、2016 年分别排名世界第 22 位、第 8 位、第 3 位、第 2 位。日本和西班牙是传统的进口量大国，两个国家基本都在世界排名前三范围内变化，日本在 1986 年和 1996 年两年连续排名世界第一，占比分别达到了 32.72%和 26.12%，远超同期中国，而西班牙则在 2006 年和 2016 年排名世界第一，占比分别为 17.06%和 13.4%。分析世界排名第一的国家四个选定年份数据来看，进口量增加不明显，2016 年甚至出现了下降情况，而占比数据则连续下降，进一步说明世界软体类进口量分散发展态势。

世界软体类进口额变动基本延续了进口量特征。从表 8－7 我们可以看出，一是世界软体类进口额保持了持续增加的态势，增加量比较稳定，维持在 30 亿美元左右，波动幅度为±3 亿美元以内。二是与世界软体类进口量特征相同，进口额分散发展趋势明显，1986 年、1996 年、2006 年、2016 年排名前十国（地区）占比分别为 93.58%、86.28%、82.57%、77.66%。三是日本、西班牙、美国、意大利、中国、法国、中国香港是世界主要进口额大国（地区），它们多次出现在表 8－7 所显示的世界软体类进口额排名前十国（地区）榜单中，虽然与表 8－6 反映的进口量大国（地区）基本一致，但是排名顺序变动有所差异。其中，日本、西班牙、美国、意大利进口额尤为突出，这四个国家长期占据世界软体类进口额前四位。四是中国软体类进口额虽然在逐年增加，但是总量规模不大，世界排名较为落后。1986 年、1996 年、2006 年、2016 年中国软体类进口额分别为 0.03 亿美元（第 28 位）、0.77 亿美元（第 13 位）、3.1 亿美元（第 8 位）、9.87 亿美元（第 5 位），落后于同期进口量排名。

**表 8-7　　选定年份世界软体类进口额排名前十国（地区）**

单位：亿美元，%

| 1986 | | | 1996 | | | 2006 | | | 2016 | | |
|---|---|---|---|---|---|---|---|---|---|---|---|
| 国家（地区） | 数值 | 占比 | 国家（地区） | 数值 | 占比 | 国家（地区） | 数值 | 占比 | 国家（地区） | 数值 | 占比 |
| 日本 | 9.51 | 40.80 | 日本 | 20.24 | 36.39 | 日本 | 15.35 | 18.37 | 西班牙 | 17.73 | 13.74 |
| 美国 | 3.78 | 16.19 | 西班牙 | 6.08 | 10.93 | 西班牙 | 13.12 | 15.70 | 日本 | 15.58 | 12.07 |
| 意大利 | 2.04 | 8.74 | 美国 | 4.84 | 8.70 | 意大利 | 9.30 | 11.13 | 意大利 | 13.49 | 10.46 |
| 西班牙 | 1.82 | 7.79 | 意大利 | 4.56 | 8.20 | 美国 | 8.37 | 10.02 | 美国 | 11.47 | 8.89 |
| 法国 | 1.59 | 6.82 | 中国香港 | 4.51 | 8.11 | 法国 | 6.10 | 7.30 | **中国** | **9.87** | **7.65** |
| 中国香港 | 1.50 | 6.44 | 法国 | 2.79 | 5.01 | 中国香港 | 5.71 | 6.84 | 韩国 | 9.58 | 7.42 |
| 比利时 | 0.52 | 2.21 | 韩国 | 2.08 | 3.74 | 韩国 | 3.92 | 4.69 | 中国香港 | 9.35 | 7.25 |
| 德国 | 0.42 | 1.82 | 比利时 | 1.13 | 2.03 | **中国** | **3.10** | **3.71** | 法国 | 5.78 | 4.48 |
| 新加坡 | 0.42 | 1.82 | 泰国 | 0.90 | 1.62 | 比利时 | 2.29 | 2.74 | 泰国 | 4.32 | 3.35 |
| 希腊 | 0.22 | 0.95 | 加拿大 | 0.87 | 1.56 | 加拿大 | 1.72 | 2.06 | 葡萄牙 | 3.05 | 2.36 |
| 合计 | **21.82** | **93.58** | 合计 | **47.99** | **86.28** | 合计 | **68.98** | **82.57** | 合计 | **100.22** | **77.66** |
| **中国** | **0.03** | **0.13** | **中国** | **0.77** | **1.38** | | | | | | |
| **世界** | **23.32** | **100.00** | **世界** | **55.62** | **100.00** | **世界** | **83.55** | **100.00** | **世界** | **129.05** | **100.00** |

注：向 FAO 报告 1986 年、1996 年、2006 年和 2016 年软体类进口额的国家（地区）分别有 56 个、152 个、192 个和 195 个。1986 年、1996 年中国排名分别为第 28 位、第 13 位。

选定年份世界软体类进口均价排名前十国（地区）情况如表 8-8 所示。可以发现，世界主要软体类进口大国诸如日本、西班牙、意大利、中国、法国等并未出现在软体类进口均价排名前十国（地区）中，仅有美国和中国香港出现在榜单中，但是排名十分靠后。不考虑国家（地区）只看排名可以发现，世界软体类进口均价整体在提高。而考虑到国家（地区）再来看排名，则可以发现，世界软体类进口均价排名前十国（地区）变动十分大，每个选定年份里各个国家（地区）基本每年都在发生变化，例如 1986 年、1996 年、2006 年、2016 年世界软体类进口均价排名第一的国家（地区）分别是委内瑞拉（1.33 万美元/吨）、圣基茨和尼维斯联邦（1.8 万美元/吨）、海地（3.3 万美元/吨）、不丹（3.1 万美元/吨），无一国家（地区）能蝉联榜首。而中国对比以上国家（地区）的进口均价显得十分低廉，1986 年、1996 年、2006 年、2016 年分别为 0.1 万美元/吨（第 49 位）、0.13 万美元/吨（第 122 位）、0.1 万美元/吨（第 167 位）、0.27 万美元/吨（第 151 位），中国的软体类进口均价排名十分靠后。

**表 8－8　选定年份世界软体类进口均价排名前十国（地区）**

单位：万美元/吨

| 1986 | | | 1996 | | | 2006 | | | 2016 | | |
|---|---|---|---|---|---|---|---|---|---|---|---|
| 国家（地区） | 数值 | 位次 | 国家（地区） | 数值 | 位次 | 国家（地区） | 数值 | 位次 | 国家（地区） | 数值 | 位次 |
| 委内瑞拉 | 1.33 | 1 | 圣基茨和尼维斯 | 1.80 | 1 | 海地 | 3.30 | 1 | 不丹 | 3.10 | 1 |
| 爱尔兰 | 0.76 | 2 | 苏里南 | 1.70 | 2 | 所罗门群岛 | 2.70 | 2 | 圣文森特和格林纳丁斯 | 3.10 | 2 |
| 中国香港 | 0.64 | 3 | 安提瓜和巴布达 | 1.30 | 3 | 东帝汶 | 1.10 | 3 | 科摩罗 | 2.05 | 3 |
| 芬兰 | 0.59 | 4 | 吉布提 | 1.21 | 4 | 布基纳法索 | 1.00 | 4 | 埃塞俄比亚 | 1.90 | 4 |
| 加蓬 | 0.58 | 5 | 缅甸 | 1.16 | 5 | 挪威 | 0.94 | 5 | 博茨瓦纳 | 1.85 | 5 |
| 印度尼西亚 | 0.57 | 6 | 乍得 | 1.12 | 6 | 法属波利尼西亚 | 0.94 | 6 | 中国香港 | 1.38 | 6 |
| 喀麦隆 | 0.54 | 7 | 巴林 | 1.10 | 7 | 刚果 | 0.93 | 7 | 开曼群岛 | 1.23 | 7 |
| 美国 | 0.53 | 8 | 马绍尔群岛 | 1.07 | 8 | 圣基茨和尼维斯 | 0.86 | 8 | 科特迪瓦 | 1.10 | 8 |
| 奥地利 | 0.49 | 9 | 卡塔尔 | 0.97 | 9 | 中国香港 | 0.86 | 9 | 挪威 | 1.02 | 9 |
| 刚果 | 0.48 | 10 | 中国香港 | 0.85 | 10 | 刚果（金） | 0.85 | 10 | 喀麦隆 | 1.01 | 10 |
| **中国** | **0.10** | **49** | **中国** | **0.13** | **122** | **中国** | **0.10** | **167** | **中国** | **0.27** | **151** |

注：同时向 FAO 报告 1986 年、1996 年、2006 年和 2016 年软体类进口量和进口额的国家（地区）分别有 56 个、137 个、185 个和 189 个。

## 二、软体类出口贸易排名前十国及中国的位次

世界软体类出口量保持了持续增加，由 1986 年的 88.05 万吨上升到 2016 年的 323.94 万吨，和同期进口量差距不大，2016 年出口量略多于进口量。但是增加量是持续下降的，1996 年、2006 年、2016 年分别较上期的增加量分别为 98.46 万吨、78.22 万吨、59.21 万吨，这说明世界软体类出口量发展潜力有下降趋势。世界软体类出口量地理集中程度比较稳定，中国、阿根廷、西班牙、摩洛哥、韩国、泰国、新西兰、秘鲁是世界的主要软体类出口量大国。需要指出的是，西班牙出口量增加比较稳定，1986 年、1996 年、2006 年、2016 年出口量分别为 8.1 万吨（第 2 位）、14.09 万吨（第 3 位）、16.85 万吨（第 4 位）、22.49 万吨（第 2 位），排名始终在前五范围内，2016 年仅次于中国。而韩国、阿根廷、秘鲁优势在逐渐丧失。2016 年智利和印度进口量增加明显，分别排名世界第 3 位、第 4 位。

中国软体类出口量增加十分明显，2006 年、2016 年均排名世界第一，与同期排名世界第二的秘鲁和西班牙差距越来越大。1986 年、1996 年、2006 年、2016 年出口量分别为 3.42 万吨（第 10 位，3.88%）、23.2 万吨（第 2 位，12.44%）、49.24 万吨（第 1 位，18.6%）、84.5 万吨（第 1 位，26.08%），可以发现，中国的出口量占比数据逐年递增十分明显，说明中国的出口量增长速度是快于其他国家（地区）的（见表 8－9）。

**表 8－9　　　　选定年份世界软体类出口量排名前十国**

单位：万吨，%

| 1986 | | | 1996 | | | 2006 | | | 2016 | | |
|---|---|---|---|---|---|---|---|---|---|---|---|
| 国家 | 数值 | 占比 | 国家 | 数值 | 占比 | 国家 | 数值 | 占比 | 国家 | 数值 | 占比 |
| 韩国 | 9.97 | 11.32 | 阿根廷 | 24.91 | 13.36 | **中国** | **49.24** | **18.60** | **中国** | **84.50** | **26.08** |
| 西班牙 | 8.10 | 9.20 | **中国** | **23.20** | **12.44** | 秘鲁 | 25.06 | 9.47 | 西班牙 | 22.49 | 6.94 |
| 泰国 | 8.07 | 9.16 | 西班牙 | 14.09 | 7.56 | 阿根廷 | 18.72 | 7.07 | 智利 | 18.59 | 5.74 |
| 荷兰 | 6.26 | 7.11 | 韩国 | 9.37 | 5.03 | 西班牙 | 16.85 | 6.37 | 印度 | 18.00 | 5.56 |
| 摩洛哥 | 5.29 | 6.01 | 摩洛哥 | 8.59 | 4.60 | 越南 | 14.77 | 5.58 | 秘鲁 | 17.78 | 5.49 |
| 毛里塔尼亚 | 4.02 | 4.57 | 新西兰 | 8.17 | 4.38 | 泰国 | 13.17 | 4.97 | 印度尼西亚 | 12.64 | 3.90 |
| 丹麦 | 3.99 | 4.53 | 马来西亚 | 8.15 | 4.37 | 新西兰 | 9.79 | 3.70 | 摩洛哥 | 10.92 | 3.37 |

续表

| 1986 | | | 1996 | | | 2006 | | | 2016 | | |
|---|---|---|---|---|---|---|---|---|---|---|---|
| 国家 | 数值 | 占比 | 国家 | 数值 | 占比 | 国家 | 数值 | 占比 | 国家 | 数值 | 占比 |
| 马来西亚 | 3.71 | 4.21 | 荷兰 | 8.09 | 4.34 | 印度 | 9.05 | 3.42 | 越南 | 10.07 | 3.11 |
| 新西兰 | 3.54 | 4.02 | 美国 | 8.00 | 4.29 | 美国 | 8.90 | 3.36 | 韩国 | 9.63 | 2.97 |
| **中国** | **3.42** | **3.88** | 泰国 | 7.30 | 3.91 | 荷兰 | 7.15 | 2.70 | 泰国 | 8.71 | 2.69 |
| **合计** | **56.35** | **64.00** | **合计** | **119.87** | **64.27** | **合计** | **172.71** | **65.24** | **合计** | **213.32** | **65.85** |
| **世界** | **88.05** | **100.00** | **世界** | **186.50** | **100.00** | **世界** | **264.73** | **100.00** | **世界** | **323.94** | **100.00** |

注：向 FAO 报告 1986 年、1996 年、2006 年和 2016 年软体类出口量的国家（地区）分别有 63 个、120 个、132 个和 129 个。

世界软体类出口额总量增加明显，2016 年世界软体类实现出口额 154.62 亿美元，较 1986 年增加 134.37 亿美元，较 2006 年增加 73.59 亿美元，可见 2006—2016 年增加量十分显著。中国、摩洛哥、西班牙、泰国、荷兰、越南、日本、美国是世界软体类出口额主要大国，与世界软体类出口量大国有所差异。但是西班牙依旧表现十分平稳，在四个选定年份里均排名世界第二或者第三，进口额持续增加，2016 年西班牙软体类出口额总量为 9.09 亿美元，占比 5.88%，排名世界第二，仅次于中国。此外，日本软体类进口额总量同样持续增加，2016 年实现出口额 8.23 亿美元，占比 5.32%，排名世界第三。同年，摩洛哥和印度进口额总量增加也比较明显，2016 年分别居世界第 4 位和第 5 位（见表 8－10）。

**表 8－10　　选定年份世界软体类出口额排名前十国（地区）**

单位：亿美元，%

| 1986 | | | 1996 | | | 2006 | | | 2016 | | |
|---|---|---|---|---|---|---|---|---|---|---|---|
| 国家（地区） | 数值 | 占比 | 国家（地区） | 数值 | 占比 | 国家（地区） | 数值 | 占比 | 国家（地区） | 数值 | 占比 |
| 韩国 | 2.62 | 12.92 | **中国** | **5.70** | **10.59** | **中国** | **14.40** | **17.78** | **中国** | **51.57** | **33.35** |
| 泰国 | 2.30 | 11.35 | 摩洛哥 | 4.33 | 8.03 | 泰国 | 5.25 | 6.48 | 西班牙 | 9.09 | 5.88 |
| 西班牙 | 1.65 | 8.13 | 西班牙 | 3.75 | 6.97 | 西班牙 | 5.04 | 6.22 | 日本 | 8.23 | 5.32 |
| 日本 | 1.49 | 7.34 | 韩国 | 3.59 | 6.66 | 越南 | 4.65 | 5.74 | 摩洛哥 | 7.45 | 4.82 |
| 毛里塔尼亚 | 1.20 | 5.92 | 阿根廷 | 3.57 | 6.64 | 摩洛哥 | 3.59 | 4.43 | 印度 | 6.78 | 4.38 |
| 摩洛哥 | 1.10 | 5.42 | 泰国 | 3.50 | 6.51 | 日本 | 3.29 | 4.06 | 越南 | 5.19 | 3.35 |

续表

| 1986 | | | 1996 | | | 2006 | | | 2016 | | |
|---|---|---|---|---|---|---|---|---|---|---|---|
| 国家（地区） | 数值 | 占比 | 国家（地区） | 数值 | 占比 | 国家（地区） | 数值 | 占比 | 国家（地区） | 数值 | 占比 |
| 加拿大 | 0.89 | 4.38 | 日本 | 2.73 | 5.06 | 美国 | 3.26 | 4.03 | 泰国 | 4.70 | 3.04 |
| 荷兰 | 0.88 | 4.37 | 荷兰 | 1.95 | 3.62 | 荷兰 | 2.83 | 3.49 | 美国 | 4.66 | 3.01 |
| 澳大利亚 | 0.72 | 3.58 | 新西兰 | 1.93 | 3.59 | 加拿大 | 2.72 | 3.35 | 秘鲁 | 4.27 | 2.76 |
| 中国台湾 | 0.56 | 2.75 | 加拿大 | 1.84 | 3.42 | 新西兰 | 2.53 | 3.12 | 智利 | 3.79 | 2.45 |
| **合计** | **13.40** | **66.17** | **合计** | **32.90** | **61.09** | **合计** | **47.56** | **58.70** | **合计** | **105.73** | **68.38** |
| **中国** | **0.40** | **1.98** | | | | | | | | | |
| **世界** | **20.25** | **100.00** | **世界** | **53.86** | **100.00** | **世界** | **81.03** | **100.00** | **世界** | **154.62** | **100.00** |

注：向 FAO 报告 1986 年、1996 年、2006 年和 2016 年软体类出口额的国家（地区）分别有 63 个、124 个、140 个和 140 个。1986 年中国排名第 16 位。

中国是所有国家（地区）增加幅度最大的。虽然 1986 年软体类进口额总量仅有 0.4 亿美元，世界排名第 16 位，但是在 1996 年之后持续排名世界第一，占比也从 1996 年的 10.59%上升到 2016 年的 33.35%，与同期排名第二的摩洛哥、西班牙差距越来越大，2016 年已经领先第二位的西班牙 27.47 个百分点，全年实现软体类进口额 51.57 亿美元，同期比西班牙软体类进口额多 467.46%。

表 8－11 是选定年份世界软体类出口均价排名前十国（地区）情况。对照表 8－9、表 8－10 可以发现，很少有软体类出口大国出现在表 8－11 中，这说明软体类出口大国在出口均价方面优势并不明显。相反，世界软体类出口均价排名靠前的国家（地区）基本是一些小的国家或者不发达体，它们在软体类出口量和出口额方面并非出色。此外，从表 8－11 我们可以发现，世界软体类出口均价整体在不断提高，排名第一的国家尤其明显，1986 年、1996 年、2006 年、2016 年排名第一的国家软体类出口均价分别为 1.7 万美元/吨（南非）、4.3 万美元/吨（赞比亚）、4.06 万美元/吨（澳大利亚）、11.06 万美元/吨（刚果（金））。

中国软体类出口均价保持了持续增加的态势，尤其 2016 年，当年中国软体类出口均价达到 0.61 万美元/吨，较 2006 年增加 108.62%，较 1986 年增加 424.58%。具体来看中国软体类出口均价数据，1986 年、1996 年、2006 年、2016 年中国软体类出口均价分别为 0.12 万美元/吨（第 53 位）、0.25 万美元/吨（第 76 位）、0.29 万美元/吨（第 79 位）、0.61 万美元/吨（第 43 位），中国的软体类出口均价 2016 年才进入世界中上游水平。

**表 8－11　　选定年份世界软体类出口均价排名前十国（地区）**

单位：万美元/吨

| 1986 | | | 1996 | | | 2006 | | | 2016 | | |
|---|---|---|---|---|---|---|---|---|---|---|---|
| 国家（地区） | 数值 | 位次 | 国家（地区） | 数值 | 位次 | 国家（地区） | 数值 | 位次 | 国家（地区） | 数值 | 位次 |
| 南非 | 1.70 | 1 | 赞比亚 | 4.30 | 1 | 澳大利亚 | 4.06 | 1 | 刚果（金） | 11.06 | 1 |
| 澳大利亚 | 1.26 | 2 | 澳大利亚 | 2.45 | 2 | 瑞士 | 2.69 | 2 | 塞舌尔 | 5.27 | 2 |
| 日本 | 0.97 | 3 | 阿联酋 | 1.94 | 3 | 密克罗尼西亚 | 2.60 | 3 | 斐济 | 4.70 | 3 |
| 格陵兰岛 | 0.91 | 4 | 新喀里多尼亚 | 1.87 | 4 | 塞舌尔 | 2.30 | 4 | 澳大利亚 | 4.09 | 4 |
| 芬兰 | 0.90 | 5 | 芬兰 | 1.72 | 5 | 芬兰 | 1.75 | 5 | 法属波利尼西亚 | 3.57 | 5 |
| 法罗群岛 | 0.88 | 6 | 巴布亚新几内亚 | 1.56 | 6 | 格陵兰岛 | 1.66 | 6 | 瑞士 | 3.52 | 6 |
| 冰岛 | 0.79 | 7 | 哥斯达黎加 | 1.51 | 7 | 圣皮埃尔和密克隆岛 | 1.62 | 7 | 密克罗尼西亚 | 1.58 | 7 |
| 加拿大 | 0.72 | 8 | 新加坡 | 1.27 | 8 | 巴布亚新几内亚 | 1.49 | 8 | 塞尔维亚 | 1.55 | 8 |
| 秘鲁 | 0.71 | 9 | 荷属安的列斯群岛 | 1.05 | 9 | 海地 | 1.47 | 9 | 芬兰 | 1.50 | 9 |
| 巴布亚新几内亚 | 0.69 | 10 | 捷克 | 0.91 | 10 | 斐济 | 1.39 | 10 | 牙买加 | 1.43 | 10 |
| **中国** | **0.12** | **53** | **中国** | **0.25** | **76** | **中国** | **0.29** | **79** | **中国** | **0.61** | **43** |

注：向 FAO 报告 1986 年、1996 年、2006 年和 2016 年软体类出口量和出口额的国家（地区）分别有 63 个、120 个、131 个和 129 个。

## 第五节 中国在世界软体类产业出口产量比中的地位

表8－12是选定年份世界软体类出口量在总产量中占比排名前十国（地区）情况。可以发现，世界的软体类大多数出口大国（地区）并未出现在表8－12中，当然也有一些国家（地区）出口量在总产量占比中较高，例如1986年、2006年的印度，1996年的摩洛哥。从表8－12中我们可以看出，世界软体类出口量在总产量中占比排名靠前的国家（地区）占比非常高，且变动幅度很大，几乎很少国家（地区）能够持续保持排名，仅有福克兰群岛、毛里塔尼亚排名比较稳定。从表8－12数据反映来看，世界排名第一的国家（地区）在选定年份里软体类产量几乎全部用于出口，1986年、1996年、2006年、2016年分别是斯里兰卡（100%）、喀麦隆（100%）、福克兰群岛（99.95%）、塞舌尔（100%）。中国软体类出口量在总产量中占比非常低，排名十分靠后，1986年、1996年、2006年、2016年中国软体类出口量在总产量中占比分别为2.14%（第48位）、2.93%（第76位）、4.14%（第71位）、5.17%（第74位），世界排名较为靠后。中国是世界最大的软体类生产大国，但是基本都进入到国内市场消费，出口量占比极少，而国内软体类贝类“高端市场”特别是象拔蚌、牡蛎和鲍的“高端市场”基本上都受控于国外品牌，这非常值得我们反思，在笔者看来，这极有可能与软体类养殖海域空间污染、大规模、高密度养殖，重规模轻管理，而导致市场产品参差不齐，质量和生产效率难以保证有关，这需要在政策导向、市场规范、品牌建设、技术突破、风险防范、经营模式、养殖模式、转变养殖观念等多个方面着手。

**表8－12 选定年份世界软体类出口量在总产量中占比排名前十国（地区）**

单位：%

| 1986 | | | 1996 | | | 2006 | | | 2016 | | |
|---|---|---|---|---|---|---|---|---|---|---|---|
| 国家（地区） | 占比 | 位次 | 国家（地区） | 占比 | 位次 | 国家（地区） | 占比 | 位次 | 国家（地区） | 占比 | 位次 |
| 斯里兰卡 | 100.00 | 1 | 喀麦隆 | 100.00 | 1 | 福克兰群岛 | 99.95 | 1 | 塞舌尔 | 100.00 | 1 |
| 毛里塔尼亚 | 97.70 | 2 | 福克兰群岛 | 100.00 | 2 | 毛里塔尼亚 | 99.07 | 2 | 福克兰群岛 | 97.04 | 2 |
| 也门 | 89.11 | 3 | 毛里塔尼亚 | 99.19 | 3 | 印度 | 92.91 | 3 | 南非 | 94.03 | 3 |
| 波兰 | 87.14 | 4 | 摩洛哥 | 93.64 | 4 | 瑞典 | 80.57 | 4 | 毛里塔尼亚 | 91.20 | 4 |

续表

| 1986 | | | 1996 | | | 2006 | | | 2016 | | |
|---|---|---|---|---|---|---|---|---|---|---|---|
| 国家（地区） | 占比 | 位次 | 国家（地区） | 占比 | 位次 | 国家（地区） | 占比 | 位次 | 国家（地区） | 占比 | 位次 |
| 爱尔兰 | 81.88 | 5 | 所罗门群岛 | 93.33 | 5 | 巴拿马 | 80.23 | 5 | 乌拉圭 | 86.75 | 5 |
| 瑞典 | 80.78 | 6 | 巴拿马 | 89.30 | 6 | 纳米比亚 | 78.85 | 6 | 西班牙 | 86.69 | 6 |
| 阿根廷 | 74.23 | 7 | 南非 | 86.34 | 7 | 科特迪瓦 | 77.63 | 7 | 爱尔兰 | 80.22 | 7 |
| 塞内加尔 | 70.99 | 8 | 瑞典 | 85.69 | 8 | 新加坡 | 74.44 | 8 | 也门 | 73.07 | 8 |
| 比利时 | 69.98 | 9 | 巴基斯坦 | 83.77 | 9 | 希腊 | 72.78 | 9 | 圣多美和普林西比 | 72.73 | 9 |
| 印度 | 69.52 | 10 | 也门 | 82.43 | 10 | 挪威 | 65.60 | 10 | 德国 | 71.57 | 10 |
| **中国** | **2.14** | **48** | **中国** | **2.93** | **76** | **中国** | **4.14** | **71** | **中国** | **5.17** | **74** |

注：向 FAO 报告 1986 年、1996 年、2006 年和 2016 年软体类出口量和总产量的国家（地区）分别有 57 个、103 个、111 个和 102 个。虽然这些国家（地区）都提供了其出口量和总产量数据，但其中有一些国家（地区）所报告的软体类出口量大于其总产量，也就是说，两者之比超过 100%，此类数据我们称为无效数据，因为这不符合我们设计出口量与产量之比的初衷，即比较不同的水生动植物生产国（地区）所生产的水生动植物有多少用于出口。凡是所提供数据被视作无效的国家（地区）均不在出口量在其产量中占比排名的考虑中。1986 年、1996 年、2006 年和 2016 年其报告数据被视作有效的国家（地区）分别有 54 个、90 个、86 个和 84 个，也就是说，上述四个年份其报告数据被视作无效的国家（地区）分别有 3 个、13 个、25 个和 18 个。

## 本章小结

本章主要论述了中国在世界软体类产业中的地位。从表 8－13 可以清楚地看到中国在软体类生产和贸易方面的世界排名情况，主要内容如下。

生产方面。世界（不含中国）软体类总产量近些年表现出了衰退迹象，而中国软体类总产量增长趋势极为明显，整体增加速度高于世界（不含中国）水平。世界（不含中国）软体类各物种组产量以鱿鱼、墨鱼、章鱼为主，而中国以蛤类为主。中国与世界（不含中国）软体类传统上以捕捞为主，但是捕捞量占比在逐年下降，发展潜力在不断下降。中国与世界（不含中国）养殖产量增加明显，中国贡献十分明显，虽然中国的软体类养殖产量和产值远高于世界，但是世界（不含中国）的软体类单位养殖产值是高于中国的，中国软体类单位养殖产值世界排名较为落后。世界软体类产量呈现出了很强的地理集聚特征，集中程度越来越强，而世界软体类捕捞产量呈现出分散的趋势。

贸易方面。亚洲、欧洲、美洲是世界软体类贸易量主要贡献区。世界（不含中国）与中国软体类进出口量、进出口额总体上均保持了增加。世界（不含中国）软体类进口均价呈现出波浪式上升趋势，而中国软体类进口均价增加不明显，直到2011年以后才有所增加，但是始终低于世界（不含中国）水平，中国的软体类进口均价世界排名十分靠后。世界（不含中国）与中国的软体类出口均价增长较为缓慢，增长路径同样呈波浪式上升，但是二者差距绝大多数年份里小于同期进口均价差距，即使近些年世界（不含中国）与中国软体类出口均价差距有所拉大，中国的软体类出口均价2016年才进入世界中上游水平。软体类出口量在总产量中占比方面，中国的软体类出口量在总产量中占比非常低，排名十分靠后，国内市场消费旺盛。

**表8-13　　选定年份中国在世界软体类产业中排名情况一览表**

单位：个

| 指标 | 1986 | | 1996 | | 2006 | | 2016 | |
|---|---|---|---|---|---|---|---|---|
| | 位次 | 报告国（地区）数量 | 位次 | 报告国（地区）数量 | 位次 | 报告国（地区）数量 | 位次 | 报告国（地区）数量 |
| 总产量 | 1 | 114 | 1 | 144 | 1 | 152 | 1 | 148 |
| 捕捞产量 | 3 | 109 | 1 | 143 | 1 | 150 | 1 | 147 |
| 养殖产量 | 1 | 46 | 1 | 55 | 1 | 60 | 1 | 61 |
| 养殖产值 | 1 | 46 | 1 | 55 | 1 | 60 | 1 | 61 |
| 单位养殖产值 | 12 | 46 | 35 | 55 | 49 | 60 | 37 | 61 |
| 进口量 | 22 | 56 | 8 | 137 | 3 | 185 | 2 | 189 |
| 进口额 | 28 | 56 | 13 | 152 | 8 | 192 | 5 | 195 |
| 进口均价 | 49 | 56 | 122 | 137 | 167 | 185 | 151 | 189 |
| 出口量 | 10 | 63 | 2 | 120 | 1 | 132 | 1 | 129 |
| 出口额 | 16 | 63 | 1 | 124 | 1 | 140 | 1 | 140 |
| 出口均价 | 53 | 63 | 76 | 120 | 79 | 131 | 43 | 129 |
| 出口量/产量 | 48 | 54 | 76 | 90 | 71 | 86 | 74 | 84 |

# 第九章　中国在世界咸水鱼产业中的地位

本章将考察中国在世界咸水鱼产业中的地位。本章首先从生产的角度，采用前几章的方法和相关指标，回顾世界和中国咸水鱼产业在过去一段时间内的动态演变，考察中国在世界咸水鱼生产中的地位。其次，从贸易的角度分析世界和中国咸水鱼进出口贸易的发展过程，考察中国在世界咸水鱼产业中的地位。最后，通过咸水鱼出口量在其总产量中占比这一指标，考察中国咸水鱼产业对外部市场的依赖状况。

## 第一节　世界与中国咸水鱼产业发展概况

本部分将考察世界与中国的咸水鱼生产情况，包括其总产量、捕捞产量、养殖产量、养殖产值和单位养殖产值的变动情形。其中，世界咸水鱼总产量和捕捞产量数据的时间跨度为 1950—2016 年，而养殖产值数据的时间跨度为 1984—2016 年。

### 一、世界与中国咸水鱼总产量变动趋势

世界咸水鱼产量增加态势平稳，增速较快，轨迹规律。2013 年世界咸水鱼产量首次突破 600 万吨，2015 年达到历史最高为 638.37 万吨，2016 年产量有所下降，全年总产量 623.72 万吨，较 1950 年增加 701.83%。1950—2016 年世界咸水鱼产量年均增加 8.27 万吨，年均增长率为 3.2%，同期平均年增长率为 3.45%，可见增长趋势非常平稳。

中国咸水鱼产量与世界产量相比悬殊极大。从图 9－1 中国咸水鱼产量变动趋势可以看出，中国咸水鱼产量增加比较稳定，但是增加幅度不大，中国咸水鱼产量规模始终在 50 万吨以下。1970—1972 年中国咸水鱼才有产量，但是不超过 1.3 万吨，随后五年里产量下降到 0 吨，1978 年以后恢复产量，当年全年全国咸水鱼产量为 1.16 万吨，1978—2016 年中国咸水鱼年均增加 1.28 万吨，远低于世界水平，2016 年达到历史最高产量为 49.76 万吨，同期与世界相差 573.96 万吨。

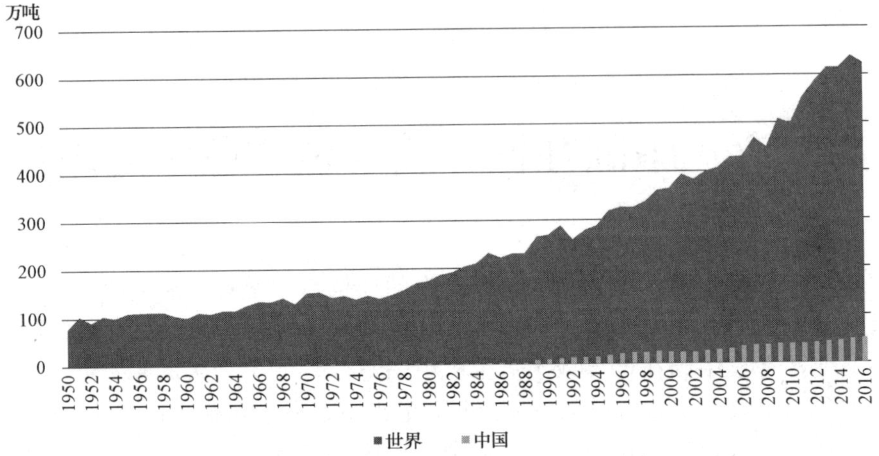


**图 9－1　1950—2016 年世界与中国咸水鱼总产量变动趋势**①

世界咸水鱼各物种组总产量变动趋势如图 9－2 所示。世界咸水鱼各物种组以鲑鱼、鳟鱼、胡瓜鱼为主，世界鲑鱼、鳟鱼、胡瓜鱼在 1950—2016 年基本保持了持续增加，年均增加 5.66 万吨，2016 年世界鲑鱼、鳟鱼、胡瓜鱼总产量为 417.89 万吨，占当年世界咸水鱼总产量的 67%，远高于其他咸水鱼物种产量，2016 年其他物种总和仅为 205.83 万吨。各种咸水鱼产量规模仅次于鲑鱼、鳟鱼、胡瓜鱼，各种咸水鱼增加比较平稳，2016 年总产量为 134.63 万吨，1950—2016 年年均增加 1.91 万吨。西鲱从 20 世纪中后期后增加一直比较平缓，大部分年份一直在 50 万吨至 70 万吨之间浮动，2016 年西鲱产量为 64.79 万吨，是 21 世纪以来的最高产量，也是为数不多产量突破 60 万吨的年份。河鳗产量经历了先增加后减少的过程，历史最高产量是 1990 年的 12.36 万吨，之后产量下降明显，2016 年河鳗产量为 4.84 万吨。鲟、白鲟产量最少，历史最高产量仅为 3.21 万吨（1977 年），2016 年鲟、白鲟产量为 1.57 万吨。

中国咸水鱼各物种组总产量变动趋势如图 9－3 所示。中国咸水鱼起步较晚，产量不高。与世界不同的是，中国咸水鱼主要以河鳗为主，河鳗在中国从 20 世纪 80 年末期才有产量，不过在随后的十年左右时间里保持了快速的增长，产量由 1989 年的 6 万吨增加到 1997 年的 15.57 万吨。随后的时间里虽然有所跌宕起伏，但是总体而言，中国河鳗产量保持了增加趋势，2016 年产量达到历史最高产量的 24.48 万吨。鲟、白鲟从 2003 年才有产量，当年产量仅为 0.94 万吨，虽然产量不高，但是增加态势稳健，2016 年鲟、白鲟产量为 8.98 万吨。鲑鱼、鳟鱼、胡瓜鱼和鲟、白鲟增加趋势十分相似，2016 年鲑鱼、鳟鱼、胡瓜鱼略少于鲟、

① 中国咸水鱼总产量数据起始年份为 1970 年，其中 1973—1977 年数据缺失。

白鲟产量，为 7.83 万吨。西鲱虽然是中国咸水鱼物种组里起步最早的一个品类，但是产量并不高，增加也不明显，从进入 21 世纪以来，西鲱在中国的产量一直在 8 万吨至 10 万吨之间变动，2016 年西鲱在中国全年产量为 8.48 万吨。

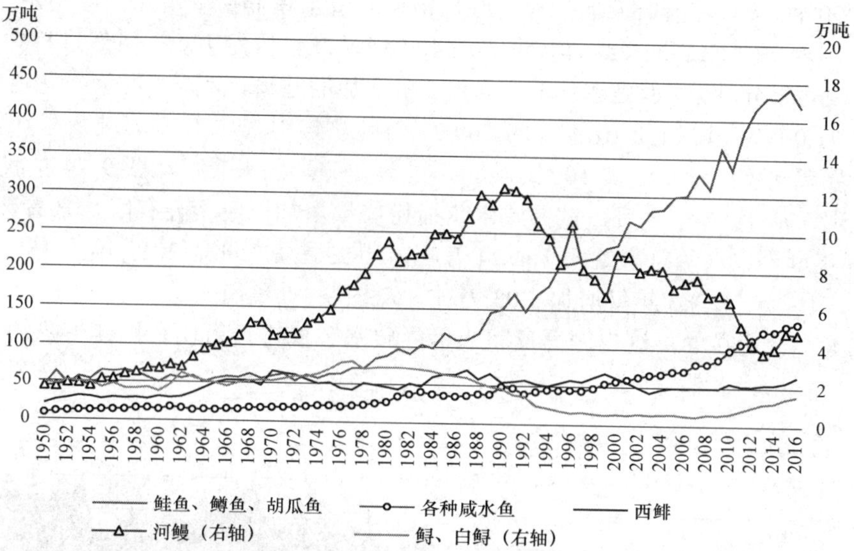


图 9－2　1950—2016 年世界咸水鱼各物种组总产量变动趋势

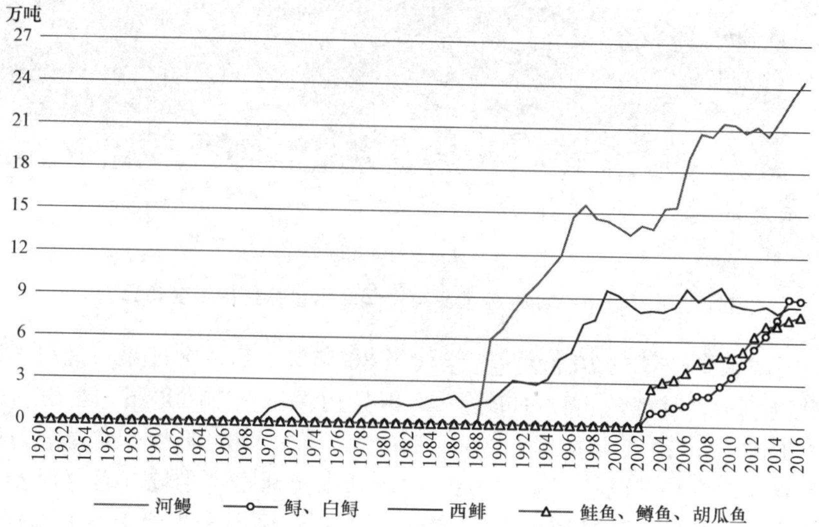


图 9－3　1950—2016 年中国咸水鱼各物种组总产量变动趋势①

① 中国河鳗总产量数据起始年份为 1989 年，鲟、白鲟总产量数据起始年份为 2003 年，西鲱总产量数据起始年份为 1970 年，其中 1973—1977 年数据缺失，鲑鱼、鳟鱼、胡瓜鱼总产量数据起始年份为 2003 年。

## 二、世界与中国咸水鱼捕捞产量变动趋势

世界咸水鱼捕捞量占比在不断下降，20世纪50年代多数年份捕捞量占比保持在90%以上，随着时间的推移，近几年世界咸水鱼捕捞量占比已经不足30%，2016年为27.14%。即使这样，世界咸水鱼捕捞产量依然可观，虽然过程中产量起伏波动十分频繁，但是总体而言，产量呈增加的态势，世界咸水鱼产量由1950年的71.06万吨增加到2016年的169.27万吨，年均增加1.49万吨，早在1965年世界咸水鱼产量就突破100万吨。不过具体分阶段来看，从图9-4中我们可以发现，从1985年之后，世界咸水鱼捕捞产量增加已经十分有限，来看数据，1985年世界咸水鱼总产量为164.24万吨，历史最高产量是2013年的186.51万吨，2016年较1985年仅增加5.03万吨，从图9-1我们知道，世界咸水鱼产量增加是十分明显的，这也侧面反映出世界咸水鱼捕捞量占比是持续下降的。

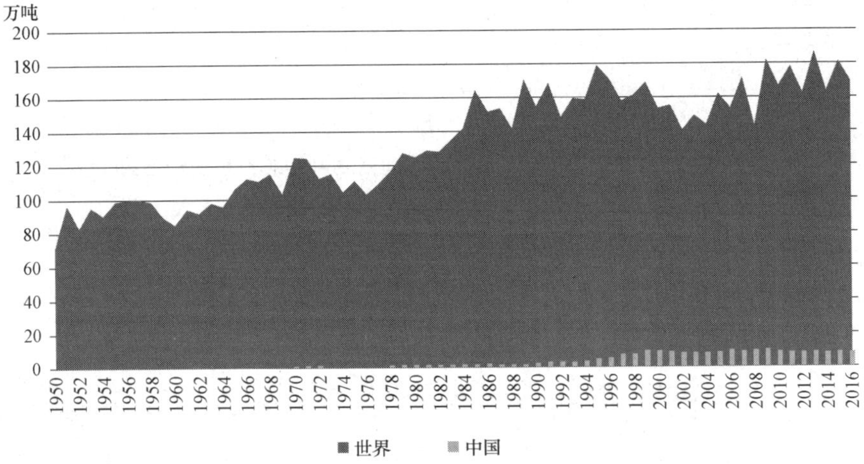


**图9-4 1950—2016年世界与中国咸水鱼捕捞产量变动趋势**[①]

中国咸水鱼产量在20世纪70年代至80年代中后期全部来自捕捞，但是在80年代末以后，捕捞量占比在很长一段时期内保持在30%以下，虽然后来有所增加，在1997—2003年保持在30%～40%，但是2004年以后捕捞潜力已经开始持续衰退，近几年已经不足20%。中国咸水鱼捕捞产量较世界少得多，虽然保持了持续的增加，但是速度十分缓慢，2016年中国全年咸水鱼产量仅49.76万吨，与世界差距十分明显。

① 中国咸水鱼捕捞产量数据起始年份为1970年，其中1973—1977年数据缺失。

## 三、世界与中国咸水鱼养殖产量、养殖产值变动趋势

世界咸水鱼养殖产量增加十分明显，占比逐年递增，养殖产量占比由 1984 年的 32.41%上升到 2016 年的 72.86%，可见养殖是未来世界咸水鱼市场供给的主要获取来源。从图 9-5 反映来看，世界咸水鱼养殖产量总体呈现出了持续增加态势，走势稳健。2011 年、2012 年两年保持了很高的增速，增长率分别达到了 13.05%和 12.97%，2012 年世界咸水鱼养殖首次突破 400 万吨，随后几年增加稍微放缓，世界历史最高咸水鱼养殖产量为 2015 年的 457.41 万吨，2016 年出现负增长，当年咸水鱼世界养殖产量为 454.45 万吨，较 1984 年增加 568.46%，1984—2016 年年均增加 12.08 万吨，年均增长率为 6.12%。中国咸水鱼养殖产量虽然较世界（不含中国）少很多，但是养殖量占比却均高于同期世界水平，2016 年中国咸水鱼养殖量占比高达 82.96%，可见中国咸水鱼产量供给主要来自养殖。中国咸水鱼 1989 年才有产量，当年养殖产量为 6 万吨，随后保持了持续的增加，2016 年中国咸水鱼养殖产量为 41.28 万吨，比同期世界（不含中国）少 413.17 万吨，1989—2016 年年均增加 1.31 万吨。

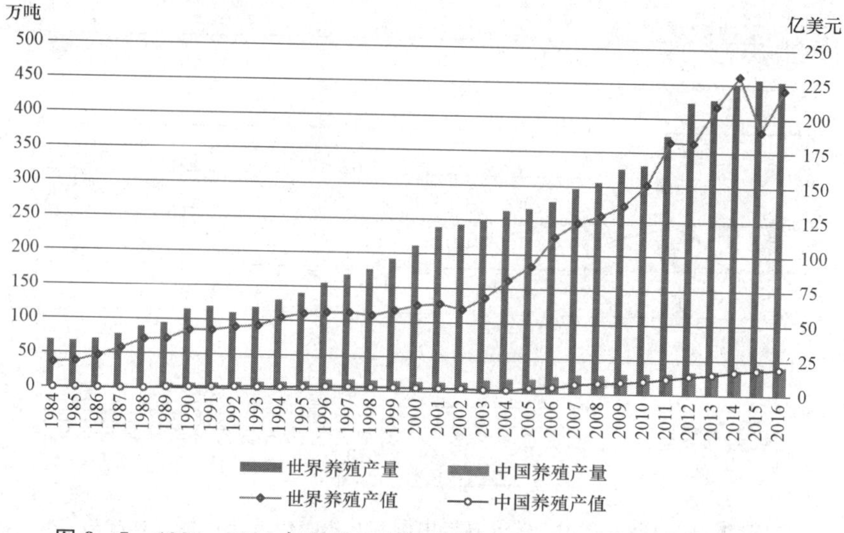


**图 9-5　1984—2016 年世界与中国咸水鱼养殖产量、产值变动趋势**[①]

世界咸水鱼养殖产值在 1984—2002 年增速较慢，年均增长率为 6.86%，年均增加 2.31 亿美元。在此以后增速明显增快，2003—2016 年世界咸水鱼养殖产值年均增长率达到 9.44%。世界咸水鱼养殖产值历史最高产值在 2014 年（230.67 亿美元），2015 年下降明显，2016 年实现反弹，但仍低于 2014 年，当年世界咸

① 中国咸水鱼养殖产量、养殖产值数据起始年份为 1989 年。

水鱼养殖产值为220.79亿美元。总体来看，1984—2016年，世界咸水鱼养殖产值年均增长率为8.14%，年均增加6.33亿美元。中国咸水鱼养殖产值与世界（不含中国）悬殊，2011年中国咸水鱼养殖产值首次突破10亿美元，2016年中国咸水鱼养殖产值为18.89亿美元。

## 四、世界与中国咸水鱼单位养殖产值变动趋势

世界咸水鱼单位养殖产值增加十分缓慢，且起伏较大。1986—1999年世界咸水鱼单位养殖产值基本在0.3万美元/吨至0.4万美元/吨变动，仅1992年突破0.4万美元/吨（当年单位养殖产值为0.41万美元/吨），此时期内1992年以后世界咸水鱼单位养殖产值开始持续下跌（见图9-6）。而2000—2003年世界咸水鱼单位养殖产值已经在下降到0.3万美元/吨以下，不过在此时期之后，世界咸水鱼单位养殖产值开始上升，2006年以后已经持续保持在0.4万美元/吨以上，2014年世界咸水鱼单位养殖产值突破0.5万美元/吨，2016年回落到0.49万美元/吨。

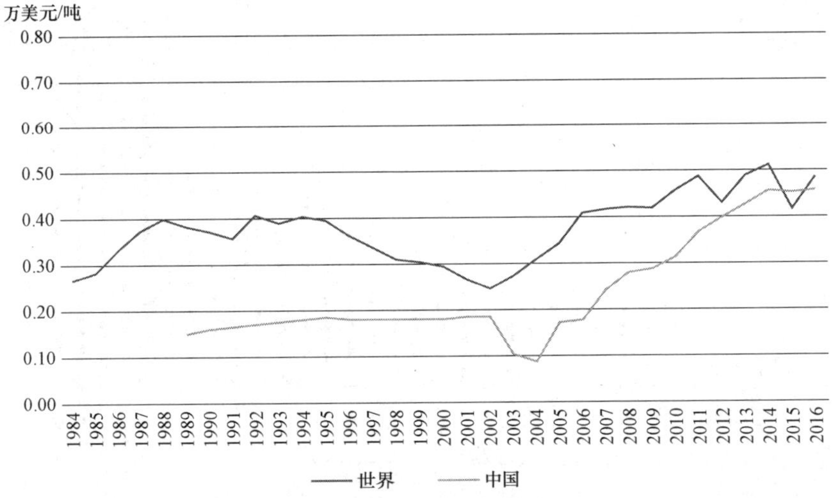


**图9-6 1984—2016年世界与中国咸水鱼单位养殖产值变动趋势**[①]

1989—2006年，中国咸水鱼单位养殖产值要低得多，中国咸水鱼单位养殖产值增加不明显，绝大多数年份在0.15万美元/吨至0.19万美元/吨之间，仅有2003年、2004年咸水鱼单位养殖产值分别为0.1万美元/吨、0.09万美元/吨。2007—2016年中国咸水鱼单位养殖产值增加十分明显，由2007年的0.24万美

① 中国咸水鱼单位养殖产值数据起始年份为1989年。

元/吨持续增加到 2016 年的 0.46 万美元/吨。近些年中国咸水鱼单位养殖产值已经和世界水平基本不相上下，2015 年甚至超过世界水平。

## 第二节　中国在世界咸水鱼产业生产中的地位

为掌握世界上主要的咸水鱼生产国（地区），特别是中国在世界咸水鱼产业生产中的地位，选择了四个年份，即 1986 年、1996 年、2006 年和 2016 年，分别确定在这些年份的总产量、捕捞产量、养殖产量、养殖产值和单位养殖产值排名中位居前十的国家（地区）。如果中国不在前十以内，将进一步确定中国的具体位次。与第一节不同的是，本节所说的世界数据包括中国数据。

### 一、咸水鱼总产量排名前十国（地区）及中国的位次

世界咸水鱼产量增加十分明显，2016 年世界全年咸水鱼产量为 673.48 万吨，较 1986 年增加 450.12 万吨。从增加量来看，选定四个年份里，1996 年、2006 年、2016 年分别较其上一选定年份增加 122.64 万吨、117.99 万吨、209.49 万吨，这说明世界咸水鱼发展潜力非常大。世界咸水鱼在水生动植物中产量中占比较少，产量贡献地理集中趋势比较明显，选定四个年份里 1986 年、1996 年、2006 年、2016 年世界咸水鱼总产量排名前十的国（地区）占比数据分别为 86.1%、76.04%、81.15%、80.66%，这说明世界咸水鱼基本集中在排名前十的国家（地区）里。从表 9－1 可以看出，挪威、印度尼西亚、智利、俄罗斯、美国、中国、菲律宾、孟加拉国、加拿大是世界主要的咸水鱼产量贡献大国。

2016 年挪威咸水鱼产量增加显著，当年挪威咸水鱼总产量为 132.22 万吨，占全球咸水鱼产量比重 19.63%（以下简称占比），较 2006 年增加 62.73 万吨，这两个年份里，挪威咸水鱼产量均居世界第一。印度尼西亚产量增加同样出色，虽然少于挪威，但是领先于其他所有国家（地区），2016 年印度尼西亚咸水鱼产量 84.5 万吨，较 2006 年增加 53.94 万吨，排名也由 2006 年的世界排名第 7 位上升到 2016 年的世界第 2 位。除此之外同期增加的还有智利和俄罗斯，它们 2016 年世界排名分别居第 3 位和第 4 位。美国虽然在 1996 年之前保持了优势，但是近些年产量下降明显。中国咸水鱼产量保持了逐年增加，排名也逐年递增，占比数据也有所增加，但是幅度不大，1986 年、1996 年、2006 年、2016 年中国咸水鱼产量分别为 1.99 万吨（第 18 位，占比 1.99%）、19.87 万吨（第 8 位，占比 5.74%）、33.98 万吨（第 5 位，占比 7.32%）、49.76 万吨（第 5 位，占比 7.39%）。

**表 9－1　　选定年份世界咸水鱼总产量排名前十国（地区）**

单位：万吨，%

| 1986 | | | 1996 | | | 2006 | | | 2016 | | |
|---|---|---|---|---|---|---|---|---|---|---|---|
| 国家（地区） | 数值 | 占比 | 国家（地区） | 数值 | 占比 | 国家（地区） | 数值 | 占比 | 国家（地区） | 数值 | 占比 |
| 苏联 | 51.48 | 23.05 | 美国 | 45.17 | 13.06 | 挪威 | 69.49 | 14.98 | 挪威 | 132.22 | 19.63 |
| 美国 | 35.10 | 15.71 | 日本 | 44.50 | 12.86 | 智利 | 64.73 | 13.95 | 印度尼西亚 | 84.50 | 12.55 |
| 日本 | 27.68 | 12.39 | 挪威 | 32.20 | 9.31 | 俄罗斯 | 35.86 | 7.73 | 智利 | 72.78 | 10.81 |
| 菲律宾 | 19.51 | 8.74 | 俄罗斯 | 27.64 | 7.99 | 美国 | 34.64 | 7.46 | 俄罗斯 | 54.88 | 8.15 |
| 孟加拉国 | 17.78 | 7.96 | 印度尼西亚 | 24.02 | 6.94 | **中国** | **33.98** | **7.32** | **中国** | **49.76** | **7.39** |
| 加拿大 | 13.50 | 6.04 | 孟加拉国 | 22.56 | 6.52 | 菲律宾 | 32.22 | 6.94 | 菲律宾 | 40.73 | 6.05 |
| 印度尼西亚 | 12.38 | 5.54 | 智利 | 19.91 | 5.75 | 日本 | 31.01 | 6.68 | 孟加拉国 | 39.50 | 5.86 |
| 中国台湾 | 6.43 | 2.88 | **中国** | **19.87** | **5.74** | 印度尼西亚 | 30.56 | 6.59 | 美国 | 30.43 | 4.52 |
| 挪威 | 5.03 | 2.25 | 菲律宾 | 16.06 | 4.64 | 孟加拉国 | 27.71 | 5.97 | 加拿大 | 19.45 | 2.89 |
| 法国 | 3.41 | 1.53 | 加拿大 | 11.19 | 3.23 | 加拿大 | 16.32 | 3.52 | 伊朗 | 19.01 | 2.82 |
| 合计 | **192.31** | **86.10** | 合计 | **263.11** | **76.04** | 合计 | **376.52** | **81.15** | 合计 | **543.25** | **80.66** |
| **中国** | **1.99** | **0.89** | | | | | | | | | |
| 世界 | **223.36** | **100.00** | 世界 | **346.00** | **100.00** | 世界 | **463.99** | **100.00** | 世界 | **673.48** | **100.00** |

注：向 FAO 报告 1986 年、1996 年、2006 年和 2016 年咸水鱼总产量的国家（地区）分别有 79 个、100 个、115 个和 130 个。1986 年中国排名第 18 位。

## 二、咸水鱼捕捞产量排名前十国及中国的位次

世界咸水鱼捕捞产量占比在逐年降低，所以近些年世界咸水鱼捕捞产量规模不大，增加量有限，个别年份甚至出现负增长。1986 年、1996 年、2006 年、2016 年世界咸水鱼产量分别为 153.53 万吨、175.88 万吨、162.66 万吨、177.75 万吨，2006 年世界咸水鱼捕捞产量出现下滑，增加量很少。然而，世界咸水鱼捕捞却呈现出极高的地理集聚趋势，1986 年、1996 年、2006 年、2016 年世界咸水鱼捕捞产量排名前十国占比数据分别为 94.28%、93.2%、93.43%、94.2%，

这说明世界捕捞产量几乎全部来自排名前十国家里。从表 9-2 数据反映来看，世界咸水鱼捕捞产量几乎被俄罗斯、孟加拉国、美国、日本、中国、印度、印度尼西亚、加拿大、马来西亚、伊朗这几个国家所垄断，这几个国家多次出现在世界咸水鱼捕捞产量排名前十国榜单之中。

2006 年以后，俄罗斯是世界最大的咸水鱼捕捞国，优势比较明显，2006 年和 2016 年咸水鱼捕捞产量分别为 33.81 万吨（占比 20.79%）、49.94 万吨（占比 28.1%），与同期排名世界第二的美国和孟加拉国差距在逐渐拉大。而美国是传统的咸水鱼捕捞产量大国，选定年份里均保持在世界排名前 3 位，1996 年排名世界第一，不过也在此之后，捕捞产量开始逐渐下降，2006 年和 2016 年分别排名世界第 2 位和第 3 位。2016 年孟加拉国咸水鱼捕捞产量增加比较明显，较 2006 年增加 11.78 万吨，排名世界第 2 位，仅次于俄罗斯。其他国家里，日本捕捞产量从 1996 年以后持续下降，排名也持续下滑，2016 年排名世界第 4 位。而印度虽然 2015 年产量有所下降，但是 2016 年实现反弹，全年捕捞产量为 10.13 万吨，基本和 2014 年水平持平，2014 年和 2016 年均排名世界第 5 位。中国咸水鱼捕捞产量并不高，排名也相对靠后，不过选定年份里均在世界排名前十范围内。具体来看，1986 年、1996 年、2006 年、2016 年中国咸水鱼产量分别为 1.99 万吨（占比 1.3%，世界排名第 8 位）、5.13 万吨（占比 2.92%，世界排名第 9 位）、9.71 万吨（占比 5.97%，世界排名第 5 位）、8.48 万吨（占比 4.77%，世界排名第 7 位）（见表 9-2）。

**表 9-2　　选定年份世界咸水鱼捕捞产量排名前十国**

单位：万吨，%

| 1986 | | | 1996 | | | 2006 | | | 2016 | | |
|---|---|---|---|---|---|---|---|---|---|---|---|
| 国家 | 数值 | 占比 | 国家 | 数值 | 占比 | 国家 | 数值 | 占比 | 国家 | 数值 | 占比 |
| 苏联 | 50.67 | 33.01 | 美国 | 41.34 | 23.51 | 俄罗斯 | 33.81 | 20.79 | 俄罗斯 | 49.94 | 28.10 |
| 美国 | 32.66 | 21.27 | 日本 | 37.98 | 21.60 | 美国 | 31.27 | 19.22 | 孟加拉国 | 39.50 | 22.22 |
| 日本 | 20.09 | 13.09 | 俄罗斯 | 27.27 | 15.50 | 孟加拉国 | 27.71 | 17.04 | 美国 | 26.48 | 14.90 |
| 孟加拉国 | 17.78 | 11.58 | 孟加拉国 | 22.56 | 12.83 | 日本 | 26.02 | 16.00 | 日本 | 13.85 | 7.79 |
| 加拿大 | 12.96 | 8.44 | 印度 | 10.21 | 5.80 | **中国** | **9.71** | **5.97** | 印度 | 10.13 | 5.70 |
| 印度 | 2.48 | 1.62 | 伊朗 | 5.89 | 3.35 | 印度尼西亚 | 9.04 | 5.56 | 印度尼西亚 | 9.75 | 5.49 |

续表

| 1986 | | | 1996 | | | 2006 | | | 2016 | | |
|---|---|---|---|---|---|---|---|---|---|---|---|
| 国家 | 数值 | 占比 | 国家 | 数值 | 占比 | 国家 | 数值 | 占比 | 国家 | 数值 | 占比 |
| 韩国 | 2.44 | 1.59 | 加拿大 | 5.86 | 3.33 | 印度 | 4.96 | 3.05 | **中国** | **8.48** | **4.77** |
| **中国** | **1.99** | **1.30** | 印度尼西亚 | 5.48 | 3.11 | 加拿大 | 4.07 | 2.50 | 加拿大 | 3.55 | 2.00 |
| 印度尼西亚 | 1.94 | 1.26 | **中国** | **5.13** | **2.92** | 马来西亚 | 2.82 | 1.73 | 马来西亚 | 3.30 | 1.86 |
| 芬兰 | 1.73 | 1.13 | 马来西亚 | 2.20 | 1.25 | 伊朗 | 2.56 | 1.57 | 伊朗 | 2.46 | 1.38 |
| 合计 | 144.75 | 94.28 | 合计 | 163.92 | 93.20 | 合计 | 151.98 | 93.43 | 合计 | 167.43 | 94.20 |
| 世界 | 153.53 | 100.00 | 世界 | 175.88 | 100.00 | 世界 | 162.66 | 100.00 | 世界 | 177.75 | 100.00 |

注：向 FAO 报告 1986 年、1996 年、2006 年和 2016 年咸水鱼捕捞产量的国家（地区）分别有 57 个、82 个、85 个和 92 个。

## 三、咸水鱼养殖产量、养殖产值排名前十国（地区）及中国的位次

世界咸水鱼养殖产量增加十分显著，从上面分析我们已经间接了解到咸水鱼养殖已经逐渐占据主导地位。从总量来看，2016 年世界咸水鱼养殖产量为 495.73 万吨，较 1986 年增加 609.95%，1986 年以来年均增加 14.20 万吨。世界咸水鱼养殖产量贡献同样十分集中，排名前十国（地区）占比保持在 80%以上。世界主要养殖大国（地区）与捕捞大国（地区）表现出了较强的差异性，挪威、智利、印度尼西亚、中国、菲律宾、英国、加拿大、土耳其、日本是世界主要咸水鱼养殖大国。

养殖产量方面，挪威占世界主导地位，挪威在 1996 年、2006 年、2016 年咸水鱼养殖产量上连续排名世界第一，养殖量占比在逐年提升，2016 年与同期排名第二的印度尼西亚差距已经拉大到 57.43 万吨。与此同时，印度尼西亚咸水鱼养殖产量同样较高，2016 年咸水鱼养殖产量为 74.75 万吨，较 2006 年增加 74.75 万吨，排名也由 2006 年的世界第五位跃居到世界第二位。智利的养殖产量也呈现出逐年递增的趋势，1996 年、2006 年均排名世界第二位，2016 年被印度尼西亚超越，位居世界第三。来看中国的咸水鱼养殖情况，中国咸水鱼养殖发展十分迅速，1996 年全年养殖产量为 14.73 万吨，到 2016 年已经增长到 41.28 万吨，排名也相应从世界第五位上升到世界第四位，即使这样，我们也要看到，中国咸水鱼养殖产量同世界排名前三的国家差距越来越大。

世界咸水鱼养殖产值特征基本和养殖产量类似。2016 年世界咸水鱼养殖产

值增加极为明显，较 2006 年增加 122.13 亿美元，增幅 103.89%。世界咸水鱼养殖产值同样十分集中，而挪威、智利、中国、英国、加拿大、日本、印度尼西亚、菲律宾是世界主要的咸水鱼养殖产值贡献大国。

**表 9－3　　选定年份世界咸水鱼养殖产量排名前十国（地区）**

单位：万吨，%

| 1986 | | | 1996 | | | 2006 | | | 2016 | | |
|---|---|---|---|---|---|---|---|---|---|---|---|
| 国家（地区） | 数值 | 占比 | 国家（地区） | 数值 | 占比 | 国家（地区） | 数值 | 占比 | 国家（地区） | 数值 | 占比 |
| 菲律宾 | 17.95 | 25.71 | 挪威 | 32.07 | 18.85 | 挪威 | 69.36 | 23.02 | 挪威 | 132.18 | 26.66 |
| 印度尼西亚 | 10.44 | 14.95 | 智利 | 19.91 | 11.70 | 智利 | 64.73 | 21.48 | 印度尼西亚 | 74.75 | 15.08 |
| 日本 | 7.59 | 10.86 | 印度尼西亚 | 18.54 | 10.90 | 菲律宾 | 31.51 | 10.46 | 智利 | 72.78 | 14.68 |
| 中国台湾 | 6.43 | 9.21 | 菲律宾 | 15.02 | 8.83 | **中国** | **24.27** | **8.06** | **中国** | **41.28** | **8.33** |
| 挪威 | 4.92 | 7.05 | **中国** | **14.73** | **8.66** | 印度尼西亚 | 21.52 | 7.14 | 菲律宾 | 39.81 | 8.03 |
| 法国 | 3.05 | 4.36 | 英国 | 10.00 | 5.88 | 英国 | 14.55 | 4.83 | 英国 | 17.73 | 3.58 |
| 意大利 | 2.83 | 4.05 | 中国台湾 | 9.20 | 5.41 | 加拿大 | 12.24 | 4.06 | 伊朗 | 16.55 | 3.34 |
| 丹麦 | 2.44 | 3.49 | 日本 | 6.51 | 3.83 | 中国台湾 | 8.75 | 2.90 | 加拿大 | 15.90 | 3.21 |
| 美国 | 2.44 | 3.49 | 法国 | 5.44 | 3.20 | 土耳其 | 5.77 | 1.91 | 土耳其 | 10.70 | 2.16 |
| 英国 | 2.21 | 3.17 | 加拿大 | 5.33 | 3.13 | 日本 | 4.99 | 1.66 | 法罗群岛 | 8.33 | 1.68 |
| **合计** | **60.29** | **86.34** | **合计** | **136.77** | **80.40** | **合计** | **257.68** | **85.51** | **合计** | **430.01** | **86.74** |
| **中国** | — | — | | | | | | | | | |
| **世界** | **69.83** | **100.00** | **世界** | **170.12** | **100.00** | **世界** | **301.33** | **100.00** | **世界** | **495.73** | **100.00** |

注：向 FAO 报告 1986 年、1996 年、2006 年和 2016 年咸水鱼养殖产量的国家（地区）分别有 62 个、76 个、91 个和 106 个。

虽然本轮排名中，挪威在 1996 年、2016 年在咸水鱼养殖产值均排名世界第一，但是对照表 9－3 可以发现，智利在本轮排名中十分出色，2006 排名养殖产值排名世界第一，2016 年排名世界第二，虽然落后于挪威，但是差距非常小，考虑排位和养殖产量、养殖产值差值综合对比来看，智利的单位养殖产值是高于挪威的。此外，日本、英国和加拿大单位养殖产值同样较高，在养殖产值中排名比较靠前。相比之下，印度尼西亚表现要逊色得多，咸水鱼养殖产值较低。中国咸水鱼养殖产值增加比较明显，1996 年、2006 年、2016 年咸水鱼养殖产值分别为 2.65 亿美元（第 7 位）、4.3 亿美元（第 6 位）、18.89 亿美元（第 3 位），但是从与比中国排名靠前的国家（地区）咸水鱼养殖产值与产量比例综合排位顺序对比可以发现，中国的咸水鱼单位养殖产值较低，接下来具体分析世界与中国的咸水鱼单位养殖产值情况。

**表 9-4　　选定年份世界咸水鱼养殖产值排名前十国（地区）**

单位：亿美元，%

| 1986 | | | 1996 | | | 2006 | | | 2016 | | |
|---|---|---|---|---|---|---|---|---|---|---|---|
| 国家（地区） | 数值 | 占比 | 国家（地区） | 数值 | 占比 | 国家（地区） | 数值 | 占比 | 国家（地区） | 数值 | 占比 |
| 日本 | 6.28 | 27.02 | 挪威 | 9.93 | 16.85 | 智利 | 38.31 | 32.59 | 挪威 | 75.98 | 31.70 |
| 中国台湾 | 2.97 | 12.78 | 日本 | 8.13 | 13.79 | 挪威 | 26.84 | 22.83 | 智利 | 54.67 | 22.81 |
| 菲律宾 | 2.37 | 10.20 | 智利 | 7.27 | 12.33 | 英国 | 7.11 | 6.05 | **中国** | **18.89** | **7.88** |
| 挪威 | 2.29 | 9.88 | 中国台湾 | 5.49 | 9.31 | 加拿大 | 6.77 | 5.76 | 英国 | 10.94 | 4.57 |
| 意大利 | 1.15 | 4.94 | 印度尼西亚 | 3.44 | 5.83 | 日本 | 4.71 | 4.00 | 加拿大 | 9.40 | 3.92 |
| 法国 | 1.12 | 4.81 | 菲律宾 | 3.34 | 5.67 | **中国** | **4.30** | **3.66** | 印度尼西亚 | 8.80 | 3.67 |
| 英国 | 1.03 | 4.41 | **中国** | **2.65** | **4.50** | 菲律宾 | 3.93 | 3.34 | 菲律宾 | 7.38 | 3.08 |
| 印度尼西亚 | 0.94 | 4.06 | 英国 | 2.51 | 4.25 | 中国台湾 | 3.06 | 2.60 | 日本 | 7.23 | 3.02 |
| 丹麦 | 0.76 | 3.28 | 加拿大 | 2.17 | 3.68 | 土耳其 | 2.00 | 1.70 | 澳大利亚 | 5.59 | 2.33 |
| 德国 | 0.63 | 2.70 | 法国 | 1.68 | 2.85 | 印度尼西亚 | 1.95 | 1.66 | 伊朗 | 4.96 | 2.07 |
| **合计** | **19.53** | **84.09** | **合计** | **46.60** | **79.06** | **合计** | **98.97** | **84.19** | **合计** | **203.85** | **85.05** |
| **中国** | — | — | | | | | | | | | |
| **世界** | **23.22** | **100.00** | **世界** | **58.94** | **100.00** | **世界** | **117.55** | **100.00** | **世界** | **239.68** | **100.00** |

注：向 FAO 报告 1986 年、1996 年、2006 年和 2016 年咸水鱼养殖产值的国家（地区）分别有 62 个、76 个、91 个和 106 个。

## 四、咸水鱼单位养殖产值排名前十国（地区）及中国的位次

选定年份世界咸水鱼单位养殖产值排名前十国（地区）情况如表 9－5 所示。对比表 9－3、表 9－4 可以发现，在前面已经提及的咸水鱼养殖大国中，例如挪威、智利、英国、加拿大等国家在单位养殖产值并不出色（即使智利在 1986 年世界排名第 3 位，但是后来年份里未进入前十），这表明世界咸水鱼养殖产量大国、产值大国在单位养殖产值中并非同样占主导地位。日本在咸水鱼单位养殖产值排名中表现不俗，1986 年、1996 年分别排名世界第二和第一，在随后的 2006 年和 2016 年也在排名前十，分别居第 6 位和第 5 位。此外，乌拉圭的咸水鱼单位养殖产值非常高，并且增幅比较明显，在 2006 年和 2016 年乌拉圭咸水鱼单位养殖产值居世界第一，单位养殖产值分别达到了 1.19 万美元/吨和 3.45 万美元/吨。韩国、瑞士、以色列的咸水鱼单位养殖产值同样非常高，它们多次在表 9－5 所示的榜单中出现。

**表 9－5　　选定年份世界咸水鱼单位养殖产值排名前十国（地区）**

单位：万美元/吨

| 1986 | | | 1996 | | | 2006 | | | 2016 | | |
|---|---|---|---|---|---|---|---|---|---|---|---|
| 国家（地区） | 数值 | 位次 | 国家（地区） | 数值 | 位次 | 国家（地区） | 数值 | 位次 | 国家（地区） | 数值 | 位次 |
| 韩国 | 1.11 | 1 | 日本 | 1.25 | 1 | 乌拉圭 | 1.19 | 1 | 乌拉圭 | 3.45 | 1 |
| 日本 | 0.83 | 2 | 瑞士 | 1.21 | 2 | 韩国 | 1.14 | 2 | 瑞士 | 1.99 | 2 |
| 智利 | 0.77 | 3 | 韩国 | 1.06 | 3 | 留尼汪 | 1.08 | 3 | 韩国 | 1.88 | 3 |
| 中国香港 | 0.74 | 4 | 塞尔维亚和黑山 | 1.05 | 4 | 荷兰 | 1.05 | 4 | 以色列 | 1.82 | 4 |
| 瑞士 | 0.73 | 5 | 塞浦路斯 | 1.03 | 5 | 瑞士 | 0.98 | 5 | 日本 | 1.60 | 5 |
| 新西兰 | 0.64 | 6 | 乌拉圭 | 1.00 | 6 | 日本 | 0.94 | 6 | 阿联酋 | 1.50 | 6 |
| 塞浦路斯 | 0.58 | 7 | 文莱 | 0.85 | 7 | 塞浦路斯 | 0.87 | 7 | 新西兰 | 1.36 | 7 |
| 苏联 | 0.57 | 8 | 荷兰 | 0.80 | 8 | 摩洛哥 | 0.85 | 8 | 巴拿马 | 1.20 | 8 |
| 土耳其 | 0.55 | 9 | 摩洛哥 | 0.77 | 9 | 以色列 | 0.85 | 9 | 乌兹别克斯坦 | 1.16 | 9 |

续表

| 1986 | | | 1996 | | | 2006 | | | 2016 | | |
|---|---|---|---|---|---|---|---|---|---|---|---|
| 国家（地区） | 数值 | 位次 | 国家（地区） | 数值 | 位次 | 国家（地区） | 数值 | 位次 | 国家（地区） | 数值 | 位次 |
| 爱尔兰 | 0.54 | 10 | 新加坡 | 0.71 | 10 | 澳大利亚 | 0.81 | 10 | 巴布亚新几内亚 | 1.12 | 10 |
| **中国** | — | — | **中国** | **0.18** | **74** | **中国** | **0.18** | **86** | **中国** | **0.46** | **62** |

注：向 FAO 报告 1986 年、1996 年、2006 年和 2016 年咸水鱼养殖产量、产值的国家（地区）分别有 62 个、76 个、91 个和 106 个。

相比之下，中国的咸水鱼单位养殖产值并不高，1996 年、2006 年、2016 年中国咸水鱼单位养殖产值分别为 0.18 万美元/吨（第 74 位）、0.18 万美元/吨（第 86 位）、0.46 万美元/吨（第 62 位），虽然中国的咸水鱼单位养殖产值在逐年增加，但是排名十分靠后，相对世界排名靠前的国家（地区）而言，中国的咸水鱼单位养殖产值非常低。

## 第三节 世界与中国咸水鱼产业贸易概况

本节旨在从贸易的角度，考察世界和中国咸水鱼进（出）口量、进（出）口额和进（出）口均价的变动情况，厘清四个选定年份在上述指标的排名中位居前十的国家（地区）及中国的具体位次。

在 FAO 数据库 FishStatJ 中，上述时间序列数据的跨度不完全一致。其中，世界咸水鱼进（出）口量（额）和进（出）口均价的时间跨度为 1976—2016 年，中国咸水鱼进（出）口量、进（出）口额和进（出）口均价的时间跨度为 1990—2016 年。

### 一、世界与中国咸水鱼进口贸易变动趋势

#### （一）世界与中国咸水鱼进口量、进口额变动趋势

世界咸水鱼进口量增长趋势比较稳定，呈现持续增加的态势。2012 年世界咸水鱼进口量增加尤为明显，较 2011 年增加 46.03 万吨，达到历史增加量最大，同时历史首次进口量突破 300 万吨，2016 年进口量为 328.44 万吨，较 1976 年增加 311.52 万吨，增幅 1 840.79%，1976—2016 年，世界咸水鱼进口量年均增加 7.79 万吨，年均增长率为 7.7%。中国咸水鱼进口量要少得多，近几年进口量似乎已经达到瓶颈值，一直在 21 万吨左右徘徊，从数据反映来看，很难突破 2011

年的历史最高产量24.69万吨。

咸水鱼进口额方面，先来看世界变动趋势。世界咸水鱼进口额变动特征比较明显，从图9－7可以看出，可以简单划分为两个变动时期。（1）缓慢增长阶段（1976—2000年），21世纪前，世界咸水鱼进口额增加速度较慢，尤其在1995年之后，很长一段时间进口额维持在60亿美元左右，虽有个别年份突破到65亿美元附近，但只是昙花一现。1976—2000年，世界咸水鱼进口额年均增加2.51亿美元。（2）快速增长阶段（2001—2016年），进入21世纪后，世界咸水鱼进口额明显加快，2006年突破100亿美元，2013年突破200亿美元，虽然2015年进口额下降明显，但是2016年实现反弹，当年世界咸水鱼进口额为253.06亿美元，2001—2016年，世界咸水鱼进口额年均增加12.89亿美元。中国咸水鱼进口额规模不大，但是总体保持了持续增加，2016年中国咸水鱼实现进口额8.61亿美元，少于同期世界244.45亿美元，差距巨大。

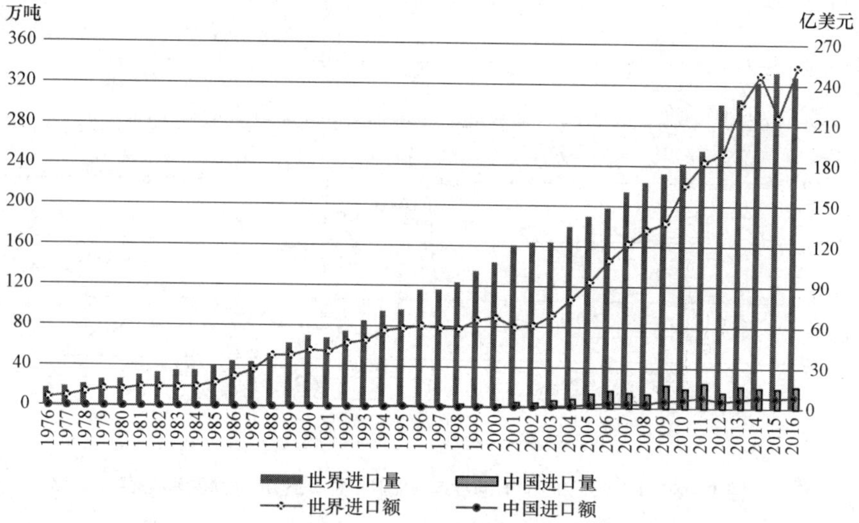


**图9－7　1976—2016年世界与中国咸水鱼进口量、进口额变动趋势**[①]

## （二）世界与中国咸水鱼进口均价变动趋势

世界咸水鱼进口均价起伏较大。1977—1986年经历了下降后上升的趋势（界点是1982年），此阶段世界咸水鱼进口均价基本维持在0.4万美元/吨至0.5万美元/吨之间（见图9－8）。1987—1995年虽然总体呈现出下降趋势，但进口均价在0.6万美元/吨至0.75万美元/吨之间，仅有1993年低于0.6万美元/吨（当年进口均价0.58为万美元/吨）。1996—2002年，世界咸水鱼进口均价持

① 中国咸水鱼进口量、进口额数据起始年份为1990年。

续下跌，由1996年的0.52万美元/吨下降到2002年的0.37万美元/吨。2003—2009年则实现反弹，世界咸水鱼进口均价持续上涨，但是低于0.6万美元/吨。2010—2016年世界咸水鱼进口均价出现了一定的波动，但是始终保持在0.63万美元/吨以上，2016年世界咸水鱼进口均价达到历史最高的0.77万美元/吨。

中国咸水鱼进口均价在1997年之前并不稳定，尤其1995年，进口均价突然跃至1.07万美元/吨，远超世界同期水平，甚至高于世界历史最高价格。1997年之后，中国咸水鱼进口均价基本保持了持续增加，虽然极个别年份出现下滑。2016年中国咸水鱼进口均价为进入21世纪以来最高价格（0.4万美元/吨），和2014年持平，但是落后于同期世界水平。从图9－8轨迹反映来看，中国咸水鱼进口均价与世界的差距还会保持很长时间不缩小，21世纪以来平均差距为0.34万美元/吨。

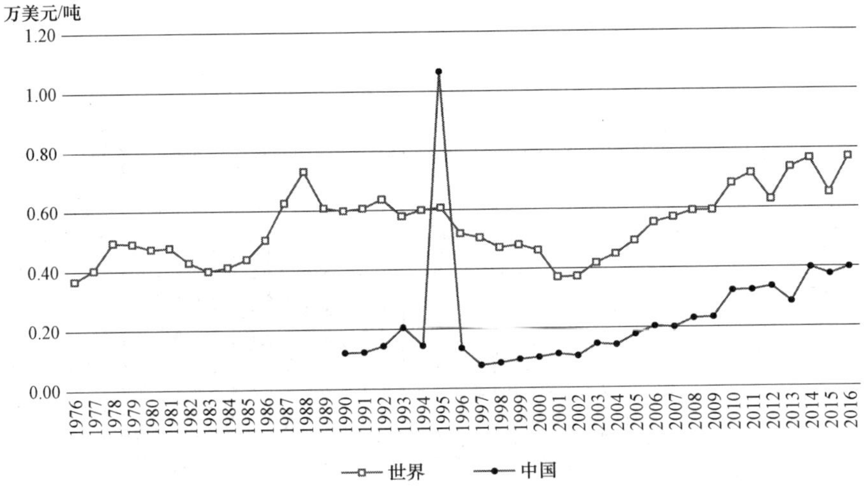


**图9－8　1976—2016年世界与中国咸水鱼进口均价变动趋势**[①]

## 二、世界与中国咸水鱼出口贸易变动趋势

### （一）世界与中国咸水鱼出口量、出口额变动趋势

世界咸水鱼出口量基本和进口量接近，进入21世纪后出口量略占优势，但是差距不大。世界咸水鱼出口量变动趋势与进口量基本类似，2015年达到世界咸水鱼出口量历史新高（365.56万吨），2016年出口量为354.58万吨，较1976年增加340.64万吨，增长2 444.56%，1976—2016年世界咸水鱼出口量年均增长率为8.43%，年均增加8.52万吨，两项数据均快于同期进口量。中国咸水鱼

① 中国咸水鱼进口均价数据起始年份为1990年。

出口量目前少于同期进口量，中国咸水鱼出口量并不高，2012 年首次突破 10 万吨，但是近 5 年增加并不明显，2014 年中国咸水鱼出口量达到历史最高（15.76 万吨），2016 年下降到 14.24 万吨，与同期世界相差 340.34 万吨，远落后于世界水平。

世界咸水鱼出口额变动趋势和同期出口额极其相似，同样在 1976—2000 年和 2001—2016 年两个时期内保持了不同的速度，这里不再重复（可对比图 9－7 和图 9－9）。2006 年世界咸水鱼出口额突破 100 亿美元，2013 年突破 200 亿美元，2015 年出现下降，2016 年实现反弹，这与进口额进程是完全同步的，2016 年世界咸水鱼出口额为 255.64 亿美元。中国咸水鱼出口额目前却高于同期进口额，但是 2012—2016 年数据反映出中国咸水鱼出口额呈下降趋势，中国咸水鱼出口额最高发生在 2012 年，为 18.32 亿美元，2016 年下降至 15.22 亿美元，与同期世界出口额相差 240.42 亿美元。

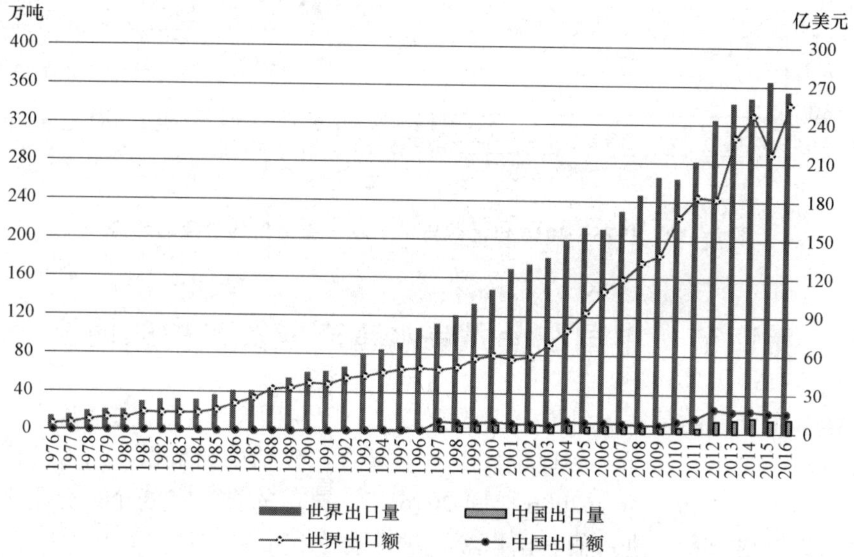


**图 9－9　1976—2016 年世界与中国咸水鱼出口量、出口额变动趋势**[①]

## （二）世界与中国咸水鱼出口均价变动趋势

世界咸水鱼出口均价变动呈现出波幅较长的波浪形趋势，但是从 2001 年以后总体保持了持续增加（见图 9－10）。世界咸水鱼出口均价绝大多数年份在 0.3 万美元/吨至 0.6 万美元/吨之间，个别年份突破 0.7 万美元/吨，如 1988 年、2014 年、2016 年。世界咸水鱼出口均价历史最高为 0.74 万美元/吨（1988 年），2016 年出口均价为 0.72 万美元/吨。中国咸水鱼出口均价虽然起伏较大，但是增加十

① 中国咸水鱼出口量、出口额数据起始年份为 1987 年。

分明显，1993 年以后中国咸水鱼出口均价始终保持在世界水平之上，1997 年以后中国咸水鱼出口均价多数年份持续保持在 1 万美元/吨，2001 年、2002 年、2003 年中国咸水鱼出口均价仍高于世界咸水鱼出口均价历史最高水平。而 2011 年中国咸水鱼出口均价达到历史最高水平的 2.24 万美元/吨，此后下降明显，2016 年中国咸水鱼出口均价为 1.07 万美元/吨，仍高于同期世界 0.35 万美元/吨。

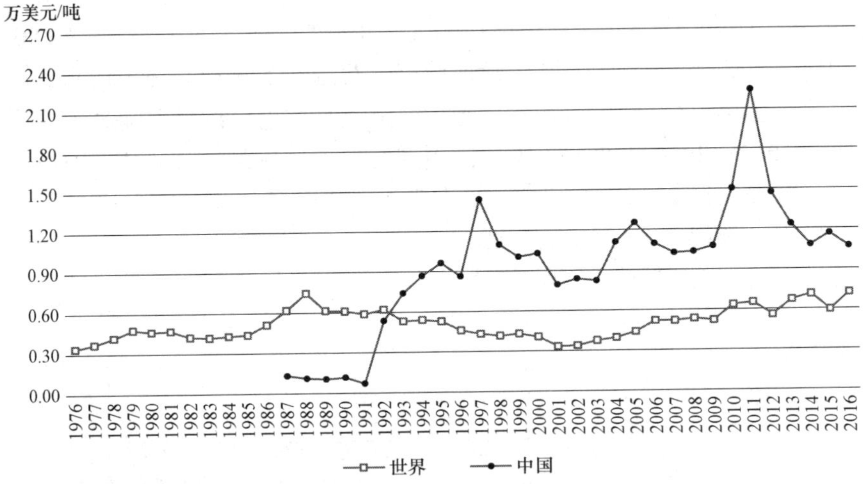


**图 9－10　1976—2016 年世界与中国咸水鱼出口均价变动趋势①**

## 第四节　中国在世界咸水鱼产业贸易中的地位

本节主要目的是掌握世界上主要的咸水鱼贸易国（地区），进而确定中国在世界咸水鱼进出口贸易中的地位。本节世界数据包括中国数据，选取的四个年份是 1986 年②、1996 年、2006 年和 2016 年，选用的指标有 6 个，分别为咸水鱼进口量、出口量、进口额、出口额、进口均价和出口均价。

### 一、咸水鱼进口贸易排名前十国（地区）及中国的位次

世界咸水鱼进口量增加比较明显，2016 年进口总量 350.06 万吨，较 1986 年增加 305.81 万吨，增幅 691.14%。世界咸水鱼进口量呈现出很强的分散趋势，1986 年、1996 年、2006 年、2016 年世界排名前十国（地区）进口量占比数据分别为 90.04%、80.18%、72.61%、68.67%，同时考虑到世界咸水鱼进口量在不

① 中国咸水鱼出口均价数据起始年份为 1987 年。

② 中国咸水鱼进出口贸易数据起始年份是 1990 年，因此本节 1986 年所有指标没有中国数据。

断增加，这说明排名前十以外的国家（地区）进口量增加十分迅猛。世界进口量大国主要集中在日本、瑞典、德国、中国、法国、美国、丹麦、波兰等国家，可以发现发达国家居多，这些国家的咸水鱼市场消费进口依赖很强。

日本是传统的咸水鱼进口量大国，1986 年、1996 年、2006 年进口量均居世界第一，但是进口量增加不明显，选定年份里咸水鱼进口量在均 35 万吨以下，进口量占比下滑明显，2016 年日本咸水鱼进口量排名世界第三（见表 9－6）。瑞典咸水鱼进口增加量十分大，排名持续上升，2016 年已经超越日本跃居世界第一位，当年瑞典咸水鱼进口量达到 53.73 万吨，进口量占比 15.35%。此外增加量比较明显的国家还有美国和德国，它们在 2016 年分别居世界第 2 位和第 4 位。中国咸水鱼进口量同样在不断提升，但是增加幅度慢于上述国家，1996 年中国咸水鱼进口量仅 0.6 万吨，2016 年已经增长到 21.61 万吨，排名世界第 5 位。

**表 9－6　　选定年份世界咸水鱼进口量排名前十国**

单位：万吨，%

| 1986 | | | 1996 | | | 2006 | | | 2016 | | |
|---|---|---|---|---|---|---|---|---|---|---|---|
| 国家 | 数值 | 占比 | 国家 | 数值 | 占比 | 国家 | 数值 | 占比 | 国家 | 数值 | 占比 |
| 日本 | 19.37 | 43.77 | 日本 | 34.80 | 29.94 | 日本 | 29.08 | 13.50 | 瑞典 | 53.73 | 15.35 |
| 法国 | 4.44 | 10.04 | 德国 | 10.95 | 9.42 | 美国 | 25.42 | 11.80 | 美国 | 37.79 | 10.79 |
| 英国 | 3.65 | 8.24 | 法国 | 10.60 | 9.12 | 瑞典 | 19.82 | 9.20 | 日本 | 32.93 | 9.41 |
| 德国 | 3.15 | 7.12 | 丹麦 | 9.83 | 8.45 | **中国** | **17.32** | **8.04** | 德国 | 22.08 | 6.31 |
| 美国 | 2.48 | 5.59 | 美国 | 9.25 | 7.96 | 丹麦 | 14.86 | 6.90 | **中国** | **21.61** | **6.17** |
| 加拿大 | 1.73 | 3.90 | 英国 | 4.58 | 3.94 | 法国 | 14.08 | 6.54 | 丹麦 | 18.92 | 5.40 |
| 比利时 | 1.48 | 3.34 | 加拿大 | 4.18 | 3.60 | 德国 | 13.72 | 6.37 | 波兰 | 17.69 | 5.05 |
| 荷兰 | 1.38 | 3.12 | 瑞典 | 3.61 | 3.11 | 俄罗斯 | 8.13 | 3.78 | 法国 | 17.45 | 4.99 |
| 丹麦 | 1.24 | 2.80 | 尼日利亚 | 2.88 | 2.48 | 泰国 | 7.22 | 3.35 | 英国 | 9.57 | 2.73 |
| 瑞典 | 0.93 | 2.10 | 西班牙 | 2.51 | 2.16 | 英国 | 6.70 | 3.11 | 俄罗斯 | 8.63 | 2.46 |
| **合计** | **39.84** | **90.04** | 合计 | **93.21** | **80.18** | 合计 | **156.36** | **72.61** | 合计 | **240.40** | **68.67** |
| **中国** | — | — | 中国 | **0.60** | **0.52** | | | | | | |
| 世界 | **44.25** | **100.00** | 世界 | **116.24** | **100.00** | 世界 | **215.36** | **100.00** | 世界 | **350.06** | **100.00** |

注：向 FAO 报告 1986 年、1996 年、2006 年和 2016 年咸水鱼进口量的国家（地区）分别有 48 个、135 个、190 个和 197 个。1996 年中国排名第 23 位。

世界咸水鱼进口额基本延续了进口量变动特征。2016 年世界咸水鱼实现进口额 261.67 亿美元，较 1986 年增加 239.43 亿美元，增加量十分明显。同时，世界咸水鱼进口额同样呈现出分散的趋势，从排名前十的国家进口额占比数据中可以看出，从 1986 年的 91.45%一直下降到 2016 年的 71.78%，日本、瑞典、德国、美国、丹麦、法国、英国等发达国家贡献了世界咸水鱼进口额的大部分份额，这与世界进口量国家特征基本类似。

日本在咸水鱼进口额方面同样占优，1986 年、1996 年、2006 年进口额均居世界第一，但是占比下降非常明显，1986 年日本进口额占比为 49.34%，2016 已经下降至 10%。而瑞典和美国延续了增加的趋势，2016 年咸水鱼进口额分别居世界第一和第二，日本下滑至第三，德国增加同样显著，2016 年咸水鱼进口额排名世界第四。而中国的咸水鱼进口额并不高，1996 年进口额仅 0.08 亿美元，世界排名第 29 位，2006 年和 2016 年均居世界第 8 位，进口额分别为 3.52 亿美元和 8.61 亿美元，中国咸水鱼进口额排名相对靠后，对比表 9-6，从排名变化可以侧面反映出中国的进口均价是比较低的。进一步的，接下来分析中国在世界的咸水鱼进口均价排名情况。

**表 9-7　　　　选定年份世界咸水鱼进口额排名前十国**

单位：亿美元，%

| 1986 | | | 1996 | | | 2006 | | | 2016 | | |
|---|---|---|---|---|---|---|---|---|---|---|---|
| 国家 | 数值 | 占比 | 国家 | 数值 | 占比 | 国家 | 数值 | 占比 | 国家 | 数值 | 占比 |
| 日本 | 10.76 | 48.34 | 日本 | 24.69 | 40.96 | 日本 | 18.21 | 16.11 | 瑞典 | 39.39 | 15.05 |
| 法国 | 2.09 | 9.37 | 德国 | 6.08 | 10.09 | 美国 | 17.88 | 15.82 | 美国 | 37.79 | 14.44 |
| 英国 | 1.77 | 7.96 | 美国 | 4.93 | 8.18 | 瑞典 | 11.17 | 9.88 | 日本 | 26.17 | 10.00 |
| 德国 | 1.68 | 7.54 | 法国 | 4.86 | 8.06 | 德国 | 9.70 | 8.58 | 德国 | 20.29 | 7.75 |
| 美国 | 1.28 | 5.74 | 丹麦 | 4.37 | 7.25 | 丹麦 | 8.44 | 7.46 | 丹麦 | 14.27 | 5.45 |
| 荷兰 | 0.64 | 2.87 | 英国 | 2.28 | 3.78 | 法国 | 8.23 | 7.28 | 法国 | 14.20 | 5.42 |
| 丹麦 | 0.62 | 2.80 | 意大利 | 1.57 | 2.60 | 英国 | 3.92 | 3.46 | 波兰 | 12.15 | 4.64 |
| 比利时 | 0.62 | 2.78 | 瑞典 | 1.56 | 2.58 | **中国** | **3.52** | **3.11** | **中国** | **8.61** | **3.29** |
| 意大利 | 0.52 | 2.32 | 西班牙 | 1.32 | 2.19 | 俄罗斯 | 3.11 | 2.75 | 意大利 | 7.59 | 2.90 |
| 加拿大 | 0.38 | 1.70 | 加拿大 | 1.28 | 2.12 | 波兰 | 2.95 | 2.61 | 英国 | 7.38 | 2.82 |
| **合计** | **20.34** | **91.45** | **合计** | **52.94** | **87.83** | **合计** | **87.13** | **77.07** | **合计** | **187.83** | **71.78** |
| **中国** | — | — | **中国** | **0.08** | **0.13** | | | | | | |
| **世界** | **22.25** | **100.00** | **世界** | **60.28** | **100.00** | **世界** | **113.06** | **100.00** | **世界** | **261.67** | **100.00** |

注：向 FAO 报告 1986 年、1996 年、2006 年和 2016 年咸水鱼进口额的国家（地区）分别有 53 个、155 个、197 个和 203 个。1996 年中国排名第 29 位。

表 9－8 是选定年份世界咸水鱼进口均价排名前十国（地区）情况，对比表 9－6、表 9－7 可以发现，很少有咸水鱼进口额大国和进口量大国出现在榜单中，即使极个别国家出现，排名也十分靠后，例如 1986 年的西班牙。观察表 9－8，我们可以发现，一是咸水鱼进口均价排名靠前的国家（地区）以不发达体和小国居多。二是这些国家（地区）的咸水鱼进口均价十分高，尤其排名靠前的国家（地区），1986 年、1996 年、2006 年、2016 年历年排名的第一的国家（地区）咸水鱼进口均价为 13.28 万美元/吨（苏联）、2.9 万美元/吨（吉布提）、1.75 万美元/吨（马尔代夫）、38.8 万美元/吨（马绍尔群岛）。三是排名前十的国家（地区）每年变动较大，很少有稳定持续上榜的国家（地区）。四是中国的咸水鱼进口均价虽然在逐年增加，但是均价非常低，来看数据，1996 年、2006 年、2016 年中国咸水鱼进口均价分别为 0.13 万美元/吨（第 112 位）、0.2 万美元/吨（第 147 位）、0.4 万美元/吨（第 153 位），中国的咸水鱼进口均价排名非常靠后了。

**表 9－8　选定年份世界咸水鱼进口均价排名前十国（地区）**

单位：万美元/吨

| 1986 | | | 1996 | | | 2006 | | | 2016 | | |
|---|---|---|---|---|---|---|---|---|---|---|---|
| 国家（地区） | 数值 | 位次 | 国家（地区） | 数值 | 位次 | 国家（地区） | 数值 | 位次 | 国家（地区） | 数值 | 位次 |
| 苏联 | 13.28 | 1 | 吉布提 | 2.90 | 1 | 马尔代夫 | 1.75 | 1 | 马绍尔群岛 | 38.80 | 1 |
| 委内瑞拉 | 2.04 | 2 | 缅甸 | 2.30 | 2 | 吉布提 | 1.70 | 2 | 加蓬 | 2.43 | 2 |
| 菲律宾 | 1.77 | 3 | 摩洛哥 | 1.46 | 3 | 巴布亚新几内亚 | 1.60 | 3 | 格陵兰岛 | 2.00 | 3 |
| 马来西亚 | 1.50 | 4 | 突尼斯 | 1.36 | 4 | 新喀里多尼亚 | 1.57 | 4 | 马尔代夫 | 1.96 | 4 |
| 塞浦路斯 | 1.20 | 5 | 波斯尼亚和黑塞哥维那 | 1.30 | 5 | 卢森堡 | 1.52 | 5 | 马拉维 | 1.80 | 5 |
| 乌拉圭 | 1.00 | 6 | 塞内加尔 | 1.30 | 6 | 安道尔 | 1.51 | 6 | 吉布提 | 1.73 | 6 |
| 巴西 | 0.85 | 7 | 黎巴嫩 | 1.27 | 7 | 格陵兰岛 | 1.50 | 7 | 法属波利尼西亚 | 1.54 | 7 |

续表

| 1986 | | | 1996 | | | 2006 | | | 2016 | | |
|---|---|---|---|---|---|---|---|---|---|---|---|
| 国家（地区） | 数值 | 位次 | 国家（地区） | 数值 | 位次 | 国家（地区） | 数值 | 位次 | 国家（地区） | 数值 | 位次 |
| 西班牙 | 0.84 | 8 | 新喀里多尼亚 | 1.25 | 8 | 阿鲁巴 | 1.48 | 8 | 多米尼克 | 1.50 | 8 |
| 新喀里多尼亚 | 0.81 | 9 | 厄瓜多尔 | 1.21 | 9 | 法属波利尼西亚 | 1.33 | 9 | 新喀里多尼亚 | 1.50 | 9 |
| 墨西哥 | 0.77 | 10 | 白俄罗斯 | 1.20 | 10 | 约旦 | 1.33 | 10 | 瑞士 | 1.49 | 10 |
| **中国** | — | — | **中国** | **0.13** | **112** | **中国** | **0.20** | **147** | **中国** | **0.40** | **153** |

注：向 FAO 报告 1986 年、1996 年、2006 年和 2016 年咸水鱼进口量和进口额的国家（地区）分别有 47 个、135 个、190 个和 197 个。

## 二、咸水鱼出口贸易排名前十国（地区）及中国的位次

世界咸水鱼出口量基本和同期进口量接近，总量上保持了持续增加，2016 年世界咸水鱼出口量为 368.82 万吨，较 1986 年增加 327.4 万吨。世界咸水鱼出口量排名前十的国家（地区）占比很高，占据了 82%以上的份额，挪威、智利、美国、瑞典、丹麦、俄罗斯是世界咸水鱼主要出口量大国，它们多次出现在世界咸水鱼出口量大国（地区）排名靠前位置。

挪威是世界头号咸水鱼出口量大国，出口量增加十分明显，1996 年、2006 年、2016 年咸水鱼出口量均排名世界第一，2016 年咸水鱼出口量达到 104.75 万吨，占世界总出口量的 28.4%，与同期排名世界第二的国家出口量差距越来越大，2016 年超过排名第二的智利 53.18 万吨，差距比同期智利全年出口量还多。智利出口量增加同样比较明显，世界排名持续靠前，2006 年和 2016 年均排名世界第二，仅落后于挪威。此外瑞典咸水鱼出口量同样表现不俗，2016 年超越美国上升到世界第三。美国咸水鱼出口量相对稳定，选定四个年份均保持在 17 万吨至 21 万吨之间，增加不明显，所以排名有所下滑，由 1986 年的世界第一持续下滑到 2016 年的世界第四（见表 9－9）。中国咸水鱼出口量虽然持续增加，但是总量规模不大，排名相对靠后，1996 年中国咸水鱼出口量为 0.62 万吨，世界排名第 21 位，2016 年出口量为 14.24 万吨，世界排名第 7 位，排名较 2006 年上升一位。

表 9－9 选定年份世界咸水鱼出口量排名前十国（地区）

单位：万吨，%

| 1986 | | | 1996 | | | 2006 | | | 2016 | | |
|---|---|---|---|---|---|---|---|---|---|---|---|
| 国家（地区） | 数值 | 占比 | 国家（地区） | 数值 | 占比 | 国家（地区） | 数值 | 占比 | 国家（地区） | 数值 | 占比 |
| 美国 | 17.07 | 41.21 | 挪威 | 25.44 | 23.59 | 挪威 | 55.19 | 25.29 | 挪威 | 104.75 | 28.40 |
| 加拿大 | 8.15 | 19.68 | 美国 | 18.44 | 17.09 | 智利 | 38.74 | 17.75 | 智利 | 51.57 | 13.98 |
| 挪威 | 4.13 | 9.97 | 智利 | 12.96 | 12.01 | 美国 | 17.65 | 8.09 | 瑞典 | 50.58 | 13.71 |
| 中国台湾 | 3.29 | 7.95 | 丹麦 | 10.63 | 9.86 | 瑞典 | 17.50 | 8.02 | 美国 | 20.25 | 5.49 |
| 丹麦 | 3.11 | 7.51 | 加拿大 | 8.41 | 7.80 | 加拿大 | 12.89 | 5.91 | 丹麦 | 19.43 | 5.27 |
| 法国 | 0.80 | 1.93 | 德国 | 3.86 | 3.57 | 丹麦 | 12.35 | 5.66 | 俄罗斯 | 14.40 | 3.91 |
| 英国 | 0.79 | 1.91 | 日本 | 3.72 | 3.45 | 俄罗斯 | 7.98 | 3.66 | **中国** | **14.24** | **3.86** |
| 意大利 | 0.57 | 1.38 | 英国 | 3.26 | 3.03 | **中国** | **6.93** | **3.18** | 加拿大 | 13.34 | 3.62 |
| 荷兰 | 0.53 | 1.29 | 中国台湾 | 2.40 | 2.22 | 日本 | 6.66 | 3.05 | 英国 | 11.03 | 2.99 |
| 苏联 | 0.48 | 1.15 | 俄罗斯 | 2.14 | 1.98 | 英国 | 5.19 | 2.38 | 波兰 | 9.42 | 2.55 |
| **合计** | **38.92** | **93.98** | **合计** | **91.24** | **84.60** | **合计** | **181.07** | **82.97** | **合计** | **309.00** | **83.78** |
| **中国** | — | — | **中国** | **0.62** | **0.57** | | | | | | |
| **世界** | **41.41** | **100.00** | **世界** | **107.85** | **100.00** | **世界** | **218.24** | **100.00** | **世界** | **368.82** | **100.00** |

注：向 FAO 报告 1986 年、1996 年、2006 年和 2016 年世界咸水鱼出口量的国家（地区）分别有 40 个、92 个、119 个和 125 个。1996 年中国排名第 21 位。

世界咸水鱼出口额延续了出口量的特征，总量规模持续增加，2016 年世界咸水鱼出口额达到 270.86 亿美元，比同期进口额多 9.19 亿美元。出口额集中程度虽然有所下滑，但是排名前十的国家（地区）占比仍保持在 85%以上（见表 9－10）。挪威、智利、瑞典、丹麦、中国、加拿大、英国、德国进口额规模居世界前列。

挪威咸水鱼出口额在 1996 年、2006 年、2016 年均排名世界第一，2016 年实现出口额 77.8 亿美元，占世界总出口额的 28.72%，基本和出口量占比数据接近，但与同期排名第二的国家差距较大。智利和瑞典进口额规模在 2016 年相差不大，分别居世界第 2 位和第 3 位，但是瑞典的增加量显然更多。中国的出口额排名要高于同期出口量排名，1996 年实现出口额 0.53 亿美元，世界排名第 14

位，2006年、2016年出口额分别为7.61亿美元和15.22亿美元，均居世界排名第5位，与表9-9中国在世界咸水鱼出口量排名情况对比来看，中国的咸水鱼出口均价还是比较高的。

**表9-10　　选定年份世界咸水鱼出口额排名前十国（地区）**

单位：亿美元，%

| 1986 | | | 1996 | | | 2006 | | | 2016 | | |
|---|---|---|---|---|---|---|---|---|---|---|---|
| 国家（地区） | 数值 | 占比 | 国家（地区） | 数值 | 占比 | 国家（地区） | 数值 | 占比 | 国家（地区） | 数值 | 占比 |
| 美国 | 7.31 | 34.50 | 挪威 | 11.55 | 23.22 | 挪威 | 28.90 | 24.58 | 挪威 | 77.80 | 28.72 |
| 中国台湾 | 3.33 | 15.74 | 美国 | 7.40 | 14.88 | 智利 | 22.08 | 18.78 | 智利 | 38.64 | 14.27 |
| 加拿大 | 3.08 | 14.56 | 丹麦 | 6.10 | 12.26 | 瑞典 | 9.73 | 8.27 | 瑞典 | 37.30 | 13.77 |
| 挪威 | 2.45 | 11.59 | 智利 | 5.08 | 10.22 | 丹麦 | 8.99 | 7.64 | 丹麦 | 15.57 | 5.75 |
| 丹麦 | 1.62 | 7.66 | 加拿大 | 3.87 | 7.78 | **中国** | **7.61** | **6.47** | **中国** | **15.22** | **5.62** |
| 英国 | 0.57 | 2.68 | 中国台湾 | 3.22 | 6.47 | 加拿大 | 6.72 | 5.72 | 波兰 | 11.58 | 4.27 |
| 法国 | 0.52 | 2.46 | 英国 | 1.92 | 3.86 | 美国 | 6.39 | 5.43 | 美国 | 10.17 | 3.75 |
| 苏联 | 0.51 | 2.39 | 德国 | 1.91 | 3.85 | 波兰 | 3.74 | 3.18 | 加拿大 | 9.58 | 3.54 |
| 荷兰 | 0.24 | 1.12 | 法国 | 1.01 | 2.03 | 英国 | 3.66 | 3.11 | 英国 | 8.45 | 3.12 |
| 意大利 | 0.21 | 1.00 | 瑞典 | 0.78 | 1.57 | 德国 | 3.55 | 3.02 | 德国 | 7.30 | 2.70 |
| **合计** | **19.84** | **93.69** | **合计** | **42.84** | **86.13** | **合计** | **101.36** | **86.21** | **合计** | **231.62** | **85.51** |
| **中国** | — | — | **中国** | **0.53** | **1.07** | | | | | | |
| **世界** | **21.18** | **100.00** | **世界** | **49.74** | **100.00** | **世界** | **117.57** | **100.00** | **世界** | **270.86** | **100.00** |

注：向FAO报告1986年、1996年、2006年和2016年世界咸水鱼出口额的国家（地区）分别有43个、95个、131个和135个。1996年中国排名第14位。

表9-11给出了选定年份世界咸水鱼出口均价排名情况。1986年德国、英国、法国、瑞典这几个咸水鱼出口大国的出口均价相对较高，出现在排名前十国家（地区）中，不过位置相对靠后，绝大多数世界咸水鱼出口量大国和出口额大国近些年出口均价并不高，很少再出现在榜单中。我们可以发现，历年世界排名靠前的国家（地区）与同期第二的国家（地区）出口均价差距很大，但是总体而言，世界排名前十的国家（地区）出口均价整体在不断提高。中国咸

水鱼出口均价处于世界前列水平，1996 年中国咸水鱼出口均价为 0.86 万美元/吨，虽然排名世界第 13 位，但是和排名前十国家（地区）差距并不大，2006 年上升为 1.1 万美元/吨，挤进前十内，排名第 9 位，2016 年下降到 1.07 万美元/吨，世界排名第 17 位，同时向 FAO 报告其 1996 年、2006 年和 2016 年咸水鱼出口量和出口额的国家（地区）分别有 91 个、118 个和 122 个，这说明中国咸水鱼出口均价是非常高的，排名十分靠前。

**表 9－11　　选定年份世界咸水鱼出口均价排名前十国（地区）**

单位：万美元/吨

| 1986 | | | 1996 | | | 2006 | | | 2016 | | |
|---|---|---|---|---|---|---|---|---|---|---|---|
| 国家（地区） | 数值 | 位次 | 国家（地区） | 数值 | 位次 | 国家（地区） | 数值 | 位次 | 国家（地区） | 数值 | 位次 |
| 伊朗 | 16.69 | 1 | 阿联酋 | 38.80 | 1 | 卢森堡 | 6.82 | 1 | 以色列 | 28.28 | 1 |
| 瑞士 | 3.81 | 2 | 伊朗 | 30.73 | 2 | 瑞士 | 3.23 | 2 | 多米尼加 | 5.23 | 2 |
| 冰岛 | 2.16 | 3 | 瑞士 | 2.27 | 3 | 罗马尼亚 | 1.97 | 3 | 乌拉圭 | 4.24 | 3 |
| 德国 | 1.29 | 4 | 韩国 | 1.68 | 4 | 法属波利尼西亚 | 1.78 | 4 | 瑞士 | 3.05 | 4 |
| 苏联 | 1.06 | 5 | 哈萨克斯坦 | 1.43 | 5 | 黎巴嫩 | 1.76 | 5 | 阿联酋 | 2.28 | 5 |
| 中国台湾 | 1.01 | 6 | 中国台湾 | 1.34 | 6 | 冈比亚 | 1.30 | 6 | 古巴 | 1.86 | 6 |
| 英国 | 0.72 | 7 | 土耳其 | 1.22 | 7 | 波兰 | 1.15 | 7 | 斯洛伐克 | 1.70 | 7 |
| 法国 | 0.65 | 8 | 哥斯达黎加 | 1.07 | 8 | 澳大利亚 | 1.11 | 8 | 卢森堡 | 1.53 | 8 |
| 瑞典 | 0.65 | 9 | 法国 | 1.01 | 9 | **中国** | **1.10** | **9** | 文莱 | 1.51 | 9 |
| 希腊 | 0.64 | 10 | 匈牙利 | 0.94 | 10 | 中国香港 | 0.99 | 10 | 新西兰 | 1.28 | 10 |
| **中国** | — | — | **中国** | **0.86** | **13** | | | | **中国** | **1.07** | **17** |

注：同时向 FAO 报告 1986 年、1996 年、2006 年和 2016 年咸水鱼出口量和出口额的国家（地区）分别有 40 个、91 个、118 个和 122 个。

## 第五节 中国在世界咸水鱼产业出口产量比中的地位

来看世界咸水鱼出口量在总产量中占比情况，如表 9－12 所示。可以发现，上榜的国家（地区）出口量占比非常高，尤其排名第一的国家，国内咸水鱼产量几乎全部用于出口，国内市场消费很少。1986 年、1996 年、2006 年和 2016 年排名第一的国家咸水鱼出口量占比高达 94.64%（突尼斯）、86.4%（新西兰）、100%（法属波利尼西亚）、98.18%（塞尔维亚）。

挪威咸水鱼出口量在总产量中占比非常高，历年保持在 79%以上，再考虑到挪威的咸水鱼出口量和出口额规模，可以说挪威是一个名副其实的咸水鱼出口大国，智利同时如此，咸水鱼出口量在总产量中占比也非常高。中国咸水鱼出口量占比在逐年提升，1996 年、2006 年和 2016 年中国咸水鱼出口量占比分别为 3.11%（世界排名第 47 位）、20.4%（世界排名第 32 位）、28.61%（世界排名第 25 位），这说明中国咸水鱼出口量占比处于世界中上游水平，大部分咸水鱼用于国内市场消费。

**表 9－12 选定年份世界咸水鱼出口量在总产量中占比排名前十国（地区）**

单位：%

| 1986 | | | 1996 | | | 2006 | | | 2016 | | |
|---|---|---|---|---|---|---|---|---|---|---|---|
| 国家（地区） | 占比 | 位次 | 国家（地区） | 占比 | 位次 | 国家（地区） | 占比 | 位次 | 国家（地区） | 占比 | 位次 |
| 突尼斯 | 94.64 | 1 | 新西兰 | 86.40 | 1 | 法属波利尼西亚 | 100.00 | 1 | 塞尔维亚 | 98.18 | 1 |
| 法罗群岛 | 83.02 | 2 | 南非 | 84.43 | 2 | 葡萄牙 | 83.98 | 2 | 西班牙 | 97.15 | 2 |
| 挪威 | 82.01 | 3 | 法罗群岛 | 81.72 | 3 | 挪威 | 79.41 | 3 | 斯里兰卡 | 84.13 | 3 |
| 格陵兰岛 | 79.91 | 4 | 挪威 | 79.01 | 4 | 加拿大 | 78.99 | 4 | 沙特阿拉伯 | 82.06 | 4 |
| 智利 | 77.78 | 5 | 哥斯达黎加 | 78.68 | 5 | 乌拉圭 | 76.92 | 5 | 哈萨克斯坦 | 81.50 | 5 |
| 新西兰 | 68.31 | 6 | 加拿大 | 75.13 | 6 | 吉尔吉斯斯坦 | 75.00 | 6 | 挪威 | 79.22 | 6 |
| 加拿大 | 60.37 | 7 | 智利 | 65.08 | 7 | 冰岛 | 72.67 | 7 | 爱尔兰 | 74.73 | 7 |

续表

| 1986 | | | 1996 | | | 2006 | | | 2016 | | |
|---|---|---|---|---|---|---|---|---|---|---|---|
| 国家（地区） | 占比 | 位次 | 国家（地区） | 占比 | 位次 | 国家（地区） | 占比 | 位次 | 国家（地区） | 占比 | 位次 |
| 爱尔兰 | 60.27 | 8 | 爱尔兰 | 63.36 | 8 | 希腊 | 69.67 | 8 | 法罗群岛 | 72.90 | 8 |
| 中国台湾 | 51.18 | 9 | 阿尔巴尼亚 | 63.22 | 9 | 法罗群岛 | 64.92 | 9 | 智利 | 70.85 | 9 |
| 美国 | 48.62 | 10 | 冰岛 | 58.45 | 10 | 法国 | 62.83 | 10 | 加拿大 | 68.56 | 10 |
| **中国** | — | — | **中国** | **3.11** | **47** | **中国** | **20.40** | **32** | **中国** | **28.61** | **25** |

注：向 FAO 报告 1986 年、1996 年、2006 年和 2016 年咸水鱼出口量和总产量的国家（地区）分别有 36 个、73 个、86 个和 96 个。虽然这些国家（地区）都提供了其出口量和总产量数据，但其中有一些国家（地区）所报告的咸水鱼出口量大于其总产量，也就是说，两者之比超过 100%，此类数据我们称为无效数据，因为这不符合我们设计出口量与产量之比的初衷，即比较不同的水生动植物生产国（地区）所生产的水生动植物有多少用于出口。凡是所提供数据被视作无效的国家（地区）均不在出口量在其产量中占比排名的考虑中。1986 年、1996 年、2006 年和 2016 年其报告数据被视作有效的国家（地区）分别有 33 个、58 个、62 个和 67 个，也就是说，上述四个年份其报告数据被视作无效的国家（地区）分别有 3 个、15 个、24 个和 29 个。

# 本章小结

本章主要论述了中国在世界咸水鱼产业中的地位，从表 9－13 可以清楚地看到中国在咸水鱼生产和贸易方面的世界排名情况。主要内容如下。

生产方面。世界（不含中国）咸水鱼产量增加态势平稳，增速较快，中国咸水鱼产量与世界产量（不含中国）相比悬殊极大，中国咸水鱼产量增加幅度不大。世界咸水鱼各物种组以鲑鱼、鳟鱼、胡瓜鱼为主，而中国咸水鱼主要河鳗为主。世界（不含中国）与中国咸水鱼捕捞量占比在不断下降，中国咸水鱼捕捞潜力持续衰退，捕捞产量与世界（不含中国）差距非常大。世界咸水鱼养殖产量总体呈现出了持续增加态势，走势稳健，同时，世界咸水鱼捕捞呈现出极高的地理集聚趋势。2016 年中国咸水鱼养殖产量占比高达 82.96%，可见中国咸水鱼产量供给以养殖为主。虽然 21 世纪前中国咸水鱼单位养殖产值与世界有所差距，但是近些年已经和世界水平基本不相上下，但是和世界排名靠前的国家（地区）相比，中国咸水鱼单位养殖产值非常低。

表 9-13　选定年份中国在世界咸水鱼产业中排名情况一览表

单位：个

| 指标 | 1986 | | 1996 | | 2006 | | 2016 | |
|---|---|---|---|---|---|---|---|---|
| | 位次 | 报告国（地区）数量 | 位次 | 报告国（地区）数量 | 位次 | 报告国（地区）数量 | 位次 | 报告国（地区）数量 |
| 总产量 | 18 | 79 | 8 | 100 | 5 | 115 | 5 | 130 |
| 捕捞产量 | 7 | 57 | 8 | 82 | 5 | 85 | 7 | 92 |
| 养殖产量 | — | 62 | 5 | 76 | 4 | 91 | 4 | 106 |
| 养殖产值 | — | 62 | 7 | 76 | 6 | 91 | 3 | 106 |
| 单位养殖产值 | — | 62 | 74 | 76 | 86 | 91 | 62 | 106 |
| 进口量 | — | 48 | 23 | 135 | 4 | 190 | 5 | 197 |
| 进口额 | — | 53 | 29 | 155 | 8 | 197 | 8 | 203 |
| 进口均价 | — | 47 | 112 | 135 | 147 | 190 | 153 | 197 |
| 出口量 | — | 40 | 21 | 92 | 8 | 119 | 7 | 125 |
| 出口额 | — | 43 | 14 | 95 | 5 | 131 | 5 | 135 |
| 出口均价 | — | 40 | 13 | 91 | 9 | 118 | 17 | 122 |
| 出口量/产量 | — | 33 | 47 | 58 | 32 | 62 | 25 | 67 |

贸易方面。世界（不含中国）咸水鱼进出口量和进出口贸易额增长趋势呈现持续增加的态势。中国咸水鱼进口量近些年似乎已经达到瓶颈值，保持在 21 万吨上下，咸水鱼进口额与世界（不含中国）差距悬殊，中国咸水鱼出口量与出口额同样如此。中国咸水鱼进口均价与世界的差距较大，从数据来看，还会保持很长时间不缩小。然而出口均价方面，中国 1993 年以后出口均价始终保持在世界水平（不含中国）之上，中国咸水鱼出口均价处于世界前列，排名十分靠前。挪威和智利是两个名副其实的咸水鱼出口大国，在出口方面各项数据都排在世界前沿。咸水鱼出口量在总产量中占比方面，中国咸水鱼出口量占比处于世界中上游水平，大部分咸水鱼用于国内市场消费。

# 结　语

本书首先介绍了世界水生动植物产业发展概况、世界水生动植物养殖产业概况和世界水生动植物产业进出口贸易发展概况；其次，介绍了中国水生动植物产业发展概况、中国水生动植物养殖产业概况和中国水生动植物产业进出口贸易发展概况；最后，从生产和贸易视角详细分析了中国在世界水生动植物产业中的地位。数据显示，中国已经成为世界水生动植物产业大国，在世界水生动植物产业中占据着极其重要的地位。即使这样，我们也要清醒地看到，中国各大类水生动植物出口量在总产量中所占比重都非常小，这不仅仅与中国消费市场庞大有关，还与在中国水生动植物产业快速发展的同时，出现的重视产业规模，忽视规范管理、资源节约和环境保护等问题以及部分地区的养殖布局不合理、养殖排放污染较重、质量安全存在隐患以及过度捕捞等突出问题而导致的市场产品参差不齐、质量难以保证有关。此类问题关乎中国水生动植物产业能否长期可持续发展，值得业界、学界和政府相关部门引起高度关注与重视。这就需要学界提供有效的技术支撑和可行的政策建议，需要政府部门适时调整政策导向和完善法律规章，更需要业界转变观念和行为，强化行业组织建设和培育行业自律能力，改变单打独斗竞相扩大生产规模的发展方式，齐心协力提升环境质量、产出效益和水生动植物的国际市场认同度。唯有如此，中国水生动植物产业才有可能成为一个环境上可持续的、经济上高效率的、市场认同度高的、国际竞争力强的大产业。

# 参考文献

[1] 慕永通，张红智. 中国在世界软体动物产业中的地位：产量视角 [J]. 世界农业，2012（11）：126 – 133.

[2] 慕永通，张红智. 世界软体动物主要物种组产量变动趋势研究 [J]. 中国渔业经济，2011，29（6）：114 – 121.

[3] 张红智，慕永通. 世界软体动物养殖产值变动趋势和特征研究 [J]. 世界农业，2012（5）：45 – 49.

[4] 孙瑜，慕永通，张红智. 中国扇贝进出口贸易变动趋势研究 [J]. 中国渔业经济，2014，32（1）：126 – 132.

[5] 张红智，慕永通. 中国在世界海水贝类产业中的地位：产量、产值、贸易视角 [J]. 世界农业，2013（12）：108 – 115.

[6] 于千钧，慕永通，刘希全，张红智. 中国海水贝类进出口贸易变动趋势研究 [J]. 中国渔业经济，2014，32（6）：88 – 95.

[7] 张红智，慕永通，刘希全. 世界软体动物贸易变动趋势研究 [J]. 安徽农业科学，2012，40（36）：17826–17835.